DICTIONNAIRE AMOUREUX DE DE GAULLE

MICHEL TAURIAC

DICTIONNAIRE AMOUREUX DE DE GAULLE

Dessins d'Alain Bouldouyre

Plon
www.plon.fr

COLLECTION DIRIGÉE PAR
JEAN-CLAUDE SIMOËN

La liste des ouvrages
du même auteur
figure en fin de volume

ISBN : 978-2-259-21040-9

A tous ceux qui ne le connaissent pas encore.
Pour qu'ils en tombent amoureux.

Introduction

Sortilège d'une voix. Un ténor déclenche la passion de milliers d'amateurs de bel canto avec ses trilles et ses roulades. Un chanteur de charme fait de même devant un micro. Plus encore, l'être que le sort destine à chacun. Pour ma part, c'est un air de bravoure qui a allumé ma flamme. Je l'ai perçu, adolescent, à travers le brouillage, l'oreille plaquée contre un poste de radio, pareille à celle d'un médecin contre le cœur essoufflé d'un coureur de fond. Car elle venait de loin, cette voix haletante. De loin, d'une partie du monde où l'on avait encore le droit d'ouvrir la bouche. De dire que l'on aimait son pays par-dessus tout.

Rien n'a jamais pu me faire oublier les circonstances de cette découverte. En Normandie, le 18 ou le 22 juin 1940, à l'heure de la capitulation. C'est là que mon collège s'était replié pour fuir les bombardements et que cette voix m'est parvenue pour la première fois. Dans un château où, faute de courant, on avait dû, pour l'occasion, tirer, d'arbre en arbre, un fil électrique du prieuré que nous habitions. Mon copain, petit-fils de la châtelaine, son frère, ses sœurs et moi, seuls parmi un groupe d'adultes, tous caillés dans l'émotion, à l'écoute de ce général inconnu qui tenait un autre langage que celui auquel nous étions habitués. Qui ne parlait ni de cessation de combat, ni d'armistice, ni de démission, mais d'espérance. L'œil fixé sur cette TSF, comme s'il allait en sortir avec son képi orné d'enluminures et son épée à la main. Et dès notre retour au collège Saint-Martin, à Pontoise, après sa voix, son visage sur des tracts que semaient pour nous dans les champs des aviateurs pleins d'audace. Son visage dont nous décidons aussitôt d'illustrer notre manuel d'histoire aux côtés des portraits de Jeanne d'Arc, de Du Guesclin, de Bayard. Et de le glisser, le week-end venu, dans les boîtes aux lettres parisiennes à la barbe de l'occupant, avec notre défi et notre joie vengeresse. Avec l'impression d'être chargés de la distribution de son courrier personnel.

Voilà pourquoi je suis tombé amoureux, oui, amoureux de Charles de Gaulle, comme Descartes était amoureux de la poésie, Flaubert de la nature, Maupassant de la Normandie, et comme d'autres le seront de Mao, de Che Guevara ou d'Elvis Presley. Amoureux pour toujours d'un héros qui se battait pour sauver notre grand amour commun, et qui, par la suite, lui a redonné son honneur et son prestige. L'a ceint à nouveau de sa couronne tombée à terre, sous les acclamations d'un peuple émerveillé et reconnaissant, et devenu aussi amoureux de lui que moi-même. Et voilà pourquoi ce dictionnaire lui est consacré.

Je l'y raconte tel qu'il était en m'efforçant de forer la gangue des apparences et en m'aidant des témoignages qui m'ont été confiés aussi bien que de mes propres souvenirs de reportage. S'il m'arrive parfois, pour le rendre plus proche, de m'immiscer contre toute logique dans son existence, j'ai toujours veillé à ne lui mettre sur les lèvres que les mots qu'il a prononcés ou écrits et à ne lui attribuer que les actions qu'il a menées. L'admiration qu'il suscite en moi ne m'a pas empêché de le photographier *ex abrupto* avec ses prouesses, certes, mais aussi avec ses doutes et ses faiblesses. Dépouillé de sa cuirasse et de son auréole, il apparaît donc comme tout un chacun. Dans sa vérité. Aussi authentique que son acte de naissance.

Mon désir de mêler mes pas aux siens m'a entraîné au plus profond de son histoire personnelle. J'en suis revenu avec une moisson de quatre-vingt-trois thèmes différents allant des particularités de ses goûts, de son caractère, de ses relations humaines et de ses aspirations spirituelles aux événements qui ont marqué sa vie d'homme, de père et de grand-père, et aux lieux qu'il a visités à tout âge. Ainsi ai-je chaussé ses bottes à maints endroits où il a vécu depuis sa venue au monde et, plus tard, avec son épouse et ses enfants, que ce soit en France ou hors de nos frontières. Là, j'ai emprunté ses cinq sens pour tout voir et percevoir à sa place, puis recueilli les moindres traces laissées sur son passage et négligées jusqu'alors. Et comme il ne s'est jamais séparé des *Mémoires d'outre-tombe*, je me suis fait accompagner de Chateaubriand, qui l'a tant inspiré et que l'on retrouve souvent dans les contrées qu'il a fréquentées. Son livre sous le bras, il illustre, à l'occasion, telle ou telle attitude ou situation à sa manière. Chemin faisant, Maurice Barrès et Paul Claudel, qu'il estimait de la même façon, le rejoignent pour y ajouter leur mot. Tous à mes côtés, dans son sillage, à travers cette grande exploration alphabétique.

Peut-être regrettera-t-on l'omission (volontaire) de certains thèmes ou l'espace plutôt restreint consenti à la politique à côté de la surabondance des sentiments. Peut-être aussi me reprochera-t-on d'avoir préféré l'éloge à la polémique. Mais ce choix est celui d'un auteur amoureux de son sujet. Et chacun le sait, un amoureux ne fait rien comme tout le monde.

A

Abbaye de La Celle

Qui peut mieux rechercher le soleil que ceux qu'il fuit ? Je pensais qu'en tant qu'homme du Nord et de la Haute-Marne, habitué aux gelées et aux brumes, il était fait d'un tout autre bois. Qu'il se moquait de l'hommage que l'on rend avec une telle ferveur à l'astre qui nous réchauffe. Erreur. Sans être un adepte du culte solaire, il ne dédaigne pas, de temps en temps, de prêter son front au doux fou d'un ciel sans nuage. C'est ainsi que je le vois, par deux fois, dans mon imaginaire, au début de janvier 1956 et en janvier 1960, emporter ses pénates au cœur de l'arrière-pays varois, près de Brignoles, à la lisière de la Provence verte, là où les beaux jours traînent en longueur dans l'odeur du cèdre et du buis sous la rosée, sans se soucier des échéances saisonnières. Le gîte adopté est l'hostellerie de l'Abbaye de La Celle, une demeure de charme que connaissent déjà nombre de têtes couronnées et d'artistes avides de calme et d'incognito. D'où vient ce choix ? Il a simplement tiré profit des suggestions d'une personne qu'il aime bien, d'un autre homme du Nord, né à Calais, son beau-frère Jacques Vendroux. Celui-ci a découvert l'endroit trois ans auparavant, avec son épouse Cada, et leurs souvenirs égrenés à La Boisserie, au coin du feu, dans la bibliothèque, ou dans les allées du jardin, ont fini par le séduire, puis par le déterminer à tenter le voyage.

Je me demande comment on pourrait rester insensible au passé de cette ancienne abbaye royale lorsque l'on porte un tel nom. Installée dans ce qui fut la résidence du prieur au XVIIIe siècle, l'hostellerie a été ouverte en 1945. Il propose aux Vendroux de les y accompagner avec son épouse. Rien ne presse aujourd'hui l'homme pressé. Il parcourt un désert dont il ne connaît pas les limites. D'ici deux ans, on le sait si lui ne le sait pas, il en arrivera à bout. Pour le moment, il ressent la fébrilité de l'écrivain parvenu à la conclusion de son œuvre. Dans quelques jours, on aura en effet le plaisir de voir le second tome des *Mémoires de guerre* garnir les vitrines. En voiture donc ! Une journée entière de l'Est au Sud dans la 15 CV Citroën conduite par le dévoué Fontenil, les deux dames assises à l'arrière, lui à côté du chauffeur et Jacques Vendroux sur le strapontin de gauche, face à la route, afin de pouvoir deviser avec son beau-frère sans l'obliger à se retourner. Prendre l'avion ou le train eût certainement provoqué moins de fatigue, mais il en a refusé l'idée. Il veut être en mesure de disposer de son temps, de tout son temps. Pour admirer la France et tous ses paysages. La prendre dans ses bras, car « la France est une personne », écrit Claudel dont il connaît bien des pages.

A La Celle, on l'attend, souffle retenu. Héritière des îles de Porquerolles, la propriétaire de l'hostellerie n'a pourtant mis dans la confidence que quelques proches. Une discrétion facilitée par la fermeture temporaire de l'établissement. Mais dans ce village, où rien de ce que l'on dit ou fait ne demeure jamais caché à personne, la vie n'en finit pas de se raconter, tel que je l'ai remarqué, entre le jeu de boules, le lavoir ou le café du Midi. De surcroît, on ne peut entrer ni sortir de l'hostellerie qu'en traversant la petite place de la mairie, à la vue de tous, dans le chuchotis d'une fontaine de pierre. Ainsi n'est-il pas difficile de comprendre que toutes ces corbeilles de fleurs, fraîchement coupées sur la côte et déposées par tant de voitures derrière le grand portail en fer forgé gardé par trois paires de cyprès de vingt mètres de haut, s'amassent là pour faire gloire avec reconnaissance au plus illustre des Français. Un autre indice renforce les soupçons, quand on apprend que l'ébéniste attitré de l'hostellerie a été chargé de modifier le lit Louis XIII à baldaquin, orgueil du lieu, en le rallongeant de quelques centimètres, faute de quoi un homme de grande taille ne pourrait s'y coucher qu'en chien de fusil. Bref, lorsque la traction avant franchit la lourde grille, il y a belle lurette que chacun sait qui se trouve à l'intérieur.

Il partage le premier étage avec les Vendroux. Depuis lors, sa chambre attire nombre d'amateurs de sérénité et d'histoire. En en poussant la porte, qui ne sentirait comme moi un souffle d'émotion l'envahir ? Décorée à la provençale dans le style du XVIIIe, la pièce principale étonne par ses belles proportions. Près d'un bureau d'architecte où j'imagine l'envolée de sa plume, une cheminée magistrale attend des frimas aléatoires. Attenantes, deux chambres séparées se protègent de la lumière du jour derrière de lourds rideaux de lin et de coton damassé. Fenêtre ouverte, le parfum du jasmin et des cyprès rappelle à celui que le sommeil abandonne l'existence d'un pays où tout a un goût de miel, jusqu'à l'air que l'on respire. Là-bas, le campanile et le grand cèdre du Liban sans âge semblent veiller à la tranquillité du prestigieux client. J'emprunte ses yeux pour regarder au loin les ifs processionnaires, le petit vignoble prolongeant le jardin et, plus près, la roseraie endormie pour l'hiver et le potager où Yvonne, j'en suis sûr, s'émerveillera tout à l'heure de découvrir des carrés de serpolet, de mélisse et d'herbes rares. Dans un instant, on les entendra descendre l'escalier puis on les verra entrer dans la salle à manger dont une vaste tapisserie représentant l'Enfance, œuvre d'un maître du XVIIIe, garnit l'un des murs. Les Vendroux sont déjà attablés. On ne s'embrasse pas en public chez les de Gaulle. Des signes de convenance suffisent. Les grands sentiments se moquent des grandes démonstrations.

Le temps radieux incite à la marche. Chapeau et costume trois-pièces – il n'apparaîtrait jamais autrement quel que soit le climat –, il suit Jacques Vendroux sur un chemin pierreux grimpant les premières pentes du Candelon (chandelle dans la langue du pays), la colline rocheuse qui domine la contrée de ses neuf cents mètres. Me voici à leurs trousses. La pente est trop raide pour les dames. Elles ont préféré gambader dans le parc. Tant pis pour elles. Elles ne savoureront pas l'odeur du maquis et des pins, et rateront le spectacle d'un vol désordonné de grives effarouchées. Demain, c'est promis, elles seront de la balade. Il ralentit le pas. Autant Jacques Vendroux a le pied alpin, autant lui aime les terrains plats du fantassin. Ce tapis de mousse invite à s'asseoir. Pointant sa canne vers l'arête rocheuse, il avoue : « Je crois que j'aurais aimé la solitude des sommets..., le problème est d'arriver en haut. Ce doit être fort fatigant. » La solitude, elle est là, au cœur de cette forêt de pins. Ce qui enhardit Vendroux au point de se permettre de poser à son beau-frère la question dont beaucoup de Français aimeraient connaître la réponse : reviendra-t-il un jour au pouvoir ? Je tends l'oreille. « Dans le petit jeu actuel des combinaisons et de la politicaillerie, personne ne viendra me chercher. Seul un grand courant du peuple pourrait, avant qu'il ne soit trop tard, me ramener "aux affaires". » L'espoir ressemble à la soif de ces pins privés de pluie.

D'après mes observations, chaque après-midi, la Citroën emporte les quatre passagers à travers la région, car il ne peut jamais rester en place. Alors, c'est un grand tour sur la côte où, en cette période, le touriste est rare, et une autre fois, un pèlerinage sur les plages du débarquement de Provence. Carte en main, le stratège échafaude des itinéraires compliqués qui déposent les deux couples à Vence, chez une vieille tante, aux Baux-de-Provence où ils déjeunent excellemment ; à Notre-Dame de Laghet ; au Baou de Saint-Jeannet ; à Fayence…

Quatre ans après, alors que La Celle attend de nouveau le grand visiteur dont l'adresse est maintenant faubourg Saint-Honoré, un mystère plane pendant quelque temps. Pourquoi la direction de l'hostellerie s'est-elle mise en quête de se procurer un berceau de style provençal pour un enfant de huit mois ? J'ai trouvé la réponse : il est destiné à Anne de Boissieu, sa petite-fille. Elle n'est là que pour un jour, celui des Rois. A cette occasion, il a souhaité que son fils Philippe, capitaine de vaisseau en poste à Toulon, rallie La Celle avec Henriette, son épouse, leurs trois enfants, accompagnés de la petite Anne et de sa mère Elisabeth, qu'ils hébergent dans leur villa rose du Mourillon. La semaine prochaine, Yvonne et lui leur rendront leur visite. Ensemble, ils iront déguster un loup au fenouil à la Tour Blanche et monteront jusqu'au sommet du mont Faron où, en 1964, une explosion provoquée manquera de le faire passer de vie à trépas avec les siens et sa suite.

Aujourd'hui, après la messe à Sainte-Perpétue, l'église abbatiale de La Celle, on tire les Rois. Toute la famille est attablée devant la grande cheminée de la salle à manger où rougit un feu de ceps. Je regrette qu'un photographe de génie n'ait pas immortalisé cette scène. La fève échoit à Cada qui choisit, bien sûr, son beau-frère pour roi. « Vive le roi ! » Les enfants étouffent leurs cris de joie et leurs applaudissements. Je viens de voir, à côté de Boissieu, son gendre, qui le racontera plus tard, leur grand-père ébaucher le geste de ceindre la couronne de papier doré. Il s'est tout juste effleuré le front, mais, vite, d'un sourire chiche, il s'efforce de se faire pardonner cet enfantillage. « Ah ! si j'étais roi, doit-il se dire en pensant à la France, que de grandes choses nous ferions ensemble ! »

Adenauer

J'imagine la quantité d'eau qu'il doit mettre dans son vin pour recevoir cet Allemand chez lui, à Colombey, d'autant qu'aucun chef d'Etat ni tête couronnée n'y a jusqu'à présent mis les pieds. A Colombey, son fief, son château fort au pont-levis ségrégatif. Un Teuton ! Auprès duquel il n'a même pas voulu insister pour le faire venir à Paris de peur de soulever l'ire gauloise, Paris où l'on bombarde d'œufs et de tomates les voitures teutonnes qui se risquent à franchir la frontière. Car il y a de quoi avoir les nerfs chatouillés après tout ce qu'ils nous ont fait. Treize ans, c'est vétille pour digérer tant de turpitudes. Pour extirper des têtes les images d'horreur qui les turlupinent : les fusillés, les massacrés, les déportés. Loin, très loin encore sont les rives du Léthé. Les wagons à bestiaux cadenassés, chargés de chairs scarifiées, n'en finissent pas de rouler dans les mémoires.

Alors, voici que le gravier de La Boisserie crisse sous les pneus, que les portières claquent et que, tout sourire, il s'avance vers son invité. J'avoue qu'à sa place je me sentirais les jambes un peu molles, surtout avec cette balle sous le genou et ce violent coup de baïonnette dans la cuisse qui se rappellent souvent à son souvenir. Serrer la main d'un Allemand, depuis quand n'a-t-il pas fait pareille chose ? Sans doute, depuis ses vacances à Reidern en Forêt-Noire ou Fribourg en pays de Bade, après sa deuxième partie de baccalauréat, à dix-huit ans, et en attendant de se retrouver face à lui, sabre au clair, sous la mitraille, puis derrière les parois d'une citadelle.

Descendu de sa grosse limousine, le chancelier se présente donc, figé dans son quant-à-soi. Car lui aussi a des préventions contre ce grand bonhomme qui regarde son monde du haut de son importance. Pas étonnant que, de l'autre côté du Rhin, d'après ce que j'ai appris, on aime l'avoir pour cible. On le traite de dictateur, et on s'y connaît dans ce domaine. Il a lu sous sa plume : « Une France qui n'aurait pas de responsabilité mondiale ne mériterait pas son nom. » Et encore : « Sans grandeur, la France ne peut être elle-même ; la médiocrité est pour elle une anomalie absurde. » Et tout cela signé par le chef d'une nation battue à plates coutures en moins d'un mois ! Mais pour qui se prend-il ? Pour Jeanne d'Arc, disait Roosevelt, et il avait cent fois raison. Ne se croit-il pas appelé à remplir une mission divine ? A se sentir, d'une manière qui touche à la mystique, la conscience et la volonté de sa patrie ? Il lui faut ni plus ni moins consacrer sa vie à rendre « quelques signalés services » à son pays. Bannière au vent, il est prêt à vaincre ou à mourir pour la France immortelle. Voyez-vous ça !

Si ce Rhénan est ambitieux comme tout homme politique, il n'a pas, lui, loin s'en faut, cette prétention. Chancelier d'un pays divisé, il préfère sa Rhénanie à la Prusse militariste, à son aristocratie terrienne peu soucieuse des classes défavorisées. Pour ce vieil homme de quatre-vingt-un ans, l'Allemagne n'a jamais été l'essence de son existence. Elle ne l'habite pas depuis l'enfance. Les symboles de sa gloire et de sa grandeur, pour employer des termes connus, le laissent plutôt indifférent. S'il a conscience de son rôle, comme on me l'affirme, il ne revendique pas d'autres ambitions que celles de sortir son pays de la misère et de la mise à l'écart. Sans vouloir lui rendre des services exceptionnels, comme son hôte, cet ancien prisonnier des camps nazis souhaite simplement la guérir. Quant à son amour-propre de chancelier, il s'en bat l'œil. Il ne suppute pas ce que l'Histoire conservera de son nom. Son passé est déjà derrière lui et l'estime dans laquelle on le tient depuis longtemps le satisfait pleinement. Il n'a donc nul besoin d'impressionner son monde par ses écrits ou son éloquence. Il lui suffit de s'exprimer clairement avec parfois, quand même, des vols planés hors de son texte et des pointes d'humour déclenchant le rire. Du sérieux, bien sûr, et de la sobriété, peu d'intuition, pas de sentiment, pas de passion : de la raison. Rien d'un romantique, dirait-on de lui au contraire de ce qu'il dira lui-même un jour de ce fichu Français lorsqu'il aura appris à le mieux connaître.

Si différents l'un de l'autre, ces deux hommes arriveront-ils jamais à s'entendre ? C'est ce que se demandent autour d'eux, avec l'impatience fébrile des grands commis, ceux qui, ambassadeurs, ministres et conseillers, ont préparé cette rencontre en

Haute-Marne. Chez les Français, on n'est pas sans savoir l'opinion plutôt négative que l'invité a de son hôte. Certes, son passé militaire et son action pendant la guerre lui inspirent un certain respect, mais ses prises de position sur le problème allemand, sur la construction de l'Europe et contre la Communauté européenne de défense (CED) lui donnent des démangeaisons. Un provocateur. C'est ainsi qu'il le juge. Et comme nombre de ses concitoyens, il encaisse avec difficulté son côté impérieux, hautain et querelleur. Le Rhin a toujours eu, à certains moments de l'Histoire, la particularité de s'élargir jusqu'à rendre ses rives invisibles l'une de l'autre.

Alors, comme par enchantement, j'entre à sa suite dans la tanière de cet animal singulier qui semble vouloir en remontrer à la Terre entière. C'est un homme sur ses gardes, d'aspect un peu guindé, qui s'offre à moi, face à celui qui lui ouvre sa porte. Il se demande s'il a bien fait d'accepter cette invitation contre l'avis de la plupart de ses collaborateurs. S'il n'aurait pas dû la décliner poliment, comme il s'est refusé auparavant à fouler le sol de Paris malgré le souhait formulé par ce président du Conseil tout juste investi. De plus, il doit se mordre les doigts d'avoir raté son arrivée. Une heure de retard ! Son chauffeur s'est trompé de village. Colombey-les-Belles est dans le département voisin. Laisser bâiller ainsi un impatient dont toutes les pendules sonnent à la même seconde ! Difficile de trouver mieux pour inaugurer de bonnes relations…

Mais contre toute attente, l'homme que l'Allemand découvre n'est pas celui qu'il appréhendait d'approcher. Dédaigneux, arrogant, infatué de lui-même ? Allons donc ! Sous cette intimidante appa-

rence de clocher gothique se claquemure une nature insoupçonnée qu'un simple rayon de soleil peut éclairer d'un coup. La nature d'un seigneur débordant d'affabilité qui, chez lui, dans sa demeure provinciale, parvient même à friser la bonhomie. Celle d'un hobereau heureux d'inviter un familier du voisinage, de lui offrir gîte et couvert. A ses côtés, Yvonne – on me l'a soufflé – s'efforce de faire bonne figure. Ravalé, le petit air coincé dont elle se grime à la moindre contrariété. Et celle-ci est de taille. Ce matin encore, elle n'a pas caché aux siens, entre deux soupirs, le mal qu'elle aurait à jouer les hôtesses accueillantes. Lorraine et Alsacienne, Louise et Philomène, ses deux servantes, n'avaient pas tort, hier, de menacer de rendre leur tablier. Mais oserait-on, ici, contrevenir aux désirs du patriarche ? Aussi, bien malin serait celui qui, à l'instant, pourrait déceler sur le visage d'une de ces dames quelque signe de nervosité ou de mauvaise humeur.

Pendant le déjeuner, on parle de tout et de rien, de Bonn, si chère au cœur d'Adenauer, et des vacances de l'étudiant Charles de Gaulle en Allemagne, logeant chez l'habitant ou dans les couvents. Et l'on évite, bien sûr, d'aborder, jusqu'au dessert, tout sujet où la guerre rappliquerait avec ses souvenirs hideux et ses rancunes. Effet de ce petit verre de mirabelle auquel tout convive a droit, servi par le maître de maison lui-même ? Je lorgne le chancelier. Reconnaîtrait-on l'homme réservé, engoncé dans ses suspicions, qu'une voiture a déposé tout à l'heure ? La sympathie que son hôte a ressentie à sa vue dès les premières minutes a agi sur lui comme une soudaine bouffée de chaleur dans le dos d'un homme frigorifié. Illusion ? J'attends le dîner. Il aura lieu dès la fin de leur tête-à-tête dans le bureau sis au bas de la tourelle d'angle, et de la petite promenade autour du jardin dans laquelle il entraîne son invité aussitôt après. A distinguer, au loin, les oscillations que ses bras dessinent alors, je devine qu'il lui parle de la forêt des Dhuits dont tous les sentiers connaissent ses pas.

Nous pénétrons maintenant dans la salle à manger occupée par la table en chêne. Imposante, la cheminée nous fait face, flanquée de deux amphores au col effilé. Derrière nous, une tapisserie d'Aubusson nous transporte au temps de Joinville ou de Ronsard. Près de la fenêtre, dressé sur ses ergots, un coq en métal travaillé. Va-t-il chanter au dessert ? Je crois saisir les mots qui s'envolent : Francs de l'Ouest et Francs de l'Est, Charlemagne, Bouvines, Otton, Philippe Auguste, autant de points de rencontre dans l'histoire des deux pays. Et pour finir, le bouquet. Ludwig Philip Kolb, le cuirassier du Royal Deux-Ponts de Louis XVI, que le Français rappelle en renfort. Son ancêtre allemand. *Wonderbar !* A 22 heures, comblé et heureux, oui, c'est visible, Konrad Adenauer gravit l'escalier vers sa chambre située au-dessus du bureau, dans la tourelle. Des roses, ses fleurs préférées, l'accueillent sur la commode en bois fruitier, choisies par Yvonne dans le dernier parterre préservé de l'automne. Rien ne remplace la rose quand on veut parler sans ouvrir la bouche. Sur la table de nuit, un bougeoir pour parer à toute défaillance des lampes électriques.

Le lendemain, à l'heure du départ, alors qu'il accompagne le chancelier sur le perron, survient un geste lourd de sens. « La patrie de l'Allemand est le pays où le serrement de mains suffit pour tout serment », lit-on dans les *Mémoires d'outre-tombe*, mais il ne s'en contente pas. Au moment où Adenauer va monter dans sa voiture, il lui donne l'accolade. Spontanément, sans déclencher de surprise ou d'hésitation de sa part. Plus tard, il expliquera à ses proches combien lui a coûté le fait d'étreindre un Allemand et combien l'un et l'autre ont compris que leurs deux pays devaient exorciser les démons du passé et s'entendre à jamais. Que de chemin parcouru quand on veut bien, comme moi, retrouver ce qu'il écrivit dans une lettre à son père, d'Allemagne, où il était prisonnier : « Vous allez rire, si je vous dis qu'il y a parmi les Allemands qui nous entourent une foule d'individus – et le plus souvent instruits – qui ont l'audace de venir de temps en temps nous parler d'une alliance de leur race avec la nôtre après la paix ! ! ! Il n'y a rien à répondre sur ce chapitre, n'est-il pas vrai ? sinon un pur et simple haussement d'épaules... » En décembre 1958, à la suite de l'élection à la présidence de la République de son hôte de Colombey, le chancelier lui adresse ce télégramme dans lequel il lui souhaite « au nom de la République fédérale et du peuple allemand, et personnellement de tout cœur, bonheur et bénédiction de Dieu. Je sais que la décision du peuple français est pour nous tous une bénédiction ».

Ainsi, deux anciens adversaires viennent de montrer aux générations futures que lorsque les canons se sont tus, il n'y a pas de raison de ne pas en faire autant. A elles de perpétuer cette étreinte. Ai-je rêvé ? Je me demande si je ne l'ai pas entendu alors répéter derrière Chateaubriand : « Les scènes de demain ne me regardent plus ; elles appellent d'autres peintres : à vous, messieurs. »

Amis

Quand on a trop d'amis, on n'a pas d'ami. S'est-il dit cela un jour ? Des amis, j'en ai, tout le monde en a, mais lui aucun, semble-t-il. En tout cas, je suis sûr qu'il a dit : « Les hommes peuvent avoir des amis.

Pas les chefs d'Etat. » Et un autre jour : « Un homme supérieur n'a pas d'amis puisqu'il n'a pas d'égaux. » Et Palewski, et Juin, et Leclerc, et Malraux ? Ne prenons pas de simples relations, aussi étroites soient-elles, pour ce sentiment réciproque chargé de tant de complexité. Palewski, c'est le vieux complice, Juin, le major de sa promotion à Saint-Cyr, le seul qui se permettra de le tutoyer sa vie durant, Leclerc, le cher cabochard. D'accord. Mais Malraux, le chantre de la Ve, son génial fou du roi à la marotte tintant à tout-va, on ne peut décemment lui refuser ce terme. Pourtant, on aurait tort de le lui accorder. D'ailleurs, il s'en garde bien lui-même. Il a beau le qualifier de « merveilleux et fidèle », il ne lui concède que le titre de compagnon. Certes, il a une place privilégiée à ses côtés. Nul autre ne saurait pareillement l'entraîner dans les vagabondages de son imagination débridée. Ne susciterait chez lui cet émerveillement mêlé d'étonnement que l'on appelle l'admiration et que Chateaubriand définit comme une « divinité » qui vous donne « un bonheur si grand, si pur, sans aucun mélange de crainte ou d'envie »

Nul autre ? Et Mauriac ? Oublierais-je l'enthousiasme qu'il lui inspire ? Bien sûr que non. Mauriac, dit-il, c'est « l'un des plus beaux fleurons de la couronne de notre pays », c'est l'écrivain dont le « magnifique talent » parvient à « atteindre et remuer les âmes ». Mais s'il reconnaît que Mauriac l'honore de sa « généreuse amitié », il ne la lui rend pas. Alors, qu'attend-il donc de lui ? De pouvoir dialoguer sur les sommets, « qu'il s'agisse de Dieu, de l'Homme ou de la France ». Tandis que Malraux lui apporte la part de rêve dont il a un ardent besoin pour s'élever au-dessus du « terre à terre ». Pour

« dissiper les ombres » qui risquent d'obscurcir son soleil. Mais je me pose cette question : a-t-il vraiment conscience de ce qu'il représente aux yeux de ce tribun inspiré dont le souffle fait incliner les têtes lourdes de vénération ? Sent-il l'irrésistible fascination qu'il a éveillée chez cet esthète à l'égal de celle que pourrait lui procurer la vue d'un marbre grec sortant des profondeurs marines ? Une fascination enrichie d'amour filial. A entendre ce que me dit Madeleine Malraux, « il a trouvé chez le Général une sorte de père spirituel. Il se comporte face à lui comme un adolescent subjugué ». Inutile de chercher autre chose entre ces deux hommes. Ils se complètent à merveille et c'est bien assez. L'amitié est faite d'un métal plus précieux.

Alors, je reprends l'enquête. Je fouine dans son enfance, dans les collèges qu'il a fréquentés, les régiments qu'il a commandés, les tranchées où il a piétiné, et, peine perdue, ne trouve que des camarades. Et Gustave Ditte, témoin à son mariage, et Jacques de Sieyès à Saint-Cyr, et Georges Loustaunau-Lacau à l'Ecole de guerre ? Que de bons camarades. J'épluche son existence, examine de près tous ceux qui gravitent dans son ombre, qui l'aident à « exploiter les circonstances » : des compagnons, des collaborateurs, des hommes de fidélité et de confiance qui se donnent à sa cause avec le courage et l'enthousiasme du chevalier d'antan. Pourtant, dans son courrier, le « cher ami » n'est pas rare. Nombreux sont ses correspondants que je pourrais voir brandir, comme un drapeau victorieux, l'une de ses lettres décorée de cette expression honorifique. Mais il y a ami et ami, et le « cher ami » dont on se vante n'est pas l'ami que l'on imagine.

N'a-t-il vraiment jamais eu d'amis ? Je désespère de le savoir. Manque-t-il à ce point de bonté de cœur et de serviabilité pour refuser tout acquiescement au sentiment d'autrui ? Personne ne serait donc capable de déverrouiller l'armure dont sa grande carcasse est protégée ? De franchir cette distance qu'il paraît vouloir rallonger au fur et à mesure que l'on s'approche de lui ? Personne ? Si, quelqu'un. Le fils d'un gendarme. Lucien Nachin. Natif de Calais, comme Yvonne de Gaulle, blessé puis prisonnier comme lui en 1915. Leur rencontre a lieu à Saint-Maixent en 1919. Le capitaine Nachin y est instructeur et lui, avec le même grade, stagiaire. Leur entente n'attend guère avant de prendre consistance. A la fin du stage, un réel attachement les lie étroitement. Il a de quoi me surprendre. Ancien enfant de troupe, Nachin est de cinq ans son aîné, et son aspect physique est très éloigné du sien. Autant l'un impressionne par sa silhouette longiligne et son port impérial, autant l'autre ressemblerait, avec ses lunettes au bout du nez et son aspect bonasse, à un employé de banque d'autrefois derrière son guichet. Pourquoi, parmi tous ses semblables, s'efforcer de dénicher son contraire ?

Mais, curieusement, ce prétendu débonnaire dissimule une nature qui ne peut qu'irriter, je le crains, quelqu'un comme le futur général. Il avoue avoir « un tempérament impétueux et belliqueux, une impulsivité à fleur de peau, une violence brutale dans les réactions » qui, s'il n'arrivait pas à les contrôler, feraient de lui « un individu tyrannique et insupportable ». Et d'ajouter qu'il n'y est parvenu qu'à moitié et que « la brute n'est qu'en partie assoupie ». Ce n'est pas, en tout cas, l'attitude qu'il a envers son stagiaire. Loin de lui jeter des étincelles, il le conquiert par son affabilité et son désir naturel de rendre service. Autre surprise : Nachin est autodidacte et il est monté en grade par le rang. Comment plaire ainsi à un homme si cultivé qui ne jure que par les diplômes ? Si Nachin s'est fait lui-même, il s'est très bien fait. Il l'assure : « Tout ce qui touche à l'esprit : idée, art, histoire » attire ce « soldat, chef, fonctionnaire, érudit, philosophe ».

Il est des influences qui s'exercent avec tant de discrétion qu'on ne les prend pas, sur le moment, pour ce qu'elles sont. Ce que j'apprends ensuite me confond. L'ascendant de Nachin est tel qu'il réussit à entraîner le grand solitaire qui fuit les mélanges dans un groupe de réflexion plutôt marqué à gauche, dirigé par un lieutenant-colonel, Emile Mayer, et fréquenté par des militaires, des politiques, des écrivains et des éditeurs. On se réunit le dimanche matin chez la fille de Mayer, boulevard Beauséjour, et l'on refait le monde dans une fraternelle animation et un épais nuage de fumée. Le lundi est réservé à ceux que les problèmes militaires passionnent particulièrement. On se donne alors rendez-vous à la Taverne des Brasseries Dumesnil, 73, boulevard du Montparnasse, aujourd'hui remplacée par un cinéma. Le déjeuner à l'alsacienne vient de se terminer, mais la conversation continue. Je reconstitue la scène : il est assis devant un bock mousseux, menton en l'air, cigarette plantée sous le nez, œil pensif, tandis qu'à travers les soupirs du percolateur ronflent les chars et les avions, et fusent les lazzi contre les partisans de la guerre statique.

De retour du Liban en 1932, le chef de bataillon de Gaulle retrouve Mayer, l'analyste, le visionnaire de la société militaire de la IIIe République. Il n'oublie pas les compliments qu'il a reçus de lui, alors qu'il était jeune officier, à la parution de plusieurs de ses articles dans la *Revue militaire française*, dont l'un était intitulé « L'action de guerre et le Chef ». Ses idées antidogmatiques et, selon ses mots, la « hantise de servir de guide » font passer cet officier à la retraite, âgé de quatre-vingt-un ans, pour un vieux radoteur ou un penseur de génie. Qu'importent leurs divergences en matière de doctrine militaire, le chef de bataillon, qui a quarante-deux ans, apprécie l'incroyable personnalité et la liberté de pensée et de parole de cet aîné. Le pétillant lieutenant-colonel l'aide dans sa réflexion et, en même temps, lui ouvre la porte d'hommes politiques intéressés par ses théories. C'est ainsi qu'il entre en relation avec Paul Reynaud, qui en fera son sous-secrétaire d'Etat au ministère de la Défense nationale et de la Guerre en juin 1940. La respectueuse sympathie qu'il témoigne aussitôt à cet homme âgé se transforme vite en un attachement profond. Mais je le sonde : ne serait-ce pas plutôt de l'amitié, celle d'un admirateur que la très grande déférence empêche de se manifester ? Non pas. Alors, de Gaulle adepte d'un gourou nommé Mayer ? Pas davantage. Disons qu'il est son disciple intellectuel tout en tenant coûte que coûte à garder la tête froide.

Avec Lucien Nachin, il en va tout autrement. Leur complémentarité a agi sur lui comme un mélange tonifiant. Quand il meurt en 1952, il termine son éloge par ces mots : « Que de choses il a données, s'empressant d'être utile à ceux qui le méritent, les guidant vers les trésors que lui-même avait découverts. » Et il ajoute pour conclure, comme il déposerait sur sa dépouille les plus belles fleurs du monde : « Lucien Nachin, mon compagnon, mon ami. »

Antoing

Croit-il en la fatalité ? A sa place, je me demanderais si un mauvais génie n'interviendrait pas dans les coïncidences fâcheuses qui semblent vouloir me poursuivre. Si ces accidents imprévisibles que me réservent parfois les hasards de la route avec une insistance plutôt curieuse ne relèveraient pas du surnaturel. Je veux parler de son obligation de quitter son pays à plusieurs reprises, cœur meurtri, de le déserter comme s'il en était chassé, comme si on le lui arrachait des bras. Beyrouth, Londres, et pour commencer Antoing, en 1907, à l'âge de seize ans et demi. Antoing, en Belgique, si près de Lille, sa ville natale, où réside sa grand-mère, mais si loin quand même. Le voici donc en ce triste matin d'octobre débarquant du train à vapeur dans cette petite gare wallonne, proche de la frontière française, avec son frère Jacques, son cadet de deux ans. Le voici avec sa sensibilité d'écorché vif, marqué comme de brûlures par les événements qui l'ont contraint à l'exil. Obligé de fermer livres et cahiers, et d'abandonner sa chère école de l'Immaculée-Conception de Paris-Vaugirard pour aller continuer ses études à l'étranger. Ainsi en ont décidé les rad-soc au pouvoir. Waldeck-Rousseau, ce jacobin nantais surnommé « le brochet figé dans la gelée », et surtout « le petit père » Combes, l'ancien séminariste débordant de sa haine de renégat. Celui-ci a décrété la suppression de trois mille écoles chrétiennes et expulsé brutalement l'Eglise de l'école. L'enseignement ne sera plus désormais que public. La rupture avec le Vatican est consommée, la séparation des Eglises et de l'Etat irréversible. « Nous nous sommes comportés comme des mufles », avouera, après la Grande Guerre, le radical Clemenceau en revenant sur ces faits. Mais pour l'instant, c'est le drame national.

Pauvre Charles ! Je le regarde. Sa valise à la main, il marche à côté de son frère Jacques sous une averse drue, traverse, comme moi aujourd'hui, la petite place de cette localité belge jusqu'à la grille d'entrée de son nouveau gîte : un château médiéval dont la tour surmontée d'une échauguette de conte de fées a l'air d'une proue fendant les eaux du ciel. C'est là, dans la province du Hainaut, que les jésuites français ont trouvé refuge et rouvert leur institution, à l'exemple de quatre cent cinquante autres établissements religieux de France. Là que, dans cette Ecole supérieure préparatoire du Sacré-Cœur d'Antoing, Charles, qui vient de passer avec succès son deuxième baccalauréat grâce à une dispense, va se perfectionner en mathématiques élémentaires tout en préparant Centrale et Saint-Cyr en compagnie de vingt-trois jeunes compatriotes et d'un Tournaisien. Je le regarde encore. Avec son uniforme dominical de pensionnaire, costume noir et chapeau de même couleur, il ressemble à un séminariste poursuivi par ses péchés. Qu'il est morose ! Le 4 octobre, au lendemain de son arrivée, son père reçoit ces mots désabusés : « Il pleut, temps de Belgique et de rentrée. Quelques intrépides s'en vont sous les ondées visiter le champ de bataille de Fontenoy. » Qu'attendre d'autre d'un ciel d'exil ?

La vie de château n'est pas celle que l'on croit. Confort rudimentaire, carreaux manquant à certaines fenêtres, dortoir à peine chauffé dans d'anciennes écuries, l'eau gelant la nuit dans les brocs. Belle à voir sous sa toison de vigne vierge qui paraît l'emmitoufler de fourrure, cette demeure fortifiée néo-gothique que fréquentèrent, entre autres, Charles le Téméraire, Charles Quint, Louis XIV et Louis XV, jure par son intérieur. Laissée à l'abandon par son propriétaire, las des poussières du « pays blanc » où l'on extrait la pierre dont on tire la chaux, elle semble être devenue la proie des fantômes. Mais ce ne sont pas ces inconvénients qui affligent l'étudiant, ni la rigoureuse discipline des jésuites, ni le lever à 5 heures, ni l'extinction des feux à 21 heures, ni la traversée de la cour, soir et matin, sous la pluie battante et parfois sous la neige, pour gagner les écuries des communs. Tout cela, il le supporte mieux que la plupart de ses camarades. Mieux encore que le futur metteur en scène Jean-Pierre Melville, le futur acteur Pierre Fresnay et Joseph Teilhard de Chardin, frère du jésuite philosophe. Il s'en gausserait même s'il avait le cœur à rire. Mais il y a, là-bas, à Lille, à Paris, des Français divisés qui s'entredéchirent et son cœur de seize ans et demi en est meurtri. Quand on parle de la France, il a toujours un cœur plus développé que celui des autres.

Je n'attends cependant pas longtemps avant de le voir reprendre du poil de la bête. Plaisir de l'imaginer dans sa vie quotidienne, penché sur ses livres dans la salle d'étude, ou encore, au bout du parc, seul, agenouillé dans la minuscule chapelle dédiée aux Ligne, les propriétaires, dont les ancêtres reposent là, veillés par des gisants. Car il est pieux, très pieux, mon jeune Charles. Pendant ses vacances d'été, juste avant son arrivée ici, il s'est proposé comme brancardier à Lourdes. Aussi ne figure-t-il pas parmi ceux qui se plaignent d'aller prier à pied Notre-Dame-de-Bon-Secours afin d'obtenir de bons résultats scolaires. Pareil espoir vaut bien vingt-huit kilomètres aller et retour. Ah ! on ne rigole pas tous les jours chez les jésuites quand on est un potache. Les colles hebdomadaires et la perspective d'un classement trimestriel ont de quoi tenir en haleine. Et comme s'il en était besoin, des examinateurs catholiques de Lille viennent, de temps en temps, plonger d'un air sévère leur nez dans les carnets de notes.

Il n'est jamais fatigué. Apprendre, toujours apprendre. Toujours plus, toujours mieux. Etre le meilleur en tout, briller aux yeux de son père, le professeur, le confident. Un mois après son arrivée, il lui écrit.

Quatre ou cinq pages bien tassées. Reconnaissant, il le remercie d'abord de lui avoir adressé ses vœux pour ses dix-sept ans et pour le cadeau qu'il a joint à son envoi : deux francs. Puis, en aîné attentionné, il lui donne des nouvelles de la santé et du travail de son jeune frère. A le lire, on est en droit de s'interroger : cette lettre d'adolescent ne serait-elle pas plutôt celle d'un père ? Je l'entends formuler cette réponse aux inquiétudes que Jacques inspire à ses parents : « Vous savez bien aussi qu'il n'est pas précisément porté à se forcer quand il ressent de la fatigue. Il ne faut pas non plus s'exagérer le chagrin qu'il éprouve à son peu de succès présent en mathématiques. C'est encore absolument un enfant, et pour peu qu'on lui parle d'autre chose ou qu'il joue au ballon, il n'y pense plus du tout. Au reste, il commence à aller mieux en mathématiques. Cette semaine, il a récité deux fois sa leçon par écrit et a eu un 5 et un 6. » Son propre cas, Charles va maintenant le passer au crible avec la rigueur d'un examinateur tatillon. « Quant à moi, confesse-t-il, j'ai eu cette semaine un grand malheur. » Lequel, mon Dieu ? Je tremble. Une place de douzième en interrogation de mathématiques. « Et puis, comme décidément la fortune n'était pas avec moi durant ce mois-ci, je viens d'être second en physique et chimie. » Mais il se rattrape en ajoutant : « Naturellement avec la même note que le premier. Ce premier est un illustre inconnu : Chaboche. » Certes, cet « illustre inconnu » l'a devancé mais, s'empresse-t-il de poursuivre, il ne vaut rien en maths ! Lui pourrait lui en apprendre. Toute sa vie, il se méfiera des illustres inconnus qui essaieront de lui tailler des croupières.

Des cris, soudain. Sur l'esplanade, face au château. On y dispute un match de football. Où est Charles ? Je n'ai pas de mal à le distinguer parmi les joueurs : c'est le plus grand. On me dit que grâce à son coup de pied assuré, c'est à lui que l'on confie habituellement les tirs de réparation. Mais – oserais-je en douter ? – prendre le sifflet pour arbitrer un match ne lui déplaît pas non plus. Le foot est vraiment sa prédilection. Avec l'escrime, bien entendu. Il est moins à l'aise sur des patins à glace au cours des parties de glissades sur les étendues gelées bordant l'Escaut, ou en maillot de bain, dès les beaux jours revenus, dans l'eau fraîche de cette rivière, au Trépidamium de Tourcoing ou aux Bains lillois. Et beaucoup moins à l'aise assurément dans ce cortège carnavalesque que certains hurluberlus ont l'idée de former pour fêter les Rois. A tout prendre, il préfère les excursions dans les environs bien qu'il n'aime guère la compagnie de trop de monde. Alors, en rang parmi les autres, de noir vêtu des pieds à la tête, je le vois parcourir la plaine de Fontenoy, visiter le charbonnage de Saint-Ghislain, Charleroi, Liège, Aix-la-Chapelle et Waterloo. Et lorsqu'on rebrousse chemin, on entonne d'une même voix cette chanson née un soir d'emphase patriotique :

Fils de France, à la patrie aimée
Nous dévouerons notre cœur et notre bras,
Et nous serons sa triomphante armée,
Quand luira l'aube des combats.
Nous maintiendrons la bonne renommée
Du noble Antoing qui ne périra pas.

Et puis, tous les quinze jours, c'est le retour en train à Lille, *via* Tournai, avec les copains, le retour vers « la patrie aimée ». Les retrouvailles avec Julie Marie Maillot-Delannoy, la grand-mère, dans sa maison natale, et les cousins de Corbie qui habitent en face, dans la même rue. Jean, le plus âgé d'entre eux, plein d'admiration pour lui, en raison de son allure de grand seigneur, au point de lui dédier une fois ce quatrain prémonitoire : « Et puisque c'est le même bois / Qui se cache sous une autre écorce / Pourquoi donc pas le Grand Gaulois / Aussi bien que le Petit Corse ? »

Un an passe et, un beau jour, à mon grand étonnement, un « laïc » venu de Paris se présente au château, chapeau melon à la main. En bon pragmatique, l'ardent « bouffeur de curé », Clemenceau, s'est ravisé. Et a décidé, selon le souhait de certains parlementaires, d'envoyer une discrète mission en Belgique afin d'étudier avec les congréganistes exilés un retour éventuel en France. L'émissaire ne veut pas se contenter de l'avis des cadres de l'école. Il demande au père recteur de rencontrer un ou plusieurs élèves français. « Un jeune homme de dix-huit ans (en fait, il a dix-sept ans et demi) de haute taille, très mince et à la démarche un peu raide, nous rejoint alors, racontera cet homme plus tard. Sûr de lui, le regard fier, un peu hautain, manifestement très intelligent, il évoque avec moi ses occupations actuelles (il vient de publier une étude sur "la Congrégation de la Très Sainte Vierge") et son avenir. Il hésite entre préparer Centrale – se perfectionne donc en mathématiques – ou intégrer Saint-Cyr. »

Compliments à ce père recteur. Il ne pouvait pas faire choix plus judicieux. L'envoyé spécial n'en revient pas. Fichtre ! Jamais il n'a entendu un jeune de cet âge parler ainsi de la France, de ses gloires et de ses faiblesses. Quel sens de la formule ! Quelle force de conviction ! Et des jésuites, qu'en pense-t-il ? « On reproche aux élèves des jésuites de manquer de personnalité, répond-il. Nous saurons prouver qu'il n'en est rien. L'avenir sera grand car il sera pétri de nos œuvres. » Ces paroles, il vient juste de les prononcer à l'issue de la retraite qu'il a suivie à Notre-Dame du Haumont, à Monvaux, pour remercier le prédicateur. J'ai pu les lire, gravées aujourd'hui en lettres d'or sur une stèle, à l'entrée du château. Avant de quitter son jeune interlocuteur en lui serrant la main, l'envoyé de Clemenceau lui demande de lui rappeler son nom. Il lui répond, impérial : « Monsieur le conseiller, retenez ceci : je m'appelle Charles de Gaulle. »

Argent (L')

A le voir dans toute sa splendeur, qui pourrait ne pas supposer qu'il coûte cher à l'Etat ? La presse satirique l'aurait-elle baptisé le Roi-Soleil sans raison ? Certes, il n'habite pas Versailles, mais a-t-on besoin de grandes eaux pour vivre dans l'opulence ? Si je n'ai guère entendu de reproches à ce sujet, même chez ses adversaires, à l'exception des plus virulents, ils existent quand même bel et bien. Il est difficile d'imaginer que tant de magnificence n'entraîne pas celui qui l'inspire à en tirer profit pour lui-même. Il n'y a rien de tel que l'argent des autres pour donner des idées à ceux qui n'en ont pas. Mais avec lui, les envieux perdent leur temps. A moins d'avoir recours à l'invention, ils ont peu de chose à se mettre sous la dent. La France n'a jamais connu un homme arrivé si haut qui se fût moqué si fort de sa fortune personnelle.

C'est bien entendu : chez lui, on ne mélange pas sa propre caisse avec celle de l'Etat. D'ailleurs, il est trop soucieux de l'argent des Français pour se préoccuper du sien. Une fois de plus, louange à ses parents qui lui ont transmis cette philosophie rare selon laquelle la richesse d'un homme peut se trouver ailleurs que dans les entrailles d'une banque. Ce qui ne signifie pas qu'il méprise les gens à cause de leur fortune. Il a plutôt tendance à avoir pitié d'eux. Son fils me le spécifie : il plaint beaucoup les milliardaires du genre d'Onassis dont la vie entière est consacrée à la fructification de leur magot. Il suit en cela l'opinion du vicomte désargenté de Combourg qu'il vénère : « Les biens de la terre ne font que creuser l'âme et en augmenter le vide. » Etre riche, dit-il, réclame des qualités qu'il n'a peut-être pas lui-même alors que la pauvreté n'en exige aucune. La richesse lui est donc indifférente. Le seul avantage qu'il lui consent, c'est, explique-t-il à son fils, de « pouvoir changer de chemise et de sortir de la foule ». Je discerne dans cette attitude le soldat plus intéressé par la défense de son pays que par celle de sa solde. Il faut dire que l'armée n'est pas le métier avec lequel on espère s'enrichir. A son époque, elle est plutôt avare avec ses officiers. Des raisons économiques poussent l'Etat à faire fondre ses effectifs aussi bien que ses rémunérations.

Cependant, des objections me viennent aux oreilles. Celle-ci, par exemple : à qui fera-t-on croire qu'une famille portant un nom pareil se désintéresse à ce point des biens matériels ? Les « aristos » savent mieux que quiconque ajouter des hectares aux hectares. S'il n'a pas de château, il possède sûrement des terres grasses à souhait dont le rapport doit arrondir ses fins de mois. Je crois savoir à ce sujet qu'il lui reste deux propriétés héritées de ses parents près de Lille et de Calais. Des fermages au plus bas dont il refuse toute réévaluation. D'autres ont disparu corps et biens pendant la guerre. Quant à La Boisserie, incendiée et ravagée, comment la restaurer en 1945 sans un sou vaillant ? Car il n'a, à l'époque, ni revenus, ni retraite, ni indemnités. Lorsque Edmond Michelet, ministre des Armées du gouvernement Gouin, lui propose de faire passer son grade de général de brigade à titre temporaire à général d'armée, avec les arriérés de solde correspondants, il refuse toute régularisation. Il est donc contraint de vivre d'emprunts auprès de banques privées dont les présidents comptent au nombre de ses partisans. Et cela jusqu'à ce que les trois volumes des *Mémoires de guerre* lui rapportent de quoi les rembourser au fur et à mesure. Les droits d'auteur sont faits de telle sorte qu'ils donnent parfois à l'auteur le droit de continuer à écrire.

« L'intendance suivra. » Quand vole vers moi cette contre-vérité, je prends la mouche. Ceux qui la prononcent ne savent ou feignent de ne pas savoir combien l'économie nationale est sa préoccupation permanente. Yvonne le constate souvent elle-même à Colombey. Rares ses retours du marché où il ne lui pose pas de questions sur les prix pratiqués. Livre de beurre, kilo de sucre, litre d'huile, tout y passe. (Je crois assister à la scène dans la cuisine, devant Charlotte et Honorine, près de la grande cuisinière en fonte.) Il veut pouvoir estimer avec une méticulosité d'enquêteur économique le fameux « panier de la ménagère ». De même, se renseigne-t-il auprès des visiteurs pour connaître leur avis sur les impôts et autres charges. Une fois, en 1962, il va rencontrer à l'improviste un cultivateur dans sa ferme pour se rendre compte de sa condition. Le policier accompagnateur revit cet épisode savoureux en me le racontant. A la vue de la DS présidentielle dans la cour de la ferme, c'est l'émoi. « Le Général ! Le Général ! » On accourt de la grange, de l'étable, les poules et les canards sont de la partie. A la table familiale, devant un bol de café au lait, assis sur le banc avec le couple de fermiers et ses enfants : « Alors, la betterave, ça marche ? Combien le quintal ? » Une heure à se faire expliquer le travail de ces braves gens, leurs problèmes. Il est retourné dans sa tranchée, parmi ses hommes en bleu horizon, engagés dans une autre bataille.

Le chrétien a aussi, j'en suis sûr, sa part dans cette façon d'être. Penser aux autres, leur tendre la main en cas de besoin. Ce grand homme sait s'abaisser au niveau des petits quand il faut faire la charité. Et puis, donner aux pauvres, c'est aussi se rembourser de la peine que leur vue vous inflige. Yvonne a beau récriminer, il envoie chèque sur chèque à des inconnus pleurant misère, pas toujours à bon escient, se plaint-elle. Généreux, soit, mais à condition que l'anonymat du donateur soit respecté. C'est l'exigence qu'il impose aux multiples associations qui bénéficient de ses largesses, telles que celle de l'école

Sainte-Geneviève de Versailles où son père a enseigné. « Un individu peut-il être heureux au milieu des autres qui sont malheureux ? Non ! », professe-t-il devant un invité à Colombey. Au cours de son voyage en Bolivie, évoque pour moi une dame de son entourage, une Indienne est tuée, écrasée par une des voitures du convoi présidentiel. Aussitôt, il fait remettre une somme importante à sa famille, prise sur sa dotation personnelle. Grand seigneur, il distribue de larges pourboires. En province, au cours d'un déplacement, lorsqu'on refuse de lui présenter la facture de l'hôtel, le personnel reçoit de sa part l'équivalent du montant de son séjour. Dans son dernier carnet de notes, je lis cette épigramme de Chateaubriand : « Les avares sont presque toujours des gens d'esprit. » Ce à quoi il a ajouté de sa main : « Il faut que je sois bien bête. »

Nombre de Français imaginent qu'un chef d'Etat échappe aux impositions, soit d'une manière légale, soit en fraudant. J'ai souvent entendu cette rumeur. Lui règle les siennes rubis sur l'ongle. « Refuser de payer l'impôt, c'est porter atteinte aux intérêts de sa patrie », énonce-t-il. Il remplit lui-même ses déclarations, expédie en temps voulu le tiers provisionnel et laisse Yvonne se charger de la taxe d'habitation. Fidèle à la Banque de France depuis sa première solde, il a toujours un chéquier de cet établissement sur lui et jamais d'argent de poche, sauf pour la quête de la messe du dimanche. Il tient à payer de sa main son coiffeur qui vient chaque mois à l'Elysée. Il demande alors la somme nécessaire à son aide de camp qu'il remboursera par chèque. Une autre rumeur, selon moi, prête à rire. Elle prétend, à l'inverse de celle qui l'accuse de grever le budget, que, poussé par son épouse habituée à épargner le moindre sou, il ferait montre d'une telle pingrerie que certains visiteurs étrangers, à l'Elysée, en seraient choqués. Et de raconter ce fameux dîner officiel en l'honneur du shah d'Iran au cours duquel, pour avoir prétendument lésiné sur le nombre de pigeonneaux à commander, il dut se contenter d'un beefsteak avec quelques-uns de ses collaborateurs. En fait, il avait fallu remédier en catastrophe à la présence d'invités qui ne s'étaient pas annoncés.

Econome, me certifient ceux qui l'ont servi, c'est l'évidence même. Mais sans mesquinerie. Il exige seulement que l'on évite tout gaspillage. Scandalisé par les dépenses inconsidérées et les petits trafics pratiqués par certains de ses prédécesseurs à l'Elysée, il fait remplacer le personnel civil par des marins dont le traitement est à la charge du ministère de la Marine. Ainsi ne craint-on pas de les voir réclamer une augmentation ou faire grève. Soucieux de réduire les dépenses d'électricité du palais, il fait installer un compteur dans ses appartements – ce n'est pas une légende – afin de mesurer avec exactitude la part qui lui revient. « Chaque matin, me confirme son ancien valet de chambre, je n'oubliais jamais d'éteindre la lumière quand nous sortions ensemble de chez lui. Je remarquais d'ailleurs qu'il aimait bien ça. » Les frais de chauffage n'échappent pas plus à sa dotation personnelle. En voyage, il veille à ce qu'aucun collaborateur ne l'accompagne s'il n'y a pas été invité. Le resquilleur est tout de suite repéré. « Qu'est-ce qu'il fait là, celui-là ? Je n'ai pas besoin de lui. » Il contrôle jusqu'au nombre de voitures stationnant dans la cour du palais. Pourquoi subvenir au transport des jeunes conseillers techniques et chargés de mission ? « Ils n'ont qu'à prendre le métro. »

Lorsqu'il meurt en 1970, ses enfants ne trouvent dans sa succession bancaire que dix obligations du dernier emprunt national souscrites par solidarité et deux actions d'une société de logements économiques pour familles nombreuses. Restent les droits d'auteur qui devaient lui revenir à la fin de l'année et qui seront partagés entre sa femme, son fils et sa fille. Inquiet de la situation d'Yvonne, Pompidou lui offre la possibilité de bénéficier du statut des veuves de maréchaux. Elle refuse. On ne mélange pas sa propre caisse avec celle de l'Etat.

B

Barrès (Maurice)

« Le sortilège de la gloire dépasse toutes les magies de l'amour, car ni la vieillesse ni la mort ne la peuvent exorciser. » Truisme gaullien, dira-t-on. Non, barrésien. On a toujours un maître, même lorsqu'on devient maître soi-même. Ce n'est pas mon héros qui pourrait dire le contraire, lui qui a maintes fois trempé sa plume dans l'encrier de Maurice Barrès. Car, unique en son genre, il ne se laisse pas moins influencer par l'homme qui le charme depuis sa jeunesse et en qui il se retrouve aussi bien dans la forme de ses écrits que dans son esprit. L'auteur du *Culte du moi* et des *Déracinés* est certainement celui dont il se rapproche le plus, aux côtés de Charles Péguy et d'Ernest Psichari. Il l'exprime d'ailleurs dans une lettre adressée en 1954 à l'auteur d'un ouvrage qui lui est consacré. « Il n'a pas fini de m'enchanter », lui avoue-t-il, et il le félicite d'avoir su si bien faire ressortir « cette espèce de *déchirure de l'âme*, si l'on veut ce *désespoir*, qui m'a toujours entraîné dans Barrès, qu'il a habillé d'une splendide désinvolture ».

Oser prendre pareil égotiste comme modèle, lui qui ne pense qu'à quelqu'un d'autre : la France ? Puis-je aller jusqu'à dire qu'il me déçoit un peu ? Mais peut-être aurais-je dû relire cet écrivain d'une autre façon afin de mieux le comprendre. Peut-être ai-je trop retenu de lui ce qui le différencie, ou même l'oppose, à celui dont je parle. Contrairement à lui, ce dernier n'a jamais écrit pour se mettre en scène, l'œil fixé sur son nombril, mais dans un but pédagogique, afin de conseiller, d'alerter, puis d'expliquer l'Histoire qu'il a vécue, qu'il a faite sienne. Il manque, je crois, à Barrès cette solide éducation paternelle qui aurait pu le délivrer de lui-même, de son penchant au nihilisme, au désespoir, et lui éviter, comme cela a été le cas, de s'attarder dans une série d'incohérences, jusqu'à se pâmer d'admiration pour l'Allemagne prospère avant notre défaite de 1870. Lui éviter d'adhérer tout entier à ce nationalisme chauvin où Boulanger, dont il est l'un des députés, n'est pas loin des chemises noires aux bras tendus.

Et puis, il y a toutes ces déclarations à la Saint-Just contre le parlementarisme, si éloignées de l'officier posé qu'aucun vent, même celui de l'ambition ou de son opposition aux partis, n'arrive jamais à faire sortir de ses gonds. Et surtout, l'antisémitisme qui suinte à chaque instant de ses lèvres, avivé par l'affaire Dreyfus en 1897. « Dreyfus est capable de trahir, je le conclus de sa race. » J'imagine alors la réaction de la famille dont je crois connaître l'état d'esprit sur cette question, si convaincue de l'innocence de ce capitaine. Je me demande encore comment, oui, Barrès peut être adopté comme référence par un être si différent de lui.

Mais, approfondissant mes lectures, des points de convergence me rassurent. Il y a d'abord cet esprit de revanche qui les anime tous deux. Barrès, le Lorrain, veut comme lui la rectification des frontières. Ce qui ne l'empêche pas de devancer, en quelque sorte, la rencontre historique de Colombey avec Adenauer en demandant, avant même la fin de la guerre de 14-18, que nos deux pays arrêtent le massacre et se réconcilient. De même qu'Henri de Gaulle emmène ses enfants en excursion sur les champs de bataille, comme le fera plus tard son fils Charles avec Philippe, qui l'imitera à son tour, Barrès va entraîner le sien, pour l'enseigner, dans une série de pèlerinages : Domrémy, Lourdes, la région des Vosges où il a combattu en 1870 avec les zouaves et les turcos. Ils souhaitent, l'un comme l'autre, sentir et faire sentir l'Histoire où elle s'est accomplie, et à travers elle, la réalité de la France. Une France indissociable du peuple français.

Je remarque qu'ils ont aussi en commun le culte d'une patrie puissante. « Ce qui me différencie d'autres avec leur grand talent, écrit Barrès, c'est – puérilité si l'on veut – le sentiment de grandeur. » (Voilà un mot qui ne doit pas déplaire à l'homme que je célèbre.) Et l'un et l'autre refusent les idéologies, les systèmes philosophiques qui ne mènent à rien. « Il faut prendre les choses comme elles sont et comme l'Histoire les a faites », dira le locataire de l'Elysée en 1967. Qui conclut dans *Le Fil de l'épée* que l'action doit être inspirée « par ce goût du réel, ce sens du positif, cet art d'exploiter les circonstances ». Il déteste ces gens qui cachent le monde tel qu'il est derrière leur journal grand ouvert. Ce à quoi l'auteur d'*Un homme libre* fait ainsi écho : « Rattachons tous nos efforts, non à une vue de l'esprit, mais à une réalité. »

Leur inclination, j'en conviens, est copie conforme. Même combat en faveur du redressement français, même retraite méditative consacrée à l'écriture. En 1900, par exemple, dégoûté par un régime qu'il juge néfaste, Barrès abandonne tout combat politique pour se borner à « éclairer l'opinion sur les grands intérêts du pays ». Je crois en entendre un autre sur l'Aventin. Et puis, il y a cet amour commun pour la nature et la marche solitaire dans les forêts qui, chez l'un comme chez l'autre, se traduit avec lyrisme dans leurs œuvres. Voici, chez Barrès, « l'armée des arbres qui s'élève dans la plaine pour couvrir de ses masses agiles le ballon et les combes des Vosges ». Et chez lui, à Colombey : « D'un point élevé du jardin, j'embrasse les fonds sauvages où la forêt enveloppe le site, comme la mer bat le promontoire. » Marqué par Chateaubriand, il ne peut renier l'influence du Lorrain. Il suffit de constater le nombre de fois où, dans ses *Mémoires*, il s'imprègne de ses écrits. En 1922, sur le carnet de notes du chef de bataillon nouvellement promu du 19e chasseurs ne figurent pas moins de onze citations de cet écrivain relevées dans ses différents ouvrages, puis quatre autres extraites entre 1946 et 1970. Certaines lui serviront d'exemple. C'est donc un fait : la lecture assidue des œuvres de Barrès élève l'esprit de mon mémorialiste. Jusqu'à ne pouvoir éviter parfois de tremper sa plume dans son encrier.

Bayeux

Bayeux, première ville française libérée par les Alliés. Sortie indemne de la bataille du Débarquement, sur cette pauvre terre normande lardée de quelque dix mille bombes et d'autant d'obus. Bayeux miraculée au point que ses habitants se précipitent, enfiévrés de reconnaissance, dès la guerre terminée, dans leur belle cathédrale gothique, pour remercier Notre Dame, et, dans leur reliquaire, les martyrs saint Rasiphe et saint Raven. Cette cathédrale, dont je vois la tour centrale culminer à plus de quatre-vingts mètres, se distingue dans le lointain. C'est elle, coiffée de son couronnement de cuivre et surmontée de sa flèche, qu'il aperçoit en cet après-midi du 14 juin 1944, quelques heures après avoir recouvré sa patrie au bout de quatre ans d'exil. Bayeux, la première ville française qu'il va redécouvrir, la première qui va le découvrir. Car si beaucoup d'entre nous ont entendu sa voix au hasard des ondes, ceux qui pourraient mettre un visage sur son nom sont peu nombreux. Alors, de quelle manière les Normands, connus pour leur circonspection, vont-ils accueillir cet homme dont tout le monde parle à présent sans savoir de quel bois il est fait et ce que mitonne sa tête sous son képi ?

Mais j'imagine que, derrière le pare-brise de sa voiture noire remplaçant la Jeep qui est venue le prendre sur la plage de Courseulles, une préoccupation autrement plus grave doit habiter, chemin faisant, son esprit : celle de sa légitimité. Par sa seule présence, il va lui falloir l'imposer. Avec d'autant plus de rapidité qu'elle est menacée d'être contestée.

Par une partie des Français qui ont pris les armes et qui sont acquis aux idées de l'étranger, et par les Alliés. Ceux-ci entendent nous coloniser dès notre libération et battre notre monnaie. Imprimés sur ordre de Roosevelt, ces assignats sont d'ailleurs prêts à débarquer. Il sait également que des consignes contre lui ont été données aux autorités du secteur libéré : limiter ses rencontres avec la population, pas de discours en public. Aussi n'a-t-il qu'un but, dès son arrivée à Bayeux, sans perdre une minute : affirmer son autorité, la manifester avec vigueur. Dire fermement à ceux qui n'en sont pas convaincus que c'est lui le chef des Français, qu'ils le veuillent ou non. Que personne d'autre ne peut s'arroger le droit de les administrer et de les guider. Arrière, les usurpateurs ! La colère est bonne lorsqu'elle insuffle de la fougue à une juste cause.

Bayeux restera pour toujours à l'abri de l'oubli, dans la châsse où il remise ses souvenirs privilégiés. C'est là, dans cette capitale normande fondée au IVe siècle, qu'il retrouve les Français, là que ces derniers vont voir pour la première fois ses bras se tendre vers eux comme s'il voulait les serrer tous contre lui. C'est là aussi que je l'admire. Il termine en beauté cette célèbre tapisserie de laine sur toile de lin longue de soixante-dix mètres racontant la conquête de l'Angleterre par le très chrétien Guillaume, duc de Normandie. Il illustre le cinquante-neuvième tableau de ce chef-d'œuvre de l'art roman que le passé nous a légué inachevé. Il apparaît pour moi, lyrique, à la suite du voyage d'Harold, le félon, en Normandie, de la mort du roi Edouard, de la préparation de la flotte normande, du débarquement en Angleterre et de la bataille d'Hastings. C'est lui ce fier chevalier entouré d'archers et de cavaliers, descendu de la nef qui l'a déposé sur ces rivages. Lui armé comme Guillaume de son bâton de commandement, prêt à haranguer ses troupes. Je m'émerveille de sa grande chevauchée à travers l'Histoire. Quatre années tumultueuses, suivi de ses fidèles et poursuivi par ses rivaux et ses détracteurs. Que de combats meurtriers pour arriver jusqu'ici ! Que de flèches assassines et de cottes de mailles transpercées !

Voici la ville en expectative et le voici. Il a abandonné sa voiture. Pressé par la foule, il remonte les rues Saint-Martin et Saint-Malo jusqu'à la rue du Général-de-Dais à l'entrée de laquelle, yeux dans le vague, un poète statufié cherche l'inspiration. Où m'emmène-t-il donc, ce visiteur imprévu ? Accompagné du maire de la ville, un homme en uniforme guette son arrivée : François Coulet, son aide de camp. Il vient de le nommer à la place du commissaire de la République qui n'a pu sortir de Rouen ni de la clandestinité. Je l'accompagne de rue en rue avec tous les curieux qu'il attire et sous le regard de ceux que la circonspection maintient à leur fenêtre. A sa vue, « une espèce de stupeur saisit les habitants, qui ensuite éclatent en vivats ou bien fondent en larmes. Sortant des maisons, ils me font cortège au milieu d'une extraordinaire émotion. Les enfants m'entourent. Les femmes sourient et sanglotent. Les hommes me tendent les mains. Nous allons ainsi, tous ensemble, bouleversés et fraternels, sentant la joie, la fierté, l'espérance nationale remonter du fond des abîmes ». Pouvoir d'un homme. Il apparaît et les cœurs s'ouvrent. D'où lui vient ce don que possèdent les grands musiciens ?

Je me vois marcher dans sa foulée, dans son ombre. Il m'entraîne jusqu'à la sous-préfecture où il va rétablir la légalité républicaine. Où le sous-préfet du régime déchu a vite fait de décrocher du mur le portrait du vieux cacique destitué. Je le suis sur la place du château. Sous les frondaisons des cent tilleuls ancestraux si florissants que l'on pourrait les imaginer plantés là pour saluer sa présence. La foule grossit, devient mer. Une tribune est dressée sous une banderole tricolore qu'un souffle d'été flatte avec mollesse. Une voix connue s'élève, cette fois nette et claire. Sans l'enrouement du brouillage. « Honneur et patrie, voici le général de Gaulle ! » C'est celle de Maurice Schumann. Alors, cette autre voix, celle qui pendant quatre ans semblait devoir traverser des océans déchaînés pour nous atteindre, méduse les sceptiques et transporte les dévots. « Je vous promets que nous continuerons la guerre jusqu'à ce que la souveraineté de chaque pouce de territoire français soit rétablie. Personne ne nous empêchera de le faire.

Nous combattons aux côtés des Alliés, avec les Alliés, comme un allié… »

Exaltation. Avec tous ces Normands sortis de leur torpeur, je suis transporté de fierté. Nous avons un chef, nous allons gagner cette guerre perdue. A l'assaut, tout le monde derrière lui ! Alors, au bout de la broderie de laine colorée de huit teintes différentes, s'animent les dernières images. Débarqués de leur vaisseau, les guerriers normands, dont l'arrière du crâne est rasé, viennent de forcer les Anglais moustachus à la débandade. Harold le Judas, que Guillaume avait fait chevalier et qui a accepté le trône d'Albion, est atteint mortellement d'une flèche dans l'œil droit. A présent se révèle à moi la composition que l'usure du temps nous avait ravie : le couronnement du duc de Normandie, roi d'Angleterre, à Westminster. Longue vie à Guillaume le Conquérant ! Les orgues et les trompettes n'ont jamais donné autant de la voix.

L'iconographie s'arrête avec cette scène brodée deux ans après la Libération, sur laquelle on peut lire : « C'est ici que sur le sol des ancêtres réapparut l'Etat ; l'Etat légitime parce qu'il reposait sur l'intérêt et le sentiment de la nation… » L'Etat auquel il lègue un modèle constitutionnel qu'il demande de conserver avec le soin que l'on porte, depuis des générations, à cette sublime tapisserie dont on s'enorgueillit de l'existence.

Bénodet

Une photo. Emouvante au possible. Aucune autre en effet ne l'est davantage parmi toutes celles qui illustrent son parcours. Elle le montre en 1932, sur une plage, assis dans une chaise longue, en conversation avec sa fillette de quatre ans, handicapée, en chapeau blanc à jugulaire, à cheval sur ses genoux. Chapeauté, cravaté, il tente, par le jeu de ses mains et ses mots rabâchés, de soutirer un peu de vie à ce petit être fermé au monde. Je ne mets pas longtemps avant de découvrir l'endroit de cette prise de vue. A Bénodet, dans le sud du Finistère. L'endroit exact où je m'assieds moi-même à l'instant, au milieu des baigneurs de la plage du Trez. En l'imaginant avec Anne, je pense à cet astronome qui passe ses jours à essayer de faire parler une étoile. Bon sang ! N'y arrivera-t-il jamais ?

Les tentes bariolées et les cabines en bois, qui protégeaient du soleil les peaux laiteuses des élégantes, se sont envolées avec elles et, dans mon dos, sur la dune, les pins parasols amusés par le vent coudoient à présent maintes toitures. Louée pour un mois, à plusieurs reprises, dans les années trente, au cœur de l'été, la villa qu'il occupe se retranche, solitaire, encadrée de deux pins, au-delà de la dune, derrière d'autres semblables et des jardins fleuris. Le soir, quand la fraîcheur monte de la mer, quelques bûches jetées dans la grande cheminée font le bonheur de tous. Par l'une des fenêtres, on peut apercevoir, non loin, sur la prairie, un troupeau de pies-noires paître tranquillement. Tout à l'heure, devant l'hôtel de l'Odet, alors que des conducteurs faisaient le plein d'« automobiline » à la pompe, une grosse berline m'est apparue en rêve, chargée de plusieurs personnes. Elle doublait le car Citroën qui assure la ligne Bénodet-Quimper. Etait-ce la leur ? Je sais qu'il préfère la voiture de louage avec chauffeur au vieil autocar du père Le Viol croulant sous les valises et les paniers des Bigoudens. Cela à cause d'Anne. Elle supporterait mal ce voyage inconfortable. Le train jusqu'à Quimper constitue déjà pour elle une véritable épreuve.

Vacances du chef de bataillon d'infanterie revenu d'un séjour à l'étranger, au Liban, trop long, beaucoup trop long à son goût. Il vient de publier *Le Fil de l'épée* aux éditions Berger-Levrault, et peaufine, pour le même éditeur, la rédaction d'un second ouvrage : *Vers l'armée de métier*. Celui-là ne manquera pas, c'est sûr, d'échauffer les oreilles de bien des penseurs dogmatiques et de ravir les hommes intelligents qui compareront son auteur à Vigny et à Vauvenargues. Vacances studieuses donc, entrecoupées de brefs séjours à Paris, au secrétariat général de la Défense nationale où, là comme ailleurs, on n'apprécie pas toujours ses écrits. Aux pelotes, ces butors qui ne jurent que par la cavalerie à cheval ! En son absence, Yvonne est ici, comme de bien entendu, attentive au confort de tout le monde et secondée par Mlle Potel dans l'assistance que la petite trisomique requiert du matin au soir. Ce matin, Philippe, son fils, va apprendre à nager, frôlé, me raconte-t-il en en riant encore, par quelque banc de sardines. A moins que l'envie ne lui prenne une fois de plus de partir au large avec un pêcheur, sur une de ces gabares à fond plat dont on voit les voiles papillonner au loin. Il reviendra avec des poissons ou des crustacés, salivant d'embruns, et le souhait décuplé d'embrasser, un jour, la carrière de la marine.

Son père l'accompagne parfois, quand le temps se met au beau comme aujourd'hui. Le commandant en permission aime ces échappées qui lui permettent de se retrouver un peu seul, car la pêche se pratique en silence. Il n'y a que la mer battue par les rames ou la voile soudain réveillée qui ait son mot à dire. Les mouettes elles-mêmes respectent son désir de quiétude en restant près de la côte. Habillé comme à la ville, chapeau baissé sur les yeux, il laisse ses pensées flotter comme un bouchon. Loin de s'en gausser, les pêcheurs ne désapprouvent pas le costume trois-pièces qu'il tient à conserver pour ce petit tour en bateau. A son époque, les messieurs dignes de ce nom ne tombent ni le feutre ni la veste, même pour aller à la plage. Quant aux dames, prudemment tapies au fond de leur tente, en robe longue et capeline, elles ne mettraient pour rien au monde un pied dans l'eau. Elles laissent ce genre d'exercice aux nourrices chargées de faire barboter les moutards pourvus de leur chapeau de paille et de leur collerette en dentelle. Les rares audacieuses en costume de bain alertent les gendarmes.

Ici, le climat est plus favorable que celui de la côte d'Opale. On peut être né dans le Nord et ne pas toujours pour autant apprécier les brumes à la Verhaeren.

C'est pourquoi le Lillois de naissance s'est autorisé ces infidélités au pays de son enfance. Et tout compte fait, cela me paraît évident, il s'en félicite. Lui qui, hors de l'armée, fuit les attroupements ne déteste pas, par exemple, se promener en costume sombre et feutre taupé dans la petite ville, les jours de marché, parmi les casquettes, les coiffes et les chapeaux ronds. Tandis qu'Yvonne et sa cuisinière locale achètent un cent de sardines pour douze sous ou des maquereaux encore tout frétillants, son regard baguenaude à droite, à gauche, se distrait de la curiosité qu'il suscite chez l'homme qui passe. Rien de mieux que de dévisager les autres quand on veut savoir qui l'on est.

Une fois, me semble-t-il, je le surprends attablé avec sa famille au restaurant du Grand Hôtel et à celui de l'hôtel Ker-Moor où l'on mijote, dit-on, la meilleure langouste à l'armoricaine. Les serveuses y sont en costume fouesnantais et quimpérois, et les murs ornés de fresques par un peintre de talent. Bref, arrosés de cidre, ces déjeuners sont des plaisirs dont on aurait du mal à ne pas se souvenir. Musant devant l'hôtel des Bains, il a, comme moi aujourd'hui, j'en suis sûr, une pensée pour Apollinaire, son frère de guerre, qui, blessé à la tête par un éclat d'obus, y séjourna pendant un mois, en 1917. Et, comme moi aussi, lui vient parmi d'autres ce poème du pauvre Guillaume écrit sur un coin de table, à côté d'un verre de « fée verte » :

Loin de la guerre atroce et des coups de canon
Bénodet ne sait pas celle-là qu'il préfère
La mer aux mille écueils ou sa tendre rivière
L'Odet plus douce encor que ne sonne son nom...

Mais c'est le dimanche qui rallie sa faveur. Quand les rues sont égayées de coiffes, de bonnets blancs et de canotiers, quand les conscrits posent pour le photographe ambulant avec leurs coiffures décorées d'une carte postale et le revers droit de leur veste d'un ruban noué dont les pans tombent jusqu'à la ceinture. Le dimanche où, s'offrant à ma perspicacité, il ne manque jamais de se rendre à la messe avec les siens après avoir confié Anne à la garde de la gouvernante. L'office de 11 heures à l'église du Port, celle qui orne maintes cartes postales avec son clocher à épines surgissant des arbres. Elle est dédiée, on ne sait pas trop pourquoi, à Saint-Thomas Becket de Canterbury. Certaines semaines, elle est si pleine que la foule des fidèles déborde sur son parvis. C'est dans sa nef qu'il s'adresse au Père Eternel dont la statue, à droite de l'autel, le montre tenant son fils mort sur ses genoux. A gauche, s'élève celle de sainte Rita. On vient de partout en Bretagne, quand la souffrance vous tourmente, pour obtenir sa bienveillance. A ses pieds, ces mots tremblotent sous la lueur flageolante des cierges : « Accablé par le poids de la douleur et des angoisses, je recours à vous, Sainte Rita que l'on appelle la Sainte des impossibles. » Il arrive, dit-on, à Yvonne de demeurer longtemps agenouillée sur l'un des prie-Dieu situés face à cette statue. Je devine facilement pour qui ses mouvements de l'âme sollicitent une intercession divine.

Cet après-midi, si le beau temps se maintient comme il a l'air de s'y décider, Philippe fera la photo de son père dans sa chaise longue, sur la plage du Trez, avec Anne à califourchon sur ses genoux. Une belle photo avec ce chapeau blanc à jugulaire qui lui va si bien.

Berkhamsted

Surprise. Fini les villas de banlieue bon marché pour petits retraités. Fini les pavillons égarés aux confins du pays de Galles, à quatre ou cinq heures de train de la City où il est contraint d'habiter. Surprise. Le nouveau logis que je découvre est enfin digne de l'homme qui l'occupe. Il faut dire qu'au début d'octobre 1941, il n'est plus pour l'Anglais ventru au gros cigare le général de brigade à titre provisoire, chef d'une légion de têtes brûlées, incapable de faire valoir son importance, ni le perdant de Dakar coiffé du large casque de liège des troupes coloniales de Sa Gracieuse Majesté, ni encore le manitou des « *so-call* Français libres ». Les temps ont changé. Grâce à Brazzaville, Koufra, Damas, à sa partie de bras de fer réussie avec les Anglais au Proche-Orient, où il a montré sa détermination, et surtout à sa reconnaissance par le grand méchant loup moustachu de l'Est lointain. Je respire. Enfin justice lui est rendue, la pugnacité a payé. « Il y a des moments, dit l'ermite de Combourg, où notre destinée, soit qu'elle cède à la société, soit qu'elle obéisse à la nature, soit qu'elle commence à nous faire ce que nous devons demeurer, se détourne soudain de sa ligne première, telle qu'un fleuve qui change son cours par une subite inflexion. »

La nouvelle résidence familiale de Berkhamsted se ressent, ô combien ! de ce revirement. A une

soixantaine de kilomètres de Londres, dans une région souriante qui pourrait se comparer à la Suisse normande, Rodinghead ferait rêver, je l'atteste, bien des amateurs de gentilhommières. C'est un vaste bâtiment blanc de style Tudor à un étage, éclairé de vingt fenêtres et portes-fenêtres en façade et couvert de tuiles anciennes. Un jardin arboré l'entoure. Habitée soixante ans plus tard par un richissime homme d'affaires, cette demeure à l'allure de manoir seigneurial pourrait avoir été celle d'un lord parti à la guerre, forcé d'abandonner ses meubles, ses bibelots, ses clubs de golf et ses fusils de chasse (lesquels s'alignent encore, bien astiqués, dans une des pièces du rez-de-chaussée).

Au cœur du Hertfordshire, ce bourg que je visite ne peut que séduire le nouveau locataire. C'est là que se termina l'invasion normande en 1066, à la suite de la défaite à Hastings du roi d'Angleterre Harold II face à Guillaume, duc de Normandie, à qui fut remise l'épée des vaincus et qui devint Guillaume le Conquérant. C'est là aussi que, prisonnier des Anglais, Jean V, duc d'Alençon, fut amené puis libéré contre rançon. Le même duc, dit le Beau, prit sa revanche en aidant de tout son pouvoir l'œuvre de Jeanne d'Arc, et, après une série de succès contre les Anglais, conduisit Charles VII à Reims et l'y fit couronner. Quel passé retentissant de coups d'estoc et de roulements de tambours sur cette terre si quiète aujourd'hui, prisée par les Londoniens à la recherche de villégiature ! Une légende répandue par Graham Greene court les rues de cette petite ville de vingt mille âmes qu'il habita. Dans un de ses romans, il prétend que ce sont ces cliquetis d'épées et de couronnes qui auraient décidé ce fervent d'histoire que je connais bien à venir planter sa tente ici. Pour ma part, personne ne me fera démordre que deux arguments plus vraisemblables ont déterminé son choix : la sécurité d'un endroit éloigné de tout objectif industriel ou militaire attirant le feu du ciel (une cave aménagée en conséquence servira à renforcer cette protection), et son désir viscéral de soustraire sa femme, ses enfants et lui-même à la vue des curieux.

Las ! Sur ce dernier point, il va être servi. Le jour où, remontant les années, je repère l'arrivée, à la grille de la propriété, d'un gentleman en chapeau melon armé de tout un attirail de photographe, et accompagné d'un aide portant batterie et trépied. Envoyé par Churchill, ce spécialiste du portrait connu du grand monde a pour mission de tirer les meilleurs clichés possible du couple dans sa nouvelle résidence. Un photographe violant sa vie privée ! Peut-on laisser perpétrer une telle incongruité ? Je crois entendre, à travers la cloison du bureau de Carlton Gardens, à Londres, dans cet immeuble industriel en bordure de Saint James Park, au quatrième étage, où est installé son quartier général, l'explosion volcanique que cette proposition a déclenchée. Entendre fuser les mots d'artifice, de montage, de cinéma. Jamais, vous m'entendez, jamais… Jusqu'au moment où la raison l'a emporté, où l'on a réussi à lui faire admettre que ces photos étaient indispensables pour son standing dans une société où le souci d'apparence compte autant que la cérémonie du thé, et pour son image à travers le monde. Après lui avoir fait remarquer que les lords et les membres de la famille royale ouvrent pareillement leur porte et en sont satisfaits. « Bon, a-t-il alors conclu. Nous consentons parce que c'est la part du feu. Mais après, qu'on nous laisse tranquilles. »

La séance dure une matinée entière. J'épie l'opérateur et son acolyte au travail. Yvonne à la cuisine, dans sa robe bleu marine à pois blancs, protégée par son petit tablier fleuri, cette robe qu'elle s'est taillée dans un morceau de cotonnade. Que dois-je simuler ? demande-t-elle des yeux. Ce pot de marmelade, là, eh bien ! qu'elle en tourne le couvercle. Clic-clac ! Et maintenant, au salon devant le piano à queue. Qu'attend-elle pour en jouer ? Mais elle ne l'a jamais ouvert et ne saurait rien en extraire de valable. Qu'importe ! Qu'elle fasse semblant de pianoter. Clic-clac ! Yvonne présente un plateau de mignardises à son mari, et lui, raide dans son uniforme, avec l'air d'être ailleurs, loin de ce pays où l'on vous contraint d'agir contre votre gré, respire, sur commande, une fleur du jardin qu'elle vient de cueillir, voilà, plus près du nez encore, c'est bon. Et pour finir, assis l'un à côté de l'autre, au bord de ce bassin, comme s'ils regardaient nager les poissons rouges. Assez ! La comédie a trop duré. Merci, messieurs, et ne revenez jamais, jamais.

Bien seule autrement, Yvonne, dans cette trop grande maison aux courants d'air, si incommode à chauffer l'hiver à cause des restrictions de charbon, et avec, pour unique compagnie, sa petite infirme gardée par sa gouvernante. Bien seule sans son mari pris par ses « affaires » à Londres, quand ce n'est pas en Afrique ou ailleurs, et ne la rejoignant que pour le week-end par ce train qui n'en finit pas de s'arrêter où bon lui semble. Philippe est élève aspirant à Portsmouth, Elisabeth chez les Dames de Sion à Acton Burnell. Pas de voisin à moins de deux cents mètres à la ronde, je l'ai constaté, dans ce parc vallonné et boisé d'Ashridge où les rares demeures vivent cachées, jalouses de leur intimité. Aussi le dimanche se manifeste-t-il à Yvonne, après tous ces jours de solitude, comme une pièce sombre dont on vient d'ouvrir les volets. Le voilà, le mari heureux de retrouver son monde familier après tant de tracas et de batailles. Le dimanche, le couple réuni va à la messe à Berkhamsted, s'élance sur la route qui serpente pendant trois bons kilomètres à travers la forêt couverte de fougères et pullulant de lièvres et de daims – regardez, celui-là, à droite, comme il court, quelle grâce ! – jusqu'à la minuscule église catholique en brique rouge d'Acton View Road, surmontée de son clocher miniature ressemblant à une tour de guet. Ils la préfèrent à l'église anglicane dont la tour est démunie de flèche, comme elles le sont toutes en Angleterre. (Ce que Verlaine, qui a traîné ses guêtres à Londres avec Rimbaud, attribue au manque d'« essor du cœur » des anglicans « vers le ciel ».)

Cinq mois après leur installation à Rodinghead, un drame vient perturber la vie paisible d'Yvonne dans cette plaisante campagne. Furieux contre les Anglais, son mari menace de se retirer de son entreprise à leurs côtés. Il accuse le gouvernement britannique d'avoir été « le complice sinon l'instigateur » du complot visant à le remplacer à la tête de la France libre par l'amiral Muselier. Certains coups de poignard dans le dos font plus mal que s'ils étaient portés droit au cœur. Retranché à Berkhamsted, il boude, bien décidé à se retirer définitivement si ses conditions ne sont pas acceptées par Londres. Combien de jours ainsi, rongeant ses pensées, désœuvré et silencieux ? Je ne pourrais le dire. Une semaine peut-être. Jamais il n'a douté autant d'arriver à ses fins depuis Dakar, en septembre 1940.

Tristes circonstances heureusement bien vite oubliées. La vie au manoir reprend son cours tranquille. Et lui, ses affaires, comme s'il ne s'était rien passé. Quand on est dans son droit, il n'est nul besoin de se mettre la tête à l'envers. Je retiens ce dernier épisode de sa vie champêtre à Berkhamsted. Ce jour d'octobre où, la boutonnière ornée du traditionnel coquelicot, il se mêle avec Yvonne au cortège bigarré d'uniformes qui se rend de Lawer King's Road à Saint Peter pour honorer la mémoire des morts des deux guerres. Ils m'apparaissent, là-bas, à travers la brume du rêve, marchant en silence derrière la fanfare municipale, les scouts et les mutilés dans leur chaise roulante. Le képi kaki avance lentement parmi les têtes blondes, les casquettes et les voiles de veuves. C'est le moment du recueillement, où les âmes vivantes et les âmes mortes se retrouvent. Où tous les camarades que l'on a connus sortent des tranchées, couverts de sang et de boue, et ouvrent leurs bras vers ceux qui se tendent. Après cette cérémonie, ils boivent une tasse de thé servie par des dames en uniforme. Puis s'en retournent à Rodinghead, cette demeure qui, je le répète, doit faire rêver bien des amateurs de villégiature.

Bernanos (Georges)

Si j'étais lui, il me porterait plutôt sur les nerfs, Bernanos. Non, mais, pour qui se prend-il, cet expatrié qui décide de rester au Brésil, « le pays des crocodiles couleur de boue et des aras somptueux », plutôt que de le rejoindre à Londres comme il le lui demande ? « Votre place est parmi nous. » Un premier télégramme pendant la guerre ne lui fait ni chaud ni froid. Le romancier de l'angoisse et de la lumière pourrait pourtant remplacer, haut la main, un Saint-Exupéry qui choisit Vichy, un Maurois l'attentisme et un Morand une ambassade à l'étranger pour sauver ses meubles et continuer sa vie mondaine. « La France a besoin de vous. » En 1945, un second télégramme l'invite à rentrer en France libérée. « Je ne me rends pas à la convocation d'un chef. » Sa réponse me révulse. Elle paraît dans un article destiné à ceux qui, au Brésil, ne comprennent pas son refus. Il n'est pas militaire, il n'a pas à obéir à un général. Lorsqu'il consent à mettre fin à son exil, les cloches de Notre-Dame ont fêté la Libération un an auparavant. Il lui propose alors par trois fois de le décorer de la Légion d'honneur. La repoussant, on doit la lui infliger. Souhaite-t-il le voir siéger sous la Coupole qu'il en balaie l'idée d'un geste dédaigneux. Et au lieu de donner le coup de main qu'on attend de lui au sein d'un gouvernement – ministre de la Culture ou de l'Education nationale –, le voici maintenant, après avoir refait ses valises, prêtant son grand front au soleil tunisien.

Reçu rue Saint-Dominique en octobre 1945, il laisse soliloquer le président du Gouvernement provisoire. Intimidé ? Il a simplement résolu de demeurer coi. Il peut quand même exposer ce qu'il pense de la situation, de l'avenir du pays ? Il a bien, me dis-je, sa petite idée sur la question, non ? Bouche cousue. N'aurait-on pas envie de le secouer ? Enfin, il parle : « Je serai très bref, lui déclare-t-il. Vous voulez savoir ce que je pense de la France ? Eh bien ! la France est dans la m…, mais vous êtes suffisamment grand pour rester au-dessus. » Reçu une seconde fois par le libérateur, trois mois plus tard, il est tout aussi laconique. Invité à déjeuner à Colombey avec Malraux, Pierre de Gaulle et le capitaine Guy, juste avant que le président nouvellement réélu n'envoie promener les partis et la « politicaillerie », il n'ouvre pratiquement la bouche que pour boire et manger. On l'accueille en famille, on lui présente Anne, la fillette défavorisée par le sort, on s'enquiert de la santé de ses propres enfants, mais rien ne semble le dégeler davantage. Le lendemain, un journaliste qui croit bien connaître l'écrivain s'amuse à supposer que l'un comme l'autre n'ont rien trouvé à se dire de la journée. Les mots sublimes qui descendent jusqu'aux doigts des gens de plume ne remontent pas toujours jusqu'à leurs lèvres.

Certes, pendant la guerre, Georges Bernanos n'a cessé d'appuyer, par ses centaines d'articles, l'action du premier résistant de France. Il comprend ses décisions, sa volonté. Et « comprendre, c'est déjà aimer », écrit-il. Pour ce fervent croyant, il est « le symbole de l'honneur français » envoyé par la Providence. L'homme tombé du ciel, chargé d'une mission salvatrice. « Que vous l'eussiez choisi ou non, qu'importe ! L'Histoire vous le donne. » Certes, deux de ses fils traversent l'Atlantique et vont se ranger sous sa bannière. Mais lui continue de se retrancher dans sa fière solitude d'individualiste, comme une fiancée apeurée par le mariage. A l'entendre, sa profession d'écrivain lui interdit de se soumettre à la discipline d'une organisation quelconque. Conserver sa liberté de jugement, écrire ce que l'on a envie d'écrire sans avoir à peser ses mots afin de plaire à l'un et de ne pas déplaire à l'autre. Mais il se veut résistant, Bernanos, et il l'est par sa plume, et celui qu'il appelle « le soldat maintenant légendaire » mène le même combat. Ce dernier ne prononce pourtant que rarement le nom de l'écrivain dans tout ce qu'il publiera pendant quatre ans, au contraire de celui de Pétain ou de Churchill, et même de Mussolini. Ce qui d'ailleurs surprend certains lecteurs. Comme il a raison de lui rendre la monnaie de sa pièce en ne le citant même pas parmi les hommes qui l'aident au Brésil et de l'ignorer plus tard dans ses *Mémoires de guerre*.

Croire que son retour en France va enfin permettre d'instaurer entre eux un dialogue que l'éloignement a contribué à rendre impossible ? Illusion. Insaisissable, l'ancien exilé de la Cruz das almas se réfugie dans l'amertume et l'anathème, écœuré par une France qu'il avait rêvée différente, celle « des héros et des saints ». Cette France de 1945 est gangrenée par « ses divisions sociales, son marché noir florissant ; un monde où tout triche ». La révolution sans attendre ! s'écrie-t-il. Mais elle va déclencher l'anarchie ! Tant pis, l'anarchie c'est « un état de transition… qui finira toujours par faire une société ». Allons ! La révolution tranquille prônée par l'homme arrivé de Londres, c'est quand même plus raisonnable. Je lis cette conclusion de Bernanos avec tristesse : « Ce pauvre général est tombé dans la politique comme une mouche dans un verre d'eau sucrée. » Sur ces mots, un bateau éloigne à nouveau l'éternel errant. La main tendue reste vide. « Celui-là, dira-t-il de lui plus tard, je n'ai pas réussi à l'accrocher. »

Je me représente sa déconvenue. Elle doit être à la dimension des espoirs qu'il a placés en sa personne. On peut emmener quelqu'un à la fontaine, mais on ne peut pas boire pour lui. Je me représente l'immense déception de cet homme d'action et de cet homme de lettres qui cherchait un autre Mauriac ou un autre Malraux. Car je sais combien compte pour lui la présence à ses côtés d'un écrivain d'un tel talent, d'un sorcier de son genre qui mêle sa voix à la sienne, affecte la magie de son verbe au service de sa « grande entreprise ». Il l'a pourtant fait vibrer, ce condisciple du collège des jésuites de la rue de Vaugirard, avec son *Journal d'un curé de campagne*, « le grand roman contemporain », juge-t-il, et ses *Grands Cimetières sous la lune*. « Compagnons inconnus, vieux frères, nous arriverons ensemble, un jour, aux portes du royaume de Dieu. Troupe fourbue, troupe harassée, blanche de la poussière de nos routes… » Avec sa condamnation des atrocités franquistes, sa dénonciation de l'avilissement de la bourgeoisie française, de la lâcheté de Munich, de la honte de l'armistice et de l'Occupation. Avec ses personnages écartelés entre Dieu et Satan, et les tumultes de leurs combats spirituels. Avec sa façon de parler de la France comme de Dieu, animé par la même passion charnelle qu'un être aimant. En le lisant, il s'est entendu parler lui-même. Il s'est vu dans son œuvre comme dans un miroir. Mais comme tout miroir, Bernanos s'est contenté de réfléchir son image sans lui renvoyer autre chose.

Bir Hakeim

« Les événements détruisent les événements », dit encore Chateaubriand. Ce n'est pas toujours vrai. Car l'Histoire, ce vieillard à la mémoire trop lourde, aime resservir ses meilleurs plats. Hier, par exemple, c'était Bazeilles, Camerone, Verdun, aujourd'hui, c'est Bir Hakeim. Depuis une semaine, ce nom, qui deviendra un jour celui d'une station de métro proche de la tour Eiffel, le plonge dans l'attente anxieuse du dénouement. Au fond du salon de Rodinghead, plongé dans le noir, la TSF reste allumée, veilleuse au chevet d'un malade, et toutes ses paroles n'annoncent rien de bon. Alors qu'il a débarqué en coup de vent, samedi soir, je me vois le témoin de son départ, très tôt ce matin, avant que le soleil n'émerge de la forêt d'Ashridge. Selon son habitude, il n'a rien dit aux siens, mais tous ont compris que l'heure était venue de s'en référer au Très-Haut. C'est le comportement familial lorsque les affaires tournent au vinaigre.

Aujourd'hui, 2 juin 1942, Bir Hakeim, qui vient de résister victorieusement aux assauts des Italiens, est investie par l'Afrikakorps. Rommel a décidé de s'occuper lui-même de ces empêcheurs de danser en rond que sont ces va-nu-pieds de De Gaulle. Ces « négligeables Français » qu'il a si facilement battus en 1940, à la tête de la VIIe Panzer. Cette fois, il en fait une affaire personnelle. On ne va quand même pas laisser ces cinq mille cinq cents traîne-savates tenir tête à trente mille Allemands et Italiens. Est-ce le commencement de la fin ? A Carlton Gardens, où il vient d'arriver, je crois dévisager comme chacun le grand bonhomme froid que cette situation alarmante ne parvient pas à transformer. Aucun signe, en effet, ne le trahit. Il a pourtant rarement connu des moments aussi tragiques. Cette poignée de clochards équipés d'armes rafistolées est, dans le désert de Cyrénaïque, ce que les gaullistes ont de meilleur. « Les anéantir, affirme un journal berlinois qui reprend les déclarations de Hitler, c'est réduire d'un seul coup l'esprit de résistance des Français. » C'est peut-être aussi la terminaison d'un rêve fou : la France libre. Bir Hakeim, ce bastion qui barre la route de Suez aux panzers, n'est plus seulement un enjeu stratégique, c'est aussi un symbole. Qui s'en soucie en France occupée, occupée à survivre, à part les rares auditeurs de la radio clandestine et ceux, aussi rares, que l'amour pour leur pays a attirés dans l'ombre, l'œil au viseur ? Qui sait, à l'exception de tous ceux-là, que l'honneur de la France se venge dans des trous au milieu d'un désert ?

Sur son bureau dominé par une carte de France, du modèle de celle qui pare les salles de classe, et face à trois fauteuils club au bourrage généreux, les télégrammes s'amassent d'heure en heure avec leur poids d'accablement, tombent comme feuilles en novembre des mains du planton entre deux coups de talon sonores devant un homme habité d'inquiétudes. 2 juin. Déferlement de 105. Damnation ! J'enrage. Ces 105, au calibre bien français, sont des obus livrés à Rommel à travers la Tunisie avec deux mille camions Citroën. Un autre câble semble, sous ses doigts, aussi brûlant que le sable de ce pays lunaire où l'on s'étripe. Il annonce au loin l'approche vers le camp retranché d'une longue colonne de mille camions, chars et automitrailleuses, accompagnée de son panache de poussière. Je me sens frissonner comme ce papier qu'il vient de saisir. Soudain, une voiture légère à portée de fusil, avec un drapeau blanc. Au nom du général Rommel, « grand vainqueur de Libye », des parlementaires somment la garnison de se rendre. Réponse de Kœnig, le « Vieux lapin » (ainsi surnommé à cause de son habitude d'appeler les autres de cette façon), armé de sa canne en jonc : *Nein !* Nous soupirons ensemble. Trop vite. L'assaut a débuté. Vingt et un groupes d'artillerie. Mille quatre cents bombardiers. Deux divisions renforcées. Enfer. Je crois en percevoir l'écho dans ce bureau que l'on dirait à présent si loin du Mall.

Le 5 juin, deux phares percent tout à coup l'aube encore incertaine. Un plénipotentiaire. Il vient traiter la reddition de la place. Il en est pour ses frais. Des tracts virevoltent, semés par des avions à croix noires : « Vous avez vengé l'honneur de la France, vous n'avez plus de raison de combattre. Rendez-vous, vous serez rapatriés en France. » Rigolades. Ces chatouillis le long du dos, il doit les ressentir comme moi aujourd'hui. Ce sont ceux de la fierté qui monte au cerveau. Le feld-maréchal serre les dents. « *Vorwart !* (En avant !) », hurle-t-il à la tête de ses hommes, au milieu des mines françaises. Inutile héroïsme. Deux jours passent, trois jours, quatre jours, cinq jours, le « Vieux lapin » et ses lions continuent de narguer le « Rat du désert ». Mais nos propres nerfs, y pensent-ils, ces braves ? Ne distinguent-ils pas le cognement de nos cœurs à travers celui du canon ? Et lui, comment fait-il pour occulter tant d'émotion ? Où la met-il ? Pas de doute : la maîtrise de soi est un être dans l'être qui veut vous faire croire que vous êtes plus courageux que vous ne le pensez.

Je l'entends raisonner avec ces mots historiques : « Ils ne vont pas se rendre, de cela j'en suis sûr, mais ils vont tous y passer. Moi qui manque tant de bons soldats, avec qui allons-nous pouvoir continuer la lutte ? » Nuit blanche à l'écoute de la radio. Yvonne craint pour son mari. Inexplicablement, la fièvre s'est emparée de lui et il refuse tout soin. Dans peu de temps, d'ailleurs, alité, il finira par inquiéter ceux qui l'aiment. Paludisme ? Maintenant ses mains tremblent un peu. La résistance de Bir Hakeim devient problématique. Les munitions ? Plus que quelques caisses d'obus. L'ambulance chirurgicale ? Détruite. L'eau : un gallon par homme et par jour. Les officiers se rasent avec le dernier quart d'eau. Un légionnaire doit être correct pour mourir.

Le 10 juin, devant nous, médusés, il quitte brutalement son bureau. Craint-il de recevoir sur la tête le lustre en bronze hérissé de ses multiples bougies ? Il court chez Churchill. Il veut savoir quand le commandement allié se décidera à permettre aux défenseurs de tenter une sortie. Ils résistent depuis deux semaines alors qu'on leur a demandé de tenir dix jours au maximum afin d'immobiliser l'ennemi et de permettre ainsi aux Anglais de renforcer leurs positions à El-Alamein. N'est-ce pas suffisant ? Le lendemain soir, intervention divine. Quatre mille six cents hommes ont réussi à rompre l'encerclement. Il est seul. « Oh ! le cœur battant d'émotion, écrira-t-il plus tard, sanglots d'orgueil, larmes de joie ! » Puis ces trois mots presque criés volent au téléphone vers Maurice Schumann, le porte-parole : « Ils ont décroché ! » Et, en guise de conclusion : « Grâce à l'héroïsme de ses volontaires, la France va redevenir elle-même. »

Rentrant à pied de la radio, tous deux en uniforme, ils sont salués par les passants qui leur manifestent leur sympathie et acclament la France. Alors, ils pénètrent dans une petite chapelle voisine et se mettent à chanter ensemble, à pleine voix, l'un des dix versets du *Magnificat*, le cantique d'allégresse et de reconnaissance :

Magnificat anima mea Dominum,
Et exsultavit spiritus meus in Deo salutari meo,
Quia respexit humilitatem ancillae suae,
Ecce enim ex hoc beatam
Me dicent omnes generationes.

De retour en famille, à Rodinghead, dans le salon que l'odeur des fougères du parc envahit par les fenêtres grandes ouvertes, il se repose enfin, épuisé, comme s'il avait dû lui-même mener la bataille.

Bonneval (Gaston de)

Jour de deuil. On vient d'annoncer sa mort. Cavalcade vers les téléphones. Chacun, à la rédaction, tente de joindre le témoin susceptible d'en parler sur RTL. Voix cassées par le chagrin peinant à livrer leur témoignage. J'appelle le colonel Gaston de Bonneval. Je l'ai tellement sollicité sans succès depuis qu'il a pris sa retraite dans le petit village du Cher dont il est le maire, lui ai tellement demandé de participer à la confection du plus figuratif des portraits de son patron, qu'il doit se sentir aujourd'hui obligé de me répondre. Le devoir le commande. Accolé à cet être exceptionnel depuis vingt-trois ans, comme le gui à son chêne, qui mieux que lui pourrait nous le rendre vivant dans sa splendeur ? A moins que, étranglé par l'affliction, il ne soit frappé lui aussi d'aphonie. Pas du tout. Je retrouve au téléphone un homme plein d'entrain, à la voix claire et décidée. S'estimant toujours tenu par le secret, il m'évince une fois de plus. A force d'arguments, j'arrive à le convaincre et le rejoins, la nuit venue, dans son château de Thaumiers, en Champagne berrichonne.

Son attitude me déconcerte. Lorsque je l'ai appelé, il présidait le conseil municipal. Comme si ce jour était ordinaire, comme s'il ignorait la triste nouvelle qui venait de traumatiser le monde entier et désespérer ses partisans. N'aurait-il pas pu décider de remettre ce conseil à plus tard ? Maintenant, il sourit. Il a l'air de ne pas comprendre mon trouble. Alors, à mi-voix, son index en travers des lèvres pour me signifier de baisser moi-même le ton – France, sa petite-fille, dort dans la pièce voisine –, il me gratifie de cette explication : « Pourquoi voulez-vous que je sois triste ? Il vit toujours, le Général, il est toujours là, avec nous. Ce n'est pas parce que le bon Dieu l'a rappelé qu'il est mort. Un homme comme lui ne meurt jamais. » La foi d'un seul fidèle peut racheter toutes celles que l'on a reniées.

Tel est l'homme que celui qui nous a redonné la dignité et la fierté fait venir rue Saint-Dominique en août 1945, puis nomme son aide de camp, début 1946, quelques jours avant de décider de quitter le pouvoir. L'homme dont la présence à ses côtés dépassera celle de tous ses collaborateurs. Ancien légionnaire, il n'a rien de ce que l'on attend de ces baroudeurs à la peau tannée et au comportement rugueux. Avec son visage avenant et ses lunettes de professeur, celui que l'on surnomme familièrement « Gaston » à l'Elysée attire moins le respect dû à son grade que le sentiment de sympathie. Sous ses dehors de franche bonhomie, il cache pourtant beaucoup d'ardeur et de courage, des qualités qu'il a payées d'un long séjour au camp de concentration de Mauthausen. Il ne me l'a pas confié, mais je suis sûr que c'est ce passé héroïque, joint à ses qualités morales, qui a déterminé l'occupant de la rue Saint-Dominique à faire de lui son homme lige.

De tous ses aides de camp, Gaston de Bonneval est le plus singulier. Je le classerais même à part. Très éloigné des marins et des aviateurs qui se sont succédé au service du grand homme. Est-ce à cause de son physique différent du leur ou de l'arme à laquelle il appartient, l'ancienne « reine des batailles » où le jeune capitaine du 33e RI a croisé le fer ? Toujours est-il que le comportement du président de la République à son égard tranche sur les autres. Se sentant plus libre avec lui, il ne se prive pas de lui réserver, ici ou là, dans ses accès d'irritation, le langage un peu rude coupé d'interjections dont fourmille l'argot militaire. Fusent alors les couillon, jean-foutre et merdier qui, en temps normal, restent sagement dans ses pensées et ses poings serrés. Souffre-douleur ? Mot que j'ai souvent entendu employer pour le désigner. Je ne crois pas que l'on ait raison de le prononcer. J'ai l'impression que son fidèle auxiliaire est pour lui, à ce moment-là, une sorte de double affranchi de toute convenance, heureux de pouvoir s'exprimer sans entraves, de soulager son cœur avec naturel. Ah ! qu'il est bon de pouvoir engueuler quelqu'un en sachant qu'il ne vous en voudra pas, qu'il prendra même votre rudoiement pour une marque de complicité amicale.

Je me trouve à ses côtés, à Orléans, en compagnie d'un photographe, au pied de la statue de Jeanne d'Arc, quand je l'entends l'insulter. Voilà que son fidèle aide de camp vient de repousser la portière de sa DS découverte au moment où il s'agrippait au montant du toit pour se lever et saluer la foule. Doigts pincés, rouge de colère, il décoche à toute force quelques jurons du meilleur cru en direction du pauvre Bonneval, navré d'avoir meurtri l'homme pour lequel il se ferait tuer. Car ce n'est pas une parole en l'air : à plusieurs reprises, il montre, lors de situations périlleuses, notamment en Algérie, qu'il n'hésiterait pas à risquer sa propre vie pour préserver la sienne. Sa vie entièrement consacrée à sa personne, comme celle du grognard à l'Empereur. Le suivant pas à pas, l'auscultant à toute heure, guettant tout danger prévisible, allant jusqu'à en imaginer quand il n'y en a pas. Ce jour, par exemple, à Arras, où on l'entend crier soudain : « Le médecin, le médecin, vite ! » Il a voulu s'asseoir et Bonneval a craint un malaise. Il souhaitait tout bonnement relacer sa chaussure.

Je me le figure dans son ombre, comme l'arbre qui lui indique d'où vient le vent et qui l'en protège. Pourrait-il se priver de sa présence sans souffrir d'un manque ? Il le veut toujours à ses côtés, en public, en famille, en promenade, en voyage. Il est sa canne, son oreille, son confident. Quand il est absent, il perd son calme. « Comment ! Mais où est-il donc encore passé ? » On lui explique que c'est son jour de congé. « Encore ! » Il n'a pas le droit de le quitter d'une semelle. A Madagascar, truelle à la main, le président se prépare à poser la première pierre d'une école. Mais où se cache-t-elle ? On la cherche et on ne la trouve pas. Alors, il rugit : « Bonneval, qu'est-ce que vous avez encore foutu ? Trouvez-moi cette pierre. » Comme s'il y était pour quelque chose ! On lui apporte un caillou ramassé dans l'allée et la cérémonie peut commencer. Il recueille chez lui ce dont il a besoin et dont il ne pourrait se priver : fidélité, discrétion, aide et détente. « Nous riions souvent ensemble, me fait savoir Bonneval. Je ne pense pas qu'il s'amusait autant avec d'autres. » Là encore, le jargon militaire reprend ses droits. Avec toute sa verdeur. Plus de périphrase. Il se laisse aller. « Il aimait se défouler avec moi quand la pression était trop forte. » Mais en 1964, leur soleil se voile. A l'heure où il commence à penser à sa retraite, le colonel de Bonneval croit pouvoir accéder à un grade supérieur. Etant donné ses états de service, n'a-t-il pas droit aux étoiles de général ? Certes, il lui manque les années de service réglementaires au sein d'une unité, mais un petit coup de pouce de son patron ne pourrait-il pas y remédier sans peine ? Hélas ! malgré plusieurs intercessions amicales, il refuse de déroger à la règle. Pas de passe-droit, même pour le fidèle des fidèles. Le cher Gaston sera long à avaler son amertume.

A Colombey, il n'est pas l'étranger qui vient seconder le seigneur et maître. Il fait partie de la famille, veille sur elle avec le même soin que sur la sienne. C'est lui qui répond au téléphone à sa place. (On connaît son aversion pour ce genre d'instrument.) Lui qui sert la messe à La Boisserie quand on veut éviter la foule à l'église de la paroisse. Lui qui a attendu vingt-trois ans avant de se confier à un journaliste. N'a jamais accepté d'écrire une seule ligne sur lui. A refusé tout à-valoir rondelet des quémandeurs. Au moment de la mort d'Anne, en 1948, il va s'agenouiller avec la famille devant le cercueil posé sur deux tabourets dans le salon et s'abîme dans la prière. Sa foi ardente a beaucoup compté dans l'estime qu'il lui portait. C'est elle qui lui a permis de ne pas pleurer le 9 novembre 1970.

C

Calais

Calais, c'est, pour tout le monde, son beffroi de soixante-quinze mètres de haut, de style néo-flamand, classé au patrimoine mondial de l'Unesco. C'est aussi la statue de bronze des six *Bourgeois* de Rodin. Exposée depuis 1895 devant l'hôtel de ville, elle rend hommage, on le sait, à l'héroïsme des notables calaisiens qui, en chemise et corde au cou, ont remis les clés de la ville au roi d'Angleterre afin de mettre un terme au siège de ses troupes et à la famine des habitants. Tout cela ravit avec raison les curieux de passage. Mais pour moi, Calais, c'est avant tout Notre-Dame. Cette grande église érodée par le temps, de style à la fois Tudor et ogival, avec son clocher sans grâce de cinquante-huit mètres terminé par une pointe en forme d'obus. Cette pauvre église bombardée par erreur, dit-on, une semaine avant la Libération, et dont la restauration complète se fait toujours attendre. Car c'est ici que, de retour de Pologne, le jeune capitaine d'infanterie, à l'aube de ses trente et un ans, épouse, le 7 avril 1921, Yvonne Vendroux, la fille d'un notable de la ville, propriétaire d'une biscuiterie.

Calais. Il découvre cette ville quatre mois auparavant, à la fin d'un jour grisâtre. Dès la sortie de la gare, conduit par son futur beau-frère, je remarque qu'il se rend à pied à l'hôtel où une chambre lui a été réservée. Car la bienséance lui interdit de loger sous le même toit que sa fiancée. Pont désert, vieil abattoir aux briques fuligineuses, réverbères à gaz cinglés par le vent froid de noroît, rien de bien accueillant. Le plaisir revient chez le capitaine quand il rejoint la demeure familiale des Vendroux, rue de la Douane, aujourd'hui rue de la Victoire, après avoir fait à grands pas le tour du port et de la plage. Quand il retrouve Yvonne dont il ne connaît encore que peu de chose si ce ne sont sa timidité et son sourire de jeune fille bien élevée. Pour fêter ce premier dîner chez ses futurs beaux-parents, Jacques Vendroux, le frère d'Yvonne, est allé chercher à la cave, sur ordre de son père, un flacon de vin de Constance, venu du Cap, pris pendant le Blocus continental, cent quinze ans auparavant, et acheté aux enchères sur la place d'Armes de Calais.

Quatre mois plus tard, donc, voici le jour tant attendu. Les cloches annoncent la nouvelle, les orgues se déchaînent. « Ils pourraient tout briser, écrit Barrès, inspirateur de mon cher mémorialiste. Loin de tout écraser, ils nous soulèvent et nous soutiennent. » Voici les deux fiancés devant le retable baroque orné d'une angélique Assomption, pièce maîtresse de ce lieu saint. Ils se tiennent côte à côte, figés dans le recueillement, en cet instant solennel où l'officiant reçoit et consacre leur consentement mutuel. Puis – je ressens l'émotion qui doit les envahir, eux, leur famille et leurs amis remplissant la nef – vient la bénédiction des anneaux nuptiaux. Au moment où éclatent et tombent sur nous, comme d'un nuage ensoleillé, une aria de Bach et des chœurs. Ils s'avancent maintenant vers la sortie. Tout près, offerts à l'admiration. Elle, dans une robe de satin blanc à traîne et voile en dentelle de Calais (bien sûr), couronnée de fleurs d'oranger. Lui, svelte et droit dans une redingote bleu horizon au col montant jusqu'au menton, la poitrine barrée d'un baudrier et chargée de décorations étincelantes. Ils franchissent le bien modeste portail de ce vaste édifice, suivis des grandes orgues déversant à flots la *Marche nuptiale* de Mendelssohn.

Les voilà ! Ovation de la foule massée sur le parvis. Ce n'est pas pour le marié que l'on est venu nombreux, parfois de Courguen, de Sangatte ou de Coquelles. Car cet officier est inconnu de tous. C'est, disent les braves femmes avec l'accent du pays, pour « la fille à Vendroux ». La fille du célèbre industriel, héros de la dernière guerre, deux fois blessé, et joueur de tennis émérite, capable de tenir tête à des raquettes internationales. Yvonne Vendroux, qui ne se doute pas, sous son voile, qu'elle vient de donner sa main à l'Histoire.

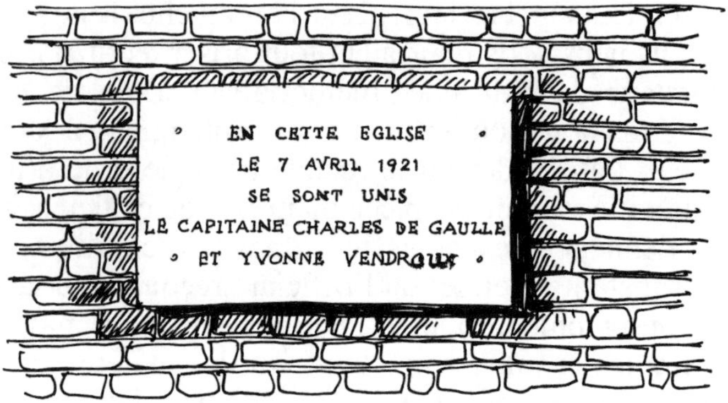

« S'il vous plaît, s'il vous plaît ! » Le photographe a beau trépigner derrière son verre dépoli, il n'aura droit qu'à un seul cliché. C'est l'ordre du capitaine.

Tout à l'heure, après le repas trop copieux et trop long au goût du mari (il s'est achevé à plus de 4 heures de l'après-midi), je les verrai, tous deux, esquisser quelques tours de valse vite troussés et disparaître. Je sais que le père Pruvot, le vieux cocher, les attendait avec son coupé. Direction, la gare maritime où ils devaient prendre le Train Bleu pour l'Italie du Nord. Vingt longues heures de voyage, puis, m'a-t-on soufflé, trois semaines de douces errances qui les mèneront à Milan, Venise, Padoue et au bord du lac Majeur. Un voyage de noces dont personne ne saura rien de plus ou presque dans la famille, la lune de miel ne concernant que ceux qui la vivent.

Peu après l'explosion de la première bombe atomique sur Hiroshima annonçant, comme d'un coup de poing céleste, la fin prochaine de la Seconde Guerre mondiale, le chef du Gouvernement provisoire tient à retrouver Calais au cours d'une tournée officielle, à revoir les lieux où, jeune capitaine en redingote bleu horizon, il a lié son destin à celui de la jolie fille du biscuitier. A revoir le port où, se souvient-il, Chateaubriand, son confident des heures solitaires, a débarqué en 1800, de retour d'exil, après une traversée de la Manche de quatre heures, écrivant : « Je me glissai dans ma patrie à l'abri d'un nom étranger : caché doublement dans l'obscurité du Suisse Lassagne et dans la mienne, j'abordai la France avec le siècle. » Tout auréolée de fleurs de la campagne et submergée par une foule en délire, la ville n'espérait que le retour de l'homme du 18 Juin. Il est accueilli de nouveau par son beau-frère, mais cette fois, à l'hôtel de ville, à l'endroit même où vingt-cinq ans plus tôt s'est déroulée la cérémonie civile de son mariage, car, poussé par la volonté populaire, Jacques Vendroux est devenu maire. Ah ! ce sourire malicieux qui nous enchante. Il rejaillit sur tous les visages quand on l'entend dire : « Très heureux de vous voir ici, monsieur le maire ! »

Libéré du pouvoir en 1946, il revient à deux reprises à Calais avec Yvonne. Il goûte en famille au plat régional, les crevettes rougies par le tisonnier et servies dans une grande soupière de porcelaine blanche, s'octroie des kilomètres de marche sur le sable mouillé au cap Gris-Nez. Et quelques années plus tard, délaissant l'Elysée pour un ou deux jours, je l'y vois encore et encore. Il retrouve l'archiprêtre qui l'a marié, le témoin de son mariage, le fils du cocher qui, escorté de son imposant chien noir assis comme un compagnon à côté de lui, l'a conduit à Notre-Dame avec sa mère, en ce grand jour… Comme beaucoup d'hommes, il pense que refaire un chemin parcouru peut permettre de reconquérir les bons moments que le temps lui a extorquées. Il y retourne une ultime fois en avril 1966. C'est là, au sortir de Notre-Dame, après la messe dominicale, que je surprends, sur une photo, cette scène exceptionnelle pour ceux qui connaissent son extrême pudeur. En costume croisé, tête nue, il présente un bouquet de muguet à Yvonne déjà assise dans la voiture découverte qui va les ravir à mes yeux. Le bouquet est offert par un marchand à la sauvette, à la porte de Notre-Dame de Calais, cette grande église érodée par le temps, avec son clocher sans grâce, mais berceau d'un amour sanctifié.

Churchill

Le 29 janvier 1965, quand on annonce son départ pour Londres aux obsèques de Winston Churchill, mort à quatre-vingt-dix ans, je me demande qui il va enterrer. Un ami ou un adversaire ? Leurs relations pendant la guerre ont connu tellement de tempêtes et d'accalmies qu'il est difficile de répondre à la question. En 1947, le jour où il apprend que l'ancien Premier Ministre anglais, son aîné de seize ans, vient de fêter ses soixante-treize ans, il s'exclame devant son aide de camp : « Je n'aurais jamais cru, à le voir, que ce vieux forban vivrait aussi longtemps. Il est vrai qu'il a fait toute sa vie des affaires avec le diable. Je vous dis : celui-là, c'est la méchanceté et l'alcool qui le conservent. » Un chroniqueur l'entend par ailleurs – mais oserais-je le croire ? – le traiter de « brigand » et de « canaille », le 11 novembre 1944, après qu'il a ranimé la flamme à ses côtés, à l'Arc de Triomphe, et qu'ils ont descendu de concert les Champs-Elysées. Ils se rencontrent pour la dernière fois en 1958 à Paris. Le président du Conseil nouvellement investi a tenu, dès sa prise de fonctions, à remettre au vieux lutteur fatigué la croix de la Libération qu'il lui avait décernée quelque temps auparavant. A cette occasion, une courte cérémonie se tient sur le perron de Matignon. Agé de quatre-vingt-quatre ans, le pauvre Churchill chancelle sous le poids d'une vie bien remplie. Saisit-il les mots qu'il lui destine ? Ils sont courts mais semblent sortir du cœur. Il lui déclare que la France lui doit beaucoup et qu'il « l'estime et l'admire plus que jamais ». A sa mort, il dira de lui à la reine Elizabeth : « Dans ce drame, il était le plus grand. »

Je trouve ces opinions contradictoires très significatives des rapports qu'ils ont entretenus dès le début, semés de surprises en tout genre. Ainsi sont ces lampes intempestives qui s'allument et s'éteignent au gré de leur humeur. Lors de leurs premières rencontres en juin 1940, en France et outre-Manche, juste avant la débâcle, il a trouvé en lui le battant bien décidé à gagner son match coûte que coûte, et Churchill l'« homme du destin », selon ses mots, seul capable de ramasser le glaive tombé à terre. Fasciné par l'allant et l'entregent de ce jeune sous-secrétaire d'Etat au ministère de la Défense nationale et de la Guerre, dont il ne sait rien, il le prend, au début, pour plus important qu'il n'est, au point que, lorsqu'il annonce son arrivée prochaine à Londres, il le présente comme le successeur de Weygand, le commandant en chef. Ce qui permettra par la suite à certains membres du Foreign Office, hostiles au Premier Ministre, d'insinuer que ce général sans envergure n'est qu'une de ses fantaisies de plus et qu'elle sera sans lendemain.

Si je me fie à la lecture des journaux britanniques de l'époque à laquelle je me suis livré, la presse ne fait guère attention, dans les premiers temps, à la présence de cet inconnu sorti de la manche de l'hôte de Downing Street. Seul le *Times* lui octroie quelques colonnes, le disant « proche d'une droite agressive » et le jugeant comme un homme « à l'intelligence claire et lucide, un homme d'action tout autant que de rêves et d'idées folles ». Lui n'a que reconnaissance à l'égard de celui auquel il doit d'être accueilli avec considération. Qui n'a pas retenu comme moi cet hommage dans les *Mémoires de guerre* : « Je n'étais rien au départ. Naufragé de la désolation sur le rivage de l'Angleterre qu'aurais-je pu faire sans son concours ? Il me le donna tout de suite. » Complicité entre les deux hommes ? Si c'est ce que l'on prétend parfois aujourd'hui, ce n'est pas ce qu'il ressent lui-même face à l'homme au cigare et au chapeau melon. Il s'agit plutôt d'une entente de circonstance fondée sur des intérêts communs et non exempte d'arrière-pensées. La confidence faite à l'un de ses aides de camp que j'ai sous les yeux se passe de commentaires : « Dites-vous bien toujours qu'au cours de la guerre, Churchill ne m'a favorisé *qu'autant qu'il ne croyait pas en moi* [...] Dès qu'il a vu que j'étais réellement la France, il m'a combattu ! [...] Oh ! je n'en fais pas grief à Churchill ! les choses eussent été inversées que je n'eusse probablement pas fait trop d'efforts pour restaurer dans sa force la puissante Angleterre ! » Rendre hommage à l'adversaire, c'est souvent envier ses façons d'être et d'agir.

Les grincements ne mettent pas longtemps à couiner aux oreilles avec le bruit agaçant d'une girouette folle. Le 7 août 1940, moins de deux mois après la diffusion de son appel à la BBC, alors qu'il vient de signer avec le gouvernement britannique un accord consacrant la reconnaissance de la France libre par la Grande-Bretagne, il reçoit coup sur coup deux lettres de Churchill. La première lui signifie que le gouvernement de Sa Majesté est résolu, une fois la victoire obtenue, à « assurer la restauration intégrale de l'indépendance et de la grandeur de la France ». Parfait. Mais la seconde augure mal de l'avenir de ses relations avec Londres, comme on ne tardera pas d'ailleurs à s'en rendre compte au Levant. Churchill croit bon d'ajouter que l'expression utilisée dans la première lettre « ne vise pas d'une manière rigoureuse les frontières territoriales... ». J'imagine l'irritation de l'« homme du destin » en voyant, sous les traits de ce bon vivant, la perfide Albion tomber le masque. Il faut toujours prendre garde à la bonhomie des gros. Ils ont de quoi cacher toutes sortes de sentiments.

Chef des affaires politiques de la France libre, Gaston Palewski a souvent l'occasion de se frotter au Premier Ministre britannique. Selon lui, il y a deux Churchill. L'un est « le combattant infatigable, plein d'imagination créatrice, le chef du monde libre dans la guerre », l'autre « un homme d'Etat du XVIIIe siècle, astucieux et malin ». Avec ses trente-cinq ans de vie politique, ce vieux routier est persuadé qu'il va pouvoir manœuvrer à sa guise ce général novice sans armée et sans appui, au même titre que les autres chefs d'Etat exilés dont le Foreign Office souligne la docilité et la courtoisie. Grande va être sa désillusion. Mais il a joué sa carte, la seule valable, et ne tient pas à se dédire, surtout devant ses propres détracteurs. Il veut, d'autre part, peser sur Vichy avec lequel il se refuse à couper les ponts. Ainsi décide-t-il de lancer son poulain dans l'opinion publique, « comme une savonnette », grommelle ce dernier dont on connaît l'aversion pour la photographie et les incursions dans la vie privée.

Sa médiatisation est alors orchestrée par un publicitaire de renom. La presse que j'examine joue le jeu. Les Anglais admirent cet homme qui se bat seul. Pour le *Daily Sketch*, par exemple, il est « Robinson Crusoé, jeté sur son île, désireux de sauver tout ce qui pourrait lui être utile ». Célèbre à Londres, le voici également dans le monde entier. Tourne manège ! Dès l'échec de Dakar, en septembre 1940, dont on le dit aussi responsable que Churchill, les journalistes s'empressent de remettre en batterie les canons de Nelson. Pour le *Daily Mirror* dont l'hostilité foncière me tape sur les nerfs, il semble avoir complètement perdu la tête : « Chargeant sabre au clair un instant et faisant demi-tour l'instant d'après. » Ces critiques blessent les deux hommes à part égale. Le chef de la France libre aura bien du mal à reconquérir sa popularité, car de violentes querelles s'annoncent. A deux reprises, Churchill va même jusqu'à essayer de le faire remplacer, d'abord par le général Catroux qui, élégamment, refuse de se prêter à la manœuvre et, on le sait, par l'amiral Muselier. Alors, avec force, mais aussi en épargnant ses nerfs, il va contrecarrer ces deux menaces et gagner. On peut s'y prendre à deux fois sans pour autant se mettre en quatre. Après chaque affrontement, on se réconcilie couci-couça. Mais pour un moment. L'Histoire le dit depuis longtemps : il est difficile de comprendre les gens qui s'obstinent à rouler du côté opposé au vôtre et qui, incapables de prononcer le nom de Chateaubriand, le surnomment *Shatterbrain* (cerveau fêlé).

Je lis sous la plume de Douglas Johnson, directeur du département Histoire à l'University College, que ce sacré Français déconcerte Churchill par ses changements subits d'attitude à son égard. Un jour, il entre furieux dans son bureau au point de perturber son sommeil ; la nuit suivante, et le lendemain, c'est le plus charmant des hommes qui revient et qui obtient ce qu'on lui a refusé la veille. Au cours de ces épisodes de rabibochage, il n'est pas rare d'entendre leurs verres tinter et les rires ponctuer leurs échanges prononcés dans un français et un anglais aussi scolaires l'un que l'autre. Ils se lancent gentiment des vannes en plaisantant sur toutes les querelles qui ont envenimé les rapports de leurs ancêtres. Et ils ont de quoi faire ! Tous deux hommes de théâtre, ils jouent leur rôle respectif de héros tragique. Il admire chez Churchill « ce don angélique et diabolique pour remuer la lourde pâte anglaise aussi bien que pour frapper l'esprit des étrangers… ». Il est pour son partenaire « le grand artiste d'une grande histoire ». Quant à leurs propres querelles, décrites à satiété par les journalistes, puis par les historiens, l'auteur des *Mémoires de guerre* n'en parle jamais. Dans le privé, il ne se plaint vraiment que d'un fait : à partir de 17 heures, langue embourbée et idées confuses, Churchill n'a plus qu'un impératif, celui de vider sa bouteille de whisky.

Tout irait moins mal entre eux si quelques mauvais génies ne s'évertuaient à ranimer, de temps en temps, la mésentente à plaisir. Il y a, d'abord, à Londres, le major général Edward Spears, l'ami de Churchill. Au début très amical, ce francophone tartuffe va bientôt se heurter au chef de la France libre, après avoir essayé de le déstabiliser. Au moment de l'affaire de la Syrie et du Liban, il se transforme en un adversaire teigneux et irréductible. Son exécration pour lui égale celle de Roosevelt que des émigrés français des Etats-Unis s'acharnent à entretenir. Pour le président américain, la France a cessé d'exister, et ce général qui se prend pour Jeanne d'Arc ou pour une *prima donna* est fou. Il faut s'en débarrasser au plus vite. Il soutiendra cette thèse jusqu'à la libération de Paris. Sur les bords de la Tamise, le Britannique à la rondeur faussement bonhomme le suivra, bon gré mal gré, pris entre son remords de trahir l'« homme du destin » et son désir de ne pas déplaire au locataire de la Maison-Blanche.

Affectée par la mort de ce dernier à Washington, le 12 avril 1945, oubliant sa rancune, la *prima donna* décrète en France une semaine nationale de deuil en hommage à un homme qui l'a combattu jusqu'au bout, mais qu'il n'a jamais cessé d'admirer. Vingt ans après, alors que j'apprends qu'il se rend aux obsèques de Churchill, à l'abbaye de Westminster, je me pose toujours cette question : qui va-t-il enterrer ? Celui qui lui rappelle Fachoda ou celui qu'il appelle « le plus grand » ?

Cinéma (Le)

Plus l'homme est grand, plus ses moments de détente paraissent dérisoires. Cela dit, on ne voit pas pourquoi il devrait se priver de ce dont tout le monde profite sans compter. Pourquoi, par exemple, lui qui aime tant le cinéma, ne pourrait-il pas assouvir ce menu plaisir sans déchoir de sa grandeur. Il n'empêche que son goût particulier pour ce genre de distraction a de quoi surprendre. On imagine mal cet homme d'action, toujours sur la brèche, l'œil sur sa montre, regardant, pendant un temps assez long, aussi statique que son fauteuil, des gens en mouvement sur un écran. Il est tout aussi difficile de comprendre que ce grand esprit puisse trouver quelque agrément à savourer des productions pas toujours enrichissantes, parfois même de gentilles historiettes, ou pis, de vraies banalités. Pourquoi ne supposerait-on pas que, pareil au commun des mortels, il ait besoin de rêver ? Le rêve multiplie la vie comme l'écho la voix.

On m'a fait savoir que ce penchant date de sa jeunesse. L'invention du cinéma l'a fasciné. Plus tard, entre les deux guerres, il entraîne souvent son jeune fils dans les salles obscures avec le souci du professeur, dans le but de parfaire ses connaissances. En garnison à Metz, il ne manque jamais le succès qui crève l'écran. *Robin des bois* est l'un des premiers films en couleur. Philippe doit donc en être le spectateur. Après chaque séance, suit son commentaire. L'invitant, à l'âge de quinze ans, à voir un film sentimental, il lui demande de retenir, à la sortie de la salle : « L'amour entre chez les hommes par les yeux et chez les femmes par les oreilles. » Un autre film du même genre, intitulé *My son, my son*, l'enchante tellement qu'il lui conseille d'en garder le souvenir. Il raconte, si je ne me trompe, l'histoire d'un homme qui, fâché avec son fils, apprend son départ pour le front. Il court à la gare pour l'embrasser et y arrive trop tard. Drame et pardon. A Paris, avec les promenades en ville et la visite de monuments, le cinéma est sa distraction favorite.

Il privilégie les films inspirés par l'Histoire. Ainsi voit-il avec son fils *Les Croix de bois*, tiré du célèbre roman de Roland Dorgelès. Et comme de coutume, le jeune garçon aura droit à une leçon après le spectacle. Celle-ci : « Au cinéma, l'amour est plus beau qu'en réalité et la guerre moins horrible. » Il consent à demeurer assis jusqu'à la fin sans toutefois applaudir avec la salle, ce qui, de la part d'un ancien combattant de 1914, dont les nerfs sont toujours à vif quand il entend parler de sa guerre, est une marque de compréhension exceptionnelle. *Verdun, souvenir d'histoire* n'a pas cette chance. Indigné par « des images granguignolesques et des dialogues d'un pacifisme délirant », il quitte la salle au bout de vingt minutes en bougonnant tant et plus. Je lis dans *Le Fil de l'épée* qu'il reproche au cinéma de « représenter les héros comme discourant et gesticulant en menant leur monde. La réalité dément cette absurde invention ». Il sélectionne ses sujets après consultation de la presse et examen approfondi des jugements émis par les différents spécialistes. Ne l'intéressent que les productions dont les grands acteurs monopolisent les génériques. Jean Gabin le charme quel que soit le sujet traité, de même que Pierre Fresnay, Louis Jouvet, et, plus tard, pour rire, Louis de Funès, en considérant cependant que les meilleurs comiques n'arrivent pas à la cheville de Milton et de Bach et Lavergne. Au fond, si j'omets quelques impatiences, je le classerais plutôt dans le bon public. Celui qui, le long de ces kilomètres de rêves, recherche avant tout son plaisir en oubliant toute critique systématique.

Après la Seconde Guerre mondiale, son rôle politique le condamne à la discrétion, et il en souffre. Sa soif d'images lui est pénible. Balbutiante, la télévision ne parvient pas à l'étancher. La traversée du désert, une période pendant laquelle, à mon grand regret, sa silhouette a tendance à s'estomper, lui permet quand même, un jour, de tenter une dernière escapade vers la toile magique. Il brûle d'aller déguster ce dont tout le monde parle à Paris : *Les Dix Commandements*, le spectacle grandiose de Cecil B. DeMille réalisé avec de nouvelles techniques. Quittant subrepticement l'hôtel La Pérouse en compagnie de son aide de camp, tous deux sanglés dans un imperméable mastic, le chapeau rabattu sur le front, ils se faufilent jusqu'aux Champs-Elysées par la rue de Presbourg, peu passante à cette heure – il n'est pas loin de minuit –, et s'engouffrent dans le cinéma Normandie par la porte arrière. (J'ai l'impression d'assister au tournage d'un film policier.) Le directeur leur a réservé des places tranquilles dans les derniers rangs, juste après l'extinction des lumières. Deux minutes avant la fin du film, il s'esquive de la même façon avec son aide de camp sans avoir été reconnu, et il est comblé. Cependant, il trouve trop scabreux ce genre d'échappée et préfère ne pas le renouveler. Bonneval installe alors un projecteur à La Boisserie et lui passe des films en seize millimètres, tels que *La Grande Illusion, La Charge héroïque* ou *Le Congrès s'amuse*. Mais le son est mauvais et l'expérience vite abandonnée.

Une fois à l'Elysée, il en va tout autrement. Les planches remplacent la toile. Le spectacle est devenu un acte officiel. Il pourrait s'y faire, mais à la seule idée de devoir serrer des dizaines de mains avant et après la représentation, et d'être obligé de rentrer se coucher après minuit, il perd tout agrément à se rendre à l'Opéra ou à la Comédie-Française. Aussi la consigne est-elle formelle : la pièce ne doit pas dépasser les deux heures. A bon entendeur, salut. A l'heure dite, sans attendre la fin des applaudissements, il fait un signe discret à Yvonne, se lève et part avec elle vers la sortie. Il regrette l'époque lointaine où il pouvait aller écouter tranquillement une opérette telle que *La Belle Hélène, L'Auberge du cheval blanc, Dédé, La Grande-Duchesse de Gerolstein* ou *Mignon*. D'après son fils, qui m'en a fait la confidence, lorsqu'il est d'humeur particulièrement joyeuse, il lui arrive de chantonner l'un de ces airs d'autrefois. Le couplet des *Mousquetaires au couvent* lui vient souvent aux lèvres en se rasant ou même en marchant dans le jardin. Je crois percevoir sa voix mal assurée :

Pour faire un brave mousquetaire
Il faut avoir l'esprit joyeux
Bon cœur et mauvais caractère...

Un jour, me relate l'épouse d'un de ses anciens directeurs de cabinet, il lui prend l'envie de retrouver un instant de jeunesse en allant applaudir *Rose-Marie* reprise par le Théâtre Mogador. Avisé, son mari se rend au théâtre et s'en revient catastrophé. Hélas ! remise au goût du jour, cette opérette est devenue vulgaire. Le président de la République ne peut décemment pas s'y fourvoyer. Il se console en regardant la télévision. Dès 1962, « Intervilles », l'émission populaire animée par Simone Garnier et Guy Lux, s'impose dans l'appartement présidentiel. Trois ans plus tard, il suit aussi fidèlement la même émission européanisée, « Jeux sans frontières », dont la légende prétend qu'il en a eu l'idée en conversant avec le chancelier Adenauer. Il faut entendre Roland Nungesser, secrétaire d'Etat et maire de Nogent-sur-Marne, me raconter la fois où, stupéfait, il le fait venir à ses côtés, au cours d'une réunion au Conseil constitutionnel et le félicite. Pourquoi ? Sa ville venait, la veille, de gagner contre Stuttgart.

Le cinéma reste son délassement préféré. S'en laisser frustrer ? Pour rien au monde. Alors, il a une idée. Il demande au Service cinématographique des armées d'équiper la salle des fêtes du palais en conséquence. Seul moyen de tenter l'évasion sans mettre un pied dehors. Ainsi sont projetés les films qui lui plaisent, prêtés par certaines salles des Champs-Elysées, pour la grande joie de ses invités, petits et grands : *Le Tour du monde en 80 jours, Vingt Mille Lieues sous les mers, La Princesse de Clèves*, ou encore *La France vue du ciel*, celui-ci spécialement choisi pour Macmillan, le Premier Ministre britannique de passage à Paris. Le dimanche soir, séance réservée à la famille. Au programme, suspense et rires avec James Bond, Fernandel, Bourvil… Enfoncé dans son fauteuil, lunettes sur le nez, entouré des siens, c'est le bonheur. Il ne manque que les esquimaux à l'entracte. Loin des affaires et des problèmes en tout genre, il n'est plus l'homme pressé, bousculé par le temps, aiguillonné par l'action. Il est le patriarche qui a emmené son petit monde au cinéma.

Citroën

Claquement de portières. Bruit de gargarisme du démarreur. Desserrement du frein à main. Et les voilà partis. Direction Colombey par la RN 19. Comme de coutume, Fontenil est au volant, lui à l'arrière, à droite d'Yvonne. C'est le plus souvent sa place depuis qu'il est à l'Elysée. Derrière, à moins de cinquante mètres, une autre DS noire veille. Celle des « gorilles » et du médecin de service. Yvonne somnole, lui musarde entre ses pensées et les curiosités de la route. Il aime cette voiture, son ronronnement de chat, sa molle élasticité de pouf. Il n'en changerait pour aucune autre. Que de fois, pourtant, lui a été proposé un modèle plus solide, à l'épreuve des balles et des bombes. Pourquoi pas un char d'assaut ? a-t-il répliqué. Alors, qu'il permette au moins que l'on obscurcisse les vitres. La sécurité y gagnerait. Comment ! Le priver d'admirer convenablement le paysage de sa France, le forcer à vivre derrière un voile de veuve ? Veut-on transformer cette berline en un fourgon mortuaire ? Quant à suggérer que l'on y installe la radio afin d'établir une liaison avec ses vigiles, inutile d'espérer obtenir davantage son consentement. L'insistance des uns et des autres après les divers attentats qui ont failli les envoyer au trépas, lui et son épouse, n'a rencontré de sa part que bougonnements, moquerie ou fatalisme. « Le hasard est maître de tout. »

Le silence. Voilà ce qu'il désire. « Le silence, splendeur des forts et refuge des faibles, pudeur des orgueilleux et fierté des humbles, prudence des sages et esprit des sots. » Messieurs les aides de camp, retenez bien cela et fichez-lui la paix. Il est le seul à pouvoir décréter si l'on doit ouvrir la bouche ou pas. Dans son fauteuil de cuir, il est comme au cinéma. Aujourd'hui, la France rurale est à l'affiche. Le film muet n'en finit pas de le ravir. Mais parfois, quand même, il y ajoute la parole. Sortant de sa réflexion, il entame avec Bonneval ou un autre assis à l'avant une petite conversation sur la région traversée. Par exemple, sur Troyes, capitale du comte Hugues de Champagne, ou sur l'abbaye de Clairvaux qui, dit-on, recèlerait un trésor et que les loups de la forêt voisine assiégeaient encore il y a moins d'un siècle. Ou bien il se contente de lui donner quelques bonbons en lui demandant d'en choisir un pour Fontenil au volant.

Arrivé à Colombey, je sais qu'il décidera vite de reprendre la route. Le ciel est trop bleu pour ne pas avoir envie de rouvrir les ailes. Et puis, il ne peut demeurer trop longtemps au même endroit sans ressentir dans les jambes le réveil de ses sacrées fourmis. Il lui faut toujours un cheval piaffant devant sa porte. Comme beaucoup d'hommes, il est saisi de cette envie de fuite qui lave l'esprit de tout ce que l'on veut oublier derrière soi. Après avoir lâché son stylo, le mouvement l'emporte alors comme le vent le moulin. Carte routière sur les genoux, en avant ! Où va-t-il ? Yvonne l'ignore, lui n'en a encore qu'une idée assez vague. Crissement du gravier. Miaulement de la grille. Défilé des kilomètres. Nous voici sur le plateau séparant la vallée de l'Aube de celle de l'Ource. Il tient à contempler là les grandes gentianes qui, sous la brise, ont une nonchalance de demoiselles oisives. A présent, se profilent les toits d'ardoise du château de Cirey. C'est dans cette noble demeure que pendant quinze ans, invité par Gabrielle Emilie de Breteuil, Voltaire séjourna comme un coq en pâte, envoyant le mari peu regardant à la chasse au cerf. Va-t-on s'arrêter pour visiter ces lieux ? Sûrement pas. Il déteste « cet affreux Voltaire », comme on le qualifiait à son époque, qui écrivit à Frédéric de Prusse pour le féliciter de nous avoir infligé une sanglante défaite. Ce soir, à l'arrivée à La Boisserie, je suis certain qu'il nous récitera cette lettre en entier. C'est dire combien il lui garde un chien de sa chienne. Au retour vers Colombey, passant par Rouvres-les-Vignes, il nous apprend que l'église de ce village possède un retable du XVIe siècle en pierre représentant les douze apôtres. Pas un appât du chemin qui ne pique sa curiosité. On s'instruit toujours en voyageant avec ce pédagogue.

Citroën est sa marque préférée. Certes, je le surprends parfois en pleine infidélité. Par exemple, en juin 1940. Intrépide, il devance, sur le front, les blindés de sa division à bord d'une Renault Vivastella. A Londres, un Français fortuné lui prête sa Bentley. A la Libération, après avoir abandonné la Cadillac que lui a offerte Eisenhower, une Delahaye le transporte avec ses espoirs et ses illusions. En revanche, il dédaigne de se servir de la Mercedes Benz de Hitler. Un trophée dont Leclerc s'est saisi dans le garage du Berghof pour le lui offrir en souvenir d'une belle histoire commencée à Koufra. Voilà bien longtemps qu'il n'a pas touché lui-même à un volant. Depuis 1927, à Trèves, où il commandait un bataillon de chasseurs. C'est à ce moment-là qu'il conduit sa première Citroën, une splendide B14 d'un beau noir de loutre, au capot verni comme l'ongle d'une belle. Avec elle, les balades en famille prennent du champ. Mais il ne la garde pas longtemps. Un accident, me dit-on, met fin à ses escapades. Dans un village, en Allemagne, une fausse manœuvre l'a envoyée dans un fossé. Le maire doit venir la tirer de là avec son cheval. Furieux, le pionnier de la motorisation décide alors de ne plus jamais monter dans une voiture sans chauffeur. Au contraire d'Yvonne qui, plus tard, ne se séparera de sa 2 CV que pour une 6 CV. A son retour du Liban, deux ans après, il vend à un parent la superbe Citroën abandonnée dans un garage. Sans regret. De toute façon, elle lui coûtait trop cher. Et puis, son entretien l'a toujours assommé. « Le niveau d'eau, l'huile des freins, la pression des pneus, tout ça, très peu pour moi », ronchonne-t-il en faisant mine de se laver les mains.

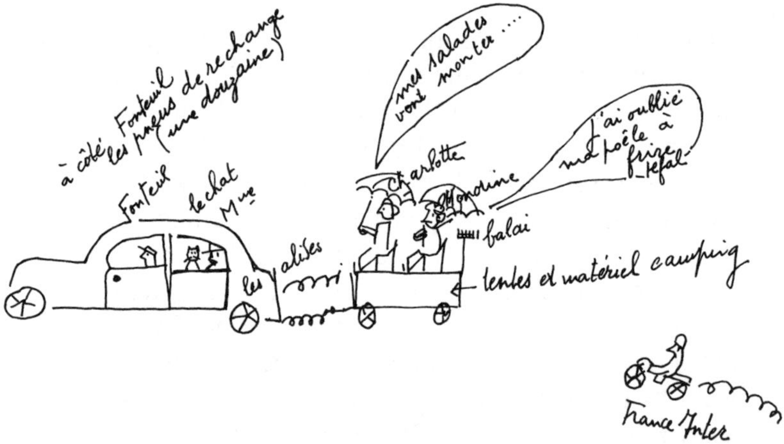

Dessin d'Yvonne de Gaulle
adressé à Honorine, sa cuisinière

Il traverse donc son « désert » avec les fidèles Fontenil, Toussirol ou Marroux, dans une traction avant 11 CV Citroën, puis dans une 15 CV, car il veut sentir sa route, happer du regard la moindre particularité du paysage. Il franchit de cette manière de très longues distances que le train avalerait beaucoup plus vite et avec plus de sécurité et de confort. Mais encore une fois, rien ne peut remplacer pour lui ce moyen de faire corps avec la bonne terre de France, ce prolongement mobile de son refuge haut-marnais. On le voit revenir de Provence avec son beau-frère et sa belle-sœur, après avoir remonté la vallée du Rhône sous les cataractes du ciel. Cet arrêt dans une bergerie en attendant une accalmie. Ce brouillard à couper au couteau qu'il faut ensuite transpercer. Est-il inquiet, impatient, fatigué ? Je crois l'entendre jubiler. Et quatre ans après, cet autre retour du Midi, dans la DS présidentielle à travers un Morvan enneigé et verglacé. La météo l'avait pourtant alerté. La sagesse préconisait le rail ou l'avion. A quoi bon ? Dans une voiture pareille, berceau de ses songes, rien ne peut lui arriver.

La preuve ? Le 22 août 1962, embusqués peu avant un certain carrefour, douze hommes munis d'armes automatiques ne parviennent pas à arrêter brutalement sa marche vers l'avenir. Aujourd'hui, symboliquement, la Citroën mitraillée, dont il est sorti indemne avec son épouse, son gendre et son chauffeur, dort à Lille, rue Princesse, au-dessous de la chambre où il a vu le jour.

Claudel (Paul)

Paul Claudel estimait que l'on ne prêterait vraiment attention à son œuvre que quarante ans après sa mort. Il n'attend pas, lui, pour admirer ce poète et dramaturge et le lui faire savoir, n'attend pas d'en avoir terminé avec une affaire qui dévore pourtant ses jours et ses nuits : la Libération. Il est à Londres, il a sur la tête tous les problèmes possibles, dans les jambes toutes les obstructions, devant les yeux un avenir aussi brumeux qu'un petit matin anglais. Mais rien ne peut l'empêcher de penser à la poésie et aux hommes qui lui donnent vie et lui dressent des temples pour le plus grand bien de sa patrie. Je dis : rien. Et me demande avec émerveillement : qui d'autre dans sa situation, quel autre condottiere exilé, nanti d'une telle mission, laisserait son esprit vaquer à ce genre de considérations ? Qui, dans la tornade de sa vie, se fermerait un instant à tout bruit pour savourer, comme l'écrit Gaétan Picon, « les poèmes brûlants et sauvages du *Partage de midi* » ou « la symphonie baroque et fastueuse du *Soulier de satin* » ?

Pour le poète qu'il est lui-même, le bonheur serait donc qu'un luth de prestige vienne s'ajouter au pauvre concert des Français qui ont répondu à son appel. Aussi espère-t-il tout naturellement que Claudel se décidera à quitter la France occupée et à le rejoindre dans son combat. Il le voit déjà dans le comité directeur de la France combattante. La participation de ce lyrique chrétien dont la prose allie, affirme-t-il, « l'éloquence de Bossuet aux éclairs farouches de Rimbaud » le consolerait de bien des déceptions. Notamment de celle qu'il ressent après le refus de l'humaniste tout aussi chrétien Jacques Maritain et du poète Alexis Léger, *alias* Saint-John Perse. Ce dernier préférant aller taquiner la muse au-delà de l'océan, loin de la guerre, tout en savonnant la planche de celui qui continue à la faire. Alors, en mai 1942, il fait porter clandestinement son invitation à Claudel au château de Brangues, en Isère, sa demeure depuis quinze ans. Nouvelle déception. J'imagine que cet homme de soixante-treize ans s'estime sans doute trop vieux pour tenter de courir l'aventure avec un rebelle de cinquante et un ans.

S'il franchit la Manche à la fin de la guerre, c'est dans le seul but de revoir ses enfants « perdus de vue depuis trois ans ». Il suffit d'une minute pour avoir du courage, mais encore faut-il ne pas regarder sa montre.

Sollicite-t-il le pardon ? Un mois avant ce voyage privé, alors que, place de la Concorde, les traces laissées sur le bitume par les Tigres allemands et les Sherman de Leclerc ne sont pas encore effacées, Claudel lui adresse, de son écriture d'adolescent, une ode en guise d'hommage. Une ode dithyrambique sur laquelle on ironise tant et plus, ce que je fais, et à juste raison, quand on veut bien la comparer à celle qu'il a dédiée à Pétain en décembre 1940. Même forme dramatique, même personnification de la France, même naïveté dans la démarche : « France, écoute ce vieil homme sur toi qui se penche et qui te parle comme un père / Fille de Saint Louis, écoute-le et dis, en as-tu assez maintenant de la politique ? »

Combien de fois a-t-on affirmé devant moi que la mémoire légendaire de mon grand homme grouillait de rancunes vivaces et pernicieuses ? J'ai beau chercher, je ne trouve dans ses écrits que des compliments pour ce patriote qui, comme lui, a attaché son char à une étoile, mais refuse, à l'instar de Barrès, de l'amarrer à sa personne. Il n'a de cesse de glorifier son talent en le citant tant et plus. En 1945, par exemple, un soir, tard, dans son bureau de la rue Saint-Dominique, on l'entend psalmodier d'une voix tonnante et en martelant la table de son poing, devant son secrétaire Claude Mauriac, le poème de Claudel sur la France que Jean-Louis Barrault a déclamé quelques jours auparavant au Théâtre-Français : « On m'a tapé la tête contre le mur ! On a trop piétiné sur mon ventre nu ! Tout cela, c'est le corps après tout, le corps ce n'est pas cela qui compte. Je suis vieille, on m'en a fait voir de toutes sortes, mais je n'étais pas habituée à la honte ! » Il aime les orchestrations de sa poésie où s'interposent solos de flûte et chœurs sauvages. Il aime son style incantatoire qui guide parfois sa propre plume. Mais c'est aussi le chrétien qu'il admire en lui. Quel poète parle-t-il autant de Dieu ? Il est partout dans les œuvres en vers ou en prose de ce mystique qui, dédaignant les livres à la fin de sa vie, ne s'intéressait plus qu'à l'Ecriture sainte et allait à la messe tous les matins. On me l'a souvent affirmé : il aurait pu réciter nombre de ses poèmes louant le Créateur. L'un d'eux est venu, un jour, aux oreilles d'un de ses conseillers, subjugué, en plein milieu d'une conversation : « Je crois que Dieu est ici bien qu'il me soit caché, / Comme il est au ciel avec tous ses anges et dans le cœur de la Vierge sans péché, / Il est mêmement ici, dans la gare de chemin de fer et l'usine, dans la crèche, dans l'aire et le chais. »

Quand il propose, par la suite, au poète et dramaturge d'entrer au RPF, il l'accepte. Il songe alors à lui confier le secteur intellectuel du mouvement. Mais cet homme imprenable en décline l'offre. N'est pas Malraux qui veut. Trois ans plus tard, il démissionne du Rassemblement après avoir éprouvé « une véritable honte, ou pour mieux dire, une profonde indignation » en voyant les gaullistes rejoindre les communistes dans leur hostilité à l'Europe de Robert Schuman. « Surpris et peiné », le président du RPF lui répond alors dans une superbe lettre qu'il ne peut concevoir cette séparation « dans le temps même où se joue le destin de la France » et conclut ainsi : « Etant donné mon admiration pour vous, ce serait aussi me porter, d'homme à homme, une bien injuste blessure. » Une lettre qui n'aura d'autre effet que d'émouvoir le destinataire sans le décider à revenir sur sa détermination d'abandonner l'action politique.

Décidément, si le poète l'enchante, l'homme ne fait que de le décevoir. Tant pis, son génie excuse tout. Il se fermera toujours à tout autre bruit pour savourer ses « poèmes brûlants et sauvages » et sa « symphonie baroque et fastueuse ».

Combourg

Deux fois, trois fois ? A combien de reprises se rend-il à Combourg après avoir laissé les partis dans leur « mélasse » en 1946 et repris sa route solitaire ? Il faut dire que le « désert » facilite la discrétion de ses déplacements. Profitant d'un voyage politique en Bretagne, en 1948, il quitte subrepticement ses compagnons et enfile sa tunique de pèlerin. Sa première visite est faite à l'invitation de la comtesse de Durfort, née Sybille de Chateaubriand, l'arrière-petite-nièce de François-René et propriétaire de l'endroit. Je me vois l'y accompagner. Quelle joie de se retrouver chez un écrivain qui porte « jusqu'à la cime la gloire de nos lettres » et qu'il ne cesse de relire comme on parcourt chaque jour le même chemin avec la même attente d'y découvrir une surprise. Quelle joie de mettre mes pas dans les siens à travers la concrétisation de ses songes.

Combourg. Nous sommes donc devant la façade de la sévère et sombre forteresse datant du XIe siècle qui imprégna à jamais l'âme de ce gentilhomme, et sous le toit de laquelle un « souffle divin » le poussa à écrire. Cette forteresse qui épie notre arrivée de toutes ses meurtrières. Et voici, d'après le vicomte, le « large perron, raide et droit, les vingt-deux marches, ses rampes, sans garde-fou, remplaçant sur les fossés comblés l'ancien pont-levis ». C'est au sommet de cet escalier de pierre qu'il nous attend dans sa redingote puce, avec son regard perdu et ses cheveux pleins de vent tel que le brosse Girodet-Trioson devant le Colisée en 1811. Alors, je mesure l'émotion que doit ressentir celui que j'escorte. Il veut tout caresser des yeux. Tout humer. La salle des Gardes où l'on sert les repas. (Au bout de la table en noyer, dos à la cheminée monumentale, François-René est assis, devant son assiette, avec sa tristesse.) L'ancien dortoir carré servant de cuisine, la chapelle, le salon des archives au plafond semé d'écussons et d'oiseaux. Et dans chaque embrasure des fenêtres formant cabinet, un banc de granit. (Sur lequel, enfant, il se postait pour tenter de saisir le vol d'une grive à travers la fenêtre étroite et tréflée.) Et tout en haut d'une petite tour, à l'endroit le plus désert de cette forteresse, la cellule qu'il habitait, d'où il n'apercevait, la nuit, « qu'un petit morceau de ciel et quelques étoiles », et « des chouettes, voletant d'une tour à l'autre. Passant et repassant entre la lune et moi ». Au cours de sa visite, mon compagnon s'arrête, tend l'oreille. Essaie-t-il de percevoir les paroles de M. Despris, le précepteur, lisant leur dictée au petit François-René et à sa sœur Lucile ?

Quelle émotion est la sienne, oui, que de découvrir soudain devant lui tout ce qui n'était jusqu'à présent sous ses yeux que des mots et des mots alignés sur des pages avec le talent que l'on sait. Aujourd'hui, mieux qu'un livre, c'est une porte qu'il vient d'ouvrir et un ami qui le reçoit enfin après tant d'échanges. Il rêvait de cette rencontre depuis si longtemps ! Depuis le jour où, sortant de Saint-Cyr à vingt et un ans, avec son galon de sous-lieutenant, il se plonge pour la première fois dans les *Mémoires d'outre-tombe*. Où l'écrivain s'installe définitivement dans son esprit et dans son cœur. Car ce n'est pas une découverte. Dix ans plus tôt, à l'âge où l'on bêtifie souvent avec des lectures faciles, il le hante déjà. Envoûtement d'un auteur fétiche. Il se pend à vos basques et ne vous lâche plus. Par la suite, prisonnier en Allemagne en 1916, enfermé dans sa citadelle, je le vois noter sur son carnet tout ce qu'il glane au cours de ses flâneries à travers le livre vénéré : les liens de Chateaubriand avec Lacordaire et Emile de Girardin, son amitié avec Mme de Duras, ses amours avec Nathalie de Mouchy et Mme Récamier…

Beaucoup plus tard, de retour de Londres, son secrétaire l'entend parler de lui, comme d'un ami trop tôt disparu. Les *Mémoires d'outre-tombe* sont, à son avis, « d'une lecture passionnante, d'abord parce que c'est l'œuvre d'un grand esprit », mais aussi par cette « lucidité désespérée qu'on y découvre ». A Claude Guy, son aide de camp, il dit, en octobre 1947, à l'heure du thé, avoir relu lentement l'exemplaire que les membres de son ancien cabinet lui avaient offert un an auparavant pour son anniversaire : « C'est une œuvre prodigieuse [...] Il pose sur l'avenir un regard puissant [...] Chateaubriand est un désespéré [...] mais son désespoir est plein de [...] [il se reprend] jusque dans ce désespoir, il fait face. Jusque dans ce désespoir, il se redresse de toute sa taille... » Ouvrant son carnet, j'y découvre, extraits de son livre de chevet, une quarantaine d'adages de cet écrivain égrenant leur morale. Comment s'étonner de retrouver ensuite cet ami à côté de lui, bouche contre oreille, au moment où il se met lui-même à écrire ses Mémoires ? De l'entendre se mêler de tout, de son style, de son inspiration. D'aller jusqu'à lui souffler des citations et des mots rares. Combien de fois le chevalier servant de Mme Récamier arrive-t-il ainsi masqué ou à visage découvert dans les *Mémoires de guerre* ? Quelle parenté de style et d'idées ! Certains livres sont des îles lointaines. On en revient rarement. Ah ! comme je voudrais toucher cet exemplaire des *Mémoires d'outre-tombe* qu'il a tant et tant de fois lu et relu, plume à la main, refaire sur ce papier le chemin de ses yeux, chapitre après chapitre, ressentir la palpation de ses doigts tournant les pages de cet ouvrage qui l'a suivi partout, jusqu'en Irlande en 1969, pour apaiser son amertume.

Visite terminée. La forteresse s'éloigne dans son bouquet d'arbres, l'étang qu'aimait François-René à tout âge montre au passage le blanc de son œil. Au bord, des roseaux frémissent, comme de son temps, sous le froissement d'un vol d'hirondelles. Un saule pleure d'être seul. Il retournera à Combourg. C'est promis. Pour admirer le chat noir en faïence offert par Mme Récamier à son ami de cœur ou écouter, sur le palier de l'escalier de la grande tour, les battements de la pendule « qui sonnait le temps au silence ».

Connaught (Hôtel)

Un refuge feutré au cœur de Mayfair, environné d'hôtels particuliers victoriens, de boutiques d'antiquités et d'églises. L'hôtel des gens connus que l'on fait mine de ne pas avoir reconnus. Dans sa tenue d'apparat, le portier a l'air d'un amiral à la coupée. Devant la porte, comme louée à demeure pour ajouter sa signature, une Rolls languit après une lady un peu trop soucieuse de sa toilette. Sait-elle que la guerre fait rage ? S'il a choisi ce point de chute à Londres, évitant ainsi les allers et retours fatigants pour rejoindre sa famille, ce n'est pas, loin s'en faut, par goût du luxe. Il n'écouterait que son moi profond qu'il continuerait à bivouaquer à Seamore Grove, dans le mouchoir de poche dont on lui a donné les clés à Bordeaux. Mais, fin 1941, le Connaught, ce nid de respectabilité où l'on se croise en feignant l'indifférence, est, comme il le reste aujourd'hui, le rendez-vous des personnes influentes. L'endroit des conversations discrètes, au fond de fauteuils à oreilles, entre un trophée de cerf au regard détaché et une cheminée couvant ses braises. Le cabinet des confidences. Et pour la grande affaire dont il s'occupe, si friande de relations fertiles, rien de tel que ce gîte situé à un quart d'heure de marche de Carlton Gardens, son quartier général. Car la volonté de libérer son pays ne doit pas le priver d'entretenir sa forme.

C'est lui, justement, que je crois distinguer à l'instant, sur Carlos Place. Il approche à pied, accompagné de Coulet, son aide de camp, tous deux en uniforme. D'une légère inclinaison de la tête qui se veut clandestine, Henry Gustave, le concierge en queue-de-pie, leur manifeste ses respects. Sur un écriteau, le ministre des Combustibles suggère poliment d'éviter d'utiliser l'ascenseur. Ils décident donc d'emprunter l'escalier dont les rambardes de bois sculpté font penser à une chaire de cathédrale. Puis ils se rendent dans leur chambre respective. Lui habite la suite 103, son compagnon une chambre voisine. De sa fenêtre, il peut apercevoir, bouffi de son importance au bout de ses câbles, le ballon antiaérien que l'on a attaché dans Grosvenor Square et les jeunes filles en casquette et battle-dress chargées de sa surveillance. Quand hurlent les sirènes, me fait-on remarquer, il compte parmi ceux qui semblent ne pas les avoir entendues. Pas plus que la cavalcade dans l'escalier des clients courant vers l'abri de Berkeley Square avec leur masque à gaz, que le fracas des canons, que la bombe incendiaire qui a traversé la toiture de l'hôtel heureusement sans dommage. Ou les quatre bombes explosives tombées au cours de la nuit du 16 avril 1941 à moins de deux cents mètres, dans Mount Street, dont quelques murs gardent encore aujourd'hui les cicatrices. La peur perd ses effets lorsque l'on ne lui prête pas l'oreille.

Avec la même discrétion que les autres employés, Betty, la barmaid célébrée pour son « Connaught Pick-Me Up » (œuf battu dans un tiers de gin et deux tiers de cidre bouché en guise de champagne), l'accueille dans l'odeur du tabac blond et parmi les tableaux représentant des chiens et des chevaux. Il se contente d'un cherry, seul alcool disponible. Il le sirote en y mélangeant ses pensées. Chacun trouve au fond de son verre ce qu'il lui plaît d'y trouver. Deux invités le rejoignent dans sa salle à manger privée revêtue de bois poli. A en juger par leur attitude impériale, je pourrais jurer qu'ils appartiennent au Foreign Office. Je n'y rencontrerai pas sir Edward Spears. Depuis le long voyage de cinq mois du chef de la France libre au Liban et en Syrie, et ses démêlés avec les Anglais à propos de leur politique au Levant, leurs rapports se sont tendus à l'extrême. Au point que sa généreuse épouse, bien que devenue directrice d'une ambulance de la France libre, écrira plus tard sur son compte des choses désagréables, mais pas toutes fausses. D'après elle, il haïssait le monde entier, mais surtout les Anglais. Il jugeait intolérable d'être venu vers eux « comme un mendiant, avec la misère de son pays inscrite en lettres de feu sur son front et dans son cœur ». Cette honte, ajoutera-t-elle, il l'avait endossée « comme le Christ les péchés du monde ». Heureusement pour lui, il arrive à subjuguer bon nombre d'Anglais bien placés, à commencer par les journalistes qui se bousculent pour l'approcher. Et leur portrait sympathique compense avantageusement celui que le conseiller de Churchill a inspiré à sa femme.

Sa table au Connaught lui est présentée par un gentleman en smoking. Rudolph Richard, le directeur lui-même, un Suisse de naissance dont l'inclinaison de tête est aussi parfaite que le nœud papillon. Au menu, la guerre s'en mêle. Fini le homard glacé aux truffes ou la truite de rivière soufflée au riesling des années fastes. Foi de directeur, respectueux de la réputation de ses hôtes, il apparaît très austère. Il ne mange que ce que l'on veut bien lui proposer. Avec une préférence pour le saumon fumé. Aux autres le marché noir, et ils ne s'en privent guère. Lui ne fait bonne chère que lorsqu'on l'invite. Alors, pour honorer le gastronome qu'il passe pour être, comme tout Français à l'étranger, il voit trôner sur sa table quelques bons plats de la France de l'avant-guerre. S'il boit parfois un grand cru, ce n'est pas parce qu'il l'a commandé. Il se contente de vin d'Algérie tout en se demandant comment il peut arriver jusque-là. Un certain matin, un œuf vient compléter son fruste petit déjeuner. Offert par une cliente distinguée venue de Rhode Island avec ses enfants et plusieurs poules rousses enfermées dans un panier. Comme j'aimerais que l'un d'eux ait appris plus tard à qui leur mère a prodigué ce menu plaisir !

Ce soir, il pleut. Je le reverrai donc rentrer au Connaught en voiture par les rues aveuglées, aux lampadaires recouverts de velours noir. Demain, samedi, le train l'emmènera en province, des dossiers sous le bras, vers sa petite famille. A moins que Eisenhower, dont les bureaux donnent de l'autre côté de Grosvenor Square, ne l'invite à dîner au Connaught, son lieu de prédilection. Dans quelques mois, si le dieu de la guerre est avec eux, ils pourront trinquer, l'un comme l'autre, avec du champagne. Du vrai. Celui de la victoire.

Courseulles

Qui ne voudrait être à bord du torpilleur *La Combattante* avec lui au moment où, après quatre ans de piétinement dans le noir devant une porte fermée à double tour, la lumière va brusquement resurgir ? J'ai cette chance, me jure mon imagination. L'embarquement a eu lieu la veille, 13 juin 1944, dans la rade de Spithead. Le 14 à l'aube, sous les ordres du commandant Patou, le bateau appareille à Portsmouth et rejoint l'un des convois de la Force J afin d'emprunter le chenal vers Courseulles tout juste ouvert par des dragueurs de mines. Bon vent ! Maintenant, il se faufile entre les balises lumineuses qui emperlent le chemin comme autant de lampions dans une rue en fête.

C'est d'ailleurs bien d'une fête qu'il s'agit. Irrité à l'instant du départ, on pourrait même dire bouillonnant de colère, à cause de ce qu'il vient d'apprendre (l'émission de faux billets de banque français par les Américains en prévision de l'administration par leurs soins du territoire qu'ils vont libérer), il se montre soudain presque rayonnant. L'ai-je jamais vu ainsi ? Certes, il y a de quoi remercier le ciel, mais de là à quitter son air de « roi en exil » ! L'équipage du commandant Patou, qui vient, à bord de ce contre-torpilleur, de participer aux combats du Débarquement, est, lui, carrément possédé de joie. Les rires se mêlent au sabbat des vagues, car la mer a perdu tout contrôle. Dans cette perspective, une drogue a d'ailleurs été administrée à chacun. D'où cette euphorie générale, explique le toubib du bord. Ce dernier oublie pudiquement les coups de rouge dans les coursives.

Le lendemain matin, il a repris son allure habituelle. Sur la passerelle, seul et immobile, dans son manteau aux manches étoilées qui le rend encore plus mince et plus grand, il scrute l'horizon. La Normandie est encore bien éloignée, mais qui sait si la Providence ne pourrait pas tout à coup la rapprocher ? Venu le rejoindre un instant, Hettier de Boislambert, l'un de ses premiers compagnons, lui dit : « Avez-vous pensé, mon général, qu'il y a quatre ans, jour pour jour, les Allemands entraient dans Paris ? » Sa réponse après quelques secondes, sans sortir de son impassibilité : « Ils ont eu tort, Boislambert. » Les joies intérieures sont celles que l'on refuse de partager afin de pouvoir mieux s'en délecter.

Une heure avant l'arrivée, l'émotion a ramené le silence. Et comme si elle était de mèche, la mer a recouvré son calme. Enfin, une main divine vient de dessiner la terre promise. Je suis sûr qu'il doit alors repenser à Chateaubriand qui, décrivant son retour d'exil en Angleterre, fait état de cette même impression : « Mes regards me devançaient au rivage. » C'est le moment pour le célèbre passager de décorer le commandant de *La Combattante* devant l'équipage réuni en lui demandant de considérer son bateau comme historique. « Vous entrez dans l'Histoire avec lui », lui déclare-t-il solennellement comme s'il était au milieu de la cour d'honneur des Invalides.

Vers 13 heures, louange à Dieu, la France est là, au bout de la proue. Un « duck » accoste, qui le transporte jusqu'au rivage encombré du matériel d'un régiment canadien tout juste débarqué. Voici le moment émouvant : il pose le pied sur la plage. D'autres s'y agenouilleraient pour prendre le sable à pleines mains et le porter à leurs lèvres. Lui demeure comme ce rocher esseulé contre lequel, parfois, la furie des eaux est impuissante. Tout se passe dans sa tête, bien enfermé. Je me répète : il faut qu'il se fasse à cette idée. Il marche sur la terre de France. Et, heureuse de le retrouver, cette bonne terre lui ouvre grand les bras. Il la sent contre lui comme un corps plein de vie. Sautent de joie sous ses pieds les tacites ou puces de mer, s'ébattent les théridions ou araignées des sables, chantent les citadelles, les petites cigales côtières, voltigent sur les dunes grises les huîtriers pies de mer et les gravelots à collier. Même le chiendent des sables semble frétiller d'allégresse.

J'accompagne des yeux la Jeep qui, pilotée par un sergent écossais, le conduit, avant de gagner Bayeux, au PC du général Montgomery. Au bord de la route, les Normands tombent des nues. Quel est ce général français dans cette curieuse voiture sans carrosserie, aux allures d'autrefois ? L'un d'eux le reconnaît. C'est un prêtre, le père Paris, curé d'un village voisin. Il vient d'arriver au galop. Il saute de son cheval et s'écrie : « Mon général ! J'ai écouté votre appel du 18 juin, j'ai aidé les patriotes, j'ai recueilli des parachutistes, et vous avez traversé mon village sans même vous arrêter pour me serrer la main ! » Alors, il descend de la Jeep et prend le prêtre dans ses bras : « Monsieur le curé, je ne vous serre pas la main, je vous embrasse. »

Il faut aller à Courseulles, au pied de la grande croix de Lorraine qui commémore ce fameux jour, et ramasser un coquillage. Porté à l'oreille, il raconte tout cela comme je viens de le faire.

D

Dinant

Maudit pont ! Il s'en est fallu de peu pour que l'homme tant admiré fût privé du destin que nous lui connaissons, ne fût qu'un pauvre mort parmi tous les autres morts, victime de ce pont de malheur. Aujourd'hui, il a beau porter son nom, s'être habillé de neuf, enjamber la Meuse avec plus de grâce, je ne le supporte pas davantage. Comment le traverser sans penser à ce lieutenant du 33e d'infanterie qui, le 15 août 1914, s'apprêtait à le faire lui-même ? Sans entendre les balles claquer, les gradés encourager leurs hommes et les blessés crier leur douleur. Me voici donc sur le lieu où il va s'élancer avec ses trente braves en pantalon rouge. Dans mon dos, sur son rocher, la citadelle, sa muraille qui n'en finit plus, avec ses petits yeux fourbes. A ses pieds, la collégiale Notre-Dame et son clocher bulbeux servant jadis de beffroi et sa ribambelle de maisons qui l'encadrent, comme une grande fille tenant ses petites sœurs par la main. Pour une fois, la Vierge Marie n'aura pas droit à sa fête. Elle devra d'abord laisser les hommes s'étriper. Midi va bientôt sonner, mais qui va l'entendre à travers le feu roulant des canons ? « Boum, boum ! la danse commence, écrira le lieutenant sur son carnet. L'ennemi bombarde Dinant avec fureur. Quelle impression sur moi ? Pourquoi ne pas le dire ? Deux secondes d'émotion physique, gorge serrée. Et puis c'est tout. »

Voilà seulement onze jours que la guerre a éclaté et elle est impatiente de tuer son monde. Et voilà le moment où, devant moi, abordant la rive est, les Allemands menacent le pont. Bientôt la 11e compagnie va recevoir l'ordre de les bouter au diable. Faudrait-il encore pouvoir compter sur sa troupe. Fuyant les obus, les fantassins ont couru se mettre à l'abri dans les maisons avoisinantes. On doit alors les débusquer les uns après les autres. Exécution. Elle est là, cette voleuse d'audace et de respect humain que les soldats appellent la trouille. Enfin, les sections sont rassemblées. « Mais, fichtre ! Que fait notre artillerie ? Nous ne l'entendons pas tirer un coup de canon. » Le lieutenant piaffe et le ciel s'écroule. Et les brancardiers se hâtent, chargés de leur poids de souffrances. Alors, ce pont, me dis-je, on le franchit ou non ? Qu'attend donc le commandement pour se résoudre à donner l'assaut ? « Ce n'est pas la peur qui s'empare de nous, c'est la rage... Oh ! Que Dieu me préserve de ne plus jamais être aussi près de la ligne de feu ! C'est abominable ! On a toutes les misères du combat sans pouvoir se battre ! » Chaque regard est tendu vers ce pont sous lequel coule la Meuse, indifférente. Ce pont qui va décider de la vie ou de la mort de ces trente hommes que le hasard a choisi de réunir là, tenue proprette, godillots bien cirés, armes astiquées, comme pour une photo de fin de service. Quoi qu'on fasse, si l'on en sort, on aura toujours dans la vie ce pont de malheur à traverser.

Midi. La collégiale a dû le dire. Ça y est. « C'est à nous d'intervenir. Sac au dos ! Baïonnette au canon ! » Ce grand escogriffe de lieutenant vient de mettre sabre au clair. Il est fou. Il n'a pas vu, de l'autre côté du pont, cette mitrailleuse, jambes écartées, fumant de colère. « Je hurle ! Première section ! avec moi en avant ! Je m'élance... J'ai l'impression que mon moi vient à l'instant de se dédoubler : un qui court comme un automate et un autre qui l'observe avec angoisse. » Il n'ira pas loin. A une vingtaine de mètres du pont, il tombe, blessé au genou droit. « Mon Dieu, tu y es ! » s'écrie-t-il en lui-même. Il tombe à l'endroit où je suis aujourd'hui, pensant à son courage et au sacrifice de ses jeunes hommes, anonymes jusque dans la mort. Je le vois ramper sous les balles jusqu'à une maison pleine de blessés et de mourants. Puis se hisser tant bien que mal sur une charrette à cheval qui va le tirer pour un temps hors de la scène des combats, de la tuerie générale. Le lendemain, au réveil, il en rit. « Mon pied droit est paralysé, écrit-il encore. Je regarde ma jambe. Voici le trou d'entrée, donc elle est dedans, la coquine. »

Deux mois plus tard, il retourne en première ligne, son péroné rafistolé tant bien que mal. Nommé lieutenant, il prend le commandement d'une compagnie et guerroie dans la Marne. En boitant. Le 28 février 1916, il est envoyé en première ligne à Douaumont. Cinq jours plus tard, il est porté disparu. Il a été capturé. Il fait alors l'objet d'une citation à l'ordre de l'Armée signée Philippe Pétain. Il a vingt-cinq ans. Les décorations ne viennent pas toujours avec les rides.

En octobre 1945, rentrant en voiture de Bruxelles où il a rendu sa visite au prince-régent de Belgique, il tient à passer par le pont de Dinant. Vite. Sans s'y arrêter. Franchir enfin ce pont de malheur une fois pour toutes.

Domrémy

Trente-deux citations. J'en ai fait le compte. A trente-deux reprises, le nom de Jeanne d'Arc revient dans sa bouche ou sous sa plume. C'est dire l'admiration qu'il porte à sa personne et à son épopée. Dès novembre 1940, il exalte « cette sainte fureur française, celle de Jeanne d'Arc, qui nous rend l'espérance et nous fait retrouver des armes ». Pendant quatre ans, il va suivre son exemple dans son combat. Brandir son étendard sur tous les fronts, sous le nez de tous ses adversaires, ennemis ou alliés. En novembre 1941, en présence du cardinal archevêque de Westminster, je l'entends s'écrier avec un certain culot pour en persuader les sceptiques d'outre-Manche hochant la tête sous leur chapeau melon :

« L'Esprit de la France n'est pas écrasé, l'Esprit de sainte Jeanne d'Arc vit toujours et vaincra. » Et je suis sûr qu'il se rappelle les paroles de Barrès quand un jour pèse plus que les autres : « Jeanne nous enseigne à espérer même s'il n'y a plus d'espérance. » L'espérance, le petit en-cas qui permet à l'affamé de tuer la faim en attendant d'être rassasié.

La Voix a dit : « Grande est la pitié au royaume de France. Quitte ton village et va secourir ton roi. » Solitaire et pauvre comme il l'est à Londres, il lui faut aller chercher cette héroïne dans l'histoire de France, puisqu'il ne peut plus compter sur personne en cet instant. Il lui faut lui emprunter sa ferveur, sa détermination, sa folie, pour s'exclamer avec elle : « Si les hommes d'armes ne veulent pas, j'assemblerai les bonnes gens du peuple. Et si le peuple ne veut pas, je m'en irai toute seule. Et si je n'ai pas de cheval, je m'en irai à pied quand je devrais user mes jambes et mes genoux. » Qui, à sa place, animé d'une telle volonté dans la mission sacrée qu'il s'est fixée, ne comparerait pas son défi, son coup de tête, à l'épopée de « la bonne Lorraine », ne sentirait pas « la même foi et la même espérance » le prendre aux tripes, ne s'imaginerait pas chevaucher, dague au côté, avec ses compagnons, sus à l'envahisseur, « au grand galop de son cheval rouge qui fait feu de ses quatre fers », comme dit Claudel ? Qui ne se verrait pas comme la Pucelle de Domrémy contre les arbalétriers du duc de Bedford ? Que de fois il la célèbre, cette sainte, au cours de sa grande croisade. A la BBC, en 1941, le jour de la Sainte-Jeanne d'Arc : « Demain 11 mai, fête nationale, notre fête, nous les Français serons unis dans la volonté de libération. » Un an plus tard : « Rien ne peut être comparé à la merveilleuse entreprise de cette jeune paysanne française dont l'ardeur sacrée et le populaire génie suffirent à révéler à elle-même la nation opprimée par l'ennemi, divisée contre elle-même. » Il est bon d'avoir quelqu'un là-haut qui s'occupe de vos affaires quand vous les sentez faillir ici-bas.

Roosevelt peut m'irriter en exhibant ses belles dents blanches pour les cinéastes de la MGM, la moquerie avec laquelle il veut le voir ridiculisé n'est au fond qu'un état de fait évident qui l'honore. Non seulement il se prend pour Jeanne d'Arc, mais il est Jeanne d'Arc, « ce chef d'Etat sans constitution, sans élection, sans capitale », tel qu'il se décrit avec sincérité. Il est Jeanne d'Arc, « cet officier portant si peu d'étoiles », mais guidé par une bonne étoile, celle qui incitait Bonaparte aux audaces les plus incroyables. Il est, pour tous les Français qui n'acceptent pas la défaite, le sauveur envoyé par la Providence, ce « personnage d'exception » arrivé au bon moment. Il répète avec Claudel : « Jeanne d'Arc est là pour vous dire qu'il y a toujours quelque chose de mieux à faire que de ne rien faire. » Et lui-même, en pensant aux Français : « Ce que l'épopée de Jeanne d'Arc présente de plus merveilleux, c'est justement le fait que ses coups sont portés dans des conditions telles que le sentiment des populations s'y associe et s'en exalte. »

Avant et après la guerre, il ne lui faut guère de temps pour rendre visite à la sainte. Domrémy n'est pas au bout du monde. Une heure de voiture en partant de Colombey. Pas plus. Pour elle, il serait prêt à enfiler des bottes de sept lieues, qu'il vente ou qu'il pleuve. A combien de reprises décide-t-il de prendre la direction de la paisible vallée de la haute Meuse où se situe ce village ? Sa venue à Domrémy, m'a-t-on dit, est toujours fort discrète. De toute façon, qui connaît ce colonel dans les années trente ? Et pendant la traversée du désert, sans voiture suiveuse ni tralala, il passe quasiment inaperçu.

J'ai appris qu'il n'entrait jamais dans l'humble masure natale de Jeanne pourvue de quatre petites pièces au plafond bas, chichement éclairées par quelques étroites fenêtres. Il en connaît déjà tous les détails. Je sais également qu'il ne prêtait aucune attention à la grandiose et très conventionnelle basilique élevée devant le Bois Chênu, théâtre des visions de l'héroïne. Il préférait se recueillir dans le jardin du père de Jeanne, non loin d'un marronnier, où elle entendait la Voix. Et dans son lieu de baptême, l'humble église Saint-Remi, avec son baptistère et son couvercle de bois, et la statue de saint Elophe tenant sa tête coupée dans ses mains. En 1945, quelques jours après le *Magnificat* de la victoire à Notre-Dame et la première célébration nationale de la sainte, on l'y voit prier. A côté du pilier où figure une fresque du martyre de saint Sébastien, où je suis en ce moment même. Devant la statue de sainte Marguerite. A l'endroit où la Pucelle demeurait des heures durant à genoux.

E

Ecrire

Je me trouve à La Boisserie, assis dans le fauteuil gondole en cuir de son bureau. Assis comme il l'a été lui-même pendant des milliers d'heures à la poursuite de son œuvre littéraire. Et je suis saisi de deux sentiments contraires : celui de la profonde émotion d'occuper sa place, d'imiter sa façon d'être, et celui du sacrilège, de profaner l'endroit où il réfugie sa solitude, le temple sacré des fruits de son esprit. Sur sa table, le sous-main et son porte-lettres vide. A ma gauche, une lampe bouillotte à trois branches surmontée de son abat-jour sombre. Plus loin, à terre, une mappemonde tournante sur ses pieds, de belle dimension, cadeau de ses collaborateurs. Face à moi, l'horizon à trente kilomètres à travers une fenêtre centrale encadrée de deux autres identiques et d'étagères chargées de livres. De chaque côté du bureau, un fauteuil revêtu de tissu pour les visiteurs éventuels. Très claire, cette pièce, située au rez-de-chaussée de la tour d'angle ajoutée à la maison après la guerre, ne pourrait contenir d'autres meubles que ceux que je viens de décrire. Le sol est recouvert d'un dallage quadrillé blanc et noir. Porte fermée, le silence est total. Je suis seul, loin du monde, des autres. Seul avec mes pensées et mon stylo. Devant cette fenêtre ouverte sur « les vastes, frustes et tristes horizons ». Seul comme il le souhaite quand l'inspiration s'empare de lui. Alors, je prononce à son imitation la première phrase des *Mémoires de guerre* écrits ici, sur ce sous-main : « Toute ma vie, je me suis fait une certaine idée de la France. »

Ce bureau est donc le lieu où il passe le plus clair de son temps lorsqu'il rejoint son village. Trois heures d'écriture le matin après lecture des journaux et du courrier, cinq ou six heures l'après-midi jusqu'au journal télévisé régional. Parfois, poussé par l'envie d'en terminer avec un passage important de sa rédaction ou la hargne de réparer ce qu'il a négligé ou raté, il reprend son travail après le dîner, sous la lumière vive de la lampe, et monte se coucher vers minuit en s'efforçant, avec beaucoup de mal, d'alléger son pas dans l'escalier. Je crois entendre le parquet craquer et la porte de la chambre pousser son miaulement de chaton.

Ecrire est pour lui une vieille histoire. Ecrire, cette hémorragie qu'aucun garrot ne peut endiguer. Très jeune, on le sait, il s'essaie à ciseler poèmes, nouvelles et même une pièce de théâtre. Et puis arrive, pour mon contentement, la parution du *Fil de l'épée*, « ce catéchisme d'une altière rigueur », dit Louis Terrenoire, où chacun va découvrir le caractère de l'homme d'action et ses idées. S'y adjoignent ses écrits militaires qui le font connaître aux spécialistes d'avant la guerre avec ses thèses sur la Défense nationale dont l'originalité le propulsera au côté de

Paul Reynaud en 1940. C'est donc à sa plume qu'il doit de venir au pouvoir, avec sa plume qu'il va entrer dans l'Histoire.

L'écriture est une arme qu'il maniera toute sa vie. Une arme et une passion auxquelles il faut accoler la pédagogie et une certaine torture. Torture, c'est le mot qu'il prononce devant un admirateur de son œuvre, avec ce commentaire : « Ah ! cela ne me vient pas facilement. Regardez, trois brouillons manuscrits précèdent chaque page. Croyez-moi, c'est un travail affreux. » Et à son aide de camp : « C'est long ! Ça vient ou ça ne vient pas ! Et avec moi, c'est toujours pénible. » Ecrire, c'est aussi, dit-il, « une manière de servir ». Servir la postérité, la jeunesse. « Que savent-ils finalement ? déclare-t-il un jour à son fils qui s'en fait l'écho. Il faut donc que je leur explique ce qui s'est réellement passé. » Et il ajoute : « Dans l'au-delà, j'aurai aussi des comptes à rendre. » C'est pourquoi il souhaite composer une œuvre véritable avec ses *Mémoires de guerre* et non un carnet de marche à l'exemple de la plupart des dirigeants à la retraite. Un témoignage instructif pour les générations à venir. Les *Mémoires d'espoir* sont le testament qu'il nous laisse avec la même intention, « la lumière sur la route des successeurs », écrit encore Terrenoire.

Il faut le voir alors, tel que je le discerne dans mes pensées, caviarder ses phrases, biffer le papier de ses coups de plume énervés, le sabrer de son encre noire comme on tatoue un épiderme, ajouter un mot, l'enlever, le rajouter, cherchant le juste terme, les yeux dans le vague, calmant son impatience dans la trituration de sa cigarette. Parcourir ses manuscrits, c'est pénétrer dans un bois touffu et se battre contre les ronces et les fougères. Aussitôt rédigé, le premier manuscrit est si illisible qu'il doit le recopier, mais dans la foulée, il le corrige encore. Tapé avec grande diligence par sa fille Elisabeth – discrétion oblige –, il ne le satisfait toujours pas. Elle recommence donc sa frappe. Travail définitif ? Non. Il y rajoute ce qu'il appelle ses repentirs, c'est-à-dire des corrections, celles-ci tracées au crayon. Il faut l'entendre après coup lire son texte aux témoins de passage, à son fils, par exemple, ou à son beau-frère. Le tragédien de son temps entre en scène. Tout y est. Gestes, mimiques, inflexions vocales. L'image et le son. Gouaille, gravité, ironie, familiarité. Et son interrogation : qu'en pense-t-on, suis-je sur la bonne voie ? Et si l'on se permet autre chose que des félicitations, une légère critique ici ou là, en tient-il compte ? Oui et non. Il arrive que quelques mots au crayon, en marge de son texte, en fassent foi. Le jugement des autres est pour l'écrivain comme la salière et le poivrier. Il s'en sert ou ne s'en sert pas.

A bas les critiqueurs qui croassent contre son « langage abstrait, recherché, hostile à l'époque » ! (Revel). Il fait œuvre d'écrivain et c'est ce qui lui importe. Il y a, comme lui, des écrivains qui ont du talent et d'autres qui ont le talent de faire croire qu'ils en ont. Il aurait peut-être été, dit le recteur Marius-François Guyard dans son introduction aux *Mémoires* dans la Pléiade, « sinon le dernier grand écrivain français, au moins le dernier grand écrivain de la France ». Quand je le lis, je l'entends. C'est la caractéristique de l'auteur qui a du style. On le distingue à la voix, il a une identité bien déterminée. Le style, c'est l'homme, disait Buffon. « La vocation d'écrivain est de connaître et d'exprimer l'homme », spécifie de son côté mon mémorialiste. Et François Mauriac : « Comme César, comme Napoléon, le général de Gaulle a le style de son destin, un style accordé à l'histoire… »

Le style qui m'occupe est, d'après l'auteur lui-même, celui qui respecte la construction latine « comme un vers de douze pieds », et anime chaque phrase d'une harmonie idéale. Aussi lit-il souvent à haute voix, pour l'avoir dans l'oreille, ce qu'il a l'intention de coucher en définitive sur son papier. Il s'y efforce comme s'il composait des alexandrins. Il calcule ensuite avec méticulosité la « respiration » de chaque phrase, c'est-à-dire, dans son langage, la position de la ponctuation. Je le décèle aussi par les images auxquelles il a recours. Illustrant ses comparaisons et métaphores, la mer, la guerre, le jeu, les orages, les expressions religieuses forment tant d'indices qu'il m'est impossible de ne pas l'identifier à coup sûr. Et puis, il y a ses citations contre lesquelles l'érosion du temps et la dégradation des mémoires sont comme les neiges éternelles sous le soleil désarmé. Celle, par exemple, que j'entends à l'instant, assis à son bureau, loin du monde, loin des autres : « Toute ma vie, je me suis fait une certaine idée de la France. »

Ellesmere

De me pencher sur sa vie au cours de ses tout premiers mois d'exil en Angleterre me fait mal au cœur. Je voudrais que tous les Français qui ne se sont jamais souciés de ce qu'il a vécu à ce moment-là lisent ces lignes avec une certaine lenteur. Je les ai tracées avec tristesse en refaisant le chemin que le sauveur de la France a parcouru sans argent, sans aide, « démuni de tout, comme un homme au bord d'un océan qu'il prétendrait franchir à la nage ». Me voici, rêvant, en novembre 1940, avec lui, dans le train des Cambrian Railways, lancé vers Liverpool et traversant pendant quatre longues heures une partie du pays, à travers le brouillard fuligineux, pour rejoindre sa femme et sa pauvre petite fille.

Humeur de chien enragé. Il vient de passer quinze semaines en Afrique sans revoir sa famille, et s'il a tout lieu de se réjouir du ralliement de l'Afrique équatoriale, il ne parvient pas à se pardonner d'avoir suivi Churchill dans la malheureuse expédition de Dakar où deux cents des siens ont laissé leur vie. Certes, le Premier Ministre a assumé, devant les Communes et son opinion publique, la responsabilité entière de ce désastre, mais qui pourrait le guérir de la crise morale qu'il ressent comme un bât mal ajusté ? Je relis, affligé, ce passage des *Mémoires de guerre* : « Les jours qui suivirent me furent cruels [...] dans mon étroite cabine, au fond d'une rade écrasée de chaleur, j'achevais d'apprendre ce que peuvent être les réactions de la peur, tant chez des adversaires qui se vengent de l'avoir ressentie, que chez des alliés effrayés soudain par l'échec. » Et de Freetown, il envoie, peu de temps après, cette lettre à Yvonne : « Ma chère petite femme chérie, comme tu l'as vu, l'affaire de Dakar n'a pas été un succès... Pour le moment, tous les plâtres me tombent sur la tête. Mais mes fidèles me restent fidèles et j'ai bon espoir pour la suite [...] Tenons bon ! Aucune tempête ne dure infiniment. » Yvonne qui attend sa réaction à la vue de l'habitation sans confort où elle vient de s'installer, il y a quelques jours seulement, à peu de distance du centre d'Ellesmere et si loin de Londres, aux confins du pays de Galles. Comme si elle voulait le séparer davantage du crève-cœur qui lui ronge les sangs.

Derrière la vitre tremblante du wagon, les stations défilent à petite vitesse dans la campagne anglaise, avec changement à Welspool, comme défilent encore dans son esprit les heures tragiques de Dakar. Ce train n'arrivera-t-il donc jamais au bout de cette brume que l'on dirait amassée là comme une punition ? Il est des trains qui transportent tellement de lourdes pensées que l'on pourrait les prendre pour des trains de marchandises. Voici Ellesmere enfin. Ses rues médiévales, ses maisons à demi charpentées. Ellesmere au bord du lac (*mere*) couché dans une ancienne dépression glaciaire, et au milieu, son île artificielle portant le nom de Moscou pour commémorer la défaite de Napoléon en 1812… Malgré le temps maussade, je reconnais que l'endroit a un certain charme avec ses pêcheurs, ses canotiers et le survol de ces grands hérons gris qui donnent un peu de vie au ciel mort. Yvonne a donc trouvé à louer, dans le village voisin d'Oudleston, pour soixante-dix livres par mois, prix très acceptable, Gadlas Hall, un logis composé de trois petits pavillons accolés de style georgien agrémentés d'une grande mare. Si je ne savais pas dans quel état se trouvent ces bâtiments, j'attribuerais le même agrément à tout cela. Mais quelle différence avec le confort, pourtant très relatif, de leur cottage de Petts Wood, dans la banlieue sud de Londres ! Ici, ni électricité, ni gaz, ni tout-à-l'égout. Adieu Londres et ses faubourgs si vivants. C'est l'exil dans l'exil. La vie des paysans d'autrefois sous un ciel à la larme facile. S'ajoutent à ces incommodités les restrictions alimentaires dues à la guerre, et évidemment la solitude dans une région où les étrangers sont souvent perçus avec méfiance.

Mais pourquoi ce trou perdu ? Pourquoi Yvonne a-t-elle choisi d'aller habiter si loin de la capitale où son mari a ses « affaires » et dans ces bâtisses traversées de courants d'air pour amateurs de vie rustique ? Car c'est à elle qu'échoit la tâche de veiller aux différents logements de la famille. Lui a bien d'autres oignons à frire. De toute façon, je ne l'ignore pas, ce genre de « contingence » ne l'a jamais intéressé. Du moment qu'il dispose d'un lit et d'une table pour travailler… La « pauvre petite Anne » – c'est ainsi qu'il a l'habitude de l'appeler – est la première raison. A côté de Londres, le fracas des fréquents bombardements aériens l'affolait comme une abeille prise au piège d'une fenêtre fermée. Et Yvonne n'en pouvait plus d'aller la calmer, aidée de sa gouvernante, quand il n'était pas là, à toute heure de la nuit. D'autre part, à Ellesmere, elle se rapproche d'Acton Burnell où Elisabeth, sa fille aînée, poursuit ses études au couvent de Notre-Dame de Sion. Privée de la présence de son mari qui ne peut venir qu'une fois par mois, et de celle de son fils, Philippe, élève de l'Ecole navale à Portsmouth, cette proximité lui permettra de briser son isolement à intervalles réguliers. En troisième lieu, les loyers sont moins onéreux ici que près de Londres. Malgré tout, la vie se révèle presque aussi chère qu'ailleurs, ce qui impose de limiter les dépenses. D'autre part, il est exclu d'avoir recours au marché noir pour améliorer l'ordinaire comme le pratiquent nombre de gens aisés. Le jardin potager inauguré par Yvonne et le rapiéçage des vêtements aideront à tenir serrés les cordons de la bourse.

Voilà donc où je retrouve cet homme à la fin de ce long voyage en train, lui qui aspire à la sérénité après tant de batailles en tout genre. Je le plains en le voyant partager son frugal repas avec sa femme et ses enfants à la lueur blafarde de bougies, faute de pétrole. Je le plains de tout mon cœur en imaginant ce qu'il deviendra un jour dans l'Histoire. En permission, Philippe est arrivé presque en même temps que lui à Gadlas Hall, devancé par Elisabeth en congé pour quarante-huit heures. Il y a bien longtemps que la famille n'a pas connu pareille réunion sous son aile, et la joie devrait être partagée par tous. L'est-elle par lui ? L'échec de Dakar saigne encore par intermittence. Churchill lui a peut-être renouvelé sa confiance, mais à son avis, que représente-t-il vraiment ? Rien qu'un général sans armée fouettant le vent de ses grands bras et montrant ses ergots comme ce volatile que les Français ont ridiculement adopté pour emblème. Son avenir ? Il est le seul à y croire. Seul, il ressemble à cette petite barque, dont on ne se sert jamais, qu'il peut apercevoir de la fenêtre de la chaumière, attachée à un piquet au bord de la mare, sous les tristes applaudissements de la pluie.

C'est fini. Il lui faut reprendre le chemin de Londres, retrouver les bords de la Tamise, sur les flots de laquelle Chateaubriand faisait des « nagées en bateau ». Vite, entre deux averses, Yvonne est allée chercher dans sa chambre l'appareil Kodak à soufflet avec lequel elle conserve les quelques souvenirs mémorables de sa vie en exil. Et vite, elle a dirigé son objectif vers ce massif de buis près duquel j'ai l'impression de me tenir à l'instant même. C'est là que son mari accepte de poser aux côtés de son fils, le matelot, en uniforme lui aussi. La seule photo de famille, avec celle d'Elisabeth assise dans un fauteuil, qu'il leur reste, me semble-t-il, de leur vie en Angleterre. Du dictame pour les jours où l'absence frappera trop fort à la porte.

Noël 1940 ne le reverra pas revenir à Gadlas Hall. Trop pris par ses affaires, il n'a pas pu entreprendre le voyage. Il a donc accepté l'invitation de la romancière Mary Borden, l'épouse de sir Edward Spears, à passer la soirée sous son toit londonien, juste avant que le couple ne se brouille avec lui. L'ambulancière de la France libre aime bien cet « écorché vif » qui sent, écrira-t-elle, « le déshonneur de son pays comme peu d'hommes sentent quelque chose ». Et en le revoyant dans sa chaumière d'Ellesmere, sous la lueur blafarde des bougies, je pense encore une fois à l'homme des lumières qu'il deviendra plus tard, sans lequel notre pays aurait eu bien du mal à reconquérir son honneur perdu.

Epierre

Grand jour que celui-là, me dis-je. Que ce jour où il marie son fils Philippe, le 30 décembre 1947, au « château » d'Epierre, dans l'Ain, en réalité un antique cellier dépendant d'une ancienne chartreuse des environs. Une propriété appartenant à Pierre Chavant, parent de la mariée. Il est arrivé de Paris en voiture, suivi de ses deux frères Pierre et Xavier, de leurs épouses et de ses beau-frère et belle-sœur. Il porte l'uniforme parce que ce jour est trop important pour qu'il soit autrement vêtu. Atteindre ce lieu escarpé, choisi judicieusement pour décourager les curieux, exige d'abord, j'en ai fait l'expérience, de grimper un raidillon, puis de franchir un passage étroit entre deux rochers, ce qui n'est pas sans rappeler, toute proportion gardée, l'entrée de la Grande Chartreuse. Un chemin privé, par endroits raviné, conduit ensuite jusqu'à Epierre. S'offre alors au regard un vallon qui respire à la fois grandeur et solitude. Dans la prairie, dérangés dans leur quiétude, des chevaux caracolent à mon approche ; plus loin, une vache est placée là comme par un photographe. Le « château » jouxte une forêt de résineux. Ses toits sont pentus pour que glisse la neige, ses multiples cheminées disent qu'il n'y a rien de meilleur que le bois pour se bien chauffer, son balcon en sapin courant tout le long de la façade donne à imaginer des pains de maïs en train de sécher. A cette bâtisse imposante s'adosse une chapelle de taille réduite casquée de tuiles en écaille.

C'est là qu'est célébré le mariage de l'officier d'aviation embarquée Philippe de Gaulle, en uniforme, bien sûr, avec Mlle Henriette de Montalembert de Cers, dans une robe de satin blanc de style médiéval. Un mariage aux chandelles faute d'électricité. La messe est dite par un oncle d'Henriette et la bénédiction donnée par un carme déchaussé, connu sous le nom de Georges Thierry d'Argenlieu, amiral et compagnon de la Libération. Belle cérémonie s'il en est. Belle malgré sa rapidité (une demi-heure), dans ce sanctuaire si fruste, datant des chartreux et abandonné – je comprends que l'on puisse le déplorer – depuis un grand nombre d'années. Dans cette petite chapelle sombre et froide, à peine tiédie par les timides flammes des chandelles et ne pouvant contenir qu'une dizaine de personnes. Belle dans sa simplicité et par l'accompagnement musical d'un organiste et d'un violoniste qui donnent le meilleur d'eux-mêmes. Les mariages d'amour n'ont pas besoin de cathédrale pour être consacrés.

A l'observer en cet instant, comme je me le figure, les yeux fixés sur son fils, raide dans son uniforme, pareil au chandelier qui l'avoisine, son portrait à son âge, nul besoin d'être sorcier pour deviner les réflexions profondes qui habitent son esprit. Je me demande : a-t-il toujours été le père qu'il devait être pour lui ? Un père attentionné capable de sortir de son rôle politique pour lui tendre la main en cas de nécessité ? Il est vrai que personne ne se plaindrait d'être son fils. Personne ne regretterait de porter un nom aussi célèbre que celui de Napoléon ou de Louis XIV. Mais faut-il encore pouvoir assumer une telle parenté. Philippe le peut-il ? N'accuse-t-il pas secrètement son père de l'étouffer, et cela depuis le plus jeune âge, quand il le comparait à ceux de ses petits camarades ? Des pères d'un genre bien différent, au caractère moins affirmé et à l'aspect physique plus ordinaire. « Quand on est gosse, dit-il, on trouve toujours que son père est le plus beau et le meilleur, mais je voyais bien que le mien appartenait à une espèce à part. »

En dépit des apparences et de son indulgence traditionnelle pour la gent féminine, je crois savoir qu'il aime tout autant son fils Philippe que sa fille

Elisabeth, laquelle d'ailleurs a plus d'affinités avec lui qu'avec sa mère. On peut même affirmer qu'il se montre plus paternel qu'Yvonne n'est maternelle malgré son dévouement infini. Mais ne lui arrive-t-il pas de considérer « son cher vieux garçon » avec une certaine condescendance, comme il le fait si souvent avec des gens plus jeunes que lui ? A-t-il été trop sévère ? Je suppose qu'il ne doit pas le penser, bien qu'il ait fait maintes fois preuve d'impatience, comme son fils lui-même me l'a avoué : « Il était parfois pesant, certains jours, de vivre à ses côtés, car sa forte personnalité marquait son entourage de son extraordinaire supériorité. » Des mots pudiques pour signifier qu'avec lui la vie n'était pas toujours facile.

En 1945, par exemple – je voudrais en douter, mais c'est la vérité –, alors qu'il a vingt-quatre ans, qu'il est en permission après quatre années de guerre, il le gronde pour être rentré à une heure du matin. Il craignait tellement de le voir rencontrer une jeune fille qui n'aurait pas convenu à ses désirs de père. En tout cas, on le voit mal lui reprocher de ne pas avoir pris soin de son avenir au cours de son adolescence. Etre dans les dix premiers de la classe, quelles que soient ses notes, voilà ce qu'il lui faut ambitionner. Et dans ce but, il surveille son carnet scolaire et va rencontrer ses professeurs. Il le dirige dans ses lectures, lui fait découvrir la France historique. Chaque monument, chaque statue est une leçon d'histoire. Il le veut diplomate, il se veut militaire. Eh bien ! qu'il épouse cette carrière puisque c'est son rêve.

La guerre éclate et voilà Philippe marin en Angleterre. Avec une idée bien ancrée que tant de témoins m'ont rapportée : faire honneur à son nom, à ce nom si dur à porter, par son courage au combat et sa détermination à ne jamais se dérober au danger quelle que soit la volonté de sa hiérarchie de le préserver. Trop grand pour être sous-marinier, son désir, il embarque sur une corvette chargée de la protection des convois dans l'Atlantique Nord, sur un chasseur de sous-marin, puis sur une vedette lance-torpilles. Ce qui le conduit pendant deux ans et demi à naviguer parfois à moins de deux cents mètres des côtes bretonnes. Le Débarquement approchant, il tient à toucher la terre de France. Il s'engage donc chez les fusiliers marins de la 2e DB, participe à la libération de Paris, de la Lorraine et de l'Alsace. En 1945, enfin, après un stage aux Etats-Unis, il rejoint l'aviation embarquée, manque de se tuer à plusieurs reprises lors d'appontages à cause d'un matériel inapproprié. Toujours cette ardeur opiniâtre qui le pousse à défier tous les dangers. A force de vouloir se surpasser, on finit par oublier derrière soi l'homme que l'on est avec sa sagesse et ses peurs.

Comment croire que son père s'inquiète de lui, embarqué lui-même dans une affaire sans fin ? C'est pourtant le cas. Il le lui fait comprendre à plusieurs occasions. Jamais il ne lui a semblé insoucieux de son sort. Je m'interroge encore : finalement, souhaiterait-il avoir eu un fils différent ? Pourquoi donc ? Ne lui a-t-il pas donné jusqu'à présent tout ce qu'il attendait de sa part ? Il le regarde dans le chœur de la chapelle d'Epierre, à la lueur des chandeliers, droit comme lui dans son uniforme, digne comme lui, aux côtés de cette jolie jeune fille, intelligente et bien née, qui ne peut que satisfaire ses vœux de père. Il le regarde fièrement en ce grand jour d'émotion et de joie indicibles.

F

Femmes (Les)

Je le vois passer, magnifique dans son uniforme, souverain, si distant, si froid, pense-t-on. Si éloigné de ce qu'attend une femme d'un homme : quelque chose dans les yeux qui lui murmure qu'elle existe et qu'elle a de quoi tourner les têtes. N'a-t-il pas été ainsi à tout âge ? A vingt-six ans, il écrit sur son carnet de notes, derrière Byron : « Les Turcs enferment les femmes et n'en sont que mieux. » Et citant Napoléon (à sa manière) : « En amour, il n'y a qu'une victoire, la fuite. » Boutades de jeunesse à la suite d'un béguin déçu ? Toujours en 1916, prisonnier en Allemagne, loin de toute présence féminine, l'amertume lui dicte également cette pensée sur son carnet de notes : « Si nous jugeons que l'amour est au fond plus amer que doux, n'en faisons pour rien au monde l'objet principal de nos préoccupations, mais seulement un assaisonnement de la vie… » Plus tard, à cinquante-cinq ans, il persifle devant son secrétaire particulier, Claude Mauriac : « Giraudoux l'a dit dans *Les Anges du péché* : “Les femmes, n'importe quelles femmes, sont capables du meilleur et du pire". » Plus tard encore, me soutient-on, on l'entendra souvent exercer son ironie sur nos compagnes, ne serait-ce que pour faire enrager un peu la sienne. Par exemple : « Les femmes ne sauront jamais marcher au pas » ou « Ne leur confiez jamais une carte routière », ou bien « Elles n'aiment que les vainqueurs ».

Ne s'en tenir qu'à cela le ferait passer pour misogyne. C'est du reste l'impression qu'il me donne au début, comme à ceux et à celles qui le considèrent de loin ou dont les idées préconçues empêchent tout jugement équitable. Il suffit d'ailleurs de l'observer : son attitude intimidante a le don d'en décourager plus d'une. Il s'ingénie aussi à les écarter de son passage. D'après lui, si j'en crois un ancien conseiller, leur présence dans une équipe d'hommes au travail est une source de complications, car elles peuvent « altérer l'objectivité, l'impartialité, la froideur même avec lesquelles les affaires doivent être traitées ». Aussi n'en voit-on qu'une seule entrer dans son cabinet, en juin 1958. Elle en ressortira presque aussitôt. Candidate, Simone Veil s'est vue refusée parce que appartenant au beau sexe. Au gouvernement, une secrétaire d'Etat aux Affaires sociales, vite remplacée. A l'Elysée, des secrétaires et c'est tout. Une exception quand même : l'archiviste chargée de trier les documents contenus dans les sacs rapportés des années de guerre. Elle me confie : « Il était avec moi le plus charmant des hommes. » Il ne la rencontre cependant qu'en de rares occasions. Certes, à son époque, les femmes ne courent ni les tribunes ni les conseils d'administration. Elles demeurent chez elles, à la cuisine.

Nourrirait-il donc un certain mépris pour elles ? Ce n'est pas l'avis de toutes celles qui l'approchent en compagnie de leur mari, conseiller ou chargé de mission, que j'ai rencontrées moi-même après coup, curieux de savoir jusqu'où pourrait aller ce manque d'estime. Elles ont leur regard de femme, leur sensibilité et leur intuition. Elles ne peuvent donc être mieux placées pour traduire, comme le fait l'objet dont elles raffolent, le miroir, l'attitude face à une personne de sexe opposé à celui qui, il ne faut pas l'oublier, leur a donné le droit de vote.

C'est d'abord le respect qui domine chez lui, sous cette armure si trompeuse. Par exemple, il ne tutoierait jamais une femme. Il vouvoie sa femme et sa fille, Elisabeth, et tutoie son fils Philippe. Le respect puis la sollicitude pour ce complément équilibré de l'homme, de cet « aventurier qui passe », pour cet élément humain qui, dit-il, « assure la conservation de l'espèce, du troupeau ». Admirable, l'attention qu'il porte, pendant un déjeuner à l'Elysée, à l'une d'entre elles, ancienne résistante, affaiblie par les épreuves de la guerre, se souciant de son peu d'appétit, l'encourageant à manger pour reprendre des forces. Et sa préoccupation pour cette mère de famille dont il a appris l'inquiétude concernant son fils qui souhaite abandonner ses études pour se marier. La prenant par le bras, à part des autres, au cours d'une réception, et essayant de la délivrer de ses tourments, de lui rendre espoir. Le Commandeur descendu de son cheval et se métamorphosant en grand-père affectueux pour une âme fragilisée. Devenant, pour sa belle-fille enceinte, un homme angoissé par le chien-loup qui risque de la bousculer, par ce fauteuil pas assez confortable pour elle, par cette soirée trop longue pour son état.

Vive impression qu'est aussi la mienne devant la prévenance et l'attendrissement qu'il manifeste à l'égard de sa secrétaire. Quand elle se présente à lui, la première fois, elle le voit, frappée de stupeur, se lever dès son entrée dans le bureau et attendre qu'elle soit assise pour se rasseoir. Jamais un patron ne s'est comporté de la sorte avec elle. Si son travail de dactylographie la retient à l'heure du déjeuner, il s'emploie à demander à ses aides de camp de lui faire apporter un plateau-repas. Rares sont les jours où, restant lui-même déjeuner dans son bureau, il n'aille glisser son dessert dans le tiroir de cette demoiselle. Aussi étonnants, ses petits soins pour Mlle Garrigoux, son archiviste. En 1946, me raconte-t-elle, sur la route de Colombey, à l'époque où la France souffre encore de restrictions alimentaires, elle l'entend soudain ordonner à son chauffeur de prendre un chemin de traverse jusque dans la cour d'une ferme. Et à son étonnement, le chauffeur revient avec un paquet de beurre qu'il lui remet de sa part.

Avec cette impassibilité proverbiale, comment ne découragerait-il pas les sirènes avides de captiver ? Jeune lieutenant, se méfiant de leurs tentatives, il notait sur son carnet : « La sensation de plaire, la plus dangereuse griserie des femmes. » A le jauger au sommet de sa superbe, on pourrait croire qu'il est demeuré dans les mêmes dispositions qu'à cet âge-là. Ce n'est pas l'avis de celles que j'ai interrogées. Pour l'une, sans doute la plus séduisante (Chateaubriand lui donnerait le nom de « charmeresse »), il est sensible au charme et à la beauté des femmes :

« Quand elles sont charmantes, me glisse-t-elle avec un sourire enjôleur, il est charmé. » Pour une autre, il n'y a pas plus galant que lui lorsqu'un regard l'attire. C'est ainsi qu'il s'extasie devant tout le monde à la vue de sa grâce juvénile et que, devant son mari ébahi, il lui donne sans préambule dix ans de moins comme il lui offrirait une brassée de roses. Il invite une troisième dont il prise la toilette à l'accompagner au buffet. Puis, ne sachant plus quoi lui dire, l'emmène, selon son habitude avec celles qui lui plaisent, respirer au fond du parc de l'Elysée les nouvelles et odorantes pensionnaires de sa roseraie. Parfois, on l'entend aussi murmurer des compliments qui pourraient faire se pâmer de plaisir les plus réticentes : « Elles ont des antennes partout » ou cette maxime de La Rochefoucauld : « Sans les femmes, les deux extrémités de la vie seraient sans secours et le milieu sans agrément. » Le jour où il entre au Conseil d'Etat, réuni pour le recevoir, un conseiller l'entend murmurer ces vers d'*Esther* à la vue des membres du sexe féminin :

Ciel ! quel nombreux essaim d'innocentes beautés
S'offre à mes yeux en foule, et sort de tous côtés…

François Flohic, l'aide de camp, est à ses côtés lorsqu'en juillet 1961 il reçoit les Kennedy à Paris. Il va assister à la scène qui procurera tant de grain à moudre aux magazines en couleur : la soirée au cours de laquelle il fera assaut d'élégance d'esprit et de manières à l'égard de la belle invitée, Jackie, en robe Givenchy. « Certes, me raconte Flohic, il est toujours galant avec les femmes, mais ce jour-là, son attitude dépasse la simple galanterie. » Il a pour elle des prévenances qu'il n'a pour aucune autre invitée d'honneur dans une réception de ce genre. A un moment donné, on le voit l'entraîner au buffet avec un empressement surprenant et veiller à ce que le serveur réponde à ses désirs. Tout le monde a évidemment les yeux braqués sur eux. A Versailles, dans les appartements royaux du château, même attention particulière pour la belle Américaine devant le général de Boissieu, son gendre, qui me rapporte, encore troublé : « Il semblait n'en avoir que pour elle. »

Une autre fois, lors de la réception des Arts et Lettres à l'Elysée – qui ne le sait pas ? – il est saisi par le charme de Brigitte Bardot portant pantalon et tunique à brandebourgs à la manière des hussards. La vue de cette superbe créature vêtue de la sorte et arborant sa tête comme un vase précieux ne pouvait laisser aucun homme insensible, et l'on vit, ce jour-là, qu'il ne pensait pas toujours qu'à la France…

Pareille scène se déroule sous le regard d'André Malraux avec Sirikit, la jolie reine de Thaïlande. Cette fois, ce témoin de choix va plus loin : « Il était séduit ; il y avait la pensée que cette femme partirait le lendemain et qu'il ne la reverrait plus jamais. » Malraux, qui connaît cette vérité : pour un homme âgé, les jolies femmes ressemblent encore plus à des étoiles. Il ne les goûte que des yeux.

Et Yvonne, dans tout cela, la compagne silencieuse des jours terribles, son ombre ensoleillée ? Philippe, son fils, m'apaise : « Jalouse, je ne le pense pas. Mais qui sait ? Un jour, à sa belle-sœur qui lui demande s'il n'a pas eu "quelque dame ici ou là", elle répond en haussant les épaules : "Ça ne l'intéresse pas, il n'a jamais une minute à lui." » Loyal donc ? Oui. Aussi loyal qu'avec son autre amour : « Notre-Dame la France. »

Fine bouche

Quand les aides de camp veulent savoir s'il a l'intention d'aller passer le week-end à Colombey (ce qui leur fait bénéficier de deux jours de congé), il leur suffit, m'avouent-ils avec malice, d'essayer de découvrir quelles emplettes Yvonne a faites le vendredi. Si elle est revenue à l'Elysée avec des oreilles de cochon grillées, c'est gagné. A eux la liberté ! Ce plat est, avec quelques autres que l'on qualifie de canailles, le favori du chef de famille. Je ne peux le savourer qu'en pensant à son plaisir, ce qui double le goût que j'en retire. Gros mangeur ? Sûrement pas, mais assez fine bouche pour plaire à une bonne cuisinière comme Honorine qui, jusqu'à la fin, va faire de son mieux pour contenter son palais. Je le rejoins magiquement à La Boisserie, au moment du repas familial. Il a pris place, dos à la cheminée décorée de carreaux de Delft, Yvonne face à lui. Midi trente. C'est l'heure limite à laquelle il souhaite que le service commence. Cinq minutes de retard déclenchent sa récrimination. « Qu'est-ce qui se passe ? Quel est le problème ? » Alors, Yvonne court vers la cuisine. L'homme accablé par le temps tient à régler sa journée avec la minutie d'un tir d'artillerie. « Les repas à n'importe quelle heure, ronchonne-t-il, c'est bon pour les bohèmes ou pour les tenants de la IVe République qui se moquaient des horaires. » Dans son bureau, le stylo s'impatiente, regorgeant de son encre. La cuisson du rôti doit donc être calculée en fonction de cet impératif.

Le voici, le rôti, apporté par Charlotte après le pâté en croûte de Mme Moing, la boulangère de Chaumont, ou toute autre charcuterie de la boucherie Renard. Mais au rôti qu'il ne veut surtout « pas cru », il préfère un plat « franc du collier » et « où l'on voit ce que l'on mange ». Des préparations qu'Honorine mitonne de la plus traditionnelle façon. Ainsi trônent, avec les oreilles de porc, la blanquette de veau, le lapin aux pruneaux et le bœuf bourguignon. Le dimanche est le jour du pot-au-feu. Quand on rentre de l'église, son parfum que je hume moi-même à l'instant donnerait faim à celui qui manquerait d'appétit. Ce n'est pas son cas. Encore en manteau, il va saluer Honorine dans la cuisine et s'exclame : « Ça sent bon ! » Il a ses revendications culinaires. Hors de question de lui servir de la volaille dorée à souhait. Il la veut blanche. Le poisson qu'il préparera lui-même doit lui être présenté entier. « Comme il est naturellement. Il faut qu'il garde figure humaine », recommande-t-il en riant. Des extras viennent une fois l'an s'ajouter aux courses qu'Yvonne s'oblige à faire le vendredi ou le samedi, et le réjouissent à l'avance : une pièce de gibier, don de quelque chasseur voisin, ou une bourriche de belons envoyée de Bretagne par un ancien Français libre.

Mais tout président qu'il est, il n'est pas maître à la cuisine. « Seule Madame ordonne les menus », m'affirme Honorine. Et ses choix ressemblent davantage à ceux d'une nounou rigoureuse qu'à ceux de la maîtresse de maison désireuse de satisfaire la gourmandise de ses convives. Vu son embonpoint, elle a décidé à juste titre d'alléger les repas en conséquence. S'il regimbe, elle lâche un peu de lest. A la cuisine, le fidèle cordon-bleu se désole : « Le pauvre Général ! » Il se plaint en riant auprès de son gendre : « Ici, c'est Yvonne qui commande. » La choucroute bien garnie pour laquelle il a un faible arrive sur la table, dans les dernières années, sans la présence de ses compagnes strasbourgeoises. « Les saucisses ne sont pas bonnes pour vous », lui a-t-elle signifié un jour sans plus d'explication. Il raffole du bœuf en daube ? Tant pis pour lui. Comme elle ne l'aime pas, elle déclare une fois pour toutes qu'il en a horreur. Salade ? Trois feuilles à la rigueur, au contraire d'Yvonne qui viderait volontiers le saladier. Fromage ? De deux sortes : un mou et un dur, un morceau de reblochon et un de mimolette. Jamais de chèvre. Ils ne le goûtent guère ni l'un ni l'autre.

Le dessert, c'est le moment de fierté d'Honorine. Robe noire, tablier blanc, cheveux blonds cendrés, je la vois présenter son chef-d'œuvre comme une couronne, l'œil palpitant de l'émerveillement produit : une île flottante. C'est pour lui (je partage son avis !) le dessert qui l'emporte sur tous les autres. Mais il apprécie également ses tartes aux pommes normandes et les crêpes qu'elle fait sauter en un tour de main devant les petits-enfants éblouis. Les fruits, il ne les accepte que pelés. Il déteste devoir éplucher quoi que ce soit. Sans doute garde-t-il un souvenir désagréable de cette obligation de manger sur le pouce et avec les doigts dans les tranchées de Douaumont ou d'ailleurs. C'est pour la même raison, semble-t-il, qu'il refuse avec obstination tout plat pas assez chaud. En Suisse, où elle a pris sa retraite après son mariage, dans sa cuisine décorée du portrait de son ancien patron en képi, Honorine m'ouvre son cœur : « Une fois, il a fait retourner des tripes qui étaient froides à son avis. Je ne savais plus où me mettre. Ça n'a jamais recommencé. Sinon, il était gentil avec moi, il venait souvent me remercier pour un petit plat ou pour un autre. On peut dire qu'il n'était pas un patron difficile. » Aucun doute : pour bien connaître les gens, rien n'est plus profitable que d'interroger leurs domestiques.

Le vin, il n'en boit presque pas. Le fond d'un verre d'un petit bordeaux suffit à son bonheur. Parfois, débouchée depuis trop longtemps, la bouteille entamée est jetée sans regret. Le vin est surtout destiné aux invités. En revanche, il aime déguster, avant le déjeuner, un verre de porto, de banyuls ou de muscat de Frontignan. Whisky ? Jamais. Non pour des raisons patriotiques, mais par goût. Le champagne ne pétille qu'à Noël ou lors de certaines fêtes. Il ne prise pas les digestifs. C'est du moins, je pense, ce qu'il veut faire croire à Yvonne qui n'est pas dupe. Il faut l'épier au moment du café. Il trempe subrepticement trois morceaux de sucre dans sa tasse et un quatrième dans l'armagnac. Et quand un invité est là, il le force à prendre un verre de mirabelle afin de pouvoir s'en servir un à son tour. « Vous prendrez bien une petite mirabelle ? Comment ! vous n'en voulez pas ? Allons, vous n'allez pas vous refuser ce plaisir. »

En voyage, la compagnie d'Yvonne est précieuse, mais il ne lui déplaît pas de partir sans elle, car il ne supporte pas toujours la surveillance qu'elle exerce sur son alimentation. Rares les repas officiels à l'étranger où, d'un signe, elle ne lui demande de réfréner ses envies. Jusqu'à inventer, me dit l'un de ses anciens ministres, un moyen plus radical de se faire comprendre : en laissant tomber avec bruit son couvert dans son assiette. Ou elle intervient à l'avance auprès de leur hôte afin de modifier le menu selon sa convenance. Lors de leur voyage en Colombie, par exemple, il ne pourra pas toucher au poisson servi au cours du repas. Elle a appris qu'il avait été pêché dans un lac de montagne à une journée de marche de Bogota, par une chaleur torride. Elle a donc demandé que l'on s'abstienne de le lui présenter. Chez elle, l'autorité est un bien de famille.

Toujours à l'affût du mets qui pourrait lui être nocif, elle s'inquiète de ses déplacements sans elle en Afrique et dans les pays de l'Est où, craint-elle, la nourriture n'est pas adaptée à notre organisme. Elle se tourmente pour la même raison lors de leurs deux voyages privés en Irlande et en Espagne. A tort. Mais où donc peut-on trouver meilleure table qu'à La

Boisserie ? La cuisinière me montre la lettre qu'elle lui a envoyée de Killarney en juin 1969 : « Nous serons contents de rentrer et de retrouver la bonne petite cuisine d'Honorine… » Et en post-scriptum : « Vivement une bonne salade de laitue avec de l'huile. » (Ce dernier mot souligné.) Le 9 novembre 1970, juste avant le dîner, Honorine voit son patron entrer dans sa cuisine pour s'enquérir auprès d'Yvonne, qui s'y trouve aussi, d'une adresse pour sa correspondance. Quelques minutes après, dans la bibliothèque, il s'écroule sur sa table de bridge. « J'avais fait du bœuf carottes au déjeuner, se souvient-elle pour moi, les larmes aux yeux. Il en restait pour le dîner. Il aimait bien ça. Personne n'en a mangé. Nous avions l'estomac noué. »

Foi (La)

Quand j'entends que l'on se pose encore la question de savoir s'il était croyant ou pas, je me sens bouillir autant que le père Bruckberger qui le connaissait bien. Ce dernier considère que cette question même a quelque chose d'incongru. Toute sa vie, sa foi ardente a rayonné et cela paraît, dit-il, « tout aussi évident que le fait qu'il fût et qu'il soit resté marié à Yvonne Vendroux ». Penché, un jour, lui-même, à Colombey, sur le problème de la croyance, il confie à son invité et voisin de campagne, le préfet Rix : « On ne croit pas parce qu'on veut croire […] Car si l'on veut croire, c'est que déjà l'on croit […] Ne pas croire ne serait donc qu'une position négative ? Qu'un “manque”, une sorte d’infirmité. » Il n’est pas cet infirme, mais un modèle de pratiquant peu commun. Ce dont témoigne aussi le cardinal Daniélou : il demeurera le simple paroissien animé par une foi profonde. Le croyant dans toute son expression. Mais certains s’évertueront toujours à affirmer le contraire.

D’après les uns, loin d’être habité par la foi, il ne fait que suivre un rituel d’Etat qui impose sa présence dans les églises. Regardez-le à la messe, susurrent-ils, y a-t-il plus distrait que lui ? Il a l’air de compter les mouches. D’autres assurent que ses convictions religieuses n’ont qu’un sens : la recherche d’une explication du cosmos et de la vie. D’autres encore prétendent que sa foi n’est pas raisonnée, qu’elle est celle du charbonnier, qu’il observe les rites de la religion par habitude, sans se demander qui est ce Dieu qui gouverne vraiment le monde. Comment peut-on aller jusque-là sans rire ? Et qu’en pense-t-il lui-même ? Son explication de l’existence de Dieu, la voici telle qu’il la donne à l’un de ses petits-enfants : l’homme est comme une fourmi. Avec ses yeux de fourmi, il ne voit rien au-delà de sa fourmilière, donc il ne voit pas Dieu. Mais contrairement à tous les autres êtres vivants, il peut l’imaginer grâce à la conscience qui est le souffle de Dieu. Malraux a l’avis de l’agnostique : « L’homme, lui déclare-t-il au cours d’une de leurs rencontres, n’arrivera jamais au bout de sa recherche du monde et de l’humanité. » A l’opposé de lui, sa réflexion s’arrête là, comme un train arrivé à destination. Comment effacer d’un coup de gomme, dans le ciel, tout ce qu’il y a derrière les nuages ?

Le tracé de sa vie religieuse est édifiant. Il commence dans sa tendre enfance. L’éducation catholique lui est inculquée avec les premières lettres de l'alphabet. Les jésuites se chargent, par la suite, de forger sa formation. Après sa première communion à la chapelle de l'Immaculée-Conception de la rue de Vaugirard, on le voit servir la messe et participer à des retraites dans différentes institutions religieuses en France, en Suisse et en Belgique. A dix-sept ans, brancardier au cours d'un pèlerinage à Lourdes, il assiste à un miracle, celui d'une Italienne paralysée et tuberculeuse. Cette scène, racontera-t-on dans la famille, a approfondi ses convictions. Il retourne à Lourdes à trente-sept ans, avec sa mère.

La « pauvre petite Anne » sera la souffrance de sa vie et une grâce dans sa marche vers Dieu. Le 15 mai 1940, l'abbé Bourgeon, qui vient d'être nommé aumônier de la 4e division cuirassée, prévient le colonel de Gaulle qu'il célébrera la messe le lendemain matin, plus spécialement à l'intention de cette pauvre enfant. Je lis ce que ce prêtre a ressenti après cette messe : « Je venais de communier avec lui au plus intime et au plus sacré de sa vie paternelle et de sa vie chrétienne… J'étais à la source de grâces mystiques de sa foi. » Et les paroles qu'il l'entendit articuler à la suite : « Anne est ma joie et ma force. Elle est une *grâce* de Dieu dans ma vie. Elle m'aide à demeurer dans la modestie des limites et des impuissances humaines. Elle me garde dans la sécurité de l'obéissance, la souveraine volonté de Dieu. Elle m'aide à croire au sens et au but éventuels de nos vies, à cette maison du Père où ma fille Anne trouvera enfin toute sa taille et tout son bonheur. » Je pose cette question : après de tels mots, peut-on encore suspecter la réalité de sa foi ? Quand je pense qu'on lui a fait dire un jour : « Moi, je ne crois en rien. » Ceux qui ne croient pas croient qu'il n'y a que les saints qui peuvent croire. La très pieuse Elisabeth de Miribel, qui a revêtu l'habit des carmélites pendant trois ans, m'affirme avec force : « Sa foi en Dieu est indéracinable. » Malraux ajoute cette explication : « Cette foi recouvre un domaine secret, qui est sans doute celui du Christ… Elle n'est pas une question, c'est une donnée, comme la France. Mais il aime parler de sa France, il n'aime pas parler de sa foi. » La première est un amour qu'il veut partager, la seconde un problème de cœur qu'il tient à régler tout seul.

Dieu s'impose à lui tout au long de la Seconde Guerre mondiale, comme le boire et le manger. Il ne cache, je le remarque, ni les gestes ni les propos du chrétien. On l'entend chanter le *Te Deum*, le *Magnificat* ou le *Dies irae* à différentes occasions, sans oublier une seule parole. La présence de l'amiral Thierry d'Argenlieu à ses côtés est un signe qui ne trompe pas quand on connaît la nature de ce compagnon des premiers temps de la France libre. Après la guerre, il remercie à ce propos « notre Père au Ciel » d'avoir bien voulu « qu'un religieux, ardent serviteur de la foi et de son ministère, ait été lié de près à ce que j'ai pu tenter de faire pour la France ». A la Libération, les grâces qu'il prononce en faveur de certains condamnés à mort révèlent, elles aussi, les qualités du fidèle avéré. La gauche prétend que, pour lui, la France passe avant les Français, qu'il ne s'intéresse qu'à sa position internationale en oubliant le sort de ses concitoyens. Il est vrai que lorsqu'on regarde trop le monde, on ne voit plus son monde, mais la politique sociale initiée dès sa prise de fonctions à l'Elysée dément sans difficulté une telle accusation. Là encore, apparaît le chrétien soucieux de son prochain.

Chef d'Etat, il doit tenir sa foi aussi discrète que ses prières. On m'a rapporté qu'il arrive parfois au paroissien de Colombey de chanter le *Pater Noster* de Rimski-Korsakov de sa voix de fausset lorsque les curieux n'occupent pas trop les bancs de Saint-Bernard, son église. Sinon, les paroles de cette prière ne montent pas jusqu'à sa bouche, pas plus que celles de la messe entière qu'il peut réciter par cœur. La petite chapelle qu'il a fait installer à l'Elysée, et dont les ornements ont été achetés sur ses fonds privés, le reçoit, le dimanche, quand les « affaires » le retiennent à Paris. Célébré par son neveu François de Gaulle ou par un autre père blanc du couvent de la rue Verlomme, l'office ne dépasse guère les vingt-cinq ou trente minutes. Le devoir s'ajoute à la pudeur. Mais rien n'empêche sa plume de remplacer ses lèvres. Dans sa correspondance, les expressions religieuses me sautent aux yeux comme autant d'aveux. Ame, grâce, vie éternelle, divine lumière, ordre surnaturel, Providence, qui est d'après les théologiens le sage gouvernement de Dieu sur la création, fleurissent à tout propos et sans réserve. En revanche, il évitera souvent de se rendre à la sainte table, que ce soit à Colombey, autre part en France ou à l'étranger. Soucieux de respecter la séparation de l'Eglise et de l'Etat, il s'interdit de procéder à cette démonstration de piété en public. Une conduite qui correspond d'ailleurs à sa culture familiale. Elle permettra aux gens malintentionnés de contester ses convictions avec plus de force encore. « Injure grave et gratuite proférée à un homme d'honneur », clame le père

Bruckberger. Les athées sont prêts à inventer n'importe quoi pour atténuer leur solitude.

Puisque l'on parle d'église, je me rappelle cette histoire contée un jour par Alain Peyrefitte. En mai 1963, il lui apprend que le recteur français de Saint-Pierre-Port, à Guernesey, a trouvé son église construite avec l'aide de Charles X dans un état de délabrement total. Endetté par sa restauration sommaire, il ne pourra la faire consacrer tant qu'elle n'aura pas été complètement réparée. Peyrefitte entend alors : « Je suis touché par l'entreprise d'un homme qui confond dans le même geste sa foi de chrétien et son amour de la France. » Et il adresse aussitôt au prêtre son obole personnelle afin qu'il puisse pourvoir son lieu de culte d'un autel en granit rose. Depuis lors, les recteurs de cette église n'oublient pas de prier, chaque 9 novembre, pour le repos de l'âme de leur généreux donateur.

Forêt des Dhuits (La)

« Je me promène entre les arbres comme entre les rêves des hommes et leur histoire », lui fait dire Malraux. Et il avoue à Alain Peyrefitte : « Les hautes futaies élèvent l'esprit et la marche le met en mouvement. Quand je rentre dans notre maison, je n'ai plus qu'à écrire. » Je me répète ces mots en mélangeant mon ombre à la sienne sous les futaies de la forêt des Dhuits, non loin de Colombey. Je l'entends les prononcer à travers le froissement des feuilles mortes et le lointain martèlement d'une cognée dans cette forêt dont je foule les allées aux bords moussus. Combien de fois le voit-on prendre sa canne et s'en aller ainsi à la rencontre des arbres, de « toutes ces têtes d'arbres, ce peuple d'arbres » ? Plus rien ne compte alors. Même son stylo. Il attend son retour, là-bas, sur son bureau, dans la tourelle d'angle, d'où l'on aperçoit les souples vallonnements du ruisseau des Dhuits. Il n'y en a plus que pour cette canne. « Elle me devance, elle me suit, chante Claudel qu'il aime bien, elle est le javelot de l'inspiration et le sillage du regret, elle est l'instrument acharné de ma conquête. »

On a avancé bien des raisons pour lesquelles il se serait entiché de cette propriété perdue dans une Champagne privée de ceps mais non d'attraits. Je suis certain que celle qui a primé sur les autres est, avec la proximité des lieux de garnison, la présence de ce massif forestier auquel s'ajoute celui de l'Etoile, sur l'autre rive de la Blaise. Avant la guerre ou après, pendant sa retraite temporaire, il est libre de ses pas. Libre de cheminer à pied où bon lui semble. (Plus tard, de nouveau aux « affaires », une voiture l'emmènera jusqu'à l'orée de la forêt, suivi de ses anges gardiens.) Le voilà donc parti, accompagné de son beau-frère ou de son fils. Grincement de la grille sur ses gonds. On sort de La Boisserie à droite. Bien vite, la forêt arrive, sa houle, son mouvement de foule avec, pour lui donner plus de vie encore, les bonds des chevreuils, des biches et des faons, tandis qu'il rythme sa marche au son de sa canne frappant le tapis automnal. Une dizaine de kilomètres ne lui fait pas peur. Parfois, il pousse la promenade loin du cœur de la forêt, jusqu'à une curiosité de la région telle que l'ancienne abbaye de Clairvaux, ou, au bord de l'Aujon, les vestiges de la chapelle funéraire de Rennepont et son cimetière mérovingien. Comme le marin, il aime donner un cap à son parcours.

Mais ce qu'il préfère entre tout est son tête-à-tête avec les arbres. Après avoir été déposé en voiture à un endroit de la départementale, il parcourt un sentier tapissé de mousse qui le conduit, en suivant le ruisseau des Dhuits, jusqu'au sortir de la forêt, en bordure de la Renne. C'est le lieu de son rendez-vous. Avec un chêne âgé d'au moins deux cents ans. Pendant un moment, il le toise amicalement. Ils se fréquentent depuis longtemps. Est-ce au fond de ce vallon solitaire dans lequel je viens de m'aventurer ? « Il y a là, décrit son beau-frère, qui participe parfois à ses randonnées, des joncs, du cresson de fontaine, de beaux grands arbres, des oiseaux et une douce tranquillité. » Tout ce que je découvre moi-même à l'instant. Et soudain, dressé devant moi, cerné de fougères et de trois hêtres agités, comme des enfants dissipés, parmi d'autres aussi sages que sur une toile de Jouy, son chêne qui résonne sous les coups affectueux de son embout ferré.

Ce soir, après le dîner, cet arbre reviendra sur ses lèvres avec ses « cent cinquante pieds de haut et ses cinq mètres de circonférence à la base ». Si ce témoin pouvait raconter, glisse-t-il entre deux gorgées de mirabelle, « tout ce qu'il a vu sous ses branches au cours de tant d'années pendant lesquelles bûcherons, soldats et amoureux se sont reposés à son ombre ». Pense-t-il au cyprès de Mme de Beaumont que Chateaubriand chérissait ? « Il semble me connaître et se réjouir quand je l'approche, relate son cher écrivain dans son château fort. Des souffles mélancoliques inclinent un peu vers moi sa tête jaunie… » Parfois, au cours d'un vagabondage dans la forêt des Dhuits, son compagnon de promenade le voit s'asseoir, silencieux, au pied de cet arbre ou d'un semblable. Fatigué ? Non, plongé dans ses pensées. Certes, il y a des arbres plus proches, ceux de son parc. Par exemple, ces deux peupliers centenaires qui ont sa préférence. On peut – il a essayé – en faire le tour avec ses bras. Lors de ses périples quotidiens, il admire leur feuillage papillotant, s'arrête un instant à leur pied pour les écouter bruire. Il y a aussi les trembles dont le frissonnement ressemble à celui d'une robe frileuse. Et puis, il y a les sapins qu'il a fait planter un peu partout et dont il voulait encore, à la veille de sa mort, peupler le pré qu'il venait d'acquérir. Mais rien ne remplace les forêts, ces nids de la méditation où se réfugie la solitude. Il écrit : « […] leur sombre profondeur me submerge de nostalgie ; mais, soudain, le chant d'un oiseau, le soleil sur le feuillage ou les bourgeons d'un taillis me rappellent que la vie, depuis qu'elle parut sur la terre, livre un combat qu'elle n'a jamais perdu ».

Tant pis pour celui qui partage sa marche. Il n'est plus là pour personne. Jouissant du silence de ces êtres végétaux qui l'enveloppent, il s'abandonne à ses réflexions. Rien de tel que la forêt pour y enfouir ce que l'on veut, à commencer par soi-même. Lui reviennent alors, une fois de plus, j'en jurerais, les paroles de François-René marchant dans sa forêt bretonne : « J'aurais voulu habiter ce monde de mort, qui réfléchissait la pâleur du sépulcre. Je ne sentais ni le froid, ni l'humidité de la nuit. » Cette nuit, si le vent lui est favorable, il percevra tout là-bas, au fond de la forêt des Dhuits, comme je le perçois moi-même maintenant, le brame impressionnant des cerfs engagés dans leurs combats amoureux. C'est la saison des farouches cavalcades et des bois cassés à la conquête des hardes de biches. Alors, c'est sûr, il reprendra demain, comme le dit Claudel, le javelot de son inspiration.

Foules (Les)

26 août 1944, la foule, la houle, la mer. Le voilà. Il quitte l'Arc de Triomphe et s'engage sur les Champs-Elysées à la tête de cette marée, de cette foule innombrable. Il est la foule elle-même, l'âme de cette foule, son moteur, sa raison d'être. Il ne descend pas les Champs-Elysées, il est cette avenue qui descend comme un fleuve vers la mer. Cette avenue faite d'hommes, de femmes venus de partout sans y avoir été invités, ces ouvriers en bleu de travail, ces employés en cravate, ces jeunes gens en chemise ouverte, et moi et mes copains de quartier, grains de sable dans ce sable mouvant, fourmis dans ce fourmillement, mais faisant corps avec lui. Jamais nous n'avons connu pareil flot derrière un homme, jamais pareil enthousiasme ne nous a saisis. Il était pour nous l'absent que nous désespérions de voir. L'absent qui nous demandait de ne pas désespérer. Et le voilà avec nous, comme s'il ne nous avait jamais manqué, comme si nous étions arrivés en sa compagnie. Nous ne sommes plus de pauvres occupés courant vers les abris au premier coup de sirène. Nous appartenons à sa grande armée. Nous venons de quitter nos chars et

nos Jeeps couverts de poussière pour le saluer. S'il est un jour dans la vie où la joie a failli nous étouffer, c'est bien celui où nous avons retrouvé la France en personne avec ce géant qui marchait en tête de notre foule de nains.

Mis à part le président Carnot qui, en 1888, décidait parfois de se déplacer en province, je ne vois aucun chef d'Etat se mêler aux Français. Avant lui, on passait sous leur nez en conduite intérieure derrière un escadron à cheval ou au milieu d'une escouade chapeautée et entourée de sergents de ville. L'idée lui vient de l'armée, des années où il commande un régiment d'infanterie. A l'époque où les officiers juchés sur leur pur-sang mettaient rarement pied à terre, où ils s'adressaient à leurs hommes avec hauteur. Lui va au-devant d'eux, connaît leur nom, leurs problèmes personnels, porte leur deuil lorsqu'ils meurent et qu'ils sont sans famille. Il est ainsi, mais sans pour autant égratigner son prestige. Ses rapports avec la masse sont calculés, ses interventions ménagées avec soin. « Devant la foule, il est en représentation. Pas un geste qui ne soit prévu », affirme Claude Guy, son aide de camp, qui le suit pas à pas dans ses rencontres avec le public.

Exagéré ? Je ne le pense pas. Dans *Le Fil de l'épée*, il cite Flaubert qui décrit dans *Salammbô* « l'effet produit sur les soldats hésitants par l'apparition calculée d'Hamilcar ». Il rappelle « de quelle façon César mesurait ses gestes publics » et comment Napoléon se montrait « dans des conditions telles que les esprits en fussent frappés ». Le 26 août 1944, à l'Arc de Triomphe, nous l'attendons une heure, deux heures, avant qu'il ne décide de nous rejoindre. Tous les généraux arrivent séparément, et chaque fois que l'un d'eux descend de sa Jeep, nous, les ignorants, les frustrés d'images, nous le prenons pour lui et l'acclamons comme tel en déclenchant les rires des grognards assis sur le bord de la tourelle de leurs engins. Jusqu'au moment où il nous apparaît enfin avec ses bras levés, comme descendant de cet arc qui nous enjambe.

Si ce bain de foule est unique, il n'est pas le premier auquel il se prête. Il en a connu quelques-uns à Londres, chez les Français libres, parmi leurs maigres troupes. Il n'y avait pas grand monde, mais le cœur y était. A Londres où il inaugure encore un autre moyen de se rapprocher des Français : les ondes. Personne avant la guerre n'y a pensé. « Devant un micro, m'explique son fils, il a l'impression de voir les Français comme s'ils étaient tous rassemblés devant lui sur une photo de famille. » A Douala, au Cameroun, en octobre 1940, rien de plus émouvant que ce premier vrai bain de foule sur une terre française. Après l'échec de Dakar, quel dédommagement ! Puis ce sont les foules d'abord surprises, parfois circonspectes, de Courseulles, de Bayeux et de la Normandie tout juste sortie du brouillard. Abasourdies, on dirait qu'elles le voient tomber du ciel.

Je le retrouve, le 1er mai 1950, face à d'autres multitudes, sur la pelouse de Bagatelle où l'on a dressé la tribune au-dessus du grand bassin. Le RPF commence à battre de l'aile, mais la foule est là, rieuse, enflammée, sous le ciel bleu qu'un lâcher de colombes chamboule un instant. Poitrine barrée d'une belle croix de Lorraine, des petites filles offrent du muguet à Yvonne, Edith Piaf chante « Les trois cloches », Malraux entonne son homélie prophétique, électrise les fidèles en extase. Alors, il faut entendre l'explosion de joie de

tous ces gens quand, prenant le micro, celui pour lequel on a envahi ce parc s'exclame : « A la bonne heure ! Nous sommes bien vivants ! Il n'est que de vous voir pour être sûr que notre peuple n'est aucunement disposé à terminer sa carrière. » Et après *La Marseillaise*, cette scène étourdissante d'un public en délire. Hissé sur les épaules du plus solide de ses partisans. Porté en triomphe, comme un général vainqueur au temps de Rome jusqu'au temple de Jupiter.

Que recherche-t-il donc dans ces mêlées ludiques ? Le consentement populaire. Il a besoin de se savoir approuvé, aimé, de sentir qu'il est un facteur de cohésion sociale. Besoin de rompre la solitude imposée par le pouvoir, de côtoyer ces Français, de les examiner de près, de les fixer pupille contre pupille, de vérifier leur tension artérielle. D'où ses multiples voyages en province et ses arrêts intempestifs en voiture, dans la rue ou en pleine campagne. Ce jour où, par exemple, se souvient pour moi Jacques Narbonne, l'un de ses conseillers, alors qu'ils sont sur une route déserte au milieu des vignobles, il commande au chauffeur de stopper. Il a vu un couple de mariés et veut leur serrer la main. Et lui, le pudique, se laisse embrasser par la jeune femme à qui mieux mieux. Son magnétisme est tel qu'on le croit capable d'exercer des pouvoirs extraordinaires. A Lisieux, une femme lui tend son bébé pour qu'il le touche. A Bordeaux, c'est un enfant handicapé qu'on lui présente dans le même espoir. En Pologne, des femmes tombent à genoux sur son passage. Peyrefitte remarque « l'air transfiguré des gens qui ont eu un contact avec lui : "Il m'a touché la main !" » Et le cri de joie de cette femme à qui il a suffi d'un simple regard de sa part : « Il nous a vus ! » Un autre conseiller, qui l'accompagne à plusieurs reprises lors de ses déplacements, me traduit la raison pour laquelle il veut constamment rompre avec le programme établi : « En voiture, on a l'impression d'être un poisson dans un aquarium. Alors, le bain de foule l'aide à franchir cette paroi de verre. » Se perdre parmi ses semblables, c'est souvent le meilleur moyen de se retrouver.

Mais s'il raffole d'aborder les autres, il n'admet guère qu'on l'aborde. Contradiction ? Non. Il y a deux personnes en lui : le simple particulier et le représentant de la nation. L'homme privé a le droit à la tranquillité et à la méditation. L'homme d'Etat a le devoir de prendre contact avec les citoyens, même en dépit du protocole. De Lamartine, il retient cette consigne sur son carnet de notes : « Il faut se retirer, pour penser, de la foule / Et s'y confondre pour agir. » Mais s'il n'aime pas la foule non groupée, clairsemée, qui le dévisage, qui lui demande des autographes, je l'ai constaté maintes fois moi-même, il est loin de repousser toutes les rencontres inopinées. De bonne humeur, il est capable de la plus touchante attention. Messmer le voit prendre par la main un bambin haut comme trois pommes et se laisser embrasser sur les deux joues par sa mère, une matrone camerounaise. A Colombey, on ne compte plus les fois où on le surprend en train de tailler une bavette avec le cantonnier, le facteur ou un paysan de rencontre. A la sortie de la messe, le dimanche, il lui arrive d'en faire autant avec l'inconnu qui l'approche. Je suis celui-là, un jour, dans ma jeunesse, accompagné d'un ami. Nous sommes venus exprès de Paris, cheveux au vent, en scooter. Nous repartons transportés de joie.

G

Gorilles (Les)

Méritoires sont ces hommes qui, oubliant leur propre vie, ne pensent qu'à la sienne. On les appelle les « gorilles ». Un sobriquet qui les popularise mais ne les valorise guère. C'est dommage, parce que sous cette appellation bouffonne se dissimulent des gens sérieux et des preux qu'il faut saluer, chapeau bas. Ils ont pour nom Comiti, Djouder, Tessier, Sasia. Autant de noms quasi ignorés du grand public et de l'Histoire, mais chargés d'un courage peu commun. Commissaires contractuels de la préfecture de police, tous gaullistes de raison et de cœur, ils n'ont qu'une volonté : le doter de la meilleure armure qui soit. Sans eux, sans leur vigilance de tous les instants, il est probable que la France serait veuve depuis longtemps. Nous devons donc remercier ces licteurs à la hache prompte.

Cette garde rapprochée naît au moment du RPF, quand, devenant *persona non grata*, celui que l'on appelle « le reclus de Colombey » voit la sécurité que lui assure l'Etat diminuer au point de finir en peau de chagrin. Or, c'est l'époque où le danger court les rues. Les « séparatistes » ou « cocos », pour les militants gaullistes, sèment le trouble un peu partout. Pas un meeting qu'il ne préside sans bagarre ni blessé. L'urgence commande donc que l'on prenne sa protection en main. Ainsi sont rassemblés ceux que l'on surnommera les « gorilles ». Leur patron s'appelle Dominique Ponchardier, un ancien grand combattant et résistant. L'un de ses exploits demeure dans les mémoires. En février 1944, il sauve de nombreux condamnés en organisant une opération audacieuse contre la prison d'Amiens, cela en coopération avec l'aviation anglaise. Membre du conseil de direction du Rassemblement, il mène de pair une carrière littéraire à succès sous le pseudonyme d'Antoine Dominique, ce qui l'amène à baptiser ses volontaires du nom de son héros de la Série noire : le Gorille.

Après le RPF, cette garde de fer dont les membres sont bénévoles finit par être intégrée dans les cadres de la sécurité officielle. Au moment de l'OAS, son rôle devient crucial. Avec elle, les gaullicides en puissance ont du fil à retordre. Je les vois à l'œuvre, ces hommes de cœur, au moment où les risques sont quotidiens, où les balles sifflent comme des serpents dérangés, où il ne fait pas bon parcourir les rues d'Algérie quand on porte la croix de Lorraine. Je les vois à Sidi Bel-Abbès avec Jean Morin, le délégué général. Je vois ce dernier pâle, défiguré, tremblant pour l'imprudent qui vient de se jeter dans la mêlée. J'entends quelqu'un crier : « Il est fou ! » Quelle cible, ce képi que le vent semble chahuter ! Panneaux hostiles comme des mâts dans un port aux flots agités, slogans graillonnants, cailloux, haine solidifiée. Alors, les voilà, les braves à trois poils, les Achille, les héros anonymes. Fougueux, ils se précipitent à leur tour dans la masse, rattrapent leur patron qui, conscient de la situation, mais la défiant, s'est porté en avant dans un élan irrépressible, et à coups de coudes et de poings construisent autour de lui un bouclier d'acier, puis le ramènent à la terre ferme, à sa voiture. En Mai 1968, ces valeureux lurons redoublent d'efforts. En poste à l'Elysée, ils sont en état d'alerte permanent. Le président peut dormir tranquille, ils ne connaissent pas le sommeil. Ils veillent la nuit à ses côtés. L'un d'eux l'accompagnera à Baden-Baden. Pour ces hommes, le courage est une profession et la fidélité une vocation.

Il les aime bien, ses fiers-à-bras, il salue d'ailleurs souvent leur dévouement. Mais il leur reproche leur façon de se coller à lui, de faire corps avec sa personne dans certains cas. Parfois, il bougonne, se fâche même, se cabre. « Mais foutez-moi la paix ! » Comment approcher les gens sans être libre de ses mouvements ? Une fois, il bouscule l'un d'eux sous mes yeux. Il lui barrait le passage vers un groupe de manifestants rouges de colère. Une autre fois, le ministre de l'Intérieur en prend pour son grade devant moi pour l'avoir cerné d'uniformes comme un évadé capturé. Chacun sait qu'il ne faut jamais lui parler de sécurité. Alors tout se passe à son insu. Les dispositifs mis en place pour assurer, contre son gré, une protection efficace doivent se tramer dans le secret. Mais malgré sa mauvaise vue, il a l'œil à tout et tempête quand il juge que l'on en fait trop. Veiller sur lui est du temps perdu. Il ne compte que sur son sang-froid. « Savoir perpétuellement se dominer soi-même », écrit-il à vingt-six ans sur son carnet de notes. Sans doute entend-il dans ces moments-là le comte de Chateaubriand disant, avec un sourire ironique, au pauvre petit François-René à qui il faisait braver les fantômes dans la cellule qui lui servait de chambre à coucher : « Monsieur le chevalier aurait-il peur ? »

Ils l'appellent Pépère. Non par dérision, bien sûr, mais par affection. C'est leur père. Ils se feraient tuer pour lui. Ils en font le serment. L'un d'eux me le rapporte. L'avion les emmenait à Téhéran pour la visite au shah d'Iran. Assis à l'arrière, les yeux fixés sur la nuque de l'illustre passager, ils jurent, coupe de champagne à la main, qu'ils se sacrifieraient pour lui en cas de coup dur. Ils jurent que rien ne les arrêtera quoi qu'il puisse leur en coûter. Vains mots ? A plusieurs reprises, leur folle témérité prouvera le contraire. Tout aussi vrai est leur amour filial. A Varsovie, par exemple, avec le même gorille, ce souvenir que l'oubli ne parviendra jamais à lui voler. Ce jour-là, le cardinal a invité « Pépère » à visiter la crypte de sa cathédrale. Mais il ignore que sa vue est déficiente et qu'il aura donc bien du mal à descendre l'étroit escalier qui, de plus, est plongé dans une demi-obscurité. Alors, son ange gardien le prend par le bras, le serre très fort contre lui tout en comptant à haute voix les marches, l'une après l'autre : « Une, deux, trois, quatre… » Et quand il arrive à la dernière marche, il sent ses yeux se remplir de larmes, et il se dit : « C'est comme si je venais d'aider mon vieux père. » Tels sont les gorilles avec leurs gros bras et leur cœur d'or. On ne s'étonnera pas de savoir combien ils ont pleuré à la mort de l'homme pour lequel ils auraient donné leur vie.

Grand-messe (La)

C'est le jour de la grand-messe. J'ai reçu mon invitation. Je la tourne et la retourne entre mes doigts, comme un louis d'or. Il y a trois jours, le 15 mai 1958, il a annoncé qu'il était prêt à assumer les pouvoirs de la République. Aujourd'hui, il donne une conférence de presse. Pour la quatrième fois à Paris, depuis le début de la traversée du désert. Quinze autres suivront, tout aussi attendues. Qui, parmi les journalistes politiques et les gens en vue, oserait avouer qu'il n'y a pas été invité ? On s'y bouscule donc, émoustillé. Des cinéphiles en pleine frénésie, à la porte d'un cinéma affichant le dernier film à la mode. Combien sont-ils à faire la queue comme moi devant le palais d'Orsay ? Huit cents, dit-on, piétinant, imaginant déjà le spectacle promis. C'est la grand-messe. Pour cette occasion exceptionnelle, les patrons de presse n'ont voulu laisser leur place à personne. Tant pis pour leurs subordonnés. Privés de cathédrale, ils attendront au journal la dépêche de l'AFP.

Voici, sous sa grande verrière, la gare d'Orsay, veuve de ses trains, de ses voyageurs et de ses porteurs de bagages. C'est là, descendus des derniers convois, il y a treize ans, que les soldats prisonniers en Allemagne ont retrouvé les leurs après quatre années d'exil. Evaporée, la fumée envahissante, étouffés, les sifflets et les brouhahas, place à la parole d'or. Dans un instant, elle imposera le silence. Et voici l'hôtel et sa salle des fêtes qui a connu tant de luxueuses réceptions sous ses guirlandes enluminées. Au fond, un grand rideau rouge. Tous nos regards le visent. Quand il bougera, la foule assise sentira comme un frisson lui caresser la nuque. Plus que deux minutes à patienter. Bouches closes comme sur ordre, nous retenons notre souffle. Ai-je entendu les trois coups ? Je pourrais le croire. Le grand augure vient d'apparaître. Il s'assied derrière une table tapissée de feutrine verte, y pose les feuillets qu'il ne lira pas, entre ses deux poings serrés, pouces pointés, dresse d'un coup le menton d'un air de dire : à moi, maintenant. Il va parler. Il parle. La grand-messe a commencé. « Il y aura tantôt trois années que j'ai eu le plaisir de vous voir… » L'acteur est à l'œuvre. Les gestes, les silences, rien n'est laissé au hasard. Le verbe est lent, bien scandé, sans bavure. Défilé impeccable d'un régiment discipliné. Dans la salle, au bout des

Bic, les mots courent sur les calepins derrière ceux qui poursuivent leur bonhomme de chemin.

Mais soudain, que se passe-t-il ? La cadence se rompt, la marche a perdu son ordre. Signe d'énervement, il s'est brutalement défait de ses lunettes. Ses joues ont rosi, ses bras s'agitent, ses poings menacent. Je m'inquiète. Le ton s'est détraqué. Poussées à l'extrême, les cordes du larynx vibrent d'une manière désagréable. Ce n'est plus sa voix. C'est celle de l'indignation. Atteint d'une flèche, il a répliqué. Il est redevenu l'escrimeur derrière son masque à l'école de Saint-Cyr. Aimant se battre, son heure est venue. S'attendait-il à pareille question ? Sans doute. Mais la réponse est improvisée : « Croit-on qu'à soixante-sept ans je vais commencer une carrière de dictateur ? » Il a fait mouche. On applaudit avec moi, on est ravis, il a gagné. Il pourra maintenant ajouter ce qu'il veut, on ne retiendra jamais que cette repartie, comme plus tard, on collectionnera les autres et on les célébrera au point de les faire entrer dans l'Histoire. On épiera avec fébrilité leur éclosion au détour d'une phrase et on les sucera comme des bonbons. Telle cette riposte à un journaliste d'opposition qui, lui rappelant perfidement son âge, lui demande comment il se porte : « Je vous remercie, je ne vais pas mal. Mais rassurez-vous, je ne manquerai pas de mourir. » Et ce qu'il répond à Michel Droit qui l'interroge sur l'Europe : « Bien entendu, on peut sauter sur sa chaise comme un cabri en disant : L'Europe ! L'Europe ! L'Europe ! » Comment expliquer que des mots puissent être si puissants qu'ils réussissent à estampiller la mémoire aussi durablement qu'un titre de noblesse sur un parchemin ?

Les critiques traitent ses conférences de presse de « dictature du verbe » ou d'« arme absolue du régime ». Raymond Aron les qualifie, lui, de « haute voltige politico-historique ». Je ne lui donne pas tort. D'après ce que je crois savoir, d'ailleurs, leur auteur lui-même apprécie cette formule, car c'est bien d'un combat qu'il s'agit, chaque fois, à l'exemple de ces fusiliers voltigeurs qu'il a commandés en 1914. On oublie qu'il est rompu à cet exercice depuis longtemps. Depuis Londres où il admirait la maestria oratoire d'un Churchill face à ces meutes de bulldogs plus accrocheurs encore que lui-même, qui ne lâchait prise qu'après force empoignades. Et depuis Washington où, reçu par Roosevelt en 1944, il affronte avec succès le feu roulant des questions de la presse d'outre-Atlantique, au point de retourner l'opinion américaine en sa faveur, malgré des dirigeants hostiles, inspirés par certains exilés français acharnés à sa perte, cette meute hurlante aux trousses de la caravane.

De retour en France, le voilà fin prêt. Il était temps. Car dès sa démission en 1946, le pouvoir le bâillonne. Interdit d'antenne (j'enrage), il est obligé de s'adresser directement aux journalistes. Terrain de manœuvre idéal, le RPF le perfectionne dans l'art oratoire. En plus, des professionnels lui apprennent à placer sa voix comme il convient, selon l'audience en présence et les lieux où elle est rassemblée. En 1959, il devient donc le premier chef d'Etat français à se servir de la parole et de ce genre de prestation médiatique. Née derrière un micro, un certain 18 Juin, sa voix n'en finit plus d'écrire l'Histoire.

A l'entendre devant le rideau rouge, tout paraît couler de source. Quel naturel, quelle éloquence ! Mais derrière ce rideau, quel travail ! Des jours de préparation dans le silence de la Haute-Marne, à « délibérer en dedans » devant les « bois, prés, cultures et friches mélancoliques ». Immergé dans « la profondeur de la réflexion, l'aisance de la synthèse, l'assurance du jugement ». Les lignes biffées, corrigées et recorrigées dans la douleur. (Chateaubriand devant un fragment de son manuscrit d'*Atala*, après la critique sévère d'un ami : « Je ne me sentais pas capable de mieux faire ; je voulais jeter le tout au feu. ») Puis le texte définitif, du moins celui qu'il va imprimer dans sa tête après lecture et relecture, et non celui qui sortira de sa bouche. Parce que, dans le feu de l'action, un mot plus juste ou un supplément de pensée va subitement dicter son vouloir, ou bien, à la surprise de tous et à ma grande joie, l'expression insolite – qu'il va chercher où, mon Dieu ? –, la petite bizarrerie malicieuse dont on fera ses choux gras. Tous ces bons mots que l'on préservera de l'oubli et qui me réjouiront plus encore, comme s'il les avait adressés à moi seul, tels que « l'Algérie de papa », « la paix des braves » ou le « quarteron de généraux en retraite ».

Derrière le rideau de velours, quel travail, oui, et aussi quelle transe ! Le dramaturge peaufine son spectacle avec l'inquiétude de l'artiste. Pas un détail qu'il ne négligerait. Les questions auxquelles il va devoir faire face ? Prêtes. Les questionneurs dûment signalés ? Oui. Mais attention à celui-ci, il aime les embuscades. A-t-on inspiré celui-là comme il le fallait ? Parfait. Maintenant, se dit-il, « il me faut fixer le moment, où fermant le théâtre d'ombres, je ferai sortir le “dieu de la machine”, autrement dit où j'entrerai en scène ». Les trois coups vont sonner. Son chef de cabinet vient le chercher pour l'emmener dans la salle des fêtes. Il m'affirme qu'il est surpris de le voir arriver. « Ah ! bon ? » Il s'étonne de l'heure. Lui qui vit penché sur la petite aiguille de sa montre comme un horloger au travail ! Tête ailleurs, il était en train de réviser son texte, gestes à l'appui, ou de graver à coups de poinçon quelque réplique bien sentie. Revenu à lui, il ressemble au condamné que l'on conduit au châtiment. Saisi d'angoisse – le mot n'est pas trop fort –, il demande, comme tout comédien dans les coulisses, même les plus grands : « La salle est pleine ? » Alors que les huit cents spectateurs impatients que nous sommes l'attendent depuis une heure sous la lumière aveuglante, collés les uns aux autres, silencieux, sur leur chaise pliante et guettent l'entrée en scène du « dieu de la machine ».

Depuis combien d'heures nous tenait-il ainsi en haleine ? J'aurais tant voulu que cette conférence ne s'arrêtât jamais. Mais elle touche à sa fin. Sur ces mots qui résonnent encore sous la voûte du palais d'Orsay : « J'ai dit ce que j'avais à dire. A présent, je vais rentrer dans mon village et m'y tiendrai à la disposition du pays. » Allez ! la messe est dite.

Grand-père (Le)

« Notre enfance laisse quelque chose d'elle-même aux lieux embellis par elle, comme une fleur communique son parfum aux objets qu'elle a touchés. » J'ignore si ses quatre petits-fils et sa petite-fille ont retenu cette pensée extraite des *Mémoires d'outre-tombe* si prisés par leur grand-père, mais je suis sûr, en revanche, que si c'est le cas, ils l'ont faite leur. Qu'ils retournent à La Boisserie et ils retrouveront le parfum de leurs jeunes années aussi vivace que celui d'une rose de Noël. Car ils ont été heureux à Colombey-les-Deux-Eglises. Certes, on croirait plutôt le contraire. On a tellement décrit cette demeure comme une retraite austère. Rudesse du climat, isolement de la propriété, sévérité du paysage, rien de folichon, pense-t-on, pour un enfant toujours friand de mer, de soleil, et de joyeuse compagnie. Quant au maître de céans, on s'attend moins à le voir porter de l'attention aux enfants qu'un bonnet de nuit. A le regarder, survolant son monde de sa grandeur, je m'interroge. Comment peut-il incliner sa haute silhouette au point de la mettre à leur portée ? Il m'est agréable de savoir qu'il est, tout compte fait, le plus affectueux des grands-pères. A sa manière, bien sûr, et selon la coutume de son époque. Avare de familiarité, de cajoleries excessives, d'embrassades humides, de sautillements sur les genoux, mais assez riche de délicatesse pour prendre son rôle au sérieux. Bien différent de ces hommes trop préoccupés d'eux-mêmes pour se soucier de leur jeune descendance, qui ne lui accordent que des regards indifférents et de chiches paroles.

J'ai plaisir, lors de mes visites à La Boisserie, à me l'imaginer tel que me l'ont dépeint ceux et celles dont le souvenir qu'il leur a laissé brille dans leur vie comme un trésor. Plaisir de le voir monter au premier étage, glisser discrètement dans une chambre voisine de la sienne et se pencher sur le berceau de son petit-fils, le prendre dans ses bras et le serrer contre lui dans un élan irrépressible. Plaisir de l'entendre s'enquérir auprès d'Yvonne, en sortant tout à coup de son bureau, saisi d'inquiétude, de la raison pour laquelle l'un des enfants s'est mis à pleurer. S'est-il fait mal, a-t-il soif ? De l'entendre leur fredonner de sa voix grêle les ritournelles auxquelles ses propres enfants ont eu droit : « Quand un gendarme rit dans la gendarmerie… » De l'entendre leur raconter des historiettes ou des devinettes. Celle-ci, par exemple : « De quelle couleur sont les petits pois ? » Et sa réponse dans un grand rire commun :

« Les petits poissons rouges ! » Plaisir d'entendre Yvonne demander au fidèle Bonneval de quitter un instant la bibliothèque où son mari poursuit ses « entretiens secrets » avec Charles âgé d'un an et demi, car si l'aide de camp l'aperçoit, il n'osera pas soulever l'enfant dans son berceau.

Chaque naissance est un « miracle en soi » qu'il tient à commémorer. Il n'est que de voir sa joie le jour où Jean paraît, se précipitant, toutes affaires cessantes au Maroc où son fils est en poste, afin d'assister au baptême. Et le jour où Elisabeth annonce la venue d'Anne après tant d'années de patience. Anne, prénommée ainsi en souvenir de sa pauvre petite fille handicapée morte dans ses bras à vingt ans. D'ordinaire, l'homme s'intéresse moins au bouton qu'à la fleur éclose. Pour la femme, l'extase devant les babillements. Le père patiente pour savourer les premières conversations « entre hommes » avec le bambin éveillé qui n'a pas la langue dans sa poche. Mais, à ma grande surprise, contrairement à beaucoup d'autres, il n'attend pas ce stade de développement pour considérer le petit être comme le fait habituellement un grand-père. Dès le premier cri, il est conquis. A son avis, il n'est plus beau cadeau du ciel que ce signal de la vie.

Quand vient l'âge de raison, vient aussi celui de la timidité. Quel enfant ne perdrait pas contenance devant un tel personnage ? Assis dans la salle à manger, devant la haute cheminée décorée de marqueteries de faïence et encadrée d'amphores, me voici dans mes songes invité à déjeuner. Les petits-enfants ont parfois la faveur de participer au repas familial. Autour de la table rallongée pour la circonstance, bien droits sur leur chaise, ils font silence, comme si on allait les prendre en photo. Aucun mot ne doit sortir de leurs lèvres s'il n'a pas été sollicité. Tout à l'heure, même discrétion. On ne les a pas entendus courir dans le couloir. Réfugiés dans la lingerie ou dans une pièce d'angle du rez-de-chaussée surnommée le « hurloir à enfants », ils ont veillé à limiter leurs décibels afin de ne pas gêner l'écrivain au travail.

Depuis qu'ils ont l'âge de comprendre, ils savent rester à leur place. Dans leur coin. Nul besoin de les rappeler à l'ordre. Intrigués – pour ne pas dire effarouchés – par cet être hors norme qui les domine, par ce soldat en uniforme devant lequel tout le monde semble être dans ses petits souliers, ils ne l'abordent qu'avec précaution. D'ailleurs, m'assure l'un d'eux aujourd'hui, leurs parents leur ont recommandé de ne jamais lui poser de questions et, bien sûr, de lui répondre s'il les interroge. Ce grand-père est si différent de ceux qu'ils rencontrent au sortir de l'école, tenant leurs petits camarades par la main. A part des autres, dans une sphère supérieure, là où sont les gens très importants. La télévision ne change rien à leurs yeux. S'il apparaît à l'antenne, quoi de plus normal ? Il n'est pas le seul. Et puis, ne l'oublions pas, il est le chef de la France. La télévision fait donc partie de ses meubles, comme son bureau et son fauteuil. Et puis, il y parle de choses qui n'intéressent que les grandes personnes. Passé le bref mouvement de curiosité, au moment où le petit écran arrive dans la maison, on ne court plus devant le poste à l'énoncé de son nom ou à l'irruption de son image.

Plus tard, il se penche sur leurs études, redevient le bon prof qu'il a été pour Philippe et Elisabeth, toutefois en prenant garde de ne pas empiéter sur l'autorité de leurs parents. Il détesterait que son fils et sa belle-fille le soupçonnent de vouloir se substituer à eux. Il se contente donc de donner quelques conseils ou tout simplement de s'informer de leur progression scolaire. « Alors, Charles, comment ça va à Saint-Jean de Passy ? » Dans nombre de lettres, il s'en inquiète. « Pour les examens de Charles et d'Yves, je ne formule aucun souhait – comme pour la chasse –, mais je n'y pense pas moins. » Et leur trop longue absence lui coûte. Une petite semaine sans les voir peut le rendre mélancolique. Il a besoin d'eux. Il demande à Yvonne, sur un ton de reproche, pourquoi « les Philippe » ne viennent plus à Colombey. « Mais voyons, Charles, réplique-t-elle, ils étaient encore là dimanche dernier ! »

Je sens, aux dires de ses petits-enfants, à présent, qu'il aurait beaucoup souffert si la vie l'en avait privé. Bonheur d'un homme âgé devant sa jeune descendance : savoir sa vie multipliée. Avec Anne, la dernière arrivée, il a des attitudes touchantes. Le fait de porter ce prénom n'y est bien sûr pas étranger. Elle est la seule, me dit son père, Alain de Boissieu, à pouvoir entrer dans son bureau sans frapper. Et de me raconter cette petite scène. Un jour, à table, elle refuse de manger son potage et éclate en sanglots. On voit alors son grand-père se lever, la prendre par la main et l'emmener dans le salon. Que lui a-t-il dit ? Quelques instants plus tard, Anne revient tout sourire avec un homme triomphant. Elle a mangé sa soupe au cresson sans un soupir. « Voyez-vous, a-t-il dit à son gendre, quand vous aurez des petits-enfants, c'est comme ça que vous devrez agir. » Certains grands-pères n'arrivent jamais à s'empêcher de distribuer des leçons à chacun. C'est leur côté agaçant.

Le monde de l'enfance ne s'arrête pas aux siens. Le sort de la progéniture des autres le touche presque autant. Nombre de femmes qui l'approchent à l'Elysée se plaisent à m'en faire part. Sa question rituelle au cours d'une réception : « Madame, comment vont vos enfants ? » Et il se trompe rarement sur leur nombre et va jusqu'à se souvenir de leur prénom. Et la grand-mère ? Yvonne a un autre comportement à l'égard de ses petits-enfants. Son souci pour leur confort et leur santé l'emporte sur toute démonstration d'affection. Rares baisers, nulle caresse, mais une surveillance inquiète de tous les instants. Avec elle, jamais de chichi, du vrai, du sincère. Elle le sait : ce n'est pas parce qu'une femme vous embrasse qu'elle vous donne ses lèvres. Elle est le complément du verbe aimer. Sans elle, il manquerait quelques pétales à la fleur de Chateaubriand.

H

Hampstead

Enfin justice est faite et j'en rends grâce à la Providence. Fini la maison de notaire en province, le petit cottage de banlieue et l'exil entre Birmingham et Liverpool dans une villa sans confort. En octobre 1942, il n'est plus le chef d'une légion de volontaires à la solde de l'Angleterre, mais un dirigeant politique qui tient la dragée haute à tout le monde. Il ne peut donc avoir qu'un lieu de résidence : la capitale. Et pas n'importe où. Dans le meilleur coin. A Hampstead. Un Montmartre chic. Ainsi pourrait-on appeler ce village londonien qui compte un plus grand nombre de millionnaires que n'importe quel autre endroit d'Angleterre. C'est la tanière de luxe du gratin des intellos, des écrivains, des philosophes, des comédiens, des artistes. De Sigmund Freud à Agatha Christie en passant par Elizabeth Taylor, Yehudi Menuhin et le roi Constantin de Grèce, tous ont tenu à habiter cette « cité-jardin » située à six kilomètres environ au nord-ouest de Trafalgar Square. Avant eux, une connaissance très chère de mon exilé,

Chateaubriand, exilé lui-même, y aima deux Irlandaises. La première était veuve, la seconde, d'une grande beauté, lui disait, citant Shakespeare : « *You carry your heart in a sling.* » (« Vous portez votre cœur en écharpe. ») La maison louée par Yvonne est un bâtiment de deux étages en brique, sans grâce et sans toit apparent. Mais de multiples fenêtres de couleur blanche éclairent heureusement ses murs crème brûlée et des arbres de différentes essences lui donnent un petit air champêtre.

La grille. Je sonne. Une sœur en cornette se profile. Si j'en crois la plaque apposée à l'entrée, cette habitation est aujourd'hui un couvent, mais j'apprendrai qu'il a été transformé en foyer catholique pour étudiants étrangers. Ici, il va vivre ses derniers six mois en Grande-Bretagne, aux côtés de son épouse, de leur fille Anne, de Mlle Potel, la gouvernante, d'Augustine, la cuisinière, et de Fluffy, le chien d'Elisabeth, laquelle est actuellement à l'université d'Oxford. Ici, dans la quiétude de ce quartier bourgeois et dans l'attente d'une bataille décisive. De son côté, Philippe, son fils, rôde le long de la Bretagne à bord d'une vedette lance-torpilles. J'admire cette famille d'avoir le courage qui manque tant, en ce moment, à beaucoup de Français de l'autre côté de la Manche. Trop large est devenu pour eux ce bras de mer que Blériot a franchi d'un coup d'aile.

Sœur Pauline me fait les honneurs des lieux. J'entre dans la maison avec émotion, essayant de rendre mon pas léger comme si je craignais de déranger l'immuabilité du souvenir. Rien n'a changé depuis le départ de l'illustre locataire, m'assure la religieuse qui le sait par ses précédents et pieux occupants. Ni les meubles, ni la décoration. C'est presque vrai. Au point qu'il semble encore l'habiter. C'est lui qui descend à l'instant devant moi, à gauche de l'entrée, l'escalier menant aux chambres sous un lustre en bois doré. Lui que je vois s'asseoir dans ce fauteuil en cuir devant la grande cheminée de marbre blanc surmontée d'un tableau représentant une vue de Hampstead. Ce petit guéridon, là-bas ? Celui d'Yvonne. Touchante attention, dans un cadre en argent sur le téléviseur, la photo du président du Gouvernement provisoire aux côtés du pape Pie XII, en juin 1944. On était pourtant loin de s'attendre à ma visite. Son bureau était cette pièce, à côté, toute revêtue de boiseries. Les religieuses l'ont transformé en chapelle. (Ce qui, là-haut, je présume, ne doit pas non plus lui déplaire.) Derrière la maison, s'étend une pelouse au milieu d'un grand jardin fleuri d'hortensias et de lauriers et encerclé d'une haie de troènes à hauteur d'homme. Utile précaution à l'égard d'Anne, la petite handicapée qui, de cette façon, peut prendre l'air sans trop de surveillance. Son père essaie de rejoindre Hampstead chaque vendredi soir malgré ses responsabilités, par le métro ou en voiture, une simple serviette à la main. Fini alors pour un moment la vie à l'hôtel, harcelé par le tohu-bohu des affaires en tous genres. Le gentilhomme campagnard rentre chez lui.

Il a besoin de retrouver la tranquillité, la présence apaisante d'Yvonne, le silence de Frognal Street, vide, comme en vacances, le jardin derrière la maison, les arbres qui s'étonnent de leur floraison malgré l'automne venu. Il respire enfin. Mais fuir les problèmes, c'est vouloir ignorer qu'ils restent collés aux talons. Car chaque jour lui apporte un fait nouveau. Heureux, comme la victoire d'El-Alamein à laquelle ont participé des unités de la France combattante. Dramatique, tout ce qui va suivre et lui tomber sur la tête. Ah ! ce jour où on le voit revenir sous cette petite pluie de novembre que seuls les Anglais supportent avec flegme. Il ne souffle rien à Yvonne. La TSF le lui dira. Il n'a pas l'habitude de partager ses inquiétudes et ses colères. Il garde tout. Mais la cartographie de son visage parle pour lui avec ses creux et ses bosses. Les Américains viennent de débarquer par surprise au Maroc et en Algérie, évinçant du même coup les Français libres de toute action. Et les voici maintenant en train de négocier avec Darlan, commandant en chef des armées de Vichy ! A peine court-il à la radio et à l'Albert Hall pour s'élever contre cette sorte de trahison qu'on l'informe, ô infamie ! du sabotage de notre belle flotte décidé par

Vichy. Il n'apparaît plus alors que rarement à Hampstead. Et puis, en janvier 1943, il demande qu'on lui prépare son uniforme d'été. On saura plus tard que, contraint et forcé par Roosevelt et Churchill, il est allé rencontrer le général Giraud à Anfa, au Maroc. A son retour, nouvelle fureur. Le gouvernement britannique lui refuse les moyens de gagner le Proche-Orient. Dans son petit bureau, il rumine sa revanche. Un boxeur malchanceux, dans un coin du ring, avant le dernier round.

Mais, je me le demande, quel est ce visiteur mystérieux qui vient de franchir la porte d'entrée à une heure si avancée, le visage en partie caché par un feutre ? Jean Moulin. Par mesure de sécurité, il a préféré le recevoir ici plutôt qu'à Londres, sans autre témoin que le chauffeur des services secrets qui l'accompagne. Yvonne et la gouvernante ont donc rejoint leurs chambres. Alors, se déroule, devant la cheminée de marbre blanc, une petite cérémonie dont il rapportera qu'« aucune autre ne fut jamais plus émouvante ». Il remet la croix de la Libération à l'homme qui a réussi à unifier la Résistance sous son égide. Et en le décorant, ce sont des milliers de poitrines qu'il voit se tendre vers lui. Tous ceux qui, dans la clandestinité, travaillent pour la revanche. Quatre mois plus tard, il apprend de la bouche de Passy, à Alger, son arrestation par la Gestapo suivie de sa mort dans un train au cours de sa déportation vers l'Allemagne. Demain matin, c'est sûr, il ira prier pour lui à St Mary's, la petite église de style espagnol construite par des exilés français en 1814, au coin de Holly Walk et de Mount Vernon. Il n'a pas grand chemin à faire. Je l'ai fait moi-même : un raidillon entre deux haies de troènes et de briques, et on y arrive. Lorsqu'il est à Hampstead, m'affirme encore sœur Pauline, on l'y voit tous les matins à la messe. Tous les matins ? « Tous les matins », répète-t-elle avec un sourire angélique.

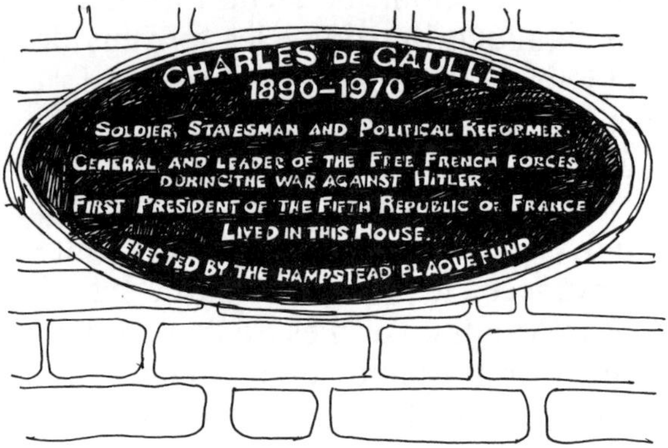

Histoire de France (L')

Je m'assieds dans l'église de Colombey, à la place qu'il occupait, près d'Yvonne, au dixième rang. De cet endroit, je constate que deux vitraux, l'un à gauche, l'autre à droite, celui de Jeanne d'Arc et celui de Saint Louis, se répondent sous mon regard. Ainsi, écrit Peyrefitte, « ces vitraux lui parlaient de l'histoire de France. Ils émouvaient le patriote en même temps que le chrétien ». C'est à l'Hôtel de Ville de Paris, le 2 avril 1945, que nous découvrons, nous les Français de la nuit, qui ne connaissons rien de lui ou presque, combien son esprit est imprégné des grandes figures de notre histoire. Dans son discours, tous les héros qui ont marqué le passé de Paris défilent devant nous, comme s'ils étaient en chair et en os, parés des armures et des vêtements de leur époque. Ne manquent plus que le brouhaha de la foule, le claquement de sabots des chevaux et le cliquetis des armes. « Allons ! s'écrie-t-il. Qu'on frappe les trois coups ! » Je contemple alors sainte Geneviève faisant reculer Attila, Jeanne d'Arc montant à l'assaut de la porte Saint-Honoré, Henri IV rétablissant l'Etat dans la capitale, l'Assemblée des trois ordres y proclamant les Droits de l'homme, les Prussiens y entrant triomphants en 1871, Joffre et Gallieni la sauvant sur la Marne, l'ennemi la prenant de nouveau, en 1940, alors qu'elle n'est pas défendue, les Alliés et les Français engagés, en 1944, dans les durs combats de sa libération.

Pour lui, l'Histoire est la scène d'un théâtre où il se retrouve en compagnie des personnages héroïques qui l'ont écrite et avec lesquels il dialogue d'homme à homme, comme j'imagine qu'il le ferait avec Malraux dans le fauteuil de son bureau, à La Boisserie. Il ressent tout ce qu'ils ont ressenti eux-mêmes lors des circonstances dont est issue leur célébrité, et ils tirent les leçons de leurs réussites ou de leurs échecs afin de renouveler leurs prouesses et d'éviter leurs erreurs. Toute sa vie, il mettra ses pas dans ceux de ces parangons, se référera à eux dans ses œuvres et ses paroles, et nous les donnera en exemple afin de nous montrer ce que nous devons faire ou ne pas faire pour cette « vieille France accablée d'Histoire, meurtrie de guerres et de révolutions, allant et venant sans relâche de la grandeur au déclin, mais redressée de siècle en siècle par le génie du renouveau ». Consulter l'Histoire, c'est regarder en arrière pour aller de l'avant.

Son intérêt et sa passion pour le passé historique de son pays lui viennent, je n'en suis pas étonné, de son père, Henri. Doté d'une culture exceptionnelle, ce dernier est un homme de ressource. Il enseigne à la fois le français et la littérature aux élèves préparant Polytechnique, l'histoire aux futurs saint-cyriens, à l'école Sainte-Geneviève de Versailles, et plus tard la philosophie au collège des jésuites de l'Immaculée-Conception, rue de Vaugirard. Des photos le montrent en redingote, pantalon rayé et haut-de-forme. En classe, dès qu'il s'assied derrière son pupitre, on n'entend plus une mouche voler. C'est dire le genre de modèle que le jeune Charles et ses trois frères ont chaque jour sous les yeux. Sur le dos, se plaint Charles, parfois, tant son père veille sur les études avec la méticuleuse sévérité des enseignants d'autrefois. « Ce que je peux savoir d'histoire et posséder de philosophie, c'est de mon père que je le tiens d'abord », écrit-il au général Boud'hors, son chef pendant la guerre de 1914. Si bien qu'une fois sous les drapeaux, il se met à exercer, à côté du métier des armes, celui d'historien militaire. Conférences bénévoles, cours, articles dans les revues, rien n'échappe aux ardeurs de sa passion. On le voit même transmettre son savoir à ses compagnons de captivité au fort d'Ingolstadt. Je relis *Le Fil de l'épée* paru en 1932 et *La France et son armée*, six ans plus tard. Ces deux livres regorgent d'évocations historiques. « Car, enfin, explique-t-il, pourrait-on comprendre la Grèce sans Salamine, Rome sans les légions, la Chrétienté sans l'épée, l'Islam sans le cimeterre, la Révolution sans Valmy, le Pacte des Nations sans la victoire de la France ? »

Il deviendra pour son fils Philippe, qui me décrit son attitude à son égard, le même professeur d'histoire rigoriste. Leurs promenades sont toujours éducatives. Il l'emmène aux endroits où les événements notoires se sont déroulés : Saint-Privat où Bazaine s'est fait écraser malgré la charge courageuse des cuirassiers, les champs de bataille de Picardie, de l'Aisne et des Vosges, Fontainebleau où Napoléon a fait ses adieux, Versailles, les Invalides, l'Arc de Triomphe, les Champs-Elysées qu'il descendra dans quelques années en compagnie de bien du monde…

Il se plaît maintes fois à nous faire remonter vingt siècles en arrière, aux Gaulois, avec Vercingétorix, « le premier résistant de notre race », à Clovis, cinq siècles plus tard, celui qui a « vraiment créé la France », et à Hugues Capet « qui a étendu le pré carré à l'Hexagone ». Dans le privé, me précise-t-on encore, il a la dent dure à propos de nos ancêtres aux cheveux blonds. A son fils qui apprend l'histoire de France au collège Stanislas, il raconte ce qu'Hannibal écrivait à son frère Hasdrubal occupé à recruter des mercenaires en Espagne : « Ne prends pas trop de Gaulois, ce sont des ivrognes. Ils sont courageux dans l'action, téméraires au combat, mais vite découragés et jamais contents. » Il a une opinion très personnelle de nos rois. S'il aime Saint Louis, l'inventeur de la justice et d'une morale politique, comme je l'aime depuis mon enfance, il méprise Louis XI pour son hypocrisie, mais loue sa valeur et son efficacité. Il reproche à François Ier d'avoir mal utilisé les richesses de la France à cause de son manque de jugement et, plus indulgent, donne un accessit à Henri IV, malgré son côté roublard, pour son courage et sa compétence face aux guerres civiles. Son admiration va à Louis XIII et à Louis XIV grâce auxquels, souligne-t-il, la France est devenue la plus grande puissance mondiale, et exprime ses regrets à l'égard de Louis XV, le sceptique, et de Louis XVI, trop bon et trop faible souverain.

La Révolution, il la déteste, tout autant d'ailleurs que les émigrés, mais il lui rend grâce d'avoir remis la France au combat, incarnant ainsi la patrie face au danger. Je relève sur son carnet de notes de 1916 ce qu'il retient d'un article de Gustave Le Bon sur le rôle des fossoyeurs de la monarchie. Le « peuple divin » n'était en fait que la « populace » menée par le bout du nez. Un homme, un seul, sort grandi de cette période et vient rejoindre aux côtés de Du Guesclin, Jeanne d'Arc, Bayard et Louvois, le tableau d'honneur de ses héros préférés : Lazare Carnot, général, homme politique et, je l'ignorais, savant. Louangé tant et plus dans ses écrits, il va même jusqu'à l'honorer dans une comédie historique de son cru intitulée « Le flambeau », publiée par la *Revue militaire* en 1927. Napoléon ? Il est certainement le personnage qui le fascine le plus. Cependant, son admiration pour lui est mitigée. Hommage sans réserve à son génie, à ses grandes réalisations, au créateur de l'Etat français, mais honte à celui qui a laissé la France sens dessus dessous faute de n'avoir pas voulu s'arrêter à temps. Il vénère Gambetta, « esprit méthodique et clairvoyant, méprisant les utopies et les vains honneurs », autant qu'il fustige Napoléon III. Il n'a pas réussi à conquérir le cœur des Français en dépit de la libéralisation du régime et des avancées économiques, sociales et culturelles. Il s'est laissé fourvoyer dans une expédition catastrophique au Mexique et dans une guerre désastreuse contre la Prusse.

Clemenceau récolte toutes ses faveurs. Il a rendu justice à l'Ecole chrétienne bannie par les libres penseurs transmués en lyncheurs. Pendant la Grande Guerre, il a redressé le moral tombé bien bas. Quand la victoire est venue, l'opinion populaire l'a sacré avec raison grand vainqueur. Il l'associe à sa propre gloire lors de sa marche historique, le 26 août 1944, dans Paris libéré. Je suis là, dans la foule, en ce jour, à l'Arc de Triomphe où « la flamme s'élève allégrement », puis le long des Champs-Elysées, « cette avenue que l'armée triomphante suivit il y a vingt ans », et où « sur son piédestal, Clemenceau, que je salue en passant, a l'air de s'élancer pour venir à nos côtés ». Ne dirait-on pas, en effet, que les deux hommes vont l'un vers l'autre ? Ils se retrouveront, un jour, face à face, dans l'immortalité du bronze.

Au cours de la description de cet après-midi mémorable dans les *Mémoires de guerre*, jaillissent, avec « l'histoire rassemblée dans ces pierres », la

Concorde et ses déchaînements d'enthousiasme révolutionnaire, le dôme des Invalides « étincelant encore de la splendeur du Roi-Soleil », le tombeau de Turenne, de Napoléon, de Foch, le Louvre, les statues de Jeanne d'Arc et d'Henri IV, le palais de Saint Louis, Notre-Dame, « la prière de Paris ». Notre-Dame où je l'entends chanter de nouveau le *Magnificat* de la victoire les fois où je vais m'asseoir à sa place, au dixième rang, dans l'église de Colombey, entre le vitrail de Jeanne d'Arc et celui de Saint Louis.

Huppy

Huppy. Qui connaît ce village, à dix kilomètres au sud d'Abbeville ? Pourtant, il appartient à l'Histoire. C'est là que, un mois avant la cessation des combats, il mesure l'« ampleur du désastre » et prend conscience qu'il va falloir « continuer le combat ». Là que, le 28 mai 1940, repoussant les Allemands vers la Somme avec ses chars lourds, il fait quatre cents prisonniers, les seuls de cette campagne de France avec ceux de Montcornet. Il installe son QG dans le château du XVIIe siècle en brique rose, flanqué de deux tours. Avec l'église romane Saint-Sulpice, sa voisine, derrière laquelle se trouve un chemin de croix original formé de croix en fer forgé plantées en terre, ils sont les deux fleurons de cette modeste commune agricole. Jacques Buret, le propriétaire des lieux, me montre le portail ogivé de l'entrée, un bel ouvrage datant de Louis XIV qu'il a dû faire réparer.

Il l'a enfoncé avec son char sans rien demander à personne. C'est la guerre.

La veille de la bataille d'Abbeville, il occupe cette pièce appelée le « petit salon ». Il y restera trente-six heures. Son téléphone, le voici, sur cette cheminée. Ici, la table sur laquelle il déplie sa carte, crayon à la main, entouré de ses officiers d'état-major. On entend des rafales dans le lointain, et plus près, je dirais même trop près, les explosions des obus de harcèlement. L'église subit la perte d'un pan de son clocher, des ruines s'accumulent autour du château. Inquiet ? Aucun signe apparent sur ce visage de pierre. Je le regarde dans sa tenue impeccable. Comment peut-il encore intimider son monde au milieu de la peur ? « Se dominer soi-même, écrit-il, doit être devenu une sorte d'habitude, de réflexe moral obtenu par une gymnastique constante de la volonté. »

L'ennemi a pu relever ses forces, il a même tenté de reprendre des positions. Peine perdue. Il n'empêche que les nôtres sont à bout de souffle. Apparemment, ce n'est pas le cas de ce général tout nouvellement promu. Pendant trois jours, il reste habillé et ne dort pratiquement pas. Autour de lui, d'après Jacques Buret, des yeux papillottent, des nuques fléchissent. Alors, d'une voix de commandement : « On ne dort pas la veille d'une bataille ! » Impavide dans sa veste de cuir sans insigne, il en impose à tous. On le dirait en manœuvre à Mourmelon. Une autre fois, mitraillés par des Stuka, ses officiers se jettent à terre. Au milieu d'eux, debout, ganté, il lance : « Allons, messieurs, un peu de tenue ! » L'abbé Baujont est à ses côtés au cours d'un bombardement, me rapporte le père Lenoir, comme lui aumônier de la division, et il a très peur. « Alors, il le sermonne : "Comment ! vous avez la foi et vous avez la tremblote !" A ce moment-là, une bombe tombe à proximité sans exploser. Il ajoute : "Voyez, ils ont même des obus qui ne partent pas." » On lui annonce la mort d'un colonel. Sa question : « Qui le remplace ? » C'est la guerre. Je ne cesserai jamais de me demander où il va chercher cette morgue qui vous irrite, ce calme qui vous met en transe, ce sang-froid qui vous glace et vous comble d'admiration. La guerre est pour l'homme ce qu'est le bain révélateur pour le photographe.

Pas de radio. C'est bon pour ceux d'en face ! Comment donc coordonner le mouvement des unités ? Son casse-tête. La plupart de ses officiers n'ont jamais appris à effectuer un mouvement d'ensemble. Mais ils sont braves. L'ennemi a beau contre-attaquer, les nôtres les bousculent et déclenchent chez eux un début de panique. Il jubile dans une lettre à sa femme : « Chacun tient la tête haute. Les blessés ont le sourire. Les canons tirent allégrement. Devant nous, dans une bataille rangée, les Allemands ont reculé. » Retraversant la Somme à Abbeville, les adversaires s'accrochent toutefois au mont Caubert et au camp de César. Alors qu'ils se sont fait relever deux fois en vingt-quatre heures, les nôtres se battent depuis plusieurs jours. Toutes ses demandes de renfort n'ont pas eu d'effet.

Officier de son état-major, le colonel Viard m'a retracé, il y a bien longtemps, aussi ému qu'à l'époque, sa conversation avec lui dans le parc de ce château où il avait installé son PC et où il avait désiré qu'il le suive. Après quelques pas, il l'interroge sur la situation. Qu'en pense-t-il ? Viard répond qu'elle lui semble bien compromise à moins que des réserves… Il le coupe : « Il n'y a plus rien. Mais que pensez-vous qu'il va arriver maintenant ? » Viard reste coi. Alors, il enchaîne : « Eh bien ! je vous vais vous le dire : les Allemands vont liquider la poche de Dunkerque, puis nous offrir l'armistice. » Interloqué, l'officier qui croyait encore au miracle entend ensuite ces paroles prophétiques : « Ils vont nous offrir l'armistice qui sera accepté par le gouvernement. Ils vont encercler l'armée française et foncer sur l'Angleterre. » Le vent lui rapporte le cognement de l'artillerie. De la même façon, François-René distinguait, près de Gand, appuyé contre un peuplier, les *Commentaires de la guerre des Gaules* de César sous le bras, les échos de « cette grande bataille encore sans nom ». Celle de Waterloo. En attendant, il conseille à Yvonne de quitter Colombey. « Je crois qu'il vaudrait mieux que tu trouves quelque chose de meublé pour attendre la fin de la crise. » L'urgence commande le tutoiement et l'euphémisme aide à vivre.

Il revient à Huppy en 1949. Après la messe sur le parvis de l'église en partie détruite, il visite le cimetière du village et ceux des environs. On le voit rester longuement devant certaines tombes. Sans doute se remémore-t-il encore l'émigré de l'armée des Princes qui, errant dans une basilique après une cérémonie funèbre, se posait ces questions : « Qui sait les passions, les plaisirs, les embrassements de ces morts ? Les choses qu'ils ont rêvées, crues, attendues sont-elles comme eux des idéalités, engouffrées pêle-mêle avec eux ? » Dans ces moments où n'est que le silence, les Allemands doivent reprendre au loin leurs tirs de harcèlement. C'est souvent ce qu'il croit percevoir, après la Libération, au cours de ses retours dans le passé des jours terribles. Maintenant, il peut penser à ceux qui se sont sacrifiés à ses côtés. Auparavant, il fallait penser à autre chose. C'était la guerre.

I

Ike

En robe de chambre ! J'ai du mal à le croire. C'est pourtant vrai. Il reçoit ainsi vêtu ce jour-là Eisenhower. Un témoin de choix le rapporte : le colonel Walters, que l'on retrouvera en 1985 chef de la délégation américaine à l'Onu. En septembre 1959, interprète de Ike, il l'accompagne lors de la rencontre des deux chefs d'Etat au château de Rambouillet où séjournèrent bien des rois et des empereurs. Tout à l'heure, je l'apprends, ils ont fait ensemble quelques pas dans le parc. Ils ont vu la laiterie de Marie-Antoinette, l'allée de cyprès chauves de Louisiane. A présent, ils sont assis devant la cheminée où un feu de bois ensoleille les boiseries sculptées du salon. Le même ton colore l'ambiance de ce tête-à-tête improvisé. Au panier l'étiquette ! Entre camarades de guerre, foin de salamalecs. Sortis de leur suite respective, les deux vieux généraux, devenus présidents de leur pays, n'ont pas pris soin de s'habiller de pied en cap. Ils conversent donc en simple tenue d'intérieur. Deux joueurs de tennis après un match amical.

Etonnante intimité. Pas une fois, me semble-t-il, cet homme qui ne tombe jamais la veste, même en famille, à Colombey, ne s'est comporté de cette manière avec un visiteur, raison de plus avec un chef d'Etat. Faut-il qu'il ressente un attachement particulier pour ce citoyen d'outre-Atlantique. Faut-il aussi que l'un comme l'autre s'acceptent avec leurs convictions et les actions qu'ils sont conduits à mener et qui ne concordent pas toujours entre elles. C'est un fait : les uniformes peuvent être différents, ils donnent la même peau aux soldats.

Heureux effet : je constate qu'à la différence des dirigeants américains, Ike s'est frotté à la France et aux Français. Il s'y est battu en 1917, il y a vécu pendant un an en 1928. Mais quand les deux hommes se découvrent en 1943, à Alger, au moment de l'affaire Giraud, je me demande s'il n'est pas comme son patron, Roosevelt, un affreux Yankee pressé d'en finir avec ce Frenchie aussi insupportable que Napoléon. Je me trompe. Devenu commandant supérieur des forces alliées, il fait amende honorable. Avant de partir pour Londres, revenant sur son attitude peu amicale à Alger, en 1943, dictée par la Maison-Blanche, il lui avoue : « Je reconnais que j'ai commis une injustice à votre égard et j'ai tenu à vous le dire. » Ce à quoi il réplique, avec une franchise aussi inhabituelle, dans une langue avec laquelle il ne s'est jamais vraiment familiarisé : « *You are a man.* » La suite de leurs relations sera plus semée de nuages que d'embellies. Rudes batailles entre ce monolithe de certitude, si conscient d'incarner son vieux pays, et ce grand gaillard au sourire bonhomme, presque timide, ce chauve frais et rose dont on pourrait facilement oublier les hautes fonctions qu'il occupe. Il en a bien conscience : que l'on se batte ou non contre le temps pour traverser l'Atlantique, la distance qui nous sépare de l'autre rive restera toujours la même.

A la décharge d'Eisenhower, je l'admets, la tâche n'est pas facile avec ce général de brigade doublé d'un stratège hors pair. Veut-il lancer ses forces vers le nord pour encercler la Wehrmacht qu'il l'oblige à foncer sur Paris, la 2e DB en tête, puis à laisser les Français prendre Strasbourg et à se maintenir en Alsace, coûte que coûte, malgré la contre-offensive allemande. Et, enfin, à voir les Français pousser contre son gré leur conquête jusqu'à Berchtesgaden et Stuttgart afin de se tailler une zone d'occupation respectable. Il le met devant le fait accompli en décidant de poursuivre son offensive jusqu'à l'approche de Turin afin d'annexer Tende et La Brigue. Rien ne semble plus pouvoir arrêter notre conquérant dans sa marche victorieuse.

A la fin du conflit, Eisenhower écrira à son propos qu'il l'a beaucoup apprécié, même si leurs rapports en temps de guerre « n'ont jamais dégagé la chaleur qui semblait découler fréquemment de ces rencontres avec d'autres ». Aimable façon d'exprimer leurs désaccords. De son côté, il salue les mérites de son « cher camarade de guerre » américain qui a accepté de s'incliner devant ses initiatives stratégiques. D'autre part, il a toujours refusé d'écouter tous ceux qui, à Washington, l'accusaient de despotisme et refusaient de le reconnaître officiellement. « Au fond, écrira-t-il dans les *Mémoires de guerre*, ce grand soldat ressentait, à son tour, la sympathie mystérieuse qui, depuis tantôt deux siècles, rapprochait son pays du mien dans les grands drames du monde. » Et minimisant leurs divergences, il ajoute : « Quand nous aurons gagné la guerre, il n'en restera plus trace, sauf, naturellement, pour les historiens. » Je n'ai rien découvert qui puisse le contredire : il a toujours tenu à ce que leurs différends se règlent à l'amiable. Et tout doucement, leur admiration mutuelle s'est transformée en amitié. Comme quoi, les grandes querelles font parfois les grands amis.

En 1956, le félicitant pour sa réélection à Washington, il le nomme, en lettres capitales s'il vous plaît : « Très cher et grand ami. » J'ai beau chercher, je ne trouve personne d'autre qui ait été honoré de sa part d'un tel hommage. En avril 1960, à l'occasion de son voyage officiel aux Etats-Unis, Ike le reçoit chez lui, dans sa ferme de Gettysburg. Au retour d'une promenade à travers la propriété gardée par un canon de la guerre de Sécession, les deux vieux compagnons d'armes consacrent leur soirée au souvenir. A un moment, débordant de reconnaissance, le président américain tient à le remercier de lui avoir évité une défaite en l'empêchant d'évacuer l'Alsace durant l'hiver 1944-1945 : « Vous m'avez demandé de ne pas prendre cette décision. Quelques semaines plus tard, les Alliés seraient arrivés à Yalta après une défaite. Merci encore, mon général ! » Un mois après, en mai, à la suite de l'échec imputable à Khrouchtchev du sommet de Paris, auquel il s'est rendu, il lui envoie ce mot à l'Elysée : « J'emporte de Paris la chaleur et la force de votre amitié, plus appréciée que jamais… et je porte à votre personne un respect et une admiration que je n'éprouve que pour peu d'hommes. »

Eisenhower meurt le 30 mars 1969, quelques jours avant le référendum perdu et la retraite à Colombey. Il se rendra aux obsèques de son ami d'outre-Atlantique. Pensant à eux, je les revois à Rambouillet, en robe de chambre, assis devant la cheminée. Des joueurs de tennis après un match amical.

Instinct (L')

« Mes antennes me prédisent que… » Combien de fois ai-je entendu ses anciens conseillers me rapporter cette expression. Elle lui est coutumière. Ses antennes toujours en alerte, aussi sensibles que celles que certains arthropodes ont sur la tête, toujours branchées dans la bonne direction, vers un objectif qu'il est le seul à distinguer. Serait-il donc le visionnaire de génie que l'on se plaît à voir en lui, l'homme qui ne se fie qu'à son instinct, dont toute décision éclairée est le fruit d'une soudaine inspiration ? Je n'irai pas si loin. Ses antennes ne captent pas tout, et s'il parvient à discerner l'avenir, ce n'est pas grâce à des dons d'extralucide, c'est la conclusion d'une lente macération des idées. « Exercer l'imagination, écrit-il dans *La France et son armée*, le jugement, la décision, non point dans un certain sens mais pour eux-mêmes, mais sans autre but que de les rendre forts et libres. » Une fois le problème posé, il se met aussitôt à le démonter, pièce par pièce, afin d'en comprendre le mécanisme. C'est ce qu'il appelle « faire des gammes », étudier toutes les hypothèses, l'une après l'autre, jusqu'à la solution, en s'aidant d'une bonne rasade de bon sens. Toujours en mouvement, son esprit est en élaboration constante. Machine à penser, rien n'échappe à ses rouages.

Un de ses conseillers s'étonne ainsi devant moi : « A une ou deux reprises, entrant dans son bureau, je le vois ne rien faire. Vous m'avez bien entendu ? Ne rien faire. Mains posées sur la table, le regard fixe, il est ailleurs. » On peut le surprendre de la même façon en voiture ou en avion. De son long et patient raisonnement naîtra ce que l'on prend pour de la prémonition, ou, pour parler plus vulgairement, du flair. Ce flair qui a pour base sa réflexion philosophique et sa connaissance approfondie de l'Histoire acquise dès sa jeunesse. Sans oublier sa recherche d'informations parallèles ou complémentaires. Faute de temps, un homme d'Etat s'en remet à ce que les canaux normaux veulent bien lui apporter. Lui recoupe ces éléments d'appréciation par l'interrogation permanente de son entourage. En conversant à l'Elysée ou à Colombey, ou encore pendant ses voyages, il emmagasine de quoi compléter son jugement. Ses aides de camp m'ont exposé à quel point ils lui sont précieux dans ce domaine. En éternel éveil dans son ombre, ils voient tout, écoutent tout, savent tout. D'où les mots qu'il répète parfois : « On me dit que… Je me suis laissé dire que… »

« Son flair, m'explique l'un de ses anciens ministres, c'est celui de l'évidence. Il a cette sorte de bon sens qui lui fait dire : "Voilà comment ça va se passer." C'est un stratège qui repère de loin toutes les forces en présence en s'appuyant sur les réalités et la connaissance du vécu. » Quand il décide de quitter la France pour la Grande-Bretagne, en juin 1940, ce que certains prendront pour un coup de tête est en fait le résultat d'une longue réflexion entreprise quelque temps avant de monter dans le petit avion du défi. Geoffroy de Courcel, son compagnon de la première heure, me paraît encore tout émerveillé, trente ans après, en se rappelant ce qu'il lui a dit au sortir de la BBC après son célèbre appel. Il a jugé que, contrairement aux apparences, les Allemands n'avaient ni les moyens de transport maritime, ni un nombre d'avions suffisant pour réussir à débarquer outre-Manche. Voilà pourquoi il a décidé d'aller continuer le combat aux côtés des Anglais. « Croyez-moi, moi qui vous parle en connaissance de cause et qui vous dis que rien n'est perdu pour la France », déclare-t-il à travers le brouillage. En connaissance de cause… En avance sur son temps, il ne peut avoir tort.

Il fait la même déduction avec l'Afrique du Nord. Les Allemands ne se risqueront pas à traverser la Méditerranée, car ils devraient se frotter aux puissantes flottes française et anglaise. Et ils n'obtiendront jamais de Franco de passer par l'Espagne. Seule la complicité de Vichy pourrait les faire parvenir à leurs fins en leur permettant d'emprunter ses eaux territoriales pour gagner la Corse, puis la Tunisie. Il voit, avant les autres, l'Allemagne se retourner contre l'URSS en 1940. Il voit la défaite certaine des nazis après l'attaque de Pearl Harbor par les Japonais. Voit, à l'étonnement de Pierre Messmer dont je tiens le témoignage, que nous allons gagner la guerre et qu'il n'y aura pas de traité de paix. Et cela en août 1942, après Bir Hakeim et avant El-Alamein ! Voit la Russie absorber le communisme « comme un buvard l'encre ». Voit, après la guerre des Six Jours, le problème arabo-israélien continuer encore d'inquiéter le monde pendant des dizaines d'années alors que l'on s'imagine que tout est fini. Voit la décolonisation de l'Afrique noire et de l'Algérie inéluctables. Tout cela, il ne l'a pas vu dans les cartes, mais dans « la profondeur de la réflexion, l'aisance dans la synthèse, l'assurance du jugement ».

A cette capacité de discernement, il me faut joindre, sur ses propres conseils, l'intuition qui est pour lui « l'étincelle créatrice ». Elle « réside dans l'expérience ». Et elle est issue de la combinaison de l'instinct avec l'intelligence. « Sans l'instinct, pas d'envolée créatrice. Grâce à lui, nous plongeons au plus profond de l'ordre des choses. » C'est là que l'on perçoit l'influence de Bergson. Le philosophe n'était pas, comme on l'a prétendu, un ami de son père, le professeur de philosophie, mais ce dernier l'admirait, tout comme lui, dans sa jeunesse, et il a certainement poussé son fils à le découvrir en profondeur. Son fils qui a parfois fréquenté les cours très prisés du célèbre philosophe au Collège de France. Il aime la philosophie. Bergson et Boutroux comptent beaucoup dans sa formation intellectuelle. A un degré tel qu'il lancera un jour : « Je me demande si mon vrai destin n'était pas d'être philosophe, car je sais que j'ai des choses à dire à mes contemporains. » Le nom de Bergson apparaît à plusieurs reprises dans ses écrits. C'est lui, d'après ce qu'il confie, un jour, au journaliste américain Arthur Sulzberger, qui lui a fait comprendre la philosophie de l'action. Sous sa dictée, pourrait-on dire, il énonce : « Si l'intelligence nous procure la connaissance théorique, générale, abstraite de ce qui est, c'est l'instinct qui nous en fournit le sentiment pratique, particulier, concret… C'est par l'instinct que l'homme perçoit la réalité des conditions qui l'entourent et qu'il éprouve l'impulsion correspondante. » J'ai compté qu'il consacre à l'instinct pas moins de sept pages dans *Le Fil de l'épée*. C'est dire l'importance qu'il lui confère. Et si, pour le chrétien qu'il est, la prière avait aussi son mot à dire quand, exaucée, elle lui greffe des yeux d'aigle ?

A le lire, j'apprends que l'instinct se cache parfois chez des hommes éteints en société pour jaillir au moment crucial, comme une danseuse étoile attire soudain sur elle tous les projecteurs. Il cite ainsi Turenne dont l'esprit était « lent et tardif » aux études et Masséna qui n'avait pas de conversation. Et il évoque les grands hommes de guerre chez lesquels ont toujours dominé le rôle et la valeur de l'instinct, ce qu'Alexandre appelle « son espérance », César « sa fortune », Napoléon « son étoile ». C'est l'instinct qui le fait défendre dans les années trente, au grand scandale des conformistes de l'Ecole de guerre, la création des divisions cuirassées. L'instinct grâce auquel il impose la présence de troupes françaises dans les deux débarquements en France, au moment de la Libération, et s'impose lui-même, contre la volonté de Roosevelt et de Churchill, à la tête du peuple français. L'instinct qui lui fait tendre la main à Adenauer. Qui le décide – je loue sa prescience – à lancer la France dans le nucléaire civil et militaire. Qui lui fait dire, avec un calme sidérant, à son entourage angoissé par le putsch des généraux : « Dans trois jours, ça sera fini. » L'instinct, cette impulsion passionnée d'aller aider la cause du Québec… « Deux choses instruisent l'homme de toute sa nature : l'instinct et l'expérience », peut-il lire dans les *Pensées* de Pascal, qu'il affectionne. L'instinct, cet éclair magique sur le chemin des vacillations.

Bien sûr, il lui arrive, sur le tard, d'en manquer. De devenir soudain comme tout un chacun : aveugle (Mai 1968, échec du référendum en 1969). « J'ai failli, confesse-t-il alors, parce que le propre de quelqu'un qui gouverne, c'est de prévoir, et je n'ai rien vu, rien prévu. » Il est malheureux et nous aussi. Ses antennes toujours en alerte, aussi sensibles que celles que certains arthropodes ont sur la tête, se sont refermées, fatiguées sans doute d'avoir trop détecté l'invisible.

Ironie

Ah, ses boutades ! Y a-t-il un chef d'Etat qui se soit autant livré à ce petit jeu avec la même malice ? Le moindre bon mot écrit ou rapporté d'un inconnu que l'on retient peu ou prou devient, signé par une célébrité de cette taille, une parole d'or que l'on se repasse de père en fils. Tel est son cas. Et tant pis si la mémoire défaillante ou le simple désir d'y adjoindre du piment a terni l'original. On se le répète avec délice comme le chant du coucou dans la *Symphonie pastorale*. Et l'on en invente d'autres à plaisir en vertu du fait qu'ajouter un chapeau sur la tête d'un homme connu peut faire naître l'illusion de s'approprier une partie de sa personnalité.

Son ironie se décline sous différentes formes. Parfois acidulée, elle risque de provoquer quelques picotements ou même de légères brûlures. Parfois, devenue flèche, elle est sanglante. Beaucoup ont souffert de ces piques et en ont longtemps porté la cicatrice. Parfois, elle se veut seulement burlesque, sans vouloir savourer ce que Baudelaire appelle « le plaisir aristocratique de déplaire ». Sur un ton qu'il lui arrive de rendre canaille, il s'amuse d'amuser. Quel plaisir, ces pirouettes qui donnent du sel à la manne ! Mais ce qu'il désire avant tout, c'est moins de détendre l'atmosphère que de susciter chez son interlocuteur une part de vérité. C'est moins de défouler ou de se défouler lui-même que d'intriguer, de frapper les esprits afin de découvrir ce qu'ils pourraient dissimuler. C'est aussi le moyen d'imprimer son message à jamais comme on fait graver son chiffre sur une arme.

Il s'efforce alors de puiser son vocabulaire dans la resserre des mots, là où ils se morfondent en attendant l'oubli définitif. Combien, pour mon régal, en a-t-il réveillés que l'on croyait endormis à jamais ? Les farfadet, ganache et autre volapük qui font se précipiter mes confrères et moi-même sur tous les dictionnaires. Chacune de ses interventions est une boîte à surprise. Impatient, je guette l'instant où il va m'ébahir ou me désopiler. Le voici aux prises avec les « politichiens » du régime, avec le jeu stérile des partis, avec ces trottemenu de l'abandon, ces pisse-vinaigre, ces démons du désespoir, ces flanchards, ces faiblards, ces fuyards professionnels, ces cloportes, ces coureurs de maroquins, ces veaux qui se mangent la laine sur le dos, les uns avec les autres. Ceux qui les dirigent ? Des présidents couche-toi-là. Y a-t-il un seul de ces cancrelats qui réclamerait son retour au pouvoir ?

Vomis soient ces partis qui ne cherchent qu'à prolonger le système selon lequel chacun cuit sa petite soupe à petit feu, ces gredins qui ont regagné leur clientèle, aidés par les féodalités, les affaires, la radio de l'abaissement et les stylos de la décadence. Le MRP ? Des enfants de chœur qui ont bu les burettes. Les communistes ? Tout au plus, des roseaux peints en fer. Quant aux « socialos »... toujours les mêmes... ils trichent, mais ils coupent à cœur. Jean-Jacques Servan-Schreiber : un turlupin (emprunté à Chateaubriand). Les députés gaullistes qui rejoignent cette piétaille : des paillassons, des jean-foutre qui ont mangé la grenouille. Ce régime finira à la trappe. La France est vacharde. Seule la trouille peut la réveiller. Quant à lui, dans son refuge haut-marnais, il continue de parler. « Ça fait des ronds dans l'eau... »

Et puis, il y a les saillies qui m'estomaquent, qu'il lance comme des coups de trompette dans la cour du quartier. Qu'il va quérir dans le langage familier de sa jeunesse : celui de la vie sous l'uniforme, des revues de détail à grands coups de gueule. Celles-là sont les plus spontanées, les plus promptes à jaillir au premier accès de contrariété ou de colère. C'est le moment, par exemple, où, à l'Elysée, il a l'affaire algérienne sur les bras. L'intégration est une entourloupe. Comment s'imaginer qu'on pourra prendre les Algériens avec cet attrape-couillon ? Ceux qui prônent l'intégration ont une cervelle de colibri. L'autodétermination ? Un piège à cons. Il faut en finir avec cette boîte à chagrin. Et après les accords d'Evian : si nous leur rentrons dans le chou, ils recommencent la guerre. Il faut les laisser s'étriper. Un ministre lui demande pourquoi il a nommé Fouchet haut-commissaire au sein des institutions provisoires franco-algériennes, ce qui est un poste à risque. Parce que, bien que civil, Fouchet n'est pas à ranger ni parmi les queues froides, ni parmi les couilles molles. Ses ministres ne le satisfont pas et il s'en irrite. Il y a trop d'eunuques autour de lui. Certains de ses mots remplacent élégamment les coups de pied qui se perdent.

Ce pays est mou. Il n'a pas l'habitude de vendre du caramel mou. On lui donne à manger de la guimauve, lâche-t-il parmi les badineries dont je me pourlèche. Le Sénat ? Il ne peut plus exister que pour embêter le monde. C'est une quintessence des comités Théodule. Le projet d'armée européenne le fait bondir. Il parle de prendre le maquis, de s'inscrire en tête des objecteurs de conscience. Il s'exclame : l'Amérique, les machines, la France, les poitrines ! S'il y a une question qui lui tient autant à cœur, c'est bien celle des expériences nucléaires. Sahara ou Mururoa ? La Polynésie nous appartient, on ne peut craindre que les criailleries des vieilles filles anglo-saxonnes. Quant au secret sur nos essais, ne nous faisons pas d'illusions. Les marioles se vantent toujours de savoir et de le raconter, les inconscients bavardent toujours sur l'oreiller, les faibles et les malades ne cesseront jamais de céder à un chantage. La décolonisation fait grincer des dents. On a la nostalgie de l'empire. (Je l'ai comme beaucoup d'autres.) Quoi de plus naturel ? On peut regretter la douceur des lampes à huile, la splendeur de la marine à voile, le charme du temps des équipages. Mais les faits sont là avec leur rigueur et ce n'est pas la politique de la guitare qui pourra changer quelque chose.

Rien ne va plus. Il sent que l'Etat est peu à peu en train de se déglinguer devant la surenchère des féodalités. Aurait-il perdu son étoile ? J'en ai peur. Que peut-il faire de cette France qui s'aplatit, de cette vachardise ? Que peut-il faire au milieu des veaux ? Les veaux sont faits pour être bouffés. Qu'est-ce qu'il fait à la tête des veaux ? Il ferait mieux de rentrer chez lui pour écrire ses Mémoires. Mai 1968 arrive avec son cortège de grèves. Que décidera-t-il s'il s'amplifie ? Il dénoncera les olibrius qui se font les complices des communistes et emprisonnera les meneurs. Dialoguer avec des enragés ? Il faut prendre la grosse voix, manifester son indignation, celle du populo. En finir avec le merdier, le bordel. Les étudiants s'y mettent ? On ne doit pas être terrorisé devant ces gamins. Ce qui les intéresse, ce n'est pas le retour au travail, c'est de flanquer la chienlit. La réforme, oui ; la chienlit, non.

Voilà le mot prononcé. Voilà celui que l'on retiendra plus que tous les autres. Plus que la grandeur, par exemple, et ce qu'elle signifie. Au point que l'on pourra croire qu'il n'a jamais basculé dans la fosse de l'oubli collectif, qu'il a toujours existé. Après le retour au calme, il dresse le bilan. Pourquoi cette anarchie ? Parce que l'on a cru que le néant allait tout à coup engendrer le renouveau, que les canards sauvages étaient les enfants du Bon Dieu. Des canards qui, comme tous ses traits d'esprit ironiques, n'ont pas fini de cancaner dans la mare où barbotent les Français.

J

Jersey

Je veux voir Jersey. Je veux voir cette île Anglo-Normande où il a fait escale le 17 juin 1940 au cours de son voyage vers Londres. Cinquante ans après, me voici donc à Saint-Hélier, la capitale de cette île, là où le petit avion venant de Bordeaux se pose, la veille du fameux appel. Je n'ai qu'une idée bien ancrée : revivre son arrivée, minute par minute, et son départ pour l'exil et la résurrection, accompagné d'Edward Spears, envoyé spécial de Churchill, et de Geoffroy de Courcel, son aide de camp. Je me retrouve donc avec lui à l'endroit même où, « voué à la pitié » – mais peut-il avoir un tel souvenir de lecture en ce moment même ? –, François-René, son auteur préféré, échoue après sa malheureuse équipée dans l'armée des émigrés et où il demeure quatre mois « entre la vie et la mort ». Convalescent, il chante, après coup, le vent de l'océan sur cette terre d'accueil « qui donne à Jersey du miel exquis, de la crème d'une douceur extraordinaire et du beurre d'un jaune foncé qui sent la violette ».

Lui n'a ni le cœur ni le temps de goûter à tout cela, mais il accepte volontiers le déjeuner que lui offre Jacques H. Herbert, le directeur adjoint de l'aéroport, ainsi qu'à ses compagnons de voyage, pendant que l'on procède au plein d'essence de l'avion Dragon Rapide qui les a déposés vers 11 h 30. Un déjeuner comme il les apprécie, à la va-vite, sans le « pais au fou », le cassoulet traditionnel, ni la « soupe d'andgulle » (soupe de congre), tant prisée par les insulaires. C'est le jour de fermeture du mess de l'aéroport. Ce charmant et vieux Jersiais francophone à l'accent savoureux les a donc invités à l'hôtel Saint-Pierre. A côté de Courcel, respectueux et discret, et de Spears, l'air plein d'entrain et les joues rosées du gentleman farmer en week-end, il montre le visage d'un homme qui n'a pas dormi tout son soûl. « On le sent remuer pensée sur pensée, se rappelle son hôte qui apprend de ma bouche (un demi-siècle après l'événement !) l'identité de ce grand officier français. Il fume beaucoup et parle peu. Dès le début du repas, il en attend manifestement la fin de façon à pouvoir repartir aussitôt. » Revenant plus tard sur ce voyage, Courcel le sent lui aussi, me dit-il, « absorbé dans ses pensées », essayant d'imaginer son sort prochain outre-Manche. Il se revoit lui-même à Bordeaux lorsqu'il lui a demandé ce qu'il comptait faire et qu'il l'a informé qu'appartenant à l'armée du Levant il partait pour Beyrouth. Se revoit quand il lui a dit : « Moi, je pars pour Londres avec l'avion que Churchill m'a prêté hier. Est-ce que ça vous intéresse de venir ? » Et quand il lui a répondu : « Oui, si vous avez de la place pour moi, il n'y a pas de question. » Puissance d'un mot. Aussitôt prononcé, il change la trajectoire d'un homme. Une flèche sur un panneau routier vous fait faire de même.

Dans cet avion ronronnant, je crois l'entendre à travers le bruit de sa conscience, ses interrogations sur son avenir et les cris de « l'honneur et de l'intérêt supérieur de la patrie ». Et, sortant de son silence, demander subitement pourquoi cette escale s'est imposée alors que, longeant la côte à partir de Bordeaux sans rencontrer ennemi ni orage, l'avion n'a pas dû consommer plus qu'il ne le fallait. Ce à quoi on lui rétorque que le Dragon Rapide De Havilland chargé de cette façon n'a pas une autonomie suffisante pour parcourir ce trajet d'un seul trait. Et s'étonner également que le plein d'essence d'un biplan de six places, en comptant celle du pilote, doive durer aussi longtemps, et accepter non sans peine les raisons qu'on lui donne : l'affluence (toute relative) du trafic aérien à cause des événements. « On s'attend à l'arrivée d'un second avion de France, lui annonce son hôte. Des hommes politiques qui, comme vous, partent en Angleterre. » En fait, personne ne suivra son exemple.

A la fin du déjeuner, avant de remonter dans l'avion, se rappelle encore Herbert, « ce général français a acheté une caisse de whisky à la boutique de l'aéroport ». Erreur historique ! Il n'a jamais bu de cet alcool que forcé par les convenances, et j'ai du mal à le supposer préoccupé par ce sujet en ce jour où il joue son va-tout. Je convaincs donc aisément ce témoin que sa mémoire le trahit et que cet acheteur n'a pu être que l'Anglais du trio. Mais il me glace d'un effroi rétrospectif en ajoutant que, tout de suite après son décollage vers l'Angleterre, à 14 h 30, un chasseur allemand, basé sans doute en Normandie tout récemment occupée, a rasé l'île avec l'intention probable de poursuivre le biplan. Il se souvient alors de s'être écrié : « Mon Dieu, ils vont se faire descendre ! »

Je retrouve le petit biplan à Hendon, non loin de Londres. C'est sur cet aéroport militaire qu'il a touché terre avec ses compagnons. Il y a là, exposée avec la photo de son pilote, Edward Fielden dit Mouse (souris), pilote instructeur d'Edouard VIII et spécialiste des atterrissages clandestins en France occupée, la cabine de ce bimoteur immatriculé G.ADDD. Je m'assieds, ému, sur l'un des sièges en cuir dont le dossier porte les insignes royaux et m'envole vers la reconquête de mon pays aux côtés de l'homme désigné par la Providence.

Jeu de massacre (Le)

La première caricature révolte l'adolescent que je suis. Je la découvre dans le métro en 1941 en serrant les poings si fort dans mes poches que j'en ai mal. Sur une affiche que l'on aimerait bien pouvoir déchirer en miettes, un micro lui cache complètement la figure que personne d'ailleurs ne connaît. N'apparaît que son képi. Autour de lui, grimaçants, des hommes au nez crochu et en haut-de-forme, simulant probablement de riches patrons en fuite, semblent lui dicter ce qu'il est en train de déclarer. En guise de légende, cette affirmation : « Le vrai visage de la France libre. » Et en bas, pour ceux qui n'ont pas encore compris : « Le général micro fourrier des juifs ! » La même année, une autre affiche le transforme en hyène, tous crocs dehors, en compagnie de trois autres carnivores de la même espèce : ceux de la franc-maçonnerie, des juifs et du mensonge. Ces quatre bêtes féroces hurlent en direction d'un couple de travailleurs, bêche à la main, qui implorent : « Laissez-nous tranquilles ! » La troisième caricature de même inspiration, allemande ou vichyssoise, n'est pas dénuée, malgré sa volonté de nuire, d'une certaine vérité. Un homme pantelant sort de l'eau dans les bras d'un Churchill épuisé, cigare pendouillant. On croit pouvoir le reconnaître à la longueur du nez. Les jambes particulièrement fines seraient plutôt celles d'une jeune fille. Sans le vouloir, le dessinateur évoque ainsi Marianne sauvée des eaux par un personnage providentiel.

Je dois attendre la Libération pour qu'il apparaisse vraiment, du moins pour qu'on ne se trompe pas sur sa personne. Enfin le voici tel que je l'imaginais, bien que déformé par le caricaturiste. Enjambant les toits de Paris, la tour Eiffel tend les bras vers lui, grêle sous son képi, aussi haut qu'elle, en s'écriant : « Mon grand ! » Ce dessin signé Jean Effel déclenche ma joie. Paru le 25 août 1944, il symbolise la reconnaissance d'un peuple à l'égard de celui qui lui a rendu sa dignité et l'espérance. Il inaugure la plus grande collection de caricatures que la presse française ait jamais consacrée à un seul homme pendant un quart de siècle. Dans l'ordre des préférences, je puis dire que c'est ce dessin qu'il place devant tous les autres. Vient ensuite celui de Jacques Faizant dont il apprécie beaucoup les vieilles dames et les vieux messieurs avec leur barbe en papier. On le voit, revêtu d'un survêtement de sport et chaussé de baskets, partir aux jeux Olympiques – dont on a rapporté bien peu de médailles –, et lancer : « Dans ce pays, il faut tout faire par soi-même. » On rapporte qu'il se serait esclaffé, ce que je veux bien croire, quand l'auteur lui a adressé son œuvre. Un autre dessin de Faizant l'aurait pareillement comblé de liesse. Il date de la traversée du désert. Il lui fait dire : « Ambitieux, moi ? Si j'avais voulu, je serais maire de Colombey. »

Ce dessinateur est peut-être le seul à lui être favorable. Avec lui, le caricaturiste devient journaliste. Son dessin quotidien, à la une du *Figaro*, fait figure d'éditorial. Je le guette, chaque matin, avec une impatience de soupirant transi. Chez ces artistes, il en est de lui comme de l'accordéon : on l'aime ou on ne l'aime pas. La plupart des plumes et des crayons appartiennent à la seconde catégorie. Ils ne le croquent que pour le railler. Ils lui volent son visage pour le pétrir au gré de leurs turlupinades. Planté devant eux dans la posture de saint Sébastien sous ses flèches, il est la cible d'un permanent jeu de massacre. Les communistes lui font bâillonner Marianne sous le titre : « Vive la République ! » Tim l'habille en général Boulanger et en Roi-Soleil. En 1958, une caricature veut ridiculiser la décolonisation. Elle quadruple son personnage et lui fait porter Léon Mba en filanzane, suivi de sa cinquième image, sa valise sur la tête. D'autres charges se gaussent tant et plus de ses convictions religieuses. C'est plein d'esprit et provoque le rire, dont le mien. Il est Jeanne d'Arc à genoux, « écoutant ses voix », ou à cheval, pourfendant les péchés et les partis politiques. Il décore un vitrail pour la « Sainte-Chapelle gaulliste ». Sa visite au Vatican le montre assis à côté de Jean XXIII et lui disant : « Et encore un point commun : notre infaillibilité. » Il est, d'après Lap, le pape lui-même réunissant ses ministres en synode. Mieux, il remplace le Christ dans *La Cène* de Léonard de Vinci.

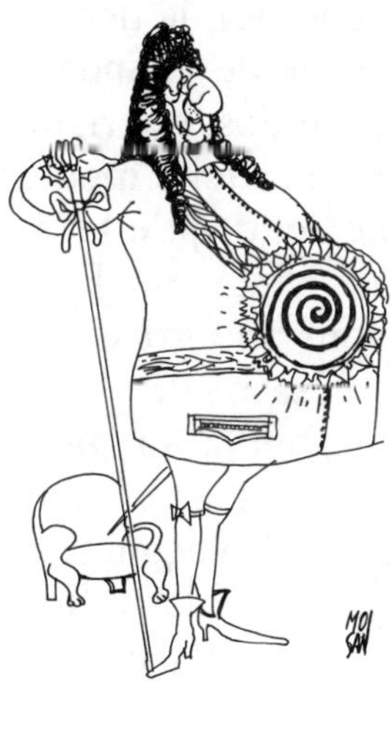

Mais, en 1961, commence, sous la plume de Moisan, une série de satires grinçantes intitulées « la Cour ». Oubliant sans doute sa participation, pendant la guerre, à des journaux collaborationnistes, ce dessinateur stigmatise, pour *Le Canard enchaîné*, le « pouvoir personnel » et daube la « politique de grandeur ». Son œuvre maîtresse est une fresque qui, sous l'apparence de la tapisserie de Bayeux, raconte la vie du « monarque » avec, reconnaissons-le, beaucoup de talent. Mais le plus agressif est Siné dans *L'Express*, au moment de la guerre d'Algérie. Le pouvoir gaulliste, l'armée et la religion en prennent pour leur grade. Avec une telle malignité que l'hebdomadaire doit censurer certains de ses dessins avant de décider de congédier l'auteur purement et simplement. L'exécration peut faire tout son possible, elle n'arrivera jamais à inspirer l'humour.

Mai 1968 accroît la prolifération des diatribes en image. Moisan, encore lui, le décrit courant devant la voiture balai du Tour de France avec son vélo en mille morceaux sur le dos, et criant : « Je ne me retirerai pas ! » Fini la causticité moqueuse, c'est la propagande qui prime telle qu'elle sévissait sous mes regards furieux au temps de la collaboration. Les communistes en font une grosse matrone aux seins démesurés tenant à sa droite les patrons (en haut-de-forme, bien sûr), et à sa gauche, des ouvriers faméliques. En légende : « Chômage et fromage, les deux mamelles de la Francgaul. » Pendant que les gauchistes le narguent sur les murs du Quartier latin. Entre autres amabilités, ils le vouent au musée ou le représentent en train d'appliquer la main sur la bouche d'un pauvre petit innocent avec cette semonce : « Sois jeune et tais-toi. »

Evidemment, il préfère tourner la page quand apparaît sous ses yeux, dans un journal, ce genre de caricature désobligeante. A moins qu'Yvonne n'ait déjà agi, en subtilisant la page ou le journal entier au passage. Son ami l'a dit à Combourg : « La malveillance et le dénigrement sont les deux caractères de l'esprit français. » Il en prend donc son parti. Mieux, il se rend un peu responsable de ces méchants coups de crayon. Il avoue n'avoir « le goût, ni des attitudes ni des gestes qui peuvent flatter l'assistance ». Il estime que s'il n'avait pas de traits éléphantesques et l'appendice nasal aussi caractéristique, les caricaturistes auraient moins d'inspiration. « Mais vous m'imaginez avec un petit nez ? dit-il un jour en riant, il ne manquerait plus que ça. Voyons, ça ne ferait pas sérieux. » On peut changer de nez, on aura toujours un nez sous le nez.

Mort, on se moque encore de lui. Il est assis sur un nuage, une auréole au-dessus de la tête, le téléphone à portée de main. Plus irrespectueux, un autre caricaturiste l'assied dans un cercueil fleurdelisé parlant, les deux bras en l'air, devant dix micros dressés. En revanche, Trez l'honore avec ce dessin où on le voit dominer Mitterrand qui se plaint de l'influence laissée par notre héros trônant sur son nuage, avec cette exclamation : « Zut, la cohabitation continue ! » C'est Faizant qui produira, le 10 novembre 1970, la meilleure caricature sans légende consacrée à sa disparition. Marianne accoudée à un chêne déraciné, le visage plongé dans les mains. Il est le plus bel hommage qu'on pouvait lui rendre. « Cette idée m'est venue comme tombée du ciel, m'a-t-il confié.

J'avoue que j'ai pleuré en la réalisant. » Il n'a pas été le seul, ce jour-là.

Journalistes (Les)

Ses relations avec mes confrères n'ont jamais été qu'une suite ininterrompue de malentendus qui s'est terminée par un divorce. Vieille histoire que celle-là. Elle remonte à l'entre-deux-guerres, quand il essaie de faire connaître ses projets d'arme blindée à une France prête à la démission et à la défaite. Qui en parle dans la presse en dehors de deux ou trois éminents commentateurs ? Silence. Celui de l'indifférence ou du mépris autour de cet officier qui se permet, contre toute tradition, d'adjurer l'évangile du haut commandement. Dès Bordeaux, en juin 1940, avant de monter dans son petit avion, il comprend que la radio est une arme indispensable. Adieu à la Grande Muette. Arrivé à Londres, il va pouvoir enfin parler aux Français, les inciter à continuer la lutte, à « souffler sur les braises de l'espoir ». C'est une première. Avant lui, aucun homme politique français ne s'est adressé directement à la population par la voie des ondes. Je l'entends encore malgré le brouillage qui me faisait imaginer un capitaine à la barre hurlant ses ordres à travers les vagissements de la tempête. Il est seul, sans concurrent, si ce n'est la presse vendue à l'ennemi. Il est la voix de la France qui ne veut pas mourir.

A la Libération, tout change. Aux orties, les journaux qui ne salissent pas que les doigts ! Délivrées des contraintes, les rotatives emplissent les nuits de leur bourdonnement de satisfaction. Débâillonnées, les voix parlent haut et fort et sur tous les timbres. La voilà, la merveilleuse affaire telle qu'il l'a rêvée à Alger avec les clandestins, « honnête et sincère, affranchie des puissances malodorantes de la presse enchaînée ». Je m'y plonge avec fougue, collectionne tous ces quotidiens où il apparaît comme nous ne l'avons jamais vu, si proche, si réel. Mais il a un regret. Celui de constater, au milieu de ce foisonnement de feuilles issues de la Résistance et souvent éphémères, l'absence d'un grand journal de référence capable de rivaliser avec le sérieux et l'audience de feu *Le Temps* d'avant guerre. Ainsi va naître *Le Monde* grâce à son appui, en décembre 1944. J'applaudis de grand cœur. Mais déchante très vite le jour où je vois ce journal du soir se retourner, avec quelle virulence, contre son créateur, comme un naja se jette à la tête de son charmeur. L'attitude de « L'Immonde » – c'est lui qui l'a baptisé de cette façon – marque ainsi, dès sa présidence du Gouvernement provisoire, la première érosion de ses rapports avec la presse. Quelle déception ! Comment se passer du *Monde* même s'il exaspère ?

Son départ du pouvoir et la fondation du RPF rendent toute coexistence impossible. Rupture consommée. Un mur de méfiance et d'hostilité s'est élevé entre lui et ceux qu'il appelle les « scribouillards ». A vingt reprises, ces « équipes professionnelles de l'objection » et leur « bruyant concert de doute, de critiques et de persiflage » seront fustigés dans les *Mémoires d'espoir*. Les griefs tombent comme grêle : mise en vedette du négatif plutôt que du positif, paravent dressé entre lui et le peuple, manque d'esprit civique, propension à réduire le rang de la France à l'étranger. Il n'y a pas que sous les hêtres que rien ne pousse jamais. En 1946, la décision de Ramadier et des socialistes de le bannir des radios d'Etat et de celles qu'il contrôle déclenche son courroux avec le mien. L'Etat n'est-il pas le garant des libertés publiques ? Revenu aux commandes, il n'a de cesse de stigmatiser ces « plumitifs », soucieux à tout moment de « suer le fiel et de cracher le vinaigre ».

L'apparition du petit écran n'arrange rien. Il s'insurge contre la médisance continuelle à laquelle se livrent les journaux télévisés. Ministre de l'Information, Peyrefitte l'entend bougonner : « On m'insulte sur mes propres ondes. » Il condamne les émissions où « rien ne vaut que l'horreur et le sang », comme celle où l'on a pu assister à une opération sans anesthésie. N'y a-t-il pas autre chose à montrer de plus valorisant, sur la France en marche, par exemple ? Et pourquoi tant de pessimisme et si peu de gaieté ? Quand vient l'heure d'étudier la création d'un statut qui garantirait à la radiotélévision les droits de l'opposition, la colère lui monte au front. Pas question de lâcher une autorité qu'il détient. La télévision est à moi, profère-t-il, c'est de moi qu'elle dépend financièrement, j'en suis responsable. Il veut être en mesure de s'en servir autant de fois qu'il est nécessaire sans avoir à négocier avec l'un ou l'autre, « sans courir le risque que mon visage soit transformé en fromage blanc par un technicien mal intentionné, ce qui est déjà arrivé ». Il n'a que faire de la « coalition hostile des comités et des stylographes », de cette armée de plumes acérées dont il est la cible permanente.

Cette position condamne tout armistice possible avec mes confrères. Elle laisse, parmi nous, quelques-uns circonspects, à commencer par moi. Nous sommes prêts à tout donner à celui qui nous a rendu la liberté, mais pas au point de lui donner notre liberté de pensée. Jusqu'au moment où nous trouvons des explications en guise d'excuse. Vilipendé et parfois même proscrit par la presse écrite, de droite comme de gauche, n'aurait-il pas le droit d'utiliser à sa convenance le seul moyen qui lui reste ? Et ce statut demandé par la gauche avec tant d'insistance, l'a-t-elle réclamé pendant les années où il n'était pas au pouvoir ? Il ne se privera donc pas des ondes nationales. En onze ans, on entendra sa voix et on verra son image dans pas moins de quatre-vingts messages et allocutions radiotélévisés. Sans compter les dix-sept conférences de presse reprises tant et plus par les médias audiovisuels. Tous ses mots bien sentis seront des pierres qui ricocheront. Et comme s'il fallait en rajouter, les imitateurs y adjoindront leurs pastiches.

Le 10 avril 1969, il rencontre pour la dernière fois un membre de cette profession, la mienne, avec laquelle il n'a jamais fait bon ménage, et je dois retenir mes larmes. Cet entretien télévisé avec Michel

Droit sera un message d'adieu. Le pressent-il lui-même ? La mort prochaine a déclenché son brouillage. Dans quelques minutes, je le sais et j'en suis malade, la voix, celle qui entretenait notre espoir en 1940, disparaîtra à tout jamais dans les mugissements de la tempête.

L

La Boisserie

Terre intime d'où il puise son inspiration et où il se refait à neuf au milieu des siens après les épreuves. Terre d'exil où il broie ses rancœurs et secoue ses espérances comme un feu dormant. Terre chagrine qui sied bien à son goût pour la solitude. La bonne terre qui recevra ce grand homme comme un petit bout de France. Voici donc « cette partie de la Champagne [est] toute imprégnée de calme », ce « relief d'anciennes montagnes très usées et résignées, villages tranquilles et peu fortunés dont rien, depuis des millénaires, n'a changé l'âme, ni la place ». Et voici ce village de Colombey-les-Deux-Eglises que je redécouvre, chaque fois, comme si j'y étais né, et là-bas, derrière un rempart d'arbres de différentes essences, sa maison. Je m'annonce à la grille, on vient m'ouvrir. Le gravier de l'allée croustille sous mes pieds. Cette même allée cernée de feuillages où on l'aperçoit, marchant au rythme de sa canne, quand il raccompagne un de ses invités vers la sortie. Et au bout, La Boisserie. « C'est ma demeure, écrit-il, à la fin de ses *Mémoires de guerre*, après avoir relaté son départ du gouvernement en 1946. Dans le tumulte des hommes et des événements, la solitude était ma tentation. Maintenant elle est mon amie. De quelle autre se contenter quand on a rencontré l'Histoire. » Une solitude qui ne pouvait pas choisir meilleur endroit que cette campagne mélancolique pour se lover dans le silence.

Qu'entend-on lorsqu'on ouvre grand l'une des fenêtres de cette maison et que l'on prête l'oreille, les yeux tendus vers cette « vieille Terre, rongée par les âges, rabotée de pluies et de tempêtes, épuisée de végétation » ? Rien ou presque. Le roulement lointain d'un charroi, l'aboiement d'un chien retrouvant son maître, le chant d'un coq plus lointain encore, et plus près, le remuement subit des arbres semblable à celui d'un dormeur dérangé par son rêve. Tout ce dont le silence a besoin pour être mieux goûté. Tout ce que l'on recherche quand, fatigué de la polyphonie des esprits et du plain-chant de la gloire, on prend sa plume pour confidente. Alors, au bout d'un moment, fenêtre refermée, on va s'asseoir dans son fauteuil habituel, face à la table de bridge où il étalait ses cartes à jouer, et les bruits qui ont accompagné sa vie vécue ici viennent la recomposer, année après année, du début à la fin. Ce sont d'abord ceux de l'aménagement de cette grande bâtisse isolée du village, acquise en viager en 1934 pour quarante-cinq mille francs, dont l'acheteur n'aura à payer qu'une partie en raison de la mort accidentelle, deux ans plus tard, de l'ancienne propriétaire. Je lis sur l'acte de vente qu'il s'agit d'un bâtiment d'habitation sans style de quatorze pièces, composé d'un rez-de-chaussée et d'un étage avec grenier, auquel s'ajoutent un jardin d'agrément de deux hectares et demi et une petite maison de gardien, face à l'entrée, de l'autre côté de la route.

Le grand soleil de juillet 1934 peut toujours donner – j'en connaîtrai moi-même plus tard la puissance lors de mes visites en plein été –, il n'arrive pas à décoller du visage d'Yvonne et de ses enfants le masque de déception que la découverte de ces lieux leur a appliqué. Ils n'en soufflent mot. J'en devine la raison bien que leur regard dise tout. Comment va-t-on pouvoir vivre dans cette vaste maison où l'on est obligé de s'éclairer à la bougie en attendant la fin de l'installation de l'électricité ? Où, faute d'eau courante, on doit aller la pomper à la citerne située dans le jardin – ce que l'on fera pendant deux ans – ou, en cas de sécheresse, la chercher à l'abreuvoir municipal avec une lessiveuse casée dans une vieille voiture d'enfant. La précédente propriétaire a laissé quelques meubles. Le lieutenant-colonel mettra donc les siens dans un garde-meuble parisien. On ne débarquera que des bagages sommaires et une malle de draps.

Pourquoi donc, se demande-t-on comme moi, a-t-il jeté son dévolu sur cette région ingrate au climat rigoureux alors qu'il existe en France tant de lieux plus souriants ? Le futur commandant du 507e régiment de chars à Metz veut fuir les villes de garnison où il serait constamment dérangé tout en ne demeurant pas trop éloigné d'elles. Fuir la ville au profit de la campagne où la petite Anne vivra plus facilement et où l'amateur de longues marches jouira des grands espaces en forêt et l'écrivain de l'isolement et de la sérénité. « Là, dit-il à Yvonne avec un sourire complice, personne ne viendra nous chercher. » On finit par s'y faire. La vie au grand air a son charme avec les balades dans les bois et, dès l'automne, le feu crépitant de joie dans la cheminée. D'autant plus qu'on ne s'y rend, de Paris, que pendant les vacances pour y retrouver le permissionnaire durant quelques jours. Sur son dernier carnet de notes, je retiens cette citation de La Bruyère, dont il apprécie les *Caractères*. Elle résume son plaisir : « Le meilleur de tous les biens – s'il y a des biens – c'est la retraite ou un endroit qui soit son domaine. » Le même plaisir que celui de Chateaubriand lorsqu'il prend possession de La Vallée aux loups, la chaumière où il va écrire le livre premier des *Mémoires d'outre-tombe.*

Mais soudain l'alerte. Au loin, un pas cadencé de plus en plus audible. Août 1939. En pleines vacances, il déclare à sa famille consternée : « Maintenant, nous sommes sûrs d'avoir la guerre. » Lorsqu'il revient en coup de vent de l'état-major de l'armée d'Alsace, devant la Sarre, dans les Vosges, il a le regard retranché du monde, comme derrière un écran opaque, fixé sur un endroit inaccessible qui s'appelle l'avenir. Neuf mois plus tard, cet avenir tant redouté est là. Il fait alors savoir à Yvonne, restée à Colombey avec Anne et la gouvernante, que l'avance rapide des Allemands lui impose de quitter la région sans tarder et d'aller se réfugier chez sa sœur dans le Loiret. Elle est loin de s'imaginer qu'elle n'y reviendra pas. Elle ne prend donc qu'un léger bagage avant de fermer La Boisserie et de remettre les clés au père Poulnot, l'aubergiste du village.

Dès la condamnation à mort du chef de la France libre par Vichy (se rappelant cette ignominie, qui ne se sentirait pas grogner comme son chien en colère ?), ses biens sont confisqués et La Boisserie mise en vente publique. Sans succès. Les Français ont d'autres affaires en tête. Pendant quatre ans, comme un pauvre bateau échoué sur un récif, cette maison va donc demeurer abandonnée, condamnée à subir les assauts des pillards avant d'essuyer la destruction systématique des troupes d'occupation. Quatre ans sans la moindre nouvelle de cette chère demeure dont on refuse de parler en exil, car les mots qui ne sortent que pour produire du bruit font encore plus de mal que ceux que l'on garde pour soi.

Quatre longues années dans l'ignorance jusqu'au jour de septembre 1944 où, devant la grille, s'arrête une Jeep armée, celle du lieutenant de vaisseau Philippe de Gaulle dont le groupement de reconnaissance de la 2e DB auquel il appartient passe justement dans la région, poursuivant les Allemands qui reculent vers les Vosges. Horreur. Meubles et objets ont disparu ; tout ce qui pouvait servir de bois de chauffage a brûlé : l'escalier, les portes, les fenêtres. Ne reste qu'une ruine au milieu d'ordures et de gravats. Une ruine éventrée, ouverte à tous les vents, qui représentait toutes les économies durement rassemblées d'un homme pour qui ce toit abritait tous les rêves. Difficile d'imaginer ce navrant spectacle lorsqu'on voit La Boisserie aujourd'hui, comme je la vois, si pimpante sous sa pelisse de vigne vierge.

Sa décision est évidemment de la reconstruire au plus vite. Hélas, les travaux traînent en longueur, et lorsqu'il se retire du gouvernement en janvier 1946, il doit, à contrecœur et rageant d'impatience, louer à l'Etat le pavillon de chasse de Marly. Je mesure sa déception. Le 30 mai 1946, enfin, c'est le retour, mais non le grand plaisir espéré. La façade boude toujours derrière les échafaudages qui s'agrippent aux moellons, et le jardin en friche a des airs de tignasse grignotée par la pelade. Encore fraîche, la peinture interdit la porte à toutes les bonnes odeurs de la campagne. Même la flambée du soir en perd toute saveur. Cependant, les meubles gardés à Paris sont là, accompagnés de quelques autres achetés par Yvonne faubourg Saint-Antoine. Des meubles dont on peut regretter la diversité des styles, chose qui indiffère l'un comme l'autre. Yvonne qui exulte pour une fois : « Nous sommes enfin chez nous. Après six ans ! » Lui n'a qu'une idée en tête : attaquer ses *Mémoires de guerre* dont il a fignolé le plan à Marly. La peinture ? Quelle odeur, aussi tenace soit-elle, pourrait freiner l'élan de son stylo ? Sans bureau pour le moment – la tour hexagonale au rez-de-chaussée de laquelle il trouvera sa place n'est pas encore terminée –, l'écrivain opte donc pour la table en chêne de la salle à manger, face à la tapisserie de la *Dame à la licorne*. Je touche cette table. Le chêne glisse sous ma main, comme glisse lentement sa propre main au rythme de son écriture. Derrière moi, le beau vaisselier domine la pièce, imposant. Comment fait-il, cet homme, pour être si présent alors qu'il n'est plus là ?

En visite peu après l'installation, le secrétaire particulier et l'aide de camp ont une médiocre impression de la gentilhommière et de cette « pauvre et solitaire campagne », écrit l'un d'eux. Revenant quatre mois plus tard, ils sont étonnés des embellissements accomplis. Ne manquent que les fleurs dans le parc dont les allées ont repris leur aspect naturel. Mais une ombre étend soudain son voile. A un moment, devant l'immense horizon de forêts et de landes, le nouveau propriétaire, qui n'a pourtant que cinquante-six ans, leur désigne un terrain exigu situé non loin du mur de La Boisserie et lâche ce vœu qui m'attriste : « Vous voyez, c'est là que je serai enterré. Ainsi je ne gênerai pas les habitants de la propriété – et les visiteurs pourront venir en pèlerinage sans déranger personne. » Il me fait penser à ces mandarins qui vivent en bonne harmonie avec leur cercueil dans la chambre à coucher. Que d'années, dès lors, vont s'écouler dans cette demeure, chargées d'autant de bonheurs, de déceptions et de deuils que de tours de jardin escortés de pensées illuminées par la « lumière sacrée de l'esprit ». Tous ces jours et ces jours rythmés par les battements de bronze de l'église voisine.

Le 9 novembre 1970, il entame la dernière journée de sa vie. En complet trois-pièces, manteau et chapeau gris foncé comme le reste, il effectue son ultime promenade, canne à la main. Le même jour, il rencontre deux voisins cultivateurs, l'un pour lui offrir de l'aider à déplacer son étable un peu plus loin de sa propriété, l'autre pour lui demander d'arrêter de faire paître ses vaches dans la prairie qu'il a acquise, ce qui l'empêche d'agrandir d'autant son circuit traditionnel. Puis il se plonge dans sa correspondance, écrit notamment sa dernière lettre à son fils, avant de se remettre à ses *Mémoires d'espoir*. A 19 heures, il regagne sa table de bridge et fait quelques réussites après avoir allumé le poste de télévision qui, placé en face de lui, a l'air de quelqu'un assis en attente d'un rendez-vous. Dans quinze minutes, La Boisserie va chavirer dans ses yeux et le destin arrêter son balancier. Dans trois jours, la bonne terre de Colombey recevra le grand homme sans orgue ronflante ni têtes couronnées.

La Ligerie

La gare de Gouts-Mareuil est toujours là, modeste bâtisse revêtue de tuiles rouges, en pleine nature, au bout de rails qui ne mènent plus nulle part, non loin de la route de Ribérac. J'ai un certain plaisir à la retrouver après l'avoir cherchée assez longtemps. Car sans elle, l'histoire que je vais raconter n'aurait pas de commencement. En face, désaffectée, une autre maisonnette, l'auberge de la Gare, expose son enseigne aux écureuils et autres bestioles des bois. C'est à son comptoir que le conducteur du char à bancs loué pour le temps des vacances se désaltère en attendant l'arrivée d'Henri de Gaulle, de son épouse Jeanne et de leurs cinq enfants : Xavier, Marie-Agnès, Charles, Pierre et Jacques. Venant de Paris en deuxième classe (il y en a trois à cette époque), il leur a fallu changer à Angoulême et prendre ce tortillard qui parcourt la Dordogne en flânant, à la grande joie de Charles, que j'imagine le nez collé à la vitre. Voici d'ailleurs sa vieille loco avec son sifflet crachotant, ses essoufflements d'asthmatique et son buste luisant de sueur. En quelques minutes, toute la famille est descendue du wagon pour se loger dans le char à bancs. Passager clandestin, je me fais tout petit et ouvre grand mes yeux et mes oreilles. Et roulez !

A trois kilomètres de Mareuil, le manoir de La Ligerie apparaît au sommet d'une grimpette bordée de haies, et tout de suite après la petite église romane de Saint-Jean-Baptiste de Fontaine que l'on n'ouvre qu'une fois l'an, avec les cinq travées de pierres de taille, son étage, son toit à croupe couvert de tuiles creuses et plates, et ses deux pigeonniers moyenâgeux. Un sorbier monte la garde à l'entrée tandis qu'un cèdre bleu âgé de cent cinquante ans, d'après M. de Vilmorin, le propriétaire actuel, domine la demeure et le parc de vingt-cinq hectares de sa carrure ancestrale. Dans le salon pavé de carreaux noirs et blancs, sur le manteau de la cheminée, une fresque représentant une jeune fille en prière accueille les visiteurs. Inspiration d'un artiste ou égérie du premier occupant ?

Charles a dix ans quand, en 1900, son père décide de se rendre acquéreur de cette propriété dans la région vallonnée du Verteillacois, entre Périgueux et Angoulême. Par ce domaine, Henri de Gaulle, professeur d'histoire fraîchement devenu parisien, veut assurer, d'après ce qui m'est conté, un « poumon vert » à ses enfants. Il souhaite également en tirer quelque rapport avec la terre à blé, la vigne (qui produit le Gouts-Rossignol si réputé dans la région), l'élevage et la chasse aux chevreuils et aux « faisans obscurs ». Dès l'année suivante, Charles va donc y passer une bonne partie de ses vacances et, plus tard, quelques-unes de ses permissions. Mais avant de pouvoir l'occuper, il est nécessaire de procéder à un certain nombre de travaux et de prendre différentes dispositions. Jeanne de Gaulle s'y emploie, en ménagère sourcilleuse. L'aubergiste du coin et le métayer de la propriété servent d'intermédiaires. Que faire si l'on veut dépenser le moins possible : crépir les murs ou les revêtir de toiles imprimées (à un franc le mètre) ? Elle a expédié un ballot de draps, de couvertures et de linge de maison achetés en solde au Bon Marché. Elle note : veiller à les mettre en lieu sûr et à l'abri des souris et de l'humidité. Penser également à louer une charrette et une ânesse (en âge de procréer) afin d'aller prendre la famille à la gare pendant les vacances. Ah, cette ânesse, quelle réjouissance est celle de Charles quand il la découvre, le premier jour ! J'entends ses grelots. Combien de temps, au cours de sa vie, les entendra-t-il résonner, gravés sur la bande sonore de ses souvenirs ?

C'est dans cette campagne qu'il apprend à aimer la nature. Il y a, à La Ligerie, en plus du décor offert par le Périgord, tout ce qu'il faut pour éveiller son esprit dans ce sens : une étable avec les bêtes traditionnelles, les moutons dans la prairie, les animaux des forêts et des taillis. Il y a les fleurs, il y a les arbres et les petits paysans des alentours qui lui en donnent le nom quand il ne le connaît pas et lui inculquent quelques rudiments d'occitan. Sur la terre fertile de l'enfance, tout fleurit pour l'existence. Mais sa préférence va, le contraire me surprendrait, aux soldats de plomb. Il ne quitterait jamais Paris sans les avoir rangés dans la valise. Ses copains de Champagne-et-Fontaine garnissent les lignes de défense de leur chair à canon. A quinze ans, c'est plus sérieux. Il écrit que la guerre vient d'être déclarée. Trois armées allemandes franchissent les Vosges. Se proclamant « le général de Gaulle », Charles intervient aussitôt avec deux cent mille hommes et cinq cent dix-huit canons. Aux armes ! La bataille s'engage à deux pas de La Ligerie. Sur une quinzaine de feuillets, ses troupes manœuvrent à Champagne, à Mareuil, à Verteillac. Les combats font rage jusqu'au moment où, à son grand désespoir, la cloche pendue à l'arrière de la maison sonne la halte au feu et l'heure du déjeuner.

Mais plus les années passent et plus Charles grandit, moins il se sent heureux à La Ligerie. Aussi individualiste que ses frères, il n'apprécie la compagnie que s'il l'a lui-même choisie. Et pendant les vacances d'été, à la mer comme à la campagne, des photos sous mes yeux en font foi, l'invasion familiale fait partie des traditions. La carriole de la petite ânesse n'en finit pas de revenir de la gare chargée de nouveaux pensionnaires. Cris de joie, rires, chansons. La Ligerie grouille de cousins et de cousines, et, comme si tout cela ne suffisait pas, la grand-mère Maillot-Delannoy ne tarde guère à rappliquer à son tour avec sa voix haut perchée et ses arguments sans réplique. Comment fuir cette promiscuité, se reconquérir un peu soi-même ? Comment pouvoir admirer en silence, assis, à la fin du jour, comme il le fait et je le fais moi-même en cette minute, sur la murette de calcaire qui entoure le parc, le vol de l'outarde canepetière et du busard saint-martin ? D'autant que le soir, après le dîner, on se retrouve au dortoir. Celui des garçons, d'un côté, sous l'autorité paternelle, celui des filles à l'autre bout de la maison, sous celle de la mère. Et chaque matin, la corvée d'eau, seau après seau, car il n'existe qu'une seule pompe. Le dimanche, pour la messe, toute la ribambelle prend la route de Champagne menant, à travers champs et bois, de montées en descentes, jusqu'à l'église Saint-Martin, un refuge fortifié du Moyen Age. Quand il abandonne la stratégie, il plonge à corps perdu dans la littérature. Avec la rédaction secrète d'une nouvelle qu'il destine au *Journal des Voyages*. L'histoire d'un officier méhariste qui s'éprend d'une jolie fille au teint de miel. Quel meilleur moyen qu'une plume pour s'envoler ailleurs ?

En 1908, dernières vacances de Charles en Périgord. Reçu à Saint-Cyr, il contracte un engagement volontaire de quatre ans. Puis viennent la guerre et la captivité. Il saura plus tard que, non loin de l'endroit où il se trouvait, à Périgueux, au couvent de la Visitation, une jeune Calaisienne prénommée Yvonne se penchait sur les blessés. Il épousera cette inconnue à son retour. Une photo m'apprend que, le 4 décembre 1918, il retourne à La Ligerie, cette fois, avec plaisir. Pour y retrouver ses frères et ses parents. Ses trois frères qui, comme lui, ont échappé au massacre après avoir été, eux aussi, blessés. Quatre beaux officiers bien vivants, sanglés dans leur vareuse bleu horizon. Quoi qu'il en dise, La Ligerie fait partie, me demande-t-on de croire, des souvenirs qu'il ne voudra pas oublier. On l'y revoit deux autres fois, en 1945 et 1946. Depuis 1922, cette propriété n'appartient plus à la famille. Mais à sa façon de regarder chaque chose avec ce sourire nostalgique, tels les murs garnis de placards vernis du bureau de son père et la jeune fille en prière sur le manteau de la cheminée du salon, personne n'en est vraiment assuré.

La Pérouse (Hôtel)

A quelques pas de l'Arc de Triomphe et de l'avenue Kléber, il me plaît parfois de passer par la rue La Pérouse et de m'arrêter un instant devant l'immeuble qui fait le coin de cette rue et de celle qui porte le nom de Dumont-d'Urville. Là se trouvait l'hôtel La Pérouse où il a souvent résidé de 1947 à 1958. Je le vois alors descendre avec sa femme de la petite Citroën grise devant la porte de service de l'hôtel, puis attendre dans le corridor que l'aide de camp les assure que le hall d'entrée est vide de curieux avant de les accompagner jusqu'à l'ascenseur. Et après, levant les yeux vers une des fenêtres du deuxième étage, j'aperçois une femme et crois reconnaître Yvonne en train de tricoter. Aujourd'hui, cet hôtel n'existe plus, mais l'immeuble est là, et, ainsi qu'un flacon de parfum vide continue d'exhaler son arôme d'autrefois, le souvenir qu'il éveille n'en finit pas de vivre en moi.

Dès la fondation du RPF, la vie du plus illustre villageois de France a subitement changé. Les affaires sont devenues pressantes et les rendez-vous ininterrompus. Colombey ne convient plus à la situation. Il lui faut donc un toit parisien. Désireux de lui venir en aide, Jacques Vendroux, son beau-frère, lui offre pour un moment son appartement de la rue George-Sand, au coin de l'avenue Mozart, à l'entresol, juste au-dessus d'une épicerie. Il s'y sent très à l'étroit, d'autant qu'il doit y loger ses deux aides de camp, Guy et Bonneval. Le premier installe son lit dans un corridor, le second dans l'encoignure d'une chambre où l'on a du mal à se mouvoir.

J'ai peine à imaginer ainsi le sauveur de la France. Son bureau est une simple table, et la pièce où il se tient, un mouchoir de poche. C'est ici qu'il reçoit ses partisans : Rémy, Palewski, Baumel… Il arrive de Strasbourg où une foule immense l'a rappelé par trois fois au balcon. Il pourrait être satisfait. Non, il s'emporte contre *Le Figaro* qui n'en a fait qu'un papier minable. « Alors, qu'est-ce qu'ils veulent ? Que la France achève de mourir ? » D'après ce que j'ai appris, Yvonne vit dans la chambre à coucher où le lit et les deux valises prennent presque toute la place. On l'entend parler avec son frère. Sans doute se plaint-elle encore – c'est son leitmotiv – de cette nouvelle aventure dans laquelle Charles s'est plongé, et « qui finira mal, j'en suis sûre ». Pourquoi ne reste-t-il pas tranquillement chez lui à son âge ? On ne refait pas deux fois le 18 Juin. C'est vrai que l'on a l'impression de se retrouver ici comme au temps des premiers jours de la France libre, à Londres, dans le studio de Seamore Grove. Ne manquent que le tac-tac de la machine à écrire d'Elisabeth de Miribel et Big Ben égrenant les heures. Nombre de réminiscences sont si tenaces qu'elles arrivent à réinventer le passé.

Ce mois de campement a de quoi mettre les nerfs à vif. Si, au moins, on pouvait y trouver le sommeil ! Mais comment faire sur cette avenue si passante ? Evanoui, le silence de Colombey et du parc de Marly où il s'est réfugié après son départ du gouvernement en 1946. Ce n'est plus possible. Il lui faut déménager. Le colonel Rémy lui donne alors l'idée de s'installer au La Pérouse, un hôtel où il a l'habitude de descendre et dont il connaît les propriétaires. Deuxième étage, suite 24, le confort enfin et le calme. Quatre pièces : une chambre, un salon, un bureau et une salle à manger. Il hésite, d'autres propositions lui paraissent plus raisonnables. Cet hôtel occupé par un état-major allemand pendant la guerre avoisine nombre d'établissements très fréquentés et le quartier fourmille de gens en vue. Adieu la discrétion ! Mais, surpris par la tranquillité des lieux, il finit par se laisser convaincre. Et tout compte fait, il ne met pas longtemps avant de s'y plaire. Chaque semaine, au volant de la Citroën, Tisserot, un fonctionnaire de la préfecture de police, l'y conduit avec Yvonne et Claude Guy, le mardi matin, et le ramène à Colombey le lendemain soir après quelques heures passées avec ses « compagnons », rue de Solferino.

Assez grande, je l'ai vérifié, cette suite lui permet de mener à la fois et en toute harmonie sa vie de couple et ses occupations politiques.

Pendant que dans son coin Yvonne tricote près de la fenêtre, il reçoit de son côté tout ce que Paris aligne de dirigeants de droite ou de gauche, et même des étrangers, tels que le général Marshall et Foster Dulles. Je me demande qui ne court pas à ce moment-là après une audience du pseudo-reclus de Colombey. Le La Pérouse devient vite l'adresse obligée des personnalités de marque. Des dîners les réunissent, à moins qu'ils ne rassemblent les membres les plus proches de sa famille. Des conversations politiques font s'attarder ses invités bien souvent au-delà de minuit. Le général Pierre Gallois, spécialiste de la dissuasion nucléaire, me raconte que, le recevant en 1956, le célèbre client de la suite 24 étale ses grandes jambes devant lui et lui dit : « Nous en avons pour longtemps, mon ami. » Et la passion de l'entretien les entraîne jusqu'à 3 heures du matin.

Cependant, cette tranquillité est illusoire. Acharné contre sa personne, le pouvoir le poursuit du matin au soir. Pas un rendez-vous dans Paris sans que son ombre soit épiée. Pas d'échange téléphonique sans d'étranges déclics. Un jour, il s'aperçoit que des micros ont été placés, à l'insu de la direction de l'hôtel, dans la cheminée du salon où il reçoit ses fidèles. Ce dispositif est-il actif ou non ? Pour s'en assurer, il s'amuse avec son gendre, Alain de Boissieu, à lancer une fausse nouvelle. A les en croire, les nouveaux chars qui vont défiler le 14 Juillet sur les Champs-Elysées seront munis de canons en bois, faute d'avoir été terminés. Un peu plus tard, le démenti officiel grésille sur les téléscripteurs… Dernières mascarades d'un régime moribond.

Le 29 mai 1958, j'exulte. Dans un communiqué, René Coty fait savoir qu'il l'a pressenti pour former un gouvernement. Deux jours après, le La Pérouse refoule du monde. Bourdonnement de ruche, zébrures d'éclairs. Il reçoit les présidents des groupes parlementaires. Demain, l'Assemblée lui accordera l'investiture. Bagages bouclés, clés rendues. La République lui offre un nouvel hôtel autrement plus confortable : Matignon. Mais rien ne peut retrancher le La Pérouse de mes souvenirs. Rien ne m'empêchera jamais d'aller parfois regarder l'immeuble qui l'abritait et la fenêtre derrière laquelle une dame tricotait.

Leclerc

Je regarde le château de Tailly l'Arbre à Mouches, dans la Somme, et me demande comment Leclerc peut tant lui ressembler. Nul doute, une maison est le reflet d'une âme. Et Tailly a la race et l'élégance de celui que l'on surnomme « le Sieur » dans sa famille. A l'escadron de Saint-Cyr, admirable est la façon dont l'élève de Hauteclocque dresse son jeune pur-sang encore dégingandé d'allure. C'est ce parfait cavalier qu'il découvre devant lui, à Londres, le 27 juillet 1940, en ces jours poignants où les volontaires sont si rares. Capitaine dans un groupement cuirassé, prisonnier évadé, blessé, il a traversé les Pyrénées, l'Espagne, le Portugal, après avoir embrassé une dernière fois sa femme et ses six enfants en Gironde où ils se sont réfugiés. Et le voici devant lui, dans son bureau de Carlton Gardens, au garde-à-vous, à trois pas, tel que je me le représente. Parce qu'il l'a appelé à l'aide. « Je ne suis pas sûr qu'il ait entendu l'appel du 18 Juin, me fait savoir son fils Hubert qui habite aujourd'hui ce beau château. Mais tout de suite, il dit à ma grand-mère : "Un officier, ça se bat." Et il part. » Aussitôt engagé dans les FFL, il change de nom. « Désormais, il s'appellera Leclerc », décide le chef de la France libre devant Geoffroy de Courcel et Elisabeth de Miribel. C'est la volonté du capitaine lui-même, afin de protéger les siens des représailles possibles. Ce dernier n'a pas cherché longtemps pour trouver ce surnom. Leclerc est un patronyme courant en Picardie. Lui a trouvé le jeune condottiere qui lui manquait. Il applique deux étoiles à son képi et l'envoie le représenter là où il veut instaurer le pouvoir de la France libre : les colonies africaines qu'il tient à faire entrer dans la guerre.

Alors commence, sous ses ordres, au grand soleil, le galop impétueux du cavalier Leclerc avec ses « clochards épiques » (Malraux). Commence la folle équipée qui va faire rêver le collégien que je suis. Soulevant la poussière sur son passage, poussé par le vent du désert, c'est Douala, Koufra, le Fezzan, le Tibesti, Tripoli, la Tunisie. Puis, il lui donne à dresser une nouvelle monture de grande classe : la 2e DB, le destrier qu'attendaient sa main dure et sa jambe impérieuse. Ce n'est pas une mince affaire que de réussir à fusionner les Français libres avec les régiments d'Afrique du Nord piétinant l'arme au pied depuis l'armistice. Ensuite, il lui annonce : « Vous allez participer au débarquement. Eisenhower me l'a promis. » Alors, la cavalcade de ce chevalier reprend à travers la Normandie. Jusqu'au jour où on lui permet de foncer vers Paris, en dépit des ordres de Washington, pour devancer l'arrivée des renforts allemands. Debout dans la tourelle de son char de commandement, le « Tailly », dont le canon est en tôle, le voici arrivant à la gare Montparnasse et retrouvant son chef. C'est là que je les découvre l'un et l'autre. Si près de moi que je pourrais presque me prendre pour l'un des leurs, couturé, décoré, descendu de ma Jeep saupoudrée encore du sable de Kasar Rhilane. Ferraillement des chars. Acre fumée des échappements. Grésillement des téléphones de campagne. Les voilà, les héros qui nous font rêver depuis quatre ans. Mais trêve d'admiration. On doit maintenant libérer Strasbourg. Le cavalier accouru du désert va s'en charger. A cheval ! Sa triomphante chevauchée se terminera dans le nid d'aigle du Führer déchu.

L'entente de ces deux caractères nés, l'un et l'autre, un 22 novembre, tient du miracle. Que de fois, du haut de sa stature, il doit subir les ruades de son « cher cabochard » sans que son étoile en pâtisse ! Que de fois celui-ci freine son impulsivité de pur-sang et obéit, bon gré mal gré, à ses directives ! Je me remets en mémoire ce qu'écrit le capitaine Guy, témoin de leur dîner à Constance, en mai 1945. A un moment, il lance à Leclerc, stupéfait : « Ah ! Leclerc... Vous n'avez jamais voulu aller là où j'entendais vous conduire. » Leclerc se rebiffe. Alors, reprenant : « Mais oui. Rappelez-vous... Quand je vous ai dit d'aller au Tchad, vous ne vouliez pas aller au Tchad ; arrivé en Tunisie, vous vouliez aller en Italie ; arrivé au Maroc, vous ne vouliez pas aller en Angleterre : vous vouliez débarquer dans le Midi, etc. » Fin janvier 1947, en plein « désert », il se range à son avis, mais non sans mal. Il s'agit de l'Indochine. Ramadier, le président du Conseil, voudrait le voir prendre la place de Thierry d'Argenlieu à Hanoi. Leclerc se rend à Colombey pour lui demander ce qu'il pense de cette proposition. Boissieu, qui est à La Boisserie, chez ses beaux-parents, ce jour-là, l'entend dire à Leclerc, sur le pas de la porte : « Je suis convaincu que le gouvernement vous propose d'aller remplacer d'Argenlieu en Indochine, ne vous laissez pas faire, ne récidivez pas le précédent limogeage de Lyautey par Pétain. Cette mauvaise action devait le suivre toute sa vie et nuire à son prestige. » Boissieu me raconte : « Enfermés dans le bureau, les deux hommes ne sont pas d'accord. Leur conversation tourne à l'orage au point qu'on en entend les éclats dans la bibliothèque. Par discrétion, alors, ma belle-mère me demande de l'aider à préparer la table du dîner dans la salle à manger. » Le 13 février, colère ravalée, Leclerc répond à Ramadier qu'il refuse la mission proposée.

Un lien les unit que rien ne peut rompre. Il en est ainsi du bon alliage qui fait le bon acier. Cette communion date de Koufra, en décembre 1940. Quand, dans une de ses premières lettres, Leclerc lui affirme qu'il le trouvera toujours derrière lui « dans la lutte des géants » qu'il a entreprise. Quand il l'assure de son entier dévouement et de sa reconnaissance pour lui avoir permis « d'être encore français ». Fin psychologue, l'homme auquel il est fidèle sait, de son côté, depuis longtemps, qu'il mérite sa confiance sans réserve. Il ne serait parvenu à percer l'écorce que le regard de ce cavalier racé lui aurait suffi. Un regard de jeunesse et de droiture dont la lumière éclatante fait oublier tous ses défauts, impressionne ses interlocuteurs, désarme ses détracteurs. Cristal de la loyauté. Eau limpide de la foi. « Grâce à toi et à tes prières, écrit-il à sa femme avant de passer en Espagne, je traverserai toutes les difficultés, mettrai toutes mes forces au service du pays jusqu'à la victoire finale. » Sa femme Thérèse qui, chaque soir, avant la guerre, dans le salon de Tailly, où je me trouve aujourd'hui, invité par son fils, tenait l'harmonium en chantant le *Magnificat* avec son mari et leurs enfants. Les femmes de soldat savent tout faire, même chanter quand il faut glorifier le Commandant en chef de l'univers.

Le 28 novembre 1947, il perd ce compagnon auquel il a adressé le message suivant, l'année précédente, en appuyant sur deux mots : « D'un homme comme vous, *on* aura quelque jour *besoin*. » Egaré dans la brume du désert, son avion, le « Tailly », s'est écrasé à trente-deux kilomètres de Colomb-Béchar. A l'exemple de beaucoup de Français, je ressens la mort de Leclerc comme une meurtrissure. Il vient d'avoir quarante-cinq ans. Un morceau de sa célèbre canne (celle qu'il porte depuis Saint-Cyr après qu'il se fut cassé une jambe et qu'il n'avait jamais voulu quitter), sa chevalière, son portefeuille permettent d'identifier son glorieux corps, comme on reconnaît une œuvre magistrale grâce à quelques simples notes.

Ayant démissionné du pouvoir, il se refuse à toute présence officielle dans une cérémonie. Il n'ira donc pas à ses obsèques nationales. Mais il se rend à Tailly dès le lendemain pour dire à sa veuve son « immense chagrin » et s'incliner devant le sien et celui de ses enfants. A Tailly où il reste un instant silencieux, enfoui dans ses réflexions, devant la cheminée du salon où Leclerc aimait s'asseoir, comme s'il s'attendait à son retour. Tout est imprégné de sa personne dans cette élégante demeure si française. Je suis sûr qu'il doit se demander, lui aussi, comment elle peut tant ressembler à son compagnon foudroyé. Après cette visite, il lui est difficile de retenir ses larmes. Devant son aide de camp, qui le rapportera, il demande en sortant à Yvonne de lui tendre le bras pour s'y appuyer et il s'éponge les yeux. Il écrira par la suite à Thérèse Leclerc de Hauteclocque que son mari « ne fut pas seulement le compagnon des pires et des plus grands jours, mais aussi l'ami sûr dont jamais aucun sentiment, aucun acte, aucun geste, aucun mot, ne fut marqué même d'une ombre par la médiocrité ».

Lettres (Les)

De quelle manière expliquer ce que son secrétaire Claude Mauriac appelle « cette tendance à l'inflation des sentiments » dès qu'il se met à écrire ? Un être si distant dans ses rapports, si laconique dans ses propos, fermé devant la moindre tentative de curiosité, comme certaines corolles à l'approche d'un doigt… On a lieu d'être étonné comme je le suis et comme le sont tous ceux qui s'imaginent avoir sondé le fond de sa personnalité. La preuve est faite : une plume suffit parfois à déshabiller les hommes les plus pudiques. Cette constatation s'impose aussitôt à l'esprit quand on relit quelques-unes de ses cinq mille lettres contenues dans les quatorze volumes des *Lettres, Notes et Carnets* qui rassemblent, grâce à l'amiral de Gaulle, près de soixante-cinq ans de correspondance et de notations personnelles. Homme du Nord, réservé par tradition, il se pliera toute sa vie aux recommandations cent fois répétées de son professeur de père : la bonne éducation exige de savoir retenir sa langue en société. « La sobriété du discours accentue le relief de l'attitude », énonce-t-il dans *Le Fil de l'épée*. Jamais de bavardages. « Rien ne rehausse l'autorité mieux que le silence. » Cette retenue fait dire un jour à Churchill que le plus britannique des deux n'est pas celui qu'on pense. Avec ses proches, pas d'étalage d'affection en public. Attendre de se retrouver seul avec la personne qui y a droit ou, mieux, attendre de dégainer son stylo. C'est alors le moment où il se laisse aller, où la tendresse s'épanche sans contrainte, où, disons-le, on entend enfin le cœur manifester sa présence dans cette épaisse carcasse.

On me fera valoir qu'il n'y a rien là d'exceptionnel, qu'il est l'homme de son époque, qu'il s'exprime avec les destinataires de son courrier comme le faisaient ses contemporains. J'en doute. Je ne vois rien de comparable chez ceux dont j'ai lu la correspondance. Pas une lettre à ses parents qu'il ne conclue par ces mots : « Votre fils très affectionné et respectueux. » Je feuillette celles qu'il envoie à sa mère, du front, en 1914, puis de son camp de prisonniers. Quelle chaleur, quel débordement sentimental ! Elles se terminent à peu près toutes par cette formule : « Je vous embrasse mille fois, ma bien chère Maman… Votre fils aimant. » Et bien entendu, il n'oublie pas pour autant son père, son frère Pierre et parfois ses cousins. Ni sa sœur, Marie-Agnès, à qui il s'adresse par cette répétition attentionnée : « Ma bien chère, bien chère sœur. » Sous sa plume, Jacques Vendroux n'est plus son beau-frère mais son frère. A Cada, sa belle-sœur, il signifie qu'il l'embrasse du plus profond de son cœur. Ses enfants, Philippe et Elisabeth, seront l'objet des mêmes délicatesses. « Ma chère petite fille Elisabeth, je n'ai rien de spécial à te dire si ce n'est que je t'aime. » Je me pose cette question : quel est le père qui quitte ainsi son fils à la fin de sa lettre : « Ton père très affectionné » ou « Ton père qui t'aime », ou mieux encore, « Mon cher vieux garçon que j'aime de tout mon cœur » ? Incroyable comme un fleuve grondant peut enfanter pareille charmante rivière.

Quel contraste avec les termes employés par Yvonne écrivant à Philippe, ce jeune officier de vingt-trois ans qui se bat dans la plaine d'Alsace au sein de la 2e DB : « Je t'embrasse. Y. » ! Sans manifester d'inquiétude pour son sort, ce qui me paraît surprenant, elle détaille, comme le ferait un magasinier, le contenu d'un paquet de vivres et de quelques sous-vêtements qu'elle vient de lui expédier. C'est sa nature, avancera-t-on pour la défendre, elle n'est pas expansive, la pudeur lui interdit toute démonstration sentimentale. Jusqu'aux larmes qu'elle récuse à l'affliction. Bien. Mais quel est le nom de cette amoureuse qui, s'adressant, d'Alger, à son « Cher Charles chéri », le 25 août 1944, jour de la libération de Paris, termine sa lettre par cette exclamation amoureuse : « Je t'embrasse si fort, si fort » ? Double langage d'une femme pour qui le mari compte plus que tout, comme s'il n'était pas aussi le père de ses trois enfants. Un père doublé d'un mari aussi aimant l'un que l'autre. Voilà donc qui contredit l'insensibilité que j'ai longtemps cru devoir lui attribuer comme tout le monde en ne considérant que ses dehors. Tant de tendresse sous tant de froideur apparente. Peut-être pense-t-elle que cacher ses bons sentiments, c'est les préserver des mauvais.

Certes, sa génération cultive l'art épistolaire. Mais a-t-on jamais connu chef d'Etat aussi prolifique en ce domaine ? Il vit le stylo à la main. Dix lettres par jour ne lui font pas peur. Vers 17 heures, après la rédaction de ses *Mémoires de guerre*, sa plume change d'exercice et son style de genre. Yvonne, ou son fils, s'il est là, remplit les adresses dont il feint, par paresse, de ne plus se souvenir. De la grande notoriété au plus humble des gens simples, tous peuvent s'attendre à une réponse de sa main s'il la juge appropriée. Un ancien chauffeur, un cultivateur de Colombey, une cuisinière à la retraite, pour ne citer que ceux-là, partagent cet honneur avec nombre d'artistes, d'écrivains et d'hommes politiques. J'en connais beaucoup qui ne s'attendaient pas à pareille surprise. La moindre carte de vœux n'est jamais oubliée. Question de respect à l'égard de ceux qui pensent à lui et prennent le soin de le lui faire savoir. Le respect, « cette auréole chaleureuse », dit-il. La masse de cette correspondance dépasse l'imagination. Je le répète : quatorze volumes bien remplis ! Et encore n'y figurent que les lettres intéressantes, expurgées des rapides accusés de réception ou des remerciements conventionnels. C'est dire l'importance qu'il porte aux autres et la satisfaction dont il veut les sentir comblés.

Mais comment a-t-on pu retrouver autant de missives adressées à autant de correspondants différents dont on ignorait souvent les coordonnées ? Facile. Il recopie chaque lettre à la main, quels que soient sa longueur, son caractère privé ou officiel. L'invention de la photocopie n'y changera rien. On reprochera à l'amiral – c'était à prévoir – d'avoir écarté certaines lettres qui auraient pu desservir sa mémoire. « Je n'ai procédé à aucune rétention ni censure », me jure-t-il. On peut, en revanche, déplorer l'attitude d'Yvonne (mais en a-t-on vraiment le droit ?) qui, devenue veuve, brûle quantité de lettres et n'accepte de se dessaisir de quelques-unes qu'après avoir découpé aux ciseaux les formules finales d'affection jugées trop personnelles ou des phrases entières dans le corps du texte. Les tombes ne contiennent pas que des dépouilles. Imitant la décision maternelle, Elisabeth refuse, m'a-t-on affirmé, hormis quelques concessions, de confier à son frère le courrier émanant de leur père. Le secret n'aime pas l'Histoire.

Yvonne a-t-elle voulu, à la dernière heure, tempérer sa trop grande discrétion ou tout simplement proclamer à la postérité à quel point son amour pour son mari était partagé ? Déposé par ses soins à la Banque de France de Chaumont, un billet signé Charles, glissé dans une enveloppe de carte de visite, accompagne le manuscrit original du 18 Juin. Deux documents aussi précieux, semble-t-il, l'un que l'autre à ses yeux. Le billet intact, celui-là, sans morsure de ciseaux, attend, contrairement à sa volonté habituelle, souhaite même, me dis-je, le regard d'un tiers. Le voici : « Il est là qui écrit à son bureau. Il a devant lui le portrait de sa chère petite femme chérie qu'il admire et qu'il aime tant ! Et voilà que, du coup, tout son amour lui remonte au cœur et il se dépêche de le dire à Yvonne. Tous les deux, bien appuyés sur l'autre physiquement et moralement nous irons très loin sur la mer et dans la vie pour le meilleur et pour le pire. »

Liban

J'ai de la peine pour lui. Le voilà, il tourne la clé dans la serrure de sa porte et entre dans son appartement. Le voilà avec son visage des jours fâcheux. D'une voix grave, il apprend la nouvelle à Yvonne. Il fallait s'y attendre. On ne peut impunément tenir tête à tous les états-majors de l'armée, casser les pieds des hiérarchies réunies en semant à tout vent des thèses subversives, sans en subir un jour les conséquences. Fin de la résignation. Plus question de supporter sans sévir ses articles dans les revues spécialisées, ses conférences à l'Ecole supérieure de guerre et ses déclarations intempestives qui tournent en dérision la doctrine officielle. La menace pointait le nez depuis trop longtemps sous les képis étoilés. Mais allez donc faire entendre raison à un commandant d'infanterie dont les rênes d'un bataillon ne satisfont pas sa faim de réussite. La sanction est tombée : l'encombrant personnage devra quitter la France en octobre 1929. Il est nommé à Beyrouth. « On veut m'écarter, on m'a assez vu, on tient à se débarrasser de ma personne », annonce-t-il à sa femme, une fois chez lui, dès la porte refermée. La semaine dernière, c'était Ajaccio, mais la Corse n'était pas assez éloignée, alors on parla d'Alger, puis de Casablanca et de Dakar. L'exil pour un officier d'infanterie dont la colonie n'est pas la spécialité.

Inquiétude silencieuse d'Yvonne. Anne, la petite infirme dont la santé donne de sérieux soucis, que va-t-elle devenir si loin de Paris ? Son comportement au cours d'un si long voyage, son confort dans un pays à la sécurité si précaire, au climat et à l'alimentation si différents des nôtres. Prudence. Ami de la famille, le professeur Lévy-Solal est consulté. On emportera une mallette de médicaments et de sérums. On expédie dès à présent à Beyrouth une caisse de certaines denrées supposées introuvables sur place. Arrive maintenant le moment de se quitter. Je me mêle à la scène. Gare de Lyon, la grande horloge et son aiguille impitoyable, le nuage de vapeur qui cherche déjà à estomper la tête des voyageurs penchés à leur fenêtre, les portières aux claquements exécutoires de commissaire-priseur. Toute la famille est là avec Charles et Yvonne : les trois enfants, les beaux-parents Vendroux et, bien sûr, Mlle Potel, l'ange gardien de la petite Anne. Tous figés dans la tristesse de cette séparation qui, chez les plus émotifs, fait briller les yeux et sortir les mouchoirs. Un seul demeure lui-même. Haute doit être la tête quand celles des autres sont si basses. On pourrait même avancer qu'il paraît plus démonstratif qu'à son accoutumée. Quelques mots au bout de la langue suffisent souvent à étouffer ceux que la gorge voudrait crier.

A Beyrouth, digérant son amertume, il se remet vite au travail. Il sait qu'un jour flamboiera une revanche plus éclatante que le soleil sur la chaîne enneigée du Liban. Il sait qu'on le verra revenir en France plus combatif qu'il ne l'a jamais été. Et je sais comment il s'y prépare. Comment il rode sa machine avec un acharnement peu commun. Ils ont voulu se débarrasser de lui ? Ils ne se doutent pas que l'épreuve est pour les hommes forts le coup d'éperon pour le destrier. Au 258, rue Tedmor (rebaptisée rue du Chouf), dans le Karakol Druze, l'une des fenêtres du premier étage s'éteint rarement avant les premières lueurs de l'aube. Celle de son bureau. Penché sous la lampe, il travaille sur un livre, *Le Fil de l'épée*, qui doit paraître dans trois ans, gravit de marche en marche le grand escalier qui le mènera à l'apogée des Lettres.

Avec son hall à colonnades de marbre, son appartement loué à l'année quarante livres turques a, pour moi, toutes proportions gardées, un air de palais princier. Il le quitte chaque matin en uniforme, à 7 h 30 précises, pour se rendre à pied au Grand Sérail où réside l'état-major du général commandant les troupes du Levant. A sa ceinture, dans son étui, un gros revolver veut avant tout montrer qu'il est là et qu'il peut s'en servir. Son ordonnance, un tirailleur sénégalais aux dents blanches et à la chéchia rouge, suit parfois son ombre, un sabre-baïonnette battant la cuisse droite. Car il arrive que dans les communautés adverses des armes sortent des djellabas.

Remarquable, me le décrit-on, ce commandant rigide comme une hampe de drapeau traversant la place des Canons sous l'admiration des passants. Où est l'exilé, le réprouvé, celui que l'on a chassé de Paris, que l'on a embarqué, mécontent, vers des terres lointaines ? Il donne l'impression d'être la France en personne. Il faut l'observer, vêtu de blanc et porteur d'un long sabre, en train de présider, à l'université Saint-Joseph, la cérémonie de distribution des prix. Et l'écouter, comme je l'imagine à l'instant, assis au fond de cette salle, pendu à ses lèvres, à l'exemple de tous les étudiants qui m'entourent, dans le silence du respect et de la fascination, l'entendre égrener ces valeurs glanées dans son discours : ardeur, espérance, force, courage, résolution, goût de l'effort, abnégation, énergie, dévouement, sacrifices… Ces valeurs qui le caractérisent avec tant de fidélité que l'on pourrait se demander s'il n'en est pas l'inventeur. Qui avec l'ambition, l'inspiration, la méditation, le caractère, l'esprit d'entreprise, fleurissent dans cet ouvrage en gestation dans lequel il esquisse le portrait du chef idéal.

Les jours de congé favorisent l'enrichissement de l'intelligence et du cœur. Il part avec sa famille à la découverte de cet « Orient compliqué » dont il aura à démêler bien des problèmes dans une dizaine d'années. Puis, avec un couple ami (et moi, témoin clandestin), il devient, à travers la Terre sainte, un pèlerin curieux de tout et comblé de révérence. Joie d'emboîter le pas des apôtres, à la suite du Seigneur, à Bethléem, Jérusalem, Cana et jusque sur la mer Morte. Mais aussi consternation devant les querelles des religieux opposés qui se disputent la croix. L'été, pour fuir la chaleur et l'humidité de Beyrouth, il loue une petite maison blanchie à la chaux, bien modeste à mon avis, sur les pentes arides qui dominent la capitale, près de Souk el-Garb. Et là encore, il écrit, écrit sans cesse. Des écrits dont naîtront un livre en coopération avec un de ses collègues de l'état-major retraçant l'histoire des troupes du Levant, des articles, et bien sûr, son œuvre de pédagogue, celle qui fera de lui, il en est certain, un écrivain prophétique. Je le sens, c'est la rage qui l'a pris. La rage d'en remontrer à tous ceux qui l'ont évincé, qui ont cru en finir à jamais avec cet hérétique. La rage de se perfectionner afin d'être le meilleur. L'esprit de revanche multiplie les forces comme l'argent les désirs.

Deux années passent ainsi, fructueuses, enthousiasmantes, puis un vieux bateau le ramène en France avec sa femme et ses enfants. Il a quarante ans. Il s'adresse à Pétain pour solliciter un poste de professeur à l'Ecole de guerre. Refus. Il lui propose un placard de bureaucrate à la troisième section du secrétariat de cette école. « Vous serez employé à des travaux qui pourront certainement vous aider à faire mûrir vos idées. » Il gardera cette réponse parmi les offenses ineffaçables. Je crois l'entendre bruire d'indignation. Il a pu lire dans les *Mémoires d'outre-tombe* : « On s'irrite moins en raison de l'offense reçue qu'en raison de l'idée que l'on s'est formée de soi. »

La guerre venue, il redécouvre Beyrouth à la tête des Français libres, tient à revoir, me raconte-t-on, l'appartement de la rue Tedmor, le visite comme s'il allait de nouveau l'habiter, serre la main du propriétaire, de Marie, la cuisinière arabe, de tout le monde, voue son culte à la nostalgie. Ressent le même plaisir ému que de retrouver la lettre d'un ami disparu entre les pages d'un livre. En 1969, les Beyrouthins se hâtent dans la ferveur d'achever le palais des Hôtes car il a annoncé sa visite. Chacun rêve alors de le recevoir sous son toit, en famille, afin de lui rendre son amitié. Mais, peu de temps après, ils apprennent avec tristesse son départ du pouvoir. Ah, ils l'ont aimé, ce grand bonhomme ! Et il l'a aimé ce pays où il a été contraint de s'exiler ! Son souvenir n'a pas fini d'enchanter sa mémoire. Ce pays dont toutes les cloches ont sonné le glas quand Paris est tombé et qui a crié sa joie quand Paris a été libéré.

Lutte intime (La)

Comment, lui ? Impossible, pense-t-on. Ce monument de décision et de certitude peut-il tout à coup sentir sa résolution fléchir comme un porteur sous la charge ? C'est pourtant, je m'en désole, ce qui lui arrive parfois quand il s'aperçoit qu'il n'est plus à la hauteur de son personnage. Quand il se rend compte que la corde tendue devant lui risque d'être infranchissable, qu'il va à l'échec. Il a trop espéré pour ne pas être déçu. Alors, le doute l'envahit, comme si un nuage gorgé de pluie, accouru on ne sait d'où, lui confisquait soudain le soleil. Ce doute qu'il fustige pourtant avec force. Je l'entends s'exclamer à la télévision : « Repoussons le doute, ce démon de la décadence. » Et, citant Nietzsche dans un discours, il blâme « ceux qui doutent, nient et clignotent ». Bien sûr, il voudrait que cet état d'âme soit chez lui aussi masqué que tout ce qu'il ressent dans son for intérieur. Il tente donc de cacher à chacun, et en particulier aux plus proches de ses collaborateurs, ce « redoutable conseiller » né de la désillusion, mais il existe bel et bien. Et la solitude est alors sa thébaïde. La solitude qu'il appelle « la misère des hommes supérieurs », cet « état de lutte intime, plus ou moins aigu suivant son comportement… » qui vous prive de « ce que l'abandon, la familiarité, l'amitié même ont de douceurs ».

Devrais-je en déduire qu'il est foncièrement pessimiste ? J'aimerais le savoir. Certes, le chrétien qu'il est juge la nature humaine bien décevante avec ses crimes et ses erreurs, ce monde que les peintres sans talent que nous sommes barbouillent à tort et à travers. Mais s'il désespère de l'homme, il ne connaît pas le désespoir à la Barrès, cette « angoisse destructive qui se répand comme un venin dans le sang ». Il ne renie pas le pessimisme de Nietzsche, mais s'en sert dans ce qu'il a d'utile pour s'élever et non l'inverse. Sans en adopter la philosophie, il s'imprègne de sa lecture. A plusieurs reprises, on m'assure qu'il soupire devant témoin la célèbre phrase chère aux désespérés : « Tout est vain, tout est égal, tout est révolu. » A Colombey, en 1947, assis dans la pénombre de la bibliothèque, l'œil fixé sur la pluie qui zèbre les carreaux, il lâche tristement : « Quand on regarde les choses de haut, de très haut, on s'aperçoit que nulle part n'apparaît rien. Qu'il s'agisse de nous ou des autres, c'est le néant. »

S'il se montre bilieux, c'est parce qu'il exige trop de lui-même après avoir passé un long moment à « embrasser les ensembles… », à « discerner les enchaînements et les limites ». Grâce à cette profonde analyse, à ces lunettes grossissantes qu'il est le seul à porter, il distingue la réalité, non pas comme un rêve, ou comme un vieux film à la saveur tarie pour avoir été trop vu, mais telle qu'elle se dessine vraiment. La « dure et froide réalité » et les difficultés qui l'en séparent ou qui dressent leurs remparts. Alors, il peut laisser la lassitude entamer sa confiance pendant un moment. Ses forces semblent le fuir. « A quoi bon ! », lance-t-il, désabusé, devant les siens à Colombey, en 1946, après avoir décidé de rentrer dans ses foyers tel un soldat démobilisé. A quoi bon lutter contre les tenants d'une république moribonde qui ne veulent pas lâcher leur part de gâteau ? (Je vois ses bras tomber comme s'ils ne lui appartenaient plus.) Devant un intime, il se reproche d'avoir eu raison trop tôt. A un autre, il confie : « De Gaulle a commis une erreur. Il s'est trompé. Oui, il n'est qu'un homme, un pauvre homme. » Il grommelle de la même façon quand il décide de dissoudre le RPF en 1955 : « Je ne serai plus désormais qu'un témoin impuissant de la décadence. » A l'en croire, tout espoir est perdu. Un de ses anciens conseillers me rapporte ce quolibet d'une amertume de gentiane : « Je n'ai plus qu'à trimballer mes lauriers, de capitale en capitale comme Churchill, un cigare entre les dents. » Devant le dernier carré de ses fidèles, il évoque un jour Victor Hugo avec un sourire dégoûté : « Mes yeux vont, effrayés de nos immenses tâches, / De ceux qui sont morts à ceux-ci qui sont lâches. »

La France « vacharde » aurait-elle donc eu raison de lui ? Assistant à sa dernière conférence de presse à l'hôtel Continental, je l'entends prononcer ces mots qui m'affligent : « Je vous dis au revoir… et peut-être pour longtemps. » Humeur sombre, œil absent. Il est maintenant plongé dans un silence dont il ne paraît plus pouvoir émerger. Celui de la grande méditation. « Le silence, splendeur des forts et refuge des faibles, pudeur des orgueilleux, prudence des sages et esprit des sots. » A La Boisserie, assis dans son fauteuil habituel, tête légèrement inclinée, il opine parfois du bonnet, un hochement presque imperceptible, comme pour donner raison à quelque intuition, tandis que la fumée de son Corona monte vers le plafond, comme celle d'un encensoir au cours d'un enterrement. « Dans ces instants, se rappelle pour moi son fils, on le sent habité par une solitude profonde dont toute présence, même la plus chère, est exclue, au point de se demander s'il ne nous considère pas comme de trop. » Il ressemble alors à son modèle, le vicomte esseulé de Combourg, qui écrit dans son livre préféré : « Je parlais peu ; je ne parlai plus [...] je jetai là tous les livres. Mon goût pour la solitude redoubla. » Sur son dernier carnet de notes, il demande à Péguy de parler pour lui avec ce poème noir :

De tous liens lié
A cette terre, ô cœur humilié
Cœur solitaire.
Seul sur un océan
De lassitudes
Plongé dans un néant de solitudes.

Cliquetis de ses aiguilles à tricoter, regard furtif vers lui, comme pour s'assurer de sa présence, sa compagne attend avec philosophie la fin de la traversée du tunnel. Elle sait, comme ses collaborateurs à l'Elysée, que son comportement contient une part de provocation, qu'il aime exagérer son découragement par des prévisions catastrophiques afin de frapper les esprits. Ainsi peut-il jauger sa propre capacité de réaction et aiguillonner celle des autres. Elle sait que, comme pour ses rosiers, le temps de la floraison reviendra après les derniers grands froids. Soudain, d'ailleurs, le voici sur ses pieds. Il sort, quel que soit le temps, et ses rotations solitaires autour de son jardin s'enchaînent avec l'application de quelqu'un qui recherche les clés qu'il a perdues. Mieux vaut alors ne pas être sur son passage. Sa méditation est une propriété privée. Personne n'a le droit d'y mettre les pieds sans son autorisation.

A d'autres moments, l'ennui le fige et l'on se demande pourquoi. L'ennui, ce gros livre aux pages blanches que l'on feuillette en bâillant. Pourquoi cette lassitude morale que Sainte-Beuve, qui pense, lui aussi, à Chateaubriand, nomme le « mal de René » ? (« Je m'ennuie de la vie ; l'ennui m'a toujours dévoré. ») Pourquoi s'abat-elle sur lui sans cause apparente ? Un mal qui l'atteint par à-coups depuis la Libération, d'après ses plus vieux compagnons, quand la joie a fait place à la déception, comme, par exemple, devant le comportement de ses concitoyens, une fois terminée la grande fête des retrouvailles. En 1946, je peux arriver à le comprendre. Il est privé de responsabilités et de tout espoir de revenir au pouvoir. Et ses voyages en province ne suffiront pas à accaparer son esprit. A La Boisserie, on s'inquiète. Le feu crépitant dans la cheminée se retrouve bien seul à se faire entendre entre les repas. Ne l'accompagne par instants qu'une bourrasque de pluie ou de neige qui vient frapper les vitres. Rien donc pour le dérider un peu. Quand Yvonne esquisse le geste d'aller ranimer le feu, il l'arrête : « Je vous en prie, laissez-moi le plaisir de mettre des buches dans la cheminée. C'est tout ce qui me reste. » Il évite les rencontres, fuit l'actualité, se retranche dans le mutisme. Un moine dans la prière. La lecture des *Mémoires d'outre-tombe*, qui l'occupe une partie de la journée, ne semble pas être, loin s'en faut, le baume capable de le soulager un peu de son accablement. Sur son carnet de notes, encore, il en retient cette lugubre pensée : « Tous mes jours sont des adieux », et cette autre qui me navre : « Tout oublier, mépriser tout et mourir. »

Mais après la création du RPF, lors du retour des rendez-vous multiples, des pourparlers, des discours, comment expliquer encore ce « mal de René » ? A son aide de camp, un soir, au moment du potage familial, il avoue d'un air exténué : « La vie ne m'amuse plus… Quand on a gagné un jour, ce n'est plus amusant de gagner à nouveau… C'est entendu, je vais essayer. Mais j'essaie avec ennui… » Et pour conclure, il exhume cette phrase balzacienne de *La Recherche de l'absolu* : « La gloire est le soleil des morts. » Déprimé, il a l'air de l'équilibriste qui s'aperçoit soudain que le vide lui fait peur. En 1960, en pleine affaire algérienne, on l'admet encore moins bien. Engagé dans l'action avec une énergie peu commune pour un homme de soixante-dix ans – il faut le scruter à Alger, comme je le fais, face à la foule hostile –, il n'arrive plus à dissimuler ce mal qui le sape en secret. Prêtant l'oreille, j'entends un chroniqueur rapporter de lui ces mots désespérés : « Je suis au bout du rouleau, tout cela m'ennuie. Ce que je faisais à Londres était exaltant. Maintenant… »

L'âge parle ici pour lui. L'âge et les tourments qui l'alourdissent. Il craint de se retrouver incapable de faire face, de ne plus rester maître de son jeu, pis, de ne pas pouvoir s'en rendre compte et que personne ne l'en prévienne. A la veille de grandes décisions, il rumine ses incertitudes et ses anxiétés, baigné dans une mélancolie de laquelle, semble-t-il, rien ne pourrait l'extraire. Au préfet Rix, avec qui il aime remuer des idées à Colombey, il fait cet aveu : « Se refuser la douceur des larmes, les seules larmes que puisse verser un homme… Est-ce tellement raisonnable ? Ou alors ne vaut-il pas mieux, selon ce critère, être déraisonnable ? Si tu veux jubiler jusqu'au ciel, accepte aussi d'être triste jusqu'à la mort. » L'indéfinissable tristesse, ce nid dans lequel on est tombé et dont on voudrait ne jamais s'envoler, et dont, seule, une bonne bourrasque arrive à vous déloger.

A quelques jours de la démission de Félix Gaillard au printemps 1958, de l'appel lancé en faveur de son retour, puis de sa déclaration dans laquelle il se tient prêt à assumer les pouvoirs de la République, qui le soupçonnerait de broyer du noir ? Sûrement pas nous. C'est pourtant le cas. Si l'on en croit son neveu Bernard de Gaulle, en vacances pour une semaine avec sa petite famille à La Boisserie, il a perdu tout ressort. Il ne l'a jamais senti si vieux, si fatigué, si découragé. « C'est fichu, maugrée-t-il, ce pays ne se redressera pas. » Nous qui l'attendons avec frénésie depuis si longtemps, qui sommes enfin assurés que sa retraite n'est plus qu'un détestable souvenir, voilà que nous devrions déchanter. Quelle erreur ferions-nous !

Un mois plus tard, l'homme abattu est à la barre, à Matignon, prêt à affronter tout le monde. Il a retrouvé son flegme et sa superbe. Adieu l'« état de lutte intime ». Il déclare dans un discours : « Si c'est le moment du doute pour les cœurs faibles, c'est pour les cœurs forts le moment des grandes résolutions. » Il se veut « lucide mais non sceptique ». Le pessimiste nie l'existence d'une porte de sortie. Lui ne la voit pas davantage, mais n'abandonne jamais l'idée, quoi qu'il en dise, de pouvoir l'atteindre un jour. Alors, repoussé par une volonté de fer, ce nuage gorgé de pluie accouru on ne sait d'où finit par tourner les talons et lui rendre le soleil.

M

Malraux (André)

Il faut les suivre tous les deux ensemble, ce que je fais le 13 juin 1961, au Petit Palais, à une exposition sur l'art mexicain. Lui, ce n'est pas un secret, n'a qu'un goût modéré pour l'art. Certes, il aime ce qui est beau et souhaiterait que la France embellisse encore davantage. Mais l'imaginer en train de courir les musées et d'épiloguer sur les qualités ou les défauts d'un tableau, d'un monument ou d'un opéra, serait bien mal le connaître. Il suffit de considérer le peu de place que l'on concède aux tableaux à La Boisserie et de savoir qui s'occupe de les accrocher : Yvonne. S'il s'intéresse à l'un d'eux, tel celui représentant les soldats de l'an II en haillons, c'est pour sa seule valeur symbolique. Celui-ci lui rappelle la pauvreté des Français libres à leurs débuts. Aussi, l'art de la patrie des peuples cultivés de l'antiquité précolombienne le laisserait plutôt indifférent. Que vient-il donc faire au Petit Palais alors que l'actualité politique est si brûlante ? Ainsi, ce matin même, on a appris l'ajournement de la conférence d'Evian commencée le 7 avril. Patatras ! Retour à la case départ. Mais rien n'aurait pu l'empêcher d'aller admirer les têtes sculptées aux bouches dédaigneuses, les serpents à plumes et les cadrans solaires des Aztèques. Rien. Parce que son « ami génial, fervent des hautes destinées », a souhaité qu'il vienne inaugurer cette exposition à laquelle il porte un particulier intérêt.

Alors, les voici déambulant dans la grande salle et s'arrêtant à intervalles réguliers, selon la curiosité rencontrée. Je les talonne discrètement, et malgré la distance que l'on m'impose, sans saisir ce que l'on dit, je me fais une petite idée de ce qui se passe. A-t-il la tête ailleurs ? Disons-le crûment, il ne me semble guère intéressé par les œuvres exposées. Et les explications que Malraux lui prodigue avec son élocution rapide entrecoupée de bruyants souffles nasaux ne paraissent pas, à première vue, l'inciter davantage à mobiliser son attention. Les deux mains enfoncées dans son veston de flanelle croisé, pouces sortis, torse accusant un certain recul, il regarde de loin, derrière ses grosses lunettes, ce que Malraux examine de près en se penchant. Mais regarde-t-il vraiment ? Il a l'air si détaché. En revanche, je m'aperçois finalement qu'il l'écoute. Oui, sans en donner l'impression, il prête une oreille attentive au commentaire de l'homme à la mèche rebelle, à « son verbe extraordinairement fécond, flamme désordonnée fusant d'un brasier », comme le dit Claude Mauriac avec finesse. C'est la parole du maître vers l'élève. A ce moment-là, le chantre de la grandeur de la France est l'élève appliqué du rêveur de musées imaginaires.

Subjugué, ce prodigieux cerveau par cet aventurier épique et tragique. Par ce « compagnon à la fois merveilleux et fidèle ». Et cela au point de le laisser féconder son esprit. Il le lui avoue d'ailleurs lui-même après avoir reçu et lu *La Métamorphose des Dieux* : « Grâce à vous, que de choses j'ai vues – ou cru voir – qu'autrement je devrais mourir sans avoir discernées ! » A l'écoute de ses anciens ministres, cette réaction se retrouve au moment des Conseils et en agace souvent plus d'un. « Ministre des Affaires culturelles, Malraux n'intervient pas souvent, assez peu même sur les sujets de son ministère qui, manifestement l'ennuient », m'avoue l'un d'eux. Mais il suffit qu'il ouvre la bouche pour que le président devienne aussitôt tout ouïe, oubliant soudain la course de cette petite aiguille qui, à d'autres moments, l'invite à se presser. Que l'auteur de *La Condition humaine* revienne de chez Nehru ou de quelque république africaine fêtant son indépendance où il l'a envoyé, et son débordement magique l'empêche contre toute raison de retourner aux affaires. « Il faut voir alors son ravissement, se rappelle encore un autre ministre, l'“incomparable témoin” pérore et le président boit du petit lait. » Cas unique ? Qui n'a pas sous la main son bouffon de cour prêt à enjoliver la vie quand elle paraît monotone ?

Toujours sur les dents, il exige qu'une voiture ou un avion parte et arrive à l'heure. Il n'admet aucun retard. Mais il est capable de se morfondre pendant une demi-heure quand le retardataire s'appelle Malraux. C'est ce qui se passe à Marignane en 1964. Rentrant du mont Faron en hélicoptère, il demande que la Caravelle présidentielle patiente au point fixe

en attendant l'arrivée du deuxième appareil transportant l'écrivain. On lui propose alors d'embarquer le ministre plus tard sur un autre hélicoptère. Pas question. L'attente est aussi longue qu'un générique sans fin. Pour Malraux, il a toujours tout son temps.

Dans ce « chevaucheur de mythes » (Brigitte Friang), il a trouvé l'homme d'exception avec qui fréquenter les sommets intellectuels. Comme l'ancien colonel Berger, commandant la brigade Alsace-Lorraine, a découvert une sorte de père spirituel, « quelqu'un sur la même longueur d'onde, qui peut le comprendre à demi-mot ou d'une façon symbolique », me confie Madeleine Malraux, sa belle-sœur avec qui il s'est remarié. « André est comme un petit garçon devant lui. Il est touché par la grâce d'un esprit dont il ne soupçonnait pas la profondeur chez ce soldat en uniforme, comme raidi dans un perpétuel garde-à-vous. » Il est avec lui comme l'est Chateaubriand qui écrit, après avoir vu le regard de Washington s'attarder sur sa personne : « Je m'en suis senti échauffé le reste de ma vie : il y a une vertu dans les regards d'un grand homme. » Admiratifs l'un de l'autre. De quoi porter ombrage à nombre de rivaux. Jean Cassou va jusqu'à oser ce commentaire : « Ils se sont mutuellement dupés en se croyant Chateaubriand et Napoléon. » Ministre de la Construction, Pierre Sudreau est présent au Conseil de cabinet, en 1958, au cours duquel un tour de table est organisé pour statuer sur la liste des personnalités proposées pour la Légion d'honneur. Il me raconte cette anecdote très significative. Le président souhaiterait que la grand-croix soit attribuée à François Mauriac. Quelques-uns montrent leur opposition. A bout d'arguments, il avance : « Et puis, après tout, nul ne peut nier que François Mauriac est le plus grand écrivain français vivant. » Tous les regards convergent vers Malraux, assis à sa droite, silencieux. Conscient d'avoir gaffé, il reprend aussitôt en se tournant vers lui : « … parmi d'autres, cher ami. »

En décembre 1969, Malraux rencontre à Colombey, pour une ultime fois, « le dernier grand homme qui ait hanté la France ». Un tête-à-tête d'où sortira *Les chênes qu'on abat…* Dans le train du retour vers Paris, l'aide de camp Jean d'Escrienne, qui l'accompagne, me dit s'être demandé, à considérer son air triste et renfermé, s'il ne pressentait pas qu'il ne reverrait plus son « père spirituel ».

Durant l'été suivant, l'ancien président, devenu touriste, part en voiture vers le pays de Charles Quint. Son dernier voyage, cinq mois avant celui qu'il fera sans retour. Dix mille kilomètres avec Yvonne dans la DS 21 noire. Il a émis deux impératifs : visiter le tombeau de saint Jacques le Majeur, à

Saint-Jacques-de-Compostelle, et le château où vécut Charles Quint. C'est tout. Mais l'Escurial, cette caserne de cénobites, selon Chateaubriand ? Au pas de charge, en vingt-cinq minutes. Et le musée du Prado sous la conduite de son conservateur ? Trente-cinq minutes, pas davantage, pour Goya et Vélasquez. A Jaen, la maison du Greco n'a pas le droit à sa visite. Ni l'Alcazar de Tolède dont parle Malraux dans *L'Espoir*. Ni l'Alhambra de Grenade que Chateaubriand, encore lui, visita – il le sait –, suivi par un guitariste aveugle et sourd, chassé de son village par un tremblement de terre. Ah ! si « l'ami génial » avait été du voyage…

Maranville

Sorti de La Boisserie, on traverse la forêt des Dhuits par la D23 qui devient la D15 avant d'atteindre le bourg de Rennepont, à l'église duquel il se rend parfois, le dimanche, quand les touristes se pressent à l'attendre devant le porche de sa paroisse. Tout de suite après Rennepont, au-delà d'une petite rivière riante, m'apparaît Maranville, connu autrefois pour sa fabrique de queues de billard, ce genre de village que l'on découvre soudain au bord d'une départementale, comme omis par l'administration sur la liste des localités, négligé par les cartes routières et tombé en léthargie. La rue principale est celle des Tilleuls. Arrivé à une fontaine, on prend alors le chemin qui dévale sous les arbres avec la vivacité d'un gamin en retard courant vers l'école. Au bout d'une centaine de mètres, la chapelle Saint-Joseph est là, abandonnée, au milieu d'un désordre de feuillages ravis de se répandre sans contrainte. Là, dans le silence et le sommeil de l'oubli. Et un peu plus loin, le château qui dresse ses quatre pignons dans la même somnolence. Ce château transformé, il fut un temps, en maison de retraite pour prêtres âgés, avec son oratoire, une ancienne orangerie à laquelle on a ajouté un clocher.

Le voilà. Il descend de voiture avec Yvonne et s'achemine vers l'entrée du château. Il vient de rendre visite, comme il le fait chaque fois, à Mme Henri Faucillon, la petite-fille d'Edmond Rostand, qui habite le village. Je l'aperçois comme s'il m'avait invité à le suivre. Chaque année, c'est dans cet oratoire qu'il va faire ses pâques avec son épouse. L'endroit – on s'en rend compte dès le premier coup d'œil – se prête bien à la discrétion dont il veut entourer cette dévotion. A Colombey, sous le vitrail de Jeanne d'Arc où il a son prie-Dieu, celui que l'on avait attribué à l'ancienne propriétaire de La Boisserie, impossible de se recueillir à cause du sans-gêne des curieux. Pour peu nombreux qu'ils soient, ils ne le quittent pas des yeux et empêchent donc toute méditation sérieuse. Ici, dans ce modeste sanctuaire isolé du monde devant lequel je déambule, il doit revivre ce que vivait son cher vicomte quand son père l'emmenait à la messe dans la chapelle du château de Combourg, assis « sur le banc du seigneur ». Il recevait alors « l'encens et les prières en face du sépulcre de marbre noir de René de Rohan ». Dans l'oratoire de Maranville, le marbre est blanc et supporte la table de l'autel. Deux guirlandes de feuilles d'acanthe rompent sa sévérité. Deux vases remplis de fleurs artificielles et deux longs cierges encadrent le tabernacle surmonté d'un Christ montrant son cœur transpercé.

Je regarde cette marche en bois, au pied de l'autel. C'est là qu'il s'agenouille avec Yvonne pour recevoir l'hostie consacrée des mains du père Michel-des-Saints Caulier ou du père Schaffaert, le curé de Maranville. Plusieurs vieux prêtres les accompagnent ainsi que les sœurs Amboise et Augustine, les deux religieuses responsables de la maison de retraite. Qui ne serait pas troublé comme je le suis à imaginer cette scène : ce grand homme à genoux parmi ces vieillards à genoux, l'esprit lavé de toute préoccupation terrestre, abîmé dans la prière. Je le vois de la même façon, quand il va se confesser à l'un de ces vieux serviteurs de Dieu à la chapelle Saint-Joseph, ainsi que me le rapporte son fils qui parfois se joint à lui. Quel spectacle alors digne des grands maîtres de l'art que ce royal personnage transmué en humble pénitent parmi plus humbles encore, la tête dans les mains, en attente de la miséricorde, aux pieds de saint Joseph, protecteur des âmes du Purgatoire. Il sait que la prière est le seul langage que Dieu aime entendre. Encore faut-il le parler avec intelligence.

Dimanche 8 février 1948, il ne cesse de pleuvoir comme si le ciel voulait, par solidarité, ajouter son désespoir au sien. Deux jours auparavant, vers 19 heures, Anne, la « pauvre petite Anne », est morte dans ses bras, emportée par la maladie due à son handicap. Il a donc décidé de se rendre avec Yvonne à Maranville, l'unique endroit où il lui sera permis de prier comme il convient pour cette « âme libérée que Dieu vient de rappeler à Lui ». Cette fois, son aide de camp les accompagne. Il a pensé qu'il pourrait les seconder si Yvonne marquait des signes de faiblesse. Mais rien sur son visage ne donne cette impression. D'un calme imperturbable, elle demeure telle qu'on me l'a si souvent décrite, la femme d'officier prête à toutes les épreuves. Après la messe, soucieux de ne pas aggraver la douleur de son épouse, il entraîne l'aide de camp à l'écart et lui demande de prévoir avec Bonneval une mise en bière « aussi rapide que possible ».

Dès 1960, il ne reste qu'un seul prêtre au château, l'abbé Aubertin, avec sa mère. Plus de messe, plus de confesseur. Aussi disparaît des regards, le dimanche, la DS présidentielle que chacun, à Maranville, faisait semblant de ne pas apercevoir. Sans ces visites dominicales, le village devient alors pour moi cette sorte de localité que l'on traverse en pensant à autre chose, comme oubliée par l'administration au bord d'une départementale.

Marly

Une maison d'un étage couverte d'ardoises. Longue et basse, elle s'adosse à une pente boisée et s'ouvre sur un petit jardin que l'hiver a poudré de givre. Le pavillon de chasse de Marly. A sa cheminée, j'ajoute un filet de fumée et l'aperçois sortant sur le seuil, canne à la main, vêtu d'un manteau gris foncé et d'un feutre plus clair. Tel un hobereau sur ses terres, il part en promenade dans le parc, accompagné d'Yvonne et de son aide de camp, sous la surveillance discrète de policiers couleur de muraille. Il y a trois jours, le 20 janvier 1946, à ma grande déception, il a annoncé à ses ministres réunis rue Saint-Dominique qu'il se retirait parce que le « régime exclusif des partis » avait « reparu ». Et le voilà comme à Londres, le premier jour : seul. Hier, la Cadillac offerte par Eisenhower l'a déposé devant cette porte avec son épouse, enfermé dans un silence assez inhabituel. Mal chauffé, ce pavillon n'avait rien d'accueillant. Murs et tapis rejetaient leur humidité, les portes-fenêtres laissaient passer le vent glacial. Il faut dire que, construit au début du siècle dernier, il n'a jamais servi de résidence, mais de gîte précaire où Félix Faure et Armand Fallières régalaient leurs invités diplomatiques après la chasse dans la forêt.

C'est parce qu'il était fatigué d'entendre le « déferlement d'invectives et d'outrages » qu'il a abandonné la résidence de la route du Champ-d'Entraînement, aux confins de Neuilly, où il s'était d'abord installé à la Libération. Il jugeait ce lieu trop proche du « microcosme parisien » et trop vaste pour

sa petite famille. Il a donc loué ce pavillon aux Domaines. Ainsi pourra-t-il attendre dans un parfait isolement et en toute sécurité la restauration complète de La Boisserie saccagée par les Allemands. Malheureusement, à Colombey, les travaux n'en finissent pas et l'humeur de l'impatient de nature s'en ressent. Après tout ce qu'il a supporté depuis la fin de la guerre, il a besoin de tranquillité et de solitude, et Marly ne peut avoir été mieux choisi à ce propos. D'autant qu'il a commencé à dessiner le plan de ses *Mémoires de guerre*. Mais je ne suis pas le seul à me demander s'il restera longtemps démobilisé devant les appels incessants à l'action qu'il reçoit de ses partisans. Cet isolement, avec le côté sauvage de ce vallon que la brume voile de tristesse, et les nuits où il dort mal, ponctuées du hululement des hiboux, n'engagerait personne d'autre à prolonger là son séjour. Marly a de temps en temps un arrière-goût de Sainte-Hélène.

Entre deux feuillets et deux promenades sous le vent froid soufflant à travers les arbres dénudés, il lui arrive quand même de recevoir un visiteur, ami ou adversaire. Alors, chaque fois, il revient avec lui sur sa démission, sur ce qu'il faudrait faire pour sortir de l'ornière et qu'il n'a pu faire à cause de ces maudits partis. Puis, lorsqu'il se retrouve seul avec son secrétaire particulier, il soupire, par exemple, amèrement satisfait : « Comme j'ai bien fait de m'en aller, hein ! Et de partir sans rien dire. Ils attendaient des explications... mais puff... plus personne. » Il y a aussi toutes ces lettres qui lui parviennent quotidiennement, insistantes et désespérées, comme des cris sous sa fenêtre : « Pourquoi êtes-vous parti, on est comme des orphelins, voilà dix jours que l'on pleure, vous ne pouvez pas savoir combien on vous aime... » Et celle-là, qui ne manque pas de sel et traduit mon propre point de vue : « En attendant, tire des lapins et des sangliers et refais tes forces. » Assis dans le minuscule salon, cigare à la bouche, l'œil gauche à demi fermé, alors que l'on entend l'employé de maison secouer la chaudière à grands coups, il laisse l'ennui l'envahir un instant. A ses pieds, les lettres forment un tapis de chagrin. « Rien n'est si insupportable à l'homme que d'être dans un plein repos, sans passions, sans affaire, sans divertissement, sans application », écrit Pascal dont il aime reproduire les *Pensées* dans ses carnets de notes.

Il me faut maintenant couvrir ce pavillon de neige, habiller les arbres du parc en conséquence et adjoindre de la boue au chemin pour revivre la visite d'un homme entouré de mystère. Personne, en effet, surtout pas les policiers à l'affût, ne doit savoir que le locataire de Marly a décidé de recevoir le colonel Dewavrin, le fameux Passy du BCRA. Comme il a renoué, deux mois auparavant, avec Rémy, autre vieux fidèle et héros issu de la Résistance, il tient à rétablir des liens avec un homme d'action qui n'a qu'une ambition, celle de servir sa patrie. Car il en est de plus en plus persuadé, un nouveau conflit mondial est inévitable. Et l'on doit s'y préparer, comme lui-même doit s'attendre qu'on lui demande de reprendre du service. Et Yvonne qui croit avoir reconquis son mari, la pauvre, l'avoir repris pour toujours à ses « affaires », et que je devine à l'instant dans la cuisine, heureuse, faisant préparer le menu de son choix… Le sacrifice ne trouve jamais meilleur adepte que parmi les femmes.

Sous la neige qui a l'air de s'ennuyer en tombant, la forêt attire dans son bel endormissement le promeneur qui désespérait de la voir aussi mélancolique que lui-même. Aujourd'hui, son beau-frère l'accompagne. Après un bon kilomètre jusqu'à la pièce d'eau pleurant l'absence de ses chevaux exilés aux Tuileries par les révolutionnaires, il gravit la butte boisée derrière le pavillon. Pour aller admirer les cavités, creusées sous les arbres, au fond desquelles on conservait jadis, tout le long de l'année, la glace produite pendant l'hiver à destination des réceptions royales. Soudain, un froissement de branches. Trois chevreuils effarouchés bondissent sous son regard émerveillé. Je me dis que s'il ne conservera pas grand souvenir de ce séjour forcé dans les bois, cette scène résistera à l'indifférence. Le soir venu, au coin du feu, il lit à Jacques Vendroux le poème qu'il vient de composer à la mémoire de ceux qui se sont sacrifiés après avoir répondu à son appel : « Soldats couchés dans les déserts, les montagnes et les plaines, / Marins noyés que bercent pour toujours les vagues de l'Océan, / Aviateurs précipités du ciel pour être brisés sur la terre, / Combattants de la Résistance, tués au maquis ou au poteau d'exécution… » Rien à faire. Les morts passeront toujours leur temps à perturber le sien.

Avril, ses premières fleurettes et le parfum retrouvé de la nature renaissante. Dans le vallon, la chèvre qu'Yvonne a reçue en cadeau broute avec allégresse. Le 7 de ce mois est un grand jour pour lui et son épouse : leurs noces d'argent. Le pavillon regorge de gerbes apportées par les proches invités à déjeuner et par des messagers venus de Paris. C'est le moment où l'on parle des disparus et notamment d'Henri de Gaulle. S'il avait pu, dit-on, savoir ce qu'allait devenir ce fils qui avait tant horreur des mathématiques ! Après le déjeuner, la promenade traditionnelle ressemble à une procession. Tous les membres de la famille ont voulu suivre de près ou de loin l'homme au chapeau gris accompagné de son beau-frère et de son gendre. Par la pensée, j'en fais autant. Triste, le spectacle de cet homme si actif et si indispensable foulant pas à pas, comme ses illusions, les allées encore semées de feuilles mortes. Le 25 mai, le « père » Gouin, qui l'a remplacé à la tête de l'Etat, l'invite aux cérémonies de la Victoire. Pas question d'apparaître. C'est pourtant sa fête. Oui, mais il préfère la célébrer seul. Et puis, il se prépare à quitter Marly. Requinquée, La Boisserie attend son arrivée. Ce matin, le ciel s'est libéré de toute contrariété et les grands arbres du parc se sont nimbés de rose. Marly veut se faire regretter. Trop tard. Demain, après six longues années d'absence, il dormira chez lui, enfin, loin du hululement des hiboux.

Mauriac (François)

Ma surprise et ma joie quand je découvre dans *Le Figaro* tout nouvellement paru, après la Libération, en 1944, cet article de François Mauriac, je dirais plutôt ce message de ce formidable écrivain dont nous n'avons guère entendu parler ces dernières années, puisqu'il écrivait sous le manteau, avec courage et au péril de sa vie, dans des feuilles qui ne parvenaient qu'aux initiés. Quelle surprise de le voir apparaître dans ce journal qui nous avait hérissé le poil lors de ses dernières éditions de 1940. « A l'heure la plus triste de notre destin, l'espérance française a tenu dans un homme ; elle s'est exprimée par la voix de cet homme – de cet homme seul. Combien étaient-ils, les Français qui vinrent alors partager sa solitude, ceux qui avaient compris à leur manière ce que signifie : faire don de sa personne à la France ? »

Je suis tout aussi étonné quand j'apprends que, durant la guerre, « cet homme seul » suit les activités littéraires des grands auteurs français et particulièrement celles de François Mauriac avec le même plaisir que s'il était assis à la terrasse des Deux-Magots ou chez Lipp. C'est ainsi que, dans l'avion entre Londres et Alger, le 29 mai 1943, il se plonge dans son dernier roman, *Le Pharisien*, reçu de Suisse. En plein conflit, alors que nous sommes à la veille de la bataille d'Italie, que Moulin va être arrêté par la Gestapo, que Giraud attend le voyageur de Londres à sa descente d'avion avec l'intention de le supplanter, aidé par les Américains… Lecture faite pendant le vol, il s'ouvre à Maurice Schumann, venu s'asseoir à son côté, pour lui dire que les deux plus grands romans d'avant guerre sont *Le Journal d'un curé de campagne* de Bernanos et *La Condition humaine* de Malraux, et qu'il donnerait volontiers le prix Nobel à François Mauriac.

Quelle surprise encore lorsque l'on sait que, six jours seulement après sa descente triomphale des Champs-Elysées en 1944, il envoie une voiture chercher l'écrivain bordelais à Vémars, dans son château de la Motte, pour le rencontrer rue Saint-Dominique. Les derniers tireurs des toits viennent tout juste d'être arrêtés et des Allemands résistent encore près du bois de Boulogne, mais, je n'en reviens pas, il n'a rien de plus pressé que de l'inviter à déjeuner. Mauriac perd contenance. Le recevoir pour lui parler d'André Gide et de l'Académie « dans ce Paris encore fumant », quelle stupéfiante initiative ! Il est tellement ému d'être en face de lui qu'il doit, dira-t-il, s'appuyer contre le mur afin de ne pas perdre l'équilibre. Il le jugera « à la fois mythique et de chair et d'os, shakespearien et contemporain, et à la fois en pleine vie, en pleine histoire et en pleine littérature ». Rue Saint-Dominique, puis reclus à Marly, mon héros dévore du Mauriac avec le plaisir de celui qui le découvrirait, et laisse éclater son admiration. Devant Claude Guy, par exemple, il s'exclame : « Les dieux sont derrière François Mauriac lorsqu'il écrit. » C'est de l'aile d'un phénix que les écrivains de son espèce tirent leur plume.

Mais sept mois plus tard, ma joie se tarit comme une conversation qui se meurt dans l'ennui, faute d'intérêt. Au cours d'une dernière entrevue, leurs rapports viennent tout à coup de se tendre, et j'en suis consterné. A cause du problème de l'épuration. Mauriac n'a pas réussi, malgré tous ses efforts, à faire gracier Robert Brasillach qui vient d'être condamné à mort. Il sera fusillé trois jours après. S'en retournant déçu de sa visite rue Saint-Dominique, il se confie le lendemain à son fils Claude. Il a vu chez son hôte la « force prodigieuse de mépris » de son côté « officier noble ». Il l'a senti « rempli d'orgueil et de la conscience de sa supériorité » et de formation maurrassienne. Pour conclure, plus acerbe encore : « J'ai eu l'impression désagréable d'être enfermé pendant une demi-heure avec un cormoran et qui parle cormoran. » A présent, l'auteur du *Nœud de vipères* va se lover dans son trou pour ne plus en sortir pendant une dizaine d'années, après avoir rejeté le RPF et son chef, trop nationalistes à son goût. On a toujours mal quelque part quand on tombe de haut.

En 1954, je le retrouve avec bonheur. Il vient d'assister à l'une de ses conférences de presse à l'hôtel Continental, et ce qu'il a entendu sur « le même ton souverain » l'a délivré de son hibernation boudeuse. Le retour des beaux jours en fait de même avec certains vertébrés. De nombreuses pages de son « Bloc-Notes » dans *Le Figaro littéraire* puis dans *L'Express* sont alors consacrées à cet homme qui semblait, pense-t-il, « s'être éloigné de nous mais dont nous nous rapprochons, à mesure que nous nous dégageons d'une basse Histoire ». Retour en grâce ? Deux ans plus tard, effectuant sur *Le Calédonien* un périple aux Antilles et dans le Pacifique, on voit le futur fondateur de la Ve République se jeter sur les romans de Mauriac qu'il a trouvés dans la bibliothèque du bateau. Jean Mauriac est du voyage. Il me raconte : « Il les relit tous, et un jour, il me cite par cœur le texte mis en exergue aux *Chemins de la mer* qu'il vient de dévorer et qui commence ainsi : “La vie de la plupart des hommes est un chemin mort qui ne mène à rien. Mais d'autres savent dès l'enfance qu'ils vont vers une mer inconnue..." »

A Colombey, l'apparition de chaque livraison de son « Bloc-Notes » est attendue avec la même fébrilité que le retour de la lumière après un court-circuit. Il exige que son aide de camp arrive très tôt, le journal sous le bras, de Chaumont ou de Bar-sur-Aube où il loge à l'hôtel, afin de pouvoir goûter ce billet de Mauriac après son petit déjeuner. Les *Mémoires intérieurs*, dans lesquels cet écrivain se dépeint lui-même avec les richesses et les pauvretés d'un homme mis à nu, l'émeuvent au point de le voir « comme dans une glace ». En 1958, alors que certains n'y croient plus, l'homme en réserve triomphe et nous comble d'allégresse, et Mauriac le salue ainsi pour nos yeux éblouis : « Le pays savait qu'il pourrait recourir à lui quand tout paraîtrait perdu. Eh bien ! cette heure a sonné. » Inconditionnel. L'adjectif qu'il vient maintenant d'attribuer à son soutien jusqu'à son départ du pouvoir. Fasciné par lui, il considère qu'il représente une grâce pour la France, « peut-être la dernière ». Cette profession de foi aura, pour mon plaisir, un retentissement exceptionnel. Il est des grandes voix qui arrivent à vaincre jusqu'à la surdité.

Chaleureuses, leurs relations ne seront jamais intimes. Il n'ira pas déguster la mirabelle de Colombey et grignoter les bretzels d'Honorine, mais l'émerveillement qu'il suscite chez lui vaut tous les déjeuners en famille. Le portrait du maître de Malagar aura sa place dans les *Mémoires d'espoir*. Et lorsqu'il disparaît, deux mois avant lui, sa femme reçoit de Colombey la plus sublime lettre qui soit où se mêlent l'admiration pour l'être qui l'a si souvent enchanté et la reconnaissance pour « son ardente adhésion » et « sa généreuse amitié ». Ce jour-là, je me pose, pour ma part, cette question avec appréhension : qui maintenant va pouvoir parler pour nous de l'homme que j'aime avec le talent de celui que les dieux accompagnaient lorsqu'il tenait sa plume ?

Mémoire (Sa)

« S'ils savaient ! », pouffe-t-il un jour pendant un déjeuner familial à La Boisserie. Il vient de se réjouir de l'étonnement des journalistes constatant la facilité avec laquelle il a étalé devant eux ses arguments au cours d'une conférence de presse. J'en suis tout ému moi-même qui, bien souvent, ne parviens pas à boucher les trous dans lesquels chute mon passé. Certes, il est bon de ne pas se souvenir de tout si l'on veut vivre en paix. Mais avec une telle faculté, on a aussi la certitude que la vie intense ne s'arrête jamais. Mieux encore, devenue ineffaçable, la mort n'est plus un butoir imparable. S'ils savaient, oui, comment il a dû se conditionner pour en arriver là ! C'est, m'a-t-on appris, le résultat d'une longue préparation, stylo à la main et plongé dans un silence de forêt profonde. C'est aussi, pour lui, la preuve que ses qualités intellectuelles continuent de mépriser l'érosion des années, que le spectre d'un Churchill vieillissant est encore loin d'être son modèle. Car il craint ce moment-là. Craint le jour où sa mémoire vacillante l'avertira, comme une balle rétive avertit le jongleur qu'il vaut mieux arrêter son numéro. Le jour où l'âge tirera le rideau sur cet éblouissant spectacle.

Long apprentissage que celui auquel il se soumet dès son plus jeune âge. Son père, le professeur, lui transmet la formation dont il a lui-même bénéficié. A quatre-vingt-cinq ans, il était encore capable de réciter une grande partie de l'*Enéide* par cœur. Très vite, son fils va l'imiter. Il mémorise nombre d'épopées grecques ou latines. Il récite, par exemple, l'*Antigone* de Sophocle dans le texte grec. Et bien sûr, les œuvres des grands poètes et tragédiens français lui deviennent familières. Je lis dans *Vers l'armée de métier* : « Seule entre toutes, la carrière militaire impose à ses membres, du haut en bas de la hiérarchie, le perpétuel perfectionnement des connaissances acquises. » Et encore : « La véritable école du commandement est donc la culture générale. » La culture, il la soutire d'une source sans fin, aussi fraîche que si elle venait seulement d'être captée. De l'or, cette mémoire qui lui permet un tel exploit. A tout propos, lui reviennent avec une incomparable facilité des citations qui vous laissent pantois. Des vers qui remontent en lui à travers les ans, sans relecture préalable, au hasard d'une rencontre, à la vue d'un paysage, dans une conversation, un discours. C'est ainsi qu'à Alger, en 1943, alors qu'il rend hommage aux intellectuels qui se battent, on l'entend soudain réciter Aragon :

Qu'importe que je meure avant que se dessine
Le visage sacré s'il doit naître un jour ? [...]
Ma patrie est la faim, la misère et l'amour.

Et d'ajouter « la plainte d'Anne, jeune femme rêvant dans les Tuileries » :

Comme ces jardins
Sont abandonnés !
La guerre est au bout de l'allée
Nulle part ne puis m'en aller...
Où donc est-il mon amant ?
Derrière les fils barbelés
Ou bien, dessus ma mer, allé
Rejoindre une armée, triomphant ?

Et toujours de Louis Aragon, le cri de colère de Jean Amy « contemplant les patriotes fusillés » : « Ce sang ne séchera jamais sur cette terre / Et ces hommes abattus resteront exposés... »

Goethe, qu'il goûte et qu'il récite dans sa langue, arrive d'abord lors d'un discours, pour stigmatiser la collaboration : « Le docteur Faust, chaque fois qu'il avait aggravé le malheur de Marguerite, recourait à Méphistophélès. Ainsi les gens de Vichy... » Je le retrouve au cours d'une allocution radiotélévisée destinée à encourager les Français à ne plus douter. Voici Méphisto, « l'esprit qui nie tout » et l'infortuné docteur « qui va de malheur en malheur jusqu'à la damnation ». Mais Racine est, je pense, celui qui accourt le plus souvent parmi les maîtres français de la tragédie. Je suis là quand il lui donne la parole, le 1er mai 1952, sur la pelouse de Bagatelle : « Sentant son âme déchirée entre le bien et le mal, Racine s'écriait : "Mon Dieu ! Quelle guerre cruelle ! / Je trouve deux hommes en moi." » Lorsque les ambitions de certains les entraînent jusqu'à se renier, ces quatre vers d'*Athalie* grincent entre ses dents :

« C'est peu que le front ceint d'une mitre étrangère / Ce lévite à Baal prête son ministère / Ce temple l'importune et son impiété / Voudrait anéantir le Dieu qui l'a quitté. » Il lui faut se rappeler ces voix prestigieuses pour transmettre à la sienne le lyrisme qui pourrait lui manquer.

Quant à Corneille, il n'ignore rien de lui. Même pas *Othon*, l'une de ses pièces les plus faibles. Un jour, avec Malraux, se souvient-on pour moi, il déclame devant quelques personnes émerveillées les derniers vers de cette tragédie inconnue de tous. Aussi prisé, Shakespeare rejoint Goethe en exergue du *Fil de l'épée*, et le 5 février 1962, à la télévision, pour mon admiration. Ce jour-là, il est allé le chercher dans sa mémoire pour requinquer la foi d'un peuple qui doute : « Irions-nous nous décourager, imitant le pêcheur qu'évoque Shakespeare et qui, ayant trouvé une perle et effrayé de la voir si belle, la rejette à la mer ? » Je l'entends d'autre part appeler Ibsen en renfort lors d'une rencontre à Oxford avec les Français libres : « Homme de la plaine, pourquoi gravis-tu la colline ? C'est, répond-il, pour mieux regarder la plaine. Je n'ai compris la plaine qu'en la voyant du haut des sommets. »

Souvenir de jeunesse, sans doute, Kipling apparaît dans une conférence de presse en 1947, salué par nos rires, avec son chapeau de Boer, pour se moquer d'une République, la IVe, condamnée à mort et s'imaginant qu'elle va survivre : « Ma parole, elle finit par le croire ! C'est un peu, révérence parlée, ce qui se passe dans le livre célèbre de Kipling, où une certaine troupe se promène dans la jungle en disant : Nous sommes les rois de la jungle parce que nous le disons. » Un jour, à l'Elysée, évoquant les *Mémoires d'outre-tombe* avec Bernard Tricot, secrétaire général de la présidence de la République, ce dernier essaie de reconstituer ce que Mlle de Boistilleul, la tante de René, avait écrit à la suite d'un amour malheureux de jeunesse : « Un épervier aimait une mésange et, dit-on, en était aimé. » Il le reprend : « Mais non, ce n'était pas une mésange, c'était une fauvette. » Il avait raison. Il s'efforce ensuite de retrouver en quels termes Chateaubriand a salué la mort de l'Empereur. Sans succès. Le lendemain, tout en joie de se l'être remémoré, il s'exclame : « Le souffle le plus puissant qu'ait jamais animé l'argile humaine. » De cet auteur, il n'a sûrement pas oublié ce qu'il a dit de la mémoire et ce que nous serions sans elle : « Notre existence se réduirait aux moments successifs d'un présent qui s'écoule sans cesse ; il n'y aurait plus de passé. O misère de nous ! notre vie est si vaine qu'elle n'est qu'un reflet de notre mémoire. » A propos : les souvenirs perdus, les recouvre-t-on dès la vie perdue ?

A l'inauguration de la place parisienne dédiée au maréchal de Lattre, en 1961, il prononce un superbe discours. Son ministre des Finances, Wilfrid Baumgartner, lui dit alors, le lendemain, à l'Elysée : « Votre discours admirable me rappelle celui d'Anatole France, le 11 novembre 1920, à l'occasion du transfert des cendres du soldat inconnu à l'Arc de Triomphe. » Et tous les deux se mettent à réciter ce discours de six à sept pages datant d'une quarantaine d'années. Son entourage a beau s'y attendre, ses mémorations déclenchent, chaque fois, le même étonnement admiratif. Comment peut-il donc ressusciter ce que les plus cultivés des hommes qu'il approche ont depuis longtemps enterré pour toujours ? Quel chef d'Etat dans le monde pourrait le battre sur ce terrain ? J'explore le passé : la France a-t-elle jamais compté elle-même, dans son histoire, un dirigeant doté d'une telle faculté ? Et ne sera-t-elle jamais prise en défaut ? Si, une fois, en Allemagne, en 1962, dans un discours prononcé en allemand, long, trop long peut-être pour être retenu dans la perfection. Il s'est embrouillé dans son texte. « J'ai manqué mon affaire », se reproche-t-il alors dans l'avion du retour. Quand nous apprenons ce petit incident, nous sommes aussi malheureux que lui.

Mais bien d'autres anecdotes nous délivreront de toute inquiétude. Le 27 septembre 1959, à Lille, lors de l'inauguration du Mémorial de la Résistance et de la Déportation, il rencontre la veuve d'un de ses camarades de Douaumont et lui demande des nouvelles de son fils et de sa fille en citant leur prénom. Il n'a aucune note sur lui. Il se souvient, tout simplement. Cinquante ans après l'événement. Jusqu'à la fin, aucune balle rétive n'aura besoin d'avertir le jongleur qu'il est temps d'arrêter son jeu sublime.

Messmer (Pierre)

Chaque fois que j'entends passer une petite moto sur une route de campagne, je pense à Pierre Messmer et aussi à Jean Simon, puisqu'il était assis derrière lui, en croupe. Je pense à ces deux jeunes gens qui, refusant la défaite comme la pire des turpitudes, se précipitent, tête baissée, sur leur deux-roues, vers cet homme que la providence a envoyé en Angleterre, pareil à une bouée lancée au secours d'un nageur épuisé. Scandalisés, le 17 juin 1940, après avoir écouté la voix chevrotante de Pétain ordonnant de cesser le combat, je les vois subtiliser cette pétrolette et filer vers le sud, vers Marseille, leur maigre valise coincée entre eux deux, pour s'embarquer sur un cargo qu'ils parviendront à dérouter vers Gibraltar d'où ils gagneront l'Angleterre. A travers leur pétarade défilent pour moi ceux qui, avec la même audace, ont fait fi de tout dans le but d'aller rejoindre cette France miniature dans laquelle le cœur de l'autre, de la France moribonde, continuait de battre, comme à la suite d'une transplantation miraculeuse. Tous ceux que la fibre patriotique a forcés à abandonner leur toit, leurs êtres chers, leur avenir professionnel, et à traverser la mer ou la montagne pour faire acte de fidélité à l'égard de l'homme du destin.

Le voici donc à Londres, ce petit-fils de paysans alsaciens, à vingt-quatre ans, le 22 juillet 1940, au troisième étage de l'immeuble sombre de St Stephen's House, serrant, pour la première fois de son existence, la main tendue d'un général dont il m'avouera qu'il a été l'homme de sa vie. Quelques mois avant qu'il ne nous quitte pour toujours, je suis allé lui demander de me raconter cet homme-là. Alors, sans attendre et à ma surprise, il a quitté sa réserve d'officier figé dans un garde-à-vous moral et m'a décerné ce grand sourire qui ne point qu'en de rares occasions. Et de sa voix lente, au rythme du pas des soldats du désert qui lui sont chers, il a entrepris de redonner vie à l'homme de sa vie. Leur deuxième rencontre a lieu à Freetown, sur le paquebot hollandais *Westerland*, un mois plus tard, après l'échec de Dakar. Figé devant lui, avec Jean Simon. « Nous ne le connaissons pas encore très bien, me dit-il, son nom n'est pas encore une référence pour nous. » Ils lui demandent si l'on ne pourrait pas échanger leur camarade Fred Scamaroni, fait prisonnier par des gens de Vichy, contre la libération de vichystes capturés en A-EF et au Cameroun. Réponse brutale : « Ceux qui ont déserté le combat n'ont pas le droit de juger les combattants. Rompez. » Messmer a vu un homme déterminé. Il lui plaît de plus en plus.

En mai 1941, les officiers rassemblés apprennent de sa bouche les raisons de l'intervention imminente des Français libres au Liban et en Syrie : l'avance fulgurante des Allemands en Méditerranée orientale, l'incapacité de Vichy de leur refuser le droit de survol et d'escale, la volonté dissimulée des Anglais de profiter de la situation pour nous évincer au Moyen-Orient. Ainsi, des Français vont se retrouver les uns contre les autres. Certains gaullistes récusent à l'avance cette guerre fratricide. Le lieutenant Messmer n'est pas de ceux-là. Il obéit aux ordres, « sans remords et avec une certaine tristesse », se souvient-il. Et remplace aussitôt son colonel, objecteur de conscience. Humaniste, le chef de la France libre respecte la décision de ces officiers, mais il ne leur sera plus possible de commander au combat.

Survient ensuite l'épique bataille de Bir Hakeim. Quand Messmer prononce ce nom, je vois le blond du désert brasiller dans ses yeux comme de la poudre d'or. Les Allemands sont devant Moscou et Leningrad, et approchent du Caucase, les Japonais menacent l'Inde et l'Australie, Laval souhaite publiquement la victoire de l'Allemagne, et la France libre vient de remporter le premier triomphe des armes françaises depuis le début de la guerre. Pour une fois, l'émotion de l'homme du 18 Juin est visible. Deux mois après cette bataille, la scène suivante m'a pour témoin : chemise de brousse aux manches retroussées, casque colonial anglais aux larges bords, le capitaine Messmer écoute avec d'autres officiers de son bataillon celui qu'il appellera dans un livre le « Cassandre militaire ». Il leur déclare, avant Stalingrad, avant El-Alamein, trois ans avant la fin de la guerre : « Maintenant le tournant est pris, nous sommes sûrs de gagner. » Un traité de paix ? « Il n'y en aura pas. » Quelques mois plus tard, la victoire d'El-Alamein lui donne raison. Messmer : « Nous sommes ahuris (son regard rayonne d'émerveillement comme ce jour-là), où va-t-il chercher tout ça ? » Sa réponse est dans *Le Fil de l'épée* : « Qu'un politique, un soldat, un homme d'affaires conçoive comme il faut, c'est-à-dire d'accord avec ce qui est, on proclame qu'il a le sens “des réalités”, ou le “don”, ou “du coup d'œil”, ou “du flair”. Rien ne peut, dans l'action, remplacer cet effort de la nature même. » Cassandre a parlé.

Seize ans vont passer pendant lesquels le légionnaire remplit différentes missions en Indochine et en Afrique. L'Afrique ! Entre son patron et ce continent, il y a comme une sorte de magie. Selon Messmer, l'ancien fantassin du 33e RI n'a pourtant pas la « fibre coloniale ». Mis à part son séjour à Beyrouth, toute sa carrière s'est déroulée en métropole, dans les garnisons de l'Est. Mais il a vite appris à aimer les Africains. Dès 1940, il est subjugué par leur côté sentimental et subjectif. Tout de suite, il décide de les sortir de leurs épreuves de peuples déshérités. « Devant le dénuement de ces populations aux pieds nus, c'est le chrétien qui réagit en moi », avoue-t-il un jour à son fils. En 1963, grâce à lui, on le sait, tous les Etats francophones, à l'exception de la Guinée, accèdent sans heurt à l'indépendance. Messmer l'Africain est aux premières loges de la décolonisation réussie. Il ne se doute pas qu'avec son flair habituel, l'homme qu'il suit depuis juillet 1940 a trouvé le bon numéro en sa personne et qu'il l'a inscrit sur ses tablettes. Lorsqu'il effectue après coup une période militaire comme lieutenant-colonel dans un régiment de parachutistes en Kabylie, on lui annonce soudain qu'il est convoqué par le président de la République. Un avion viendra le chercher le lendemain à 6 heures du matin. (Il faut l'entendre me faire ce récit de la voix posée du chef avant le déclenchement de la bataille.) A peine entré dans son bureau à l'Elysée, il lui déclare sans préambule qu'il a décidé de le nommer ministre des Armées. Ce à quoi il ajoute : « Vous rentrez chez vous et vous n'en sortez pas avant midi parce qu'il faut que je prévienne le Premier ministre. » Il ne lui demande pas son avis. Il veut en finir coûte que coûte avec l'affaire algérienne et il a besoin d'un ministre droit dans ses bottes. « Il sait que je n'ai pas d'états d'âme et que je ne le trahirai pas. » Il demeurera neuf ans à ce poste. La fidélité dure longtemps quand celui qui l'inspire reste fidèle à ce qu'il est.

Issu de la même famille, l'armée, il est un ministre qui ne ressemble à aucun autre. Lorsqu'il se présente à lui, il continue à rectifier la position, comme s'il était en uniforme, et, empreints d'une franchise parfois assez abrupte, leurs rapports sont bien différents de ceux qu'il entretient avec ses collègues du gouvernement. Messmer ne s'en plaint pas. (Il fixe le pla-

fond, sourire immobile. On dirait qu'il l'aperçoit là-haut en train de nous écouter.) « Nos relations sont féodales. C'est le seigneur, il habite son donjon, mais il ne considère pas pour autant les gens comme des manants. Il a du respect pour tout le monde, même pour les plus humbles. » Leur langage est direct et non exempt de coups de grisou.

Exemple : en mai 1961, au lendemain du putsch des généraux à Alger, Messmer fait dissoudre le 1er REP, fer de lance de la rébellion. Il lui lance alors dans ses yeux bleus d'Alsacien : « Il faut dissoudre la Légion. » Abasourdi, Messmer tente de le raisonner, et, comme il n'y parvient pas, lui rétorque : « Il faudra, mon général, un décret que je ne signerai pas. C'est une question d'honneur. » Yeux baissés, il s'attend à entendre qu'il doit lui donner sa démission. Trente secondes et rien n'arrive. (Un restant de défi nage dans son sourire.) « Il a voulu savoir jusqu'où il pouvait aller avec moi, si j'étais plus attaché à ma fonction qu'à mon honneur. Jamais nous n'en avons reparlé. » Lorsqu'une saute d'humeur le saisit, me rappelle encore Messmer, ses joues rosissent comme celles d'une fillette prise en faute. C'est ce qu'il constate, par exemple, en 1966, à bord du croiseur *De Grasse*, au large de Mururoa, où il est venu assister au second tir d'essai de la bombe A. Piaffant d'impatience, il apprend subitement que le tir sera retardé de vingt-quatre heures à cause de la météo. « Pourquoi ne m'a-t-on pas prévenu ? » Son visage change de couleur. Il menace de regagner Paris. Le lendemain, le soleil est de retour. Avec son sourire. Le tir peut avoir lieu.

Messmer le rencontre pour la dernière fois le 16 juillet 1969. Invité avec sa femme à Colombey, il fait, comme d'habitude, un tour de jardin avec lui. Et leur passé revient, pareil à un objet que l'on a oublié au fond d'un tiroir et sur lequel on tombe par hasard : Londres, Dakar, Libreville, Douala… « Après nos adieux, une fois franchie la grille de la propriété, ma femme me glisse : "J'ai l'impression que nous ne le reverrons plus." C'est également ce que je pense. » Je le regarde. Difficile de ne pas le revoir à ses côtés, aussi impassible que lui, aussi maître de lui. Difficile d'abstraire de ses pensées, sous le costume du ministre ou l'habit vert du Quai Conti, le légionnaire de Karen ou de Bir Hakeim en chemise de brousse, impavide sous les balles sifflantes, et celui qui entonnait un *Te Deum* dans la capitale du Gabon fraîchement conquise, accompagné de Kœnig à l'harmonium. Impossible d'oublier le jeune homme qui fonçait avec son copain vers l'honneur et celui qui l'incarnait, penché sur le guidon d'une moto volée.

Montcornet

18 mai 1940. Je retiens cette date, l'empêche de fuir avec le temps, car c'est celle d'un jour fondateur. Du jour où il est né. Où l'Histoire a commencé à parler de lui. Dans un mois, jour pour jour, il passera le Rubicon et sa voix nous parviendra de loin. Celle d'un alpiniste arrivé au sommet de la paroi rocheuse encourageant sa cordée à bout de forces. Mais pour le moment, nous nous trouvons dans la Somme où, contre toute attente, l'espoir va resurgir pareil au rétablissement subit d'un malade sur sa fin. Miracle en effet que ce sursaut inattendu qui ensoleillera tout à coup des moments bien sombres. Car, refoulées de Belgique, que les Allemands ont envahie par surprise avec les Pays-Bas, les armées françaises sont dans une situation difficile. Se riant de notre doctrine officielle qui veut que les moyens motorisés ne puissent franchir l'obstacle naturel des Ardennes, Guderian n'a pas tardé à percer le front à Sedan. Après avoir culbuté nos deux divisions d'infanterie composées de réservistes âgés et sous-encadrés, ses panzers se précipitent vers la mer afin d'essayer d'encercler les forces que nous avons aventurées en Belgique. Où vont-ils s'arrêter ? A la Méditerranée ?

Aux abois, le Grand Etat-Major français a confié, le 11 mai, au colonel de Gaulle, qui bénéficie là d'un avancement exceptionnel dû à des mérites trop longtemps dédaignés, le commandement de la dernière unité qu'on est en train de former à la hâte avec des éléments récupérés un peu partout : la 4e division cuirassée de réserve. A charge pour lui, pauvre homme, d'arrêter le déferlement des panzers à Laon avec cette division faite de bric et de broc, et qui n'a même pas eu le temps de se rassembler. « Allez, de Gaulle ! s'exclame à son arrivée le général Georges, son chef direct. Pour vous qui préconisez depuis longtemps des conceptions que l'ennemi applique, voilà l'occasion d'agir. » Là-haut, un phare vient de s'allumer. Ses faisceaux l'orienteront toute sa vie.

Le 15 mai, il part pour Laon dans sa Vivastella noire, pressant le chauffeur embarrassé par le flot continu des civils et des soldats débandés, et établit son poste de commandement au sud de la ville, dans le bourg de Bruyères-et-Montbérault. J'ai découvert l'endroit. Une simple maisonnette de couleur ocre, quatre fenêtres sous un toit de tuiles au fond de la place de la Poste. Ancien charpentier, Adolphe Cattet s'est rappelé devant moi, il y a quelques années, tout ému, le jour où l'officier d'ordonnance du colonel s'est présenté chez lui pour lui demander une chambre. « Ma femme lui a dit : "Nous avons quatre enfants, alors si vous pouvez trouver plus loin, ça serait mieux." Alors, comme il n'a pas trouvé, nous avons couché dans la chambre de nos enfants et nous lui avons donné notre chambre. Il a fallu qu'on allonge un peu son lit car il n'était pas assez grand. »

Je l'aperçois en train de gagner cette maison, botté, casqué et harassé, par les rues désertes du village, puis dans sa limousine partir à la recherche d'informations sur l'ennemi et des éléments qu'il pourrait annexer. L'aperçois devant les scènes de désolation qu'il rencontre sur les routes, ces troupes que les Allemands ont désarmées avec pour consigne de fuir vers le sud faute d'avoir le temps de les faire prisonnières. Et je l'écoute tandis qu'il se relit, six ans après, de sa voix si souvent contrefaite : « Ah ! c'est trop bête ! La guerre commence infiniment mal. Il faut donc qu'elle continue. Il y a, pour cela, de l'espace dans le monde. Si je vis, je me battrai, où il faudra, tant qu'il faudra, jusqu'à ce que l'ennemi soit défait et lavée la tache nationale. Ce que j'ai pu faire par la suite, c'est ce jour-là que je l'ai résolu. » Ce jour-là qu'il est né.

Inutile de rêver. La 4e DCR n'est pas, loin s'en faut, la « masse cuirassée et crachant mille feux » évoquée dans *Vers l'armée de métier*, mais un amalgame de tout ce qu'il peut s'approprier sur place parmi les unités ou les troupiers égarés. Le reste d'une division de cavalerie. Une poignée d'artilleurs oubliée là par hasard et armée d'un simple mousqueton. Des automitrailleuses sans mission, abandonnées à leur sort. Tous ces braves gens jetés dans le feu des combats sans instruction, sans expérience, avec seulement trois heures de conduite sur char. Des armes dont ils ignorent le fonctionnement. De rares postes de radio qu'ils découvrent… Grandes, me dis-je, sont certainement sa fureur et son indignation. Pas une minute à perdre. Sans attendre l'arrivée des éléments retardés par les bombardements des Stuka qui pilonnent les trains, il engage sa division. Le 16 mai au soir, il fait savoir au quartier général qu'il attaquera, le lendemain, « avec les forces, quelles qu'elles soient, qui me seront parvenues ». A 3 h 15, mission est donnée à son état-major : « Dégagez Montcornet ! » Une demi-heure plus tard, moteurs en marche. Fumée âcre des pots d'échappement. Grincement des chenilles. La bataille commence. Dans les tourelles, les équipages vont devoir, pour la première fois, affronter la mort. Transe. Impression produite : un être se détache alors de vous et s'élance à votre place.

« A moi, Guderian ! » doit s'écrier celui dont les conceptions exaspèrent chez nous les tenants de la guerre des tranchées. Le dieu de la guerre veut que les deux théoriciens des blindés se retrouvent face à face. Solitaire, il n'écoute que lui-même, parle peu, dort peu et se moque du danger. Me revient le récit obtenu auprès de plusieurs anciens combattants de son unité avant que le grand sommeil ne me les vole. Le commandant Nérot, membre de son état-major : « Toujours en tête, dans sa voiture noire ou à bord d'un char, jamais un commandant de division ne s'est exposé pareillement. Les autres sont loin de la bataille, dans quelque château, au bout du fil téléphonique. » Sur la route de Chivres, non loin de Montcornet, sa témérité manque de lui coûter la vie. Plus loin, un de ses sous-officiers a vu sa voiture faire demi-tour en un éclair. Caché dans les blés, un franc-tireur l'avait pris pour cible. Marcel Signol, pilote d'un de ses chars de tête dans lequel le colonel a pris place un jour : « Quand le 46e bataillon s'est ébranlé, avec notre moral d'acier, nous avions envie d'aller jusqu'à Berlin ! » Je plains ces hommes qui devront vite déchanter malgré la présence à leur tête d'un tel guide.

Ils iront, dans la journée, à Montcornet où cent trente prisonniers tomberont entre leurs mains et dépasseront même de quelques kilomètres cet important nœud de communication, jusqu'à l'endroit où se trouve le PC de Guderian, lequel devra déménager en catastrophe. Ce dernier écrira plus tard dans ses Mémoires avoir vécu, ce jour-là, « des heures d'inquiétude les plus noires de toute la guerre ». Le bruit court parmi les réfugiés que les Allemands sont en retraite. Fini la déroute ? Il suffit d'un souffle infime pour donner des ailes à l'espérance.

Hélas ! le malheureux colonel se retrouve plus seul encore, soutenu par personne, loin devant les douze divisions qui ont pu se mettre en ligne derrière lui grâce à sa contre-offensive, la première de la guerre. Celles-ci demeurent l'arme au pied parce que s'engouffrer dans la brèche taillée par les blindés n'est pas la conception française, qui est de constituer une ligne de défense comme en 14-18. Après Montcornet, il reçoit pour mission de rejeter l'ennemi au-delà de la Somme, au sud d'Abbeville. Ce qu'il réussit aussitôt en faisant quatre cents prisonniers supplémentaires et en capturant de grandes quantités de matériel. Le capitaine François, de son état-major, me raconte que les officiers ont mis, ce soir-là, sur la table de la popote, en guise de nappe, un magnifique oriflamme nazi pris pendant les combats, à la grande satisfaction du colonel qui a tenu à conserver ce trophée en souvenir. Quatre jours auparavant, le « commandant de chars d'armée, plein de ressource, d'acharnement, de dévouement, aux idées neuves et hardies », a été nommé général de brigade à titre temporaire. Ce mot mesquin de « temporaire » donnera, durant toute la guerre, pour leur propagande, un cheval de bataille à ses adversaires qui, à Vichy, ont renoncé à la bataille.

Il engage chaque opération avec une telle furia que l'on pourrait croire que c'est la dernière de sa vie. La tête de pont ennemie est presque entièrement réduite. Cette avance provoque même un début de panique chez les Allemands. Mais le grand officier à la veste de cuir ne pavoise pas pour autant. Car il reste le mont Caubert, la dernière ligne de crête avant Abbeville, solidement tenue par des troupes fraîches. Je le toise avec colère, ce fâcheux mont qui a barré la route à mon Hercule. Nos chars peinent à monter ses pentes avec la rapidité voulue et l'artillerie lourde ennemie en profite. Que font-ils donc à l'arrière ? Aucun renfort prévu, ni en hommes ni en matériel. C'est l'échec. De leur côté, les Belges ont capitulé et les Anglais commencent à rembarquer. Le 31 mai, il n'a plus guère d'illusions. Un pianiste paralysé des deux mains. « Mais j'entends garder l'espérance, écrira-t-il. Si la situation ne peut être, en fin de compte, redressée dans la métropole, il faudra la rétablir ailleurs. » Treize jours se sont passés depuis le 18 mai, dans le fracas des armes et les cris des guerriers. Treize jours au cours desquels il a démontré sur le terrain l'impérieuse exigence de ses théories. Treize jours depuis le 18 mai, jour où il est né.

N

Normandie (Hôtel de)

En juin 1940, Bordeaux ressemble à ces jolies séductrices dont les attraits ne sont que manœuvres fallacieuses. Choisie par le destin pour incarner le recours et peut-être la revanche, cette belle ville n'est plus que la capitale d'un Etat en sursis aspirant à la démission. Bégaiement de l'Histoire. On court toujours se réfugier sous sa robe quand Paris commence à sentir le brûlé. On l'a vu en 1870, au moment où les uhlans de Bismarck ont entrepris de tâter les « fortifs » avec l'intention de ne pas en rester là. Bordeaux est l'aboutissement des grandes catastrophes nationales, le point de chute de la débâcle. Passé le pont de Pierre commence l'agonie ou le retour à la vie. C'est là, dans la nuit du 16 au 17 juin, alors que les panzers sont à trente kilomètres, que les mystérieux desseins de la Providence l'attendent au tournant. Là qu'il va cesser d'être un homme ordinaire voué, comme beaucoup, à la petitesse et à la compromission. Là qu'il va être un autre. Qu'il est devenu un rebelle de génie. Jusqu'à présent, il a tapé du pied, bousculé les dogmes, envoyé paître les idées surannées, mais sans jamais dépasser les limites fixées par le respect des hiérarchies. Maintenant, flanquant aux pelotes son portefeuille de sous-secrétaire d'Etat à la Défense nationale et à la Guerre, dont la seule réalité est l'adresse figurant sur son papier à lettres, il se prépare à accomplir l'irréparable. A répudier tout ce qu'il a exigé de chacun au cours de sa vie sous les armes, à blackbouler les traditions. A désobéir. Légitime, la révolte peut réussir à transformer l'homme le mieux bâti au point de ne plus se reconnaître lui-même.

D'un saut magique, je le rattrape au Normandie, cet hôtel de grand confort resté tel quel aujourd'hui, cours du 30-Juillet, en bordure de l'esplanade des Quinconces. Il a fini par y être hébergé en dépit de l'invasion des ministres, parlementaires et hauts fonctionnaires encombrés de leur suite et de leurs bagages. Il m'apparaît comme les premières photos prises de lui le représentent, avec son képi à feuilles de chêne, sa culotte de cheval, ses jambières astiquées et sa stature inaccessible au commun des mortels. Négligeant l'ascenseur, il monte, quatre à quatre, sans s'aider de la rampe en fer forgé. Chambre 20 ou 22 au deuxième étage. Une heure du matin. Il n'a pas dîné et son humeur s'en ressent. Il y a quelques minutes, d'ailleurs, dans le restaurant en terrasse de l'hôtel Splendid, allées d'Orléans, on l'a entendu élever la voix. D'après ce que m'a relaté l'ancien maître d'hôtel de cet établissement, on refusait de lui servir un repas sous prétexte que le chef de cuisine était parti avec les clés des armoires frigorifiques à cause des rapines. On lui a proposé des croissants et du café au lait, ce qui l'a fait sortir de ses gonds. Il est donc parti se coucher. Demain matin, de bonne heure, il reprendra l'avion dans les mêmes conditions, le ventre creux. Nul ne sait comment il a traversé cette dernière nuit en France. Sans doute comme une mer agitée. Il est des nuits qui ne sont faites que pour vous voler du temps de vie.

Longue, très longue, la journée qui se termine. Il revient juste de Londres où Paul Reynaud l'a envoyé demander de l'aide pour le transport des troupes disponibles en Afrique du Nord et assurer aux Anglais que la flotte ne tombera pas aux mains de l'ennemi. Où lui a été présenté le fabuleux projet destiné à encourager le président du Conseil à continuer la lutte : la fusion des deux pays avec la mise en commun de toutes leurs ressources. Dernière chance, s'est-il efforcé de se dire en croisant ses longs doigts. Quand il atterrit à Mérignac, le soir, tard, dans le biplan que lui a prêté Churchill, je présume qu'un brin d'espoir frémit encore en lui. Une touffe d'herbe au milieu d'un champ désertique. Si les partisans de l'armistice n'étaient plus aussi nombreux, si Reynaud avait fait preuve d'autorité, s'il avait décidé de partir pour l'Algérie, si… Mais au pied de l'appareil, examinant la tête de ceux qui sont venus l'accueillir, j'imagine que toute illusion doit l'abandonner. Consterné, mais non surpris, il apprend la démission de Paul Reynaud et son remplacement par Philippe Pétain. « Dans ces conditions, déclare-t-il au démissionnaire, il n'y a plus rien à faire ici. Je pars en Grande-Bretagne pour tenter de continuer ce que nous ne pouvons plus faire depuis Bordeaux. » Il n'oublie pas ce que Chateaubriand a dit dans ces circonstances : « Dieu sait bien ce qu'il fait : c'est la Providence qui nous dirige lorsqu'elle nous destine à jouer un rôle sur la scène mondiale. »

Les dés sont jetés. Vers 11 heures du soir, il rencontre Reynaud pour la dernière fois, et vers minuit Spears, le représentant personnel de Churchill en France, qui partira en sa compagnie, et l'ambassadeur Campbell. A 1 heure du matin, au Normandie, où j'ai l'impression de me trouver, face à la colonne de soutien en marbre de couleur crème, la haute glace située au-dessus du comptoir de réception reflète son passage sur le carrelage noir et gris et sur le tapis rouge de l'escalier, devant le portier assoupi. Peu de temps après s'éteignent les deux grandes fenêtres de sa chambre donnant sur les Quinconces. Demain 17 juin, jour historique. Il se lève au moment où, tout juste réveillé, le soleil apparaît à peine au-dessus des toits. Une tête au ras de sa couverture. A 7 h 30, Spears l'attend dans le hall de l'hôtel, accompagné de Jean Laurent, chef de cabinet de Reynaud, qui lui remet de sa part un viatique de cent mille francs, première ressource de la France libre.

On connaît la suite, telle que la décriront Geoffroy de Courcel, l'aide de camp qui l'accompagne, et lui-même dans ses *Mémoires de guerre*. Le départ vers Mérignac livré à la pagaille, « sans romantisme et sans difficulté », dans le biplan Dragon Rapide. Pour tout bagage, deux cantines qu'il a fallu amarrer avec des cordes trouvées par hasard dans un hangar. L'une contient ses dossiers, l'autre ses affaires personnelles dont la veste de cuir des chars et son casque. Soleil éclatant, pas un nuage. Sous les ailes, la Gironde a des airs lascifs et Bordeaux somnole, comme loin de tout. Dans ses *Mémoires de guerre*, il raconte : « Nous survolâmes La Rochelle et Rochefort. Dans ces ports brûlaient des navires incendiés par les avions allemands. Nous passâmes au-dessus de Paimpont, où se trouvait ma mère, très malade. » A-t-il jeté un œil par le hublot ? Las ! il a fallu que la mort se mêlât au sursaut de la résurrection.

Dans sept ans, Mauriac, enfant du pays, sera parmi les milliers de Bordelais venus « moins pour entendre que pour voir, que pour dévorer des yeux ce personnage fatidique qui, un jour de juin 1940, s'envola de leur ville, capitale attitrée du désastre, et au plus épais de la honte déposa une gerbe de résurrection ». Je le vois, ce personnage, derrière le pilote, assis à côté de Spears consultant ses notes. Perdu dans ses songes, regarde-t-il la France s'enfuir, prendre peu à peu la couleur brumeuse du souvenir ? Derrière lui, dans ce lieu de démission et de défaite, un événement mémorable dont personne ne se doute vient de se produire, rachetant d'un coup toutes les lâchetés accumulées là. Un petit sous-secrétaire d'Etat de quarante-neuf ans est entré dans l'Histoire.

O

Officier de garnison (L')

Si l'on veut savoir combien il sort du lot dans l'armée d'avant guerre, il suffit de le voir à l'œuvre à la tête du 507e chars en garnison à Metz, dès octobre 1937. Nommé colonel deux mois plus tard, sa réputation est déjà faite. Il diffère de tous les autres chefs de corps par sa façon de mener son affaire, à tel point que l'on vient d'autres unités et même de l'étranger pour l'examiner de près. Il n'a pas mis longtemps à secouer les vieilles habitudes d'une armée commandée par des généraux fermés à toute idée nouvelle. Sous cette attitude originale, que l'on juge d'un très mauvais œil en haut lieu, se dessine le futur rebelle qui fera tant parler de lui dans trois ans. Sa mutation à Metz l'entraîne une fois de plus à déménager. Il a donc quitté l'appartement parisien qu'il occupait depuis six ans pour s'installer à proximité de sa nouvelle garnison avec sa femme et Anne, à Martinstrasse, dans une maison de deux étages en pierre de taille, après avoir confié son mobilier au garde-meuble Bedel et Cie. Décision dont il se félicitera après la guerre. Grâce à la diligence de cette société, en effet, ses meubles échapperont, avec tous les objets de famille, les papiers et les photos, à l'ordre de saisie de Vichy et aux occupants. En pension à Paris, ses deux autres enfants, Philippe et Elisabeth, ne rejoignent leurs parents et leur petite sœur qu'au moment des vacances.

Formée de régiments d'infanterie et de cavalerie, cette armée issue de 1914 rejette le moteur au profit du cheval. Des chars traversant les Ardennes ? Comment imaginer pareille bêtise ? Et puis, il y a la ligne Maginot. « Ils » se casseront le nez sur cette muraille infranchissable. Vieille rengaine que j'ai souvent entendu seriner, enfant. Aussi, aucun officier supérieur breveté ne lui disputerait le commandement de ce régiment de chars que l'on appelle par dérision le « Royal Cambouis ». Autant de préjugés défavorables qui renforcent le défi que ce colonel s'est lancé à lui-même avec la hargne dont je connais la force. De tous les régiments présents à Metz et dans les environs, et ils sont nombreux, le sien a pour obligation de briller par sa tenue et ses capacités opérationnelles. Le colonel de Lattre de Tassigny peut défiler sur son cheval blanc en tête de mille huit cents fantassins, le régiment de tirailleurs algériens, celui de la garde d'honneur du général Giraud, gouverneur militaire de la place, marcher derrière son traditionnel bélier caparaçonné, et les dragons trottiner derrière leurs trompettes, le 507e chars doit en remontrer à tout le monde.

Quant à son colonel, il n'a pas fini d'impressionner ses hommes. L'admiration enchante encore la voix d'André Bégard, l'un de ses sous-officiers, secrétaire d'une des compagnies, pour me parler de ce « grand chef ». Sa personnalité l'a tellement intrigué qu'il a noté, jour après jour, pour s'en souvenir (et me le faire partager), tout ce qu'elle a pu lui inspirer. Il est d'abord frappé par son expression hautaine. Personne n'oserait lui adresser la parole sans y être convié. Lorsqu'on le voit passer dans la cour, il marche toujours seul, son adjoint, le lieutenant-colonel Simonin, cyrard de la même promotion que la sienne, le suit à six pas. Tenue impeccable exigée de la part de tous. S'il lui arrive de rencontrer un homme dont la mise lui déplaît, il demande à son chef direct de le sermonner en conséquence. Lui-même donne l'exemple : bottes étincelantes, gants blancs, képi ou casque bien ajusté. (J'ai peine à l'imaginer autrement.) Gare à celui qui oublierait de le saluer à toute heure de la journée. Gare à la garde qui ne sortirait pas assez vite à chacune de ses apparitions. Jusqu'au bout, le respect et l'ordre animeront ses actions, comme la lune et le soleil les marées.

Mais si la discipline est stricte, souligne l'ancien sous-off, le colonel veille aussi au bien-être de ses hommes. (Je vois percer là l'humaniste que la République découvrira un jour à sa tête.) Pupille de la Nation, l'un d'eux reçoit de sa poche une somme rondelette, le jour de son mariage, pour l'aider à se loger avec sa jeune femme. Innovation sans précédent, il fait installer dans le foyer du régiment une salle de ping-pong, un billard, une bibliothèque et même un cinéma parlant, rare plaisir à l'époque, qui fera bien des envieux dans les unités voisines. Artilleurs et fantassins en visite ouvrent la même bouche étonnée dans les chambrées où les paquetages en équilibre sur une planche au-dessus des lits ont été remplacés par des armoires individuelles. Tandis qu'au réfectoire, les gamelles, les quarts et les bouteillons ont disparu au bénéfice des assiettes, des verres et des bouteilles d'un quart de litre de vin. Mais il fait mieux encore, et je distingue, de nouveau, le futur créateur de la Sécurité sociale. Il crée une caisse d'aide sociale. Une première dans l'armée française. Tous les trimestres, une commission présidée par lui, entouré de trois officiers, trois sous-officiers et trois caporaux et hommes de troupe statue sur les aides sollicitées. « J'ai l'honneur d'y participer trois ou quatre fois, raconte André Bégard. Un officier présente le dossier : "Chasseur X, marié, deux enfants, sans ressource, etc." Le colonel tranche : "Secours de cent francs proposé." Tous acquiescent. Le colonel conclut : "Accordé." Jamais de discussion. » Le chef, dit-il dans *Vers l'armée de métier*, doit être « dévoué à ceux qu'il commande ». Heureux de rendre heureux. Tel est-il sous son heaume.

Régiment d'élite, le 507e ne cesse de manœuvrer. Sous ses ordres, toutes les batailles fictives sont gagnées. Les observateurs étrangers tombent des nues. Il leur démontre les réalités de la guerre moderne, celle du mouvement. Et pour que chacun s'attache personnellement à son char, comme le cavalier à sa monture, il a une idée que je salue. Celle de faire baptiser tout char lourd et léger au cours d'une cérémonie, comme on le fait avec un bateau. Il déclare à la troupe : « Un char a sa personnalité comme un navire, il doit avoir son nom. On peut mourir pour le "Redoutable", pour le "Wagram", et non pour le 0227 D2. » De même, il élabore un nouvel insigne de régiment. Au heaume du chevalier sur deux canons entrecroisés est apposée une croix de Lorraine. L'amiral Muselier, qui se disait l'inventeur de l'emblème de la France libre, ignorait-il ce détail ? Je ne le pense pas. L'intendance rue dans les brancards. Toutes ces nouveautés coûtent très cher. Il tempête : « Comment ! lorsque l'on presse les états-majors de faire des économies, il faut les empêcher de les faire sur les haricots du soldat. » Rien de tel qu'un homme de sa taille pour crier haut quand il le faut.

Mais c'est surtout devant l'inconséquence et l'impéritie du commandement et des dirigeants politiques que le futur rebelle montre les dents. On lui impose, par exemple, avec l'assurance de celui qui sait tout, de disséminer ses chars parmi les régiments d'infanterie au cours des manœuvres. Les Français sont trop malins pour être intelligents. Négation de l'armée blindée dont il rêve. Hérésie. Le visionnaire est raillé ou ouvertement combattu. Le général Giraud, qu'il retrouvera contre lui en 1943 à Alger, lui lance au sortir d'une manœuvre (je crois percevoir sa voix de tête) : « Mon petit Gaulle, tant que je serai ici, vous n'introduirez jamais vos méthodes ! » Le destin aime dresser des obstacles sur le chemin pour différencier les performances des concurrents.

La rogne de celui que l'on surnomme en ricanant le « colonel Motor » monte d'un cran supplémentaire quand, en septembre 1938, porté sur la frontière à cause des rodomontades de Hitler, son régiment en revient, le mois d'après, à la suite des accords de Munich, sous les acclamations de la foule. Massée le long des routes, elle jette des fleurs, des grappes de raisin, des pommes à la troupe émerveillée, lui offre des verres de mirabelle, « comme si on venait de gagner la guerre », se rappelle encore mon sous-off. Au retour de ce déplacement, ses officiers, tête basse, dans son bureau, à l'écoute de sa voix grondante : « On ne fleurit pas ses armes après un échec diplomatique sans précédent ! » Le 14 juillet 1939, il sème de nouveau le feu en se refusant à voir son régiment défiler sur les Champs-Elysées, comme c'est la tradition chaque année. Il ne veut pas faire croire aux Français que l'armée possède un nombre suffisant de chars d'assaut. Le « Royal Cambouis » ne participera donc pas à la mascarade des généraux qui préfèrent le « canasson » au moteur. L'homme du 18 Juin n'est pas loin.

Opale (Côte d')

« Sur la grève je me livrais aux caresses de ma vieille maîtresse, la mer. » Le jeune homme de dix-sept ans qui signe ses poèmes de l'anagramme de Charles de Lugale a-t-il déjà lu les *Mémoires d'outre-tombe* dont j'extrais cette citation ? En tout cas, elle pourrait illustrer ce qu'il ressent lui-même lorsqu'il va se baigner avec un plaisir dont il se souviendra longtemps, le matin, de bonne heure, sur la côte d'Opale où ses parents louent une villa pour les vacances. Une année, Charles passe l'été à Wimille, dans la villa des Tilleuls, une autre année à Wimereux, non loin de la mer, chez Lucie Maillot, sa marraine et tante maternelle, propriétaire de la villa Saint-Patrick, rue Saint-Maurice. Chapeautée d'ardoises, cette belle maison de deux étages, dotée de six chambres, d'un garage et d'une écurie, a une vue plongeante sur les dunes couchées au ras de l'eau avec une langueur d'ondine. Au bout d'un peu plus de cent mètres de descente par la rue du Fort-de-Croy, que j'emprunte à l'instant, la mer est là qui se plie et se déplie. C'est ce rivage qu'il arpente en solitaire après s'être très tôt baigné, à l'heure où le ciel encore mal réveillé effiloche des lambeaux de brume, où les premiers estivants n'ont pas encore pommelé la plage vierge. En pantalon court et pieds nus, il profite de la marée basse pour parcourir quelques kilomètres sur un sable semé d'oursins, de couteaux et de coques, et survolé par quelque goéland argenté ou grand cormoran.

Après un dernier bain, toujours aussi solitaire, et avec le même sentiment de bien-être, il retourne au pas de course à la villa qui me domine du haut de sa colline. Il prépare alors ses examens avec ses cousins Maillot ou Corbie en vue d'entrer, dès l'année prochaine, dans la classe préparatoire à l'école de Saint-Cyr. Le dimanche, il accompagne toute la maisonnée à la messe en l'église de Wimille avant d'aller se régaler du plat préféré de tous : les moules à la mode d'Equihen. Au cours de l'après-midi, il ira se promener avec sa tante et ses cousins, dans les marais des alentours à la découverte des iris et des nénuphars jaunes. S'il aime moins ces randonnées en famille, peu propices à l'isolement, il est passionné par la faune et la flore que lui offre cette côte sauvage. On m'affirme qu'il est capable de s'arrêter un instant, à l'affût d'une lamproie qui paresse entre deux eaux ou d'une aigrette en attente interrogative. Toute sa vie, on le surprendra ainsi, lui, l'homme d'action, arrêté, ébloui par quelque merveille de la nature. Le grand homme en extase devant l'infiniment petit.

Tout de suite après son mariage en avril 1921, je le découvre à Wissant, à trente kilomètres plus au nord, non loin du cap Gris-Nez. Est-ce une idée d'Yvonne ? A coup sûr. Enfant, elle y a fait plusieurs séjours agréables, en 1916 et en 1917, à la villa Neptune. A proximité de Calais, c'est, pour les Vendroux, l'escale estivale avant de rejoindre la famille à la saison de la chasse, dans leur propriété des Ardennes, à Sept-Fontaines. En 1927, alors qu'il est détaché à Paris à l'état-major du maréchal Pétain, vice-président du Conseil supérieur de la guerre, il a loué pour une somme modique la villa Antoinette, à l'angle de la rue des Tennis et de la rue Brygoo, un coquet bungalow recouvert de tuiles rouges et assorti d'un jardinet. Je ne suis pas sûr que l'on puisse apercevoir la mer du haut de son unique étage. Qu'importe ! Elle fait ses ourlets à moins de trois cents mètres. Une des pièces du rez-de-chaussée joue à la véranda avec son auvent et sa porte-fenêtre.

C'est à cet endroit, m'a-t-on donné à entendre, qu'il aurait commencé à écrire *Le Fil de l'épée*, comme on le dit ici, avec pour seule compagnie le concert des milliers de linottes mélodieuses, l'oiseau du pays, pendant qu'Yvonne et ses deux enfants sont à la plage. L'année suivante, promu commandant et à la tête de son bataillon de chasseurs à Trèves, il n'a guère la possibilité d'y rejoindre sa femme, Philippe et Elisabeth, en vacances, auxquels vient tout juste de s'ajouter la « pauvre petite Anne ». Dans l'attente de cette naissance, d'ailleurs, Yvonne n'avait pu l'accompagner en pèlerinage à Lourdes où sa belle-mère avait promis de réunir ses fils s'ils rentraient sains et saufs de la guerre. Quand on veut sauver ce que l'on a de plus cher sur terre, on n'hésite pas à poser ses conditions au ciel.

WISSANT (P.-de-C) Villa Antoinette

Je le retrouve à Wissant en 1929, à la villa Antoinette, puis à la Wissantaise, 5, square du Gris-Nez, à deux pas de la mer. Celle-ci est une habitation d'un étage pourvue de trois chambres exiguës et d'une petite loggia où dort l'un des enfants. Elle fait l'angle d'un immeuble composé de quatre corps de bâtiments presque identiques sous une toiture de tuiles mécaniques. De ses fenêtres, on aperçoit, tout près, la plage piquetée de mouettes, et, les jours où la Manche se fâche, sa rage blanche et ses fulminations contre les rochers amassés à cet effet le long de la promenade. J'invite tous ceux qui n'ont de lui que l'image d'un homme arrivé au faîte de sa gloire à aller visiter ce pavillon sans prétention. Ils jugeront de la modestie dont sa vie est empreinte. « Le vrai bonheur coûte peu ; s'il est cher, il n'est pas d'une bonne espèce », a écrit l'écrivain de son cœur.

Après la matinée réservée à la rédaction de son ouvrage et de différents articles pour des revues militaires, il s'adonne aux plaisirs qu'offre la baie. Pendant qu'Yvonne et ses enfants pêchent la crevette dans les lais à marée basse, s'il n'y a pas trop de méduses, il est rejoint par Jacques Vendroux, son beau-frère, en vacances lui aussi à Wissant. Profitant du jour où le ciel n'est pas défait comme un lit d'amoureux, ils font ensemble un tour jusqu'au cap Gris-Nez ou bien sur les dunes d'Aval et du Châtelet, à travers les argousiers et les ajoncs. Sous leurs pas s'envolent, effrayés, les sarcelles et les engoulevents au curieux ramage.

Mais bientôt, la côte d'Opale va s'estomper dans ses brumes. L'automne venu, il doit partir pour le Liban où, on le sait, il a été affecté contre son gré à l'état-major du général commandant les troupes du Levant. Plus tard, je le vois retourner trois fois à Wissant. D'abord, en 1950, pour un rendez-vous avec les « compagnons » du RPF. Ce jour-là, après s'être régalé, comme autrefois, chez Jacques Vendroux, de crevettes rougies au tisonnier, il tient à aller jeter un coup d'œil nostalgique sur les deux villas qui ont abrité les siens. Cinq ans plus tard, le revoici marchant à belle allure avec son beau-frère et sa belle-sœur sur le sable imbibé en direction du cap Gris-Nez. Sans souci de mouiller ses chaussures, il a simplement relevé le bas de son pantalon. Revivre ainsi ses bons souvenirs, c'est autant de bonheur repris aux années consumées. En juillet 1958, enfin, un mois après son investiture et son entrée à Matignon, passant deux jours chez les Vendroux, à Calais, où Philippe et son épouse Henriette séjournent avec leurs trois enfants, il décide de nouveau d'aller visiter avec eux, pour la dernière fois, à Wissant, les lieux de ses heureuses et modestes vacances d'officier de carrière. Adieu, côte d'Opale. Il n'y a que la mer qui revient toujours sur ses pas.

P

Parisien d'adoption (Le)

« Petit Lillois de Paris ». Ainsi aime-t-il se présenter à la première page des *Mémoires de guerre*. Ne serait-il pas plus juste de le définir comme un Parisien d'adoption né à Lille ? Car c'est la capitale qui va le voir grandir et constituer le décor de ses jours, Lille où il est né, rue Princesse, n'étant qu'un lieu de vacances. La capitale qui révélera l'homme et le portera jusqu'au sommet du triomphe, « sur l'axe le plus illustre du monde » dans sa robe des grands jours. Il la chante, cette capitale, à tout propos, dans ses écrits : « Petit Lillois de Paris, rien ne me frappait davantage que les symboles de nos gloires : nuit descendant sur Notre-Dame, majesté du soir à Versailles, Arc de Triomphe dans le soleil, drapeau conquis frissonnant à la voûte des Invalides… » J'ai refait sur ses pas le chemin de sa vie parisienne, celui qu'il a parcouru d'année en année et de rue en rue, à travers cette ville, et inventorié, l'un après l'autre, les différents toits sous lesquels il a aimé, pensé, écrit. J'ai ramassé de lui, ici et là, la moindre parcelle qu'il a laissée, comme un livre oublié sur un banc, dans un square.

Je le vois d'abord, enfant, rue de Vaugirard, dans son costume marin avec sa sœur et ses trois frères. Il trottine à la main du vieux concierge de son domicile ou d'Alexandrine, sa femme, vers l'école primaire Saint-Thomas-d'Aquin où il est demi-pensionnaire. Rue des Saints-Pères, la boutique à l'enseigne *Au plat d'étain* a depuis longtemps disparu. C'est l'endroit où il achète ses soldats de plomb avec ses premières économies. A dix ans, au collège des jésuites de l'Immaculée-Conception, 283, rue de Vaugirard, non loin de l'immeuble familial, des photos le montrent en train de jouer le premier ou le second rôle dans des pièces historiques en vers, celui de Philippe Auguste, des ducs d'Anjou et de Normandie. Surdoué et doté déjà d'une mémoire sans défaut, il mène jusqu'en première des études brillantes mais plutôt irrégulières. Professeur dans le même collège que lui, son père distingue mal son avenir. Sa personnalité insolite l'inquiète. Il lui reproche de trop s'adonner à la poésie et à la lecture. Xavier, son frère aîné, a sa faveur. « Il n'est pas comme Charles, répète-t-il avec une sévérité que je juge bien excessive, il est bon élève. »

A seize ans, sur une autre photo, quelle allure déjà ! Il se tient derrière son père avec la classe qu'il dirige. Regard volontaire, raie sur le côté, pochette blanche, chaînette de montre pendant de la poche du gilet. Jeune homme, le petit Parisien d'adoption a pris de l'assurance. Il vient d'écrire ses premières œuvres : *Une mauvaise rencontre*, une saynète en vers où un bandit s'excuse à l'avance auprès d'un voyageur qu'il s'apprête à détrousser, et une étude intitulée *Campagne d'Allemagne*, où il se donne le rôle – n'est-ce pas naturel ? – d'un commandant en chef. Un an plus tard, on s'en souvient, il quitte Paris, le cœur gros, pour la Belgique, à cause de la séparation des Eglises et de l'Etat. Je le retrouve à Paris en juillet 1908, heureux de rejoindre sa famille et d'entrer en possession de sa chambre, à l'ombre de l'église Saint-François-Xavier. Ses parents ont élu domicile 3, place du Président-Mithouard, dans le VIIe arrondissement, face à un square d'où s'échappe, le jeudi, le babillage des enfants.

Ce quartier lui raconte l'Histoire. « Quartier des Invalides et de l'Ecole militaire, monuments dont l'architecture des proportions, la façade, sont les symboles mêmes de l'ordre, de la simplicité, de la mélancolie militaire. Quartier dont les promenades se nomment esplanade et Champ-de-Mars, dont les voies portent les noms d'illustres guerriers... Quartier qui renferme mille témoignages émouvants de nos triomphes et de nos larmes. » Certaines villes ressemblent à ces vieux généraux qui n'ont jamais fini de raconter leurs batailles. Il aime Saint-François-Xavier, cette vaste église, heureux de l'entendre appeler ses paroissiens au devoir, le dimanche et les jours de fête. (Là sera baptisé son fils Philippe le 8 janvier 1922, à qui il donnera pour prénom celui de son arrière-grand-père Julien Philippe et pour parrain son frère Xavier.) A l'automne, il rejoint le collège Stanislas où il prépare Saint-Cyr. Lors d'un de ses retours momentanés, il surprend ses voisins d'immeuble en apparaissant vêtu d'une capote gris-bleu, d'un pantalon et d'un képi rouge garance, avec des galons de caporal. Après un an de service dans l'infanterie, il pourra entrer à Saint-Cyr. Ce qu'il souhaite depuis toujours. Je le préfère, pour ma part, dans la tenue de cette école. Maigrichon, peut-être, mais altier et fort élégant. Hélas ! la guerre va le prendre, et heureusement le rendre. Puis le reprendre en Pologne. Au cours d'une permission, l'amour l'attend, caché derrière un grand chapeau fleuri : Yvonne.

Abandonnant l'immeuble baigné des carillonnements et des criailleries enfantines, les jeunes mariés emménagent 99, boulevard de Grenelle. Inutile de chercher leurs traces comme je l'ai fait. Les démolisseurs se sont chargés de les effacer. Dans ce vétuste hôtel particulier datant de Louis XV, ils n'occupent que trois pièces au troisième étage, chichement chauffées par de petits poêles à charbon. Pas d'électricité. Il faut l'y faire installer. Pas plus de salle de bains, mais un simple cabinet de toilette sans eau courante. Au passage du métro aérien, les voyageurs ont une vue directe sur leurs fenêtres éclairées, et certains lancent parfois un petit salut amical à cet écrivain inconnu penché sous sa lampe. Je me figure le plaisir qu'il doit en retirer ! Mêlé au roulement des trains, le charivari du boulevard retarde le sommeil. Devenu professeur adjoint d'histoire militaire à Saint-Cyr, le capitaine n'a pas une solde qui lui permettrait d'ambitionner meilleur logement. Cependant, la naissance de son fils va lui imposer de chercher plus grand.

Par chance, un cinq pièces lui est alors proposé par le colonel Gustave Ditte, son camarade de promotion et témoin à son mariage. Un camion militaire embarque le maigre mobilier du jeune couple. Il n'est guère rempli. C'est quand quelqu'un déménage que l'on découvre qui il est vraiment. Le nouvel appartement est situé au sixième étage d'un immeuble bourgeois, 14, square Desaix, une rue en cul-de-sac, non loin du Vel'd'Hiv' et de la station de métro qui portera un jour le nom de Bir Hakeim. Havre de paix que cette voie retranchée du boulevard, sourde au brouhaha du marché en plein air et aux hurlements des grands rendez-vous sportifs. Réservés aux officiers de l'Ecole de guerre, école qu'il prépare, ces appartements sont loués à des conditions raisonnables. Atout inespéré pour ces combattants de retour de guerre à qui la paix revenue néglige de régler convenablement leur dû. Je lève les yeux vers son balcon en plein soleil et crois l'apercevoir. Il examine son nouvel horizon, lequel est surveillé, au loin, par la tour Eiffel. Carreaux, parquet, tout brille dans l'appartement. Chaque matin, un soldat venu du quartier Dupleix et servant d'ordonnance transpire à grosses gouttes sous le commandement d'Yvonne. Le capitaine n'est pas le seul à porter des galons.

La fille de Gustave Ditte me gratifie du seul fait que l'oubli a négligé : « Nous habitions au quatrième. Mon père montait parfois jouer au bridge avec son ancien compagnon de Saint-Cyr, au sixième, ou bien c'était lui qui venait chez nous. » Ils étaient de bons amis. Plus tard, il l'a reçu deux fois à Colombey et une fois à l'Elysée. Lorsque Ditte est mort en 1966, il est venu présenter ses condoléances à sa femme. Il était ému de revoir cet immeuble où il avait vécu pendant une dizaine d'années. De son côté, Philippe de Gaulle me livre ce souvenir : « Un jour, mon père qui se prêtait parfois à quelques jeux anodins, surgit à 6 heures du matin, à la porte des Ditte. La veille, en mangeant des amandes lors d'un dîner chez eux, il avait partagé des philippines avec la maîtresse de maison qui lui avait parié qu'elle serait la première à lui dire bonjour à leur prochaine rencontre. Ce fut l'inverse. »

Après différents séjours dans des garnisons de l'Est puis au Liban, de 1930 à 1932, je le surprends en train de réemménager square Desaix. Puis résider, jusqu'à la déclaration de la Seconde Guerre mondiale, dans un appartement situé au deuxième étage d'un immeuble de bel aspect, avec cinq fenêtres et balcons sur rue, que je découvre 110, boulevard Raspail, face au métro Notre-Dame-des-Champs. A quelques pas de là, Sainte-Beuve est mort en 1869. Comme beaucoup de logements construits en 1900, celui-ci est dépourvu de chauffage central. Montée à ses frais dans un coin de la cuisine, une petite chaudière tente de le remplacer. Des vitraux confèrent à la cage d'escalier de l'immeuble un petit air religieux. J'entends un pas pesant. Le sien ? Sur le trottoir, devant la porte d'entrée, des gamins courent, sac au dos. Stanislas est à cent mètres. Charles courait tout autant dès les premiers tintements de la cloche du collège. Le dimanche, après la messe à Notre-Dame-des-Champs, son père l'emmène visiter le vieux Paris, la Sainte-Chapelle, la Conciergerie, Saint-Eustache… Dernières promenades dans la Ville Lumière. En 1934, Colombey le vole à la capitale et ne le lui rend que dix ans plus tard. Le jour où ce Parisien d'adoption né à Lille foule, dans la liesse générale, « l'axe le plus illustre du monde » dans sa robe des grands jours.

Péguy (Charles)

Qui sait aujourd'hui ce qui s'est passé là le 5 septembre 1914 au matin ? Il faut pour le savoir gravir un chemin caillouteux jusqu'au sommet d'une petite colline en bordure de la forêt de Boisfleury, près de Meaux. L'endroit est tranquille. Pas un toit à l'horizon. Rien qu'un aboiement, au loin, pour approfondir le silence. A perte de vue, des champs et, à l'ombre de six grands marronniers perdant leurs fruits, un pan de mur percé d'une fenêtre ogivée. Tout ce qui reste de la chapelle de la Vierge où Charles Péguy a assisté à sa dernière messe, avant de tomber, une balle en plein front, quelques heures plus tard, deux kilomètres plus bas, entre Chauconin et Villeroy, le 5 septembre 1914, premier jour de la bataille de la Marne.

J'ignore s'il connaissait l'existence de ces vestiges quand il est venu rendre visite au poète pendant la traversée du désert. Certain, en revanche, le pèlerinage qu'il a entrepris une ou deux fois au pied du calvaire dressé devant le champ dans lequel il a été fauché avec deux sergents et trente-deux hommes de troupe. Seul, les talons joints, enveloppé d'un pardessus gris foncé, tête nue, voilà comment je l'imagine, comment il devait être quand il lui est arrivé, en septembre, d'aller saluer celui dont il dit qu'il a été son inspirateur. Sur une plaque rectangulaire en marbre, à côté d'une route déserte bordée d'arbres frissonnants, s'étalent les célèbres alexandrins que je relis en entendant simultanément cette voix si caractéristique que le vent m'amène avec les feuilles mortes :

Heureux ceux qui sont morts pour la terre charnelle
Mais pourvu que ce fût pour une juste guerre
Heureux ceux qui sont morts pour quatre coins de terre,
Heureux ceux qui sont morts dans les grandes batailles…

Nul besoin pour lui de lire ces strophes gravées ou tout autre poème de Péguy. Il lui serait possible de réciter par cœur une grande partie de son œuvre poétique. Il y a longtemps qu'il la conserve dans ses profondeurs, tel un métal précieux à l'abri de la « terre charnelle ». « Les souvenirs s'effacent et vieillissent comme les espérances », a-t-il lu sous la plume du héros mélancolique de Combourg. Mais il en est comme ceux-là qui gardent tant de vigueur que l'on pourrait croire qu'ils viennent à peine d'être vécus.

Le destin a réuni ces deux hommes dès les premiers jours de la guerre. L'un à Dinant, en Belgique, le 15 août, l'autre dix-neuf jours après, à vingt-cinq kilomètres de Paris. Le premier a vingt-quatre ans et le grade de lieutenant. Il a pour mission de prendre d'assaut un pont. Le second est un sous-lieutenant de quarante et un ans. Il doit s'emparer d'un hameau. La mort n'en a voulu qu'un seul. Rapprochés ainsi par la guerre, ils me paraissent loin l'un de l'autre sur le plan intellectuel. Je me demande en effet ce que cet aristocrate catholique et militaire, élevé chez les pères, peut bien apprécier chez cet ancien normalien socialiste et antimilitariste qui écrit, en 1899, à vingt-six ans : « Les jésuites nous feront casser la tête par leurs généraux. » Et jure qu'il déserterait plutôt que d'aller se battre en Extrême-Orient ou contre les grévistes, cela en 1899, au moment même où Henri de Gaulle raconte à son fils Charles, âgé de neuf ans, la défaite de 1870 suivie de la guerre civile. Un récit qui déchire l'enfant comme un cri de douleur. Il dira par la suite combien ses jeunes années ont été attristées « par nos faiblesses et nos erreurs, affaire Dreyfus, conflits sociaux, discorde religieuse ».

Alors, comment m'expliquer cette convergence ? Par la séduction qu'exerce sur Péguy ce nationalisme très particulier qu'il a fini par adopter avec la même passion que pour revenir vers la religion au moment de la maladie de son fils. Un nationalisme que le fondateur des *Cahiers de la quinzaine* nomme une mystique. Celle de la patrie des Droits de l'homme, de la République et de la fille aînée de l'Eglise. « La grande vertu de Charles Péguy, écrit Claudel, c'est le courage au service de la foi, le courage de l'affirmation. » Car le poète révolté a bien changé. Au diable le socialisme doctrinaire et antimilitariste du Parti socialiste ! Au diable ce parlementarisme où le député mijote sa petite cuisine avec pour seul souci celui de se faire réélire ! Et vive la « terre charnelle » du socialisme généreux et de la chrétienté ! Et vive la France monarchiste et catholique de l'Ancien Régime et de la France des Lumières et de la Révolution ! Joints à son admiration pour Jeanne d'Arc et à sa lutte pour la reconnaissance de l'innocence de Dreyfus, son profond humanisme, son refus du conformisme et son mépris de l'argent ne peuvent qu'effacer leurs différences. « Jeanne d'Arc ! Bonne française, pure française, sainte française. » Qui ne retrouverait pas Péguy dans cette exclamation gaullienne ? J'applaudis de grand cœur ces mots d'Edmond Michelet : « La certaine idée de la France de De Gaulle, c'est à la lettre celle de Péguy. » En 1964, recevant à l'Elysée un livre sur ce poète, il affirme à son auteur : « Sans nul doute, s'il avait vécu, il aurait été "avec nous". Bien mieux ! Il l'était d'avance. »

Peyrefitte réussit, un jour, à soutirer quelques confidences sur Péguy au président dont il est le porte-parole. Il lui avoue qu'adolescent, puis jeune officier, il lisait tout ce qu'il écrivait et qu'il se sentait très proche de lui. « Aucun écrivain ne m'a marqué autant. » Il ajoute : « J'étais attiré par son style, son goût des formules, des répétitions. » Ebahissement de Peyrefitte. « Pour la première fois, lui qui refusait toute filiation, le voilà qui savoure un maître ! » Les citations de son auteur préféré essaiment dans ses œuvres et ses discours. S'y retrouvent aussi, pour ma délectation, certaines de ses idées et l'originalité de son style avec cette façon de remâcher les vocables comme pour en extraire plus de suc. A force de se frotter trop au mur, on attrape de la peinture. Ainsi reviennent comme une litanie très péguyste des expressions comme « La France, Notre-Dame la France » et se multiplient les mots clés qui résonnent comme des invocations : « Paris ! Paris outragé ! Paris brisé ! Paris martyrisé ! Mais Paris libéré ! libéré par lui-même, libéré par son peuple avec le concours des armées de la France, avec l'appui et le concours de la France tout entière, de la France qui se bat, de la seule France, de la vraie France, de la France éternelle. » Connaissant tout de lui, il lui arrive de réciter l'un de ses poèmes en illustration de ses propos. En 1947, parlant, par exemple, de la misère des hommes avec Claude Mauriac, son secrétaire, il le subjugue en se mettant à marteler les vers de la « Prière pour nous autres charnels » :

Vous les avez pétris de cette humble matière,
Ne vous étonnez pas qu'ils soient faibles et creux,
Vous les avez pétris de cette humble misère,
Ne soyez pas surpris qu'ils soient des miséreux.

Ces poèmes lui sont devenus si familiers qu'ils doivent lui donner l'impression de les avoir écrits lui-même. Deux ans plus tard, au cours d'une conférence de presse au palais d'Orsay, après avoir fait le point sur l'amnistie des condamnés à la Libération, j'entends ces mots s'envoler de lui : « Il faut qu'un jour nous puissions, sauf pour les criminels, voir la France retrouver ceux qui ont été trompés. Il faut qu'un jour nous puissions lui dire comme Péguy : “Mère, voyez vos fils qui se sont tant perdus ! / Qu'ils ne soient pas jugés sur quelque basse intrigue ! / Qu'ils soient réintégrés comme l'enfant prodigue ! / Qu'ils viennent s'écrouler entre deux bras tendus !” » Devant Claude Mauriac, encore, après avoir fustigé les politiques au cours d'une conversation, il s'en vient à déclamer de mémoire cet extrait de *Notre jeunesse* de Péguy : « C'est nous qui amassons et c'est eux qui pillent. C'est nous qui bâtissons et c'est nous qui fondons et c'est eux qui démolissent. C'est nous qui nourrissons et c'est eux qui paralysent. C'est nous qui faisons les œuvres et les honneurs, les peuples et les races… Et c'est eux qui les ruinent. » Qui parle ? Lui ou le poète ? Les sosies peuvent se ressembler autrement que par leur aspect physique.

Le 5 septembre 1914, le lieutenant de Gaulle est hospitalisé à Paris où il vient d'être évacué après avoir été blessé à Dinant. C'est le jour où, devant le hameau de Monthyon, un autre officier d'infanterie charge à la tête de sa section après avoir assisté à sa dernière messe, là-haut, au sommet de la colline, dans une petite chapelle de la Vierge, à l'ombre de six grands marronniers perdant leurs fruits.

Petts Wood

Une villa de style faux Tudor, son toit de tuiles, sa véranda, sa pelouse, son jardinet, et à côté, à droite comme à gauche, les mêmes villas retranchées dans la même placidité distinguée de l'immuable Angleterre. Un pavillon de banlieue, dirait-on en France. C'est son premier vrai logement familial. De le découvrir dans cette rue tranquille, havre de petits bourgeois à la retraite, génère en moi deux sentiments : la tristesse de constater avec quelle simplicité il a dû commencer son existence en exil et l'admiration devant sa silencieuse abnégation. Trop dispendieux et bien incommode à cause d'une petite fille incapable de marcher et à qui l'on est obligé d'apporter ses repas dans sa chambre, l'hôtel londonien a été abandonné. Yvonne a donc découvert cette habitation meublée, appartenant à un représentant en papier peint mobilisé, pour un loyer raisonnable payé à l'avance avec préavis de un mois en cas de congé. Situé à trois quarts d'heure de métro du centre de la capitale, Petts Wood, dans le Kent, est pratique pour quelqu'un que de prenantes occupations ancrent à Mayfair jusqu'à la tombée de la nuit.

Premiers jours de juillet 1940. L'époque où personne, et surtout Churchill, ne mise quoi que ce soit sur la tête de ce général de brigade à titre temporaire à qui l'idée est venue de continuer la guerre ici alors qu'il n'a pas un soldat à poster au créneau. L'époque de la honte à avaler, de la pauvreté à supporter et du courage à forger en serrant les dents. La flotte anglaise vient d'attaquer les navires français au mouillage à Mers el-Kébir, le tribunal de la 17e région militaire a condamné le colonel de Gaulle à la peine de quatre ans de prison pour refus d'obéissance, Vichy et l'Angleterre ont rompu leurs liens diplomatiques… Il est, sous mes yeux imaginatifs, penché sur son papier, à St Stephen's House, tandis que sa longue écriture s'étire, raturée. Les portées d'un compositeur enfiévré par un accès d'inspiration : « J'aime mieux savoir, même le *Dunkerque*, notre beau, notre cher, notre puissant *Dunkerque* échoué devant Mers el-Kébir que de le voir un jour, monté par les Allemands, bombarder les ports anglais ou bien Alger, Casablanca, Dakar… » Et un autre soir, à Petts Wood, après la décision de Vichy, ce mot destiné à la presse, par lequel on conçoit qu'il est des défis qui peuvent toucher à la prescience lorsqu'une pareille foi les lance : « Le général de Gaulle, apprenant cette condamnation, a déclaré : "Je tiens l'acte des hommes de Vichy comme nul et non avenu. Eux et moi nous nous expliquerons après la victoire." » L'assurance sur l'avenir lui donne des étoiles dans les yeux s'il n'en a guère sur les manches.

Que lui importe d'aller habiter à Petts Wood ou ailleurs ? Sa famille y trouve son compte et c'est ce qu'il désire. Il souhaite avant tout lui éviter que s'ajoute au drame de l'exil celui de l'inconfort et du malaise. Déceler le meilleur toit possible est la prérogative d'Yvonne. Au 41, Beachwood Road, nul luxe. Avec ses cinq pièces, la villa ne possède que trois petites chambres. Elle permet donc difficilement au couple d'y vivre en préservant son intimité, car en plus d'Anne qui demande des soins constants, il faut y loger Mlle Potel et Augustine, la cuisinière, une Française de Londres originaire de Provence qu'Yvonne a recueillie après le départ de ses patrons du fait de la guerre. Aussi, lorsque Philippe, le « matelot sans spécialité » de la marine de la France libre, quitte le lycée français de Londres transformé en centre de recrutement pour rejoindre ses parents, doit-il coucher sur le divan du salon. Sa sœur Elisabeth l'imite pendant les vacances scolaires.

J'ai souhaité visiter cette villa, m'imprégner des lieux où la courageuse famille a vécu les quatre premiers mois de son exil. Hélas ! rien ne m'a rappelé sa présence. Je n'ai pu qu'imaginer entendre résonner la grosse voix dans le salon, chuinter le poste de radio laissé par le propriétaire, Anne, la « pauvre petite Anne », ressasser les trois ou quatre mots de son vocabulaire. Si l'aspect extérieur de ce cottage n'a guère changé, l'intérieur est bien différent. On y a ajouté deux chambres ainsi que deux salles de bains, une salle de gymnastique, un sauna, une piscine… S'ils avaient pu profiter de ces commodités ! Mise en vente, elle est proposée aujourd'hui à un prix inabordable. Sur la façade, une plaque rappelle le passage du locataire de 1940. Disparus, les descendants de ses proches voisins, le major Mockridge, sa femme et ses deux enfants. Disparus, ceux de l'autre officier sympathique, le major Lamboy qu'Yvonne vit apparaître, à l'exemple des premiers, au lendemain de son arrivée, pour lui souhaiter la bienvenue. Comme a disparu, bien sûr, le poulailler qu'elle avait fait installer dans le jardin, là, derrière la villa, avec une demi-douzaine de poules rousses accompagnées d'un vigoureux coq dont les cris de victoire ne durent pas plaire à tout le monde, je le crains, dans ce quartier si tranquille.

Car il faut bien manger en dépit des restrictions. Aux poules viennent donc s'adjoindre des lapins, d'autant plus faciles à obtenir que les consommateurs anglais les abominent aussi bien que les escargots, les bigorneaux et les grenouilles. Les vêtements imposent de la même façon d'avoir recours à la débrouillardise.

Si son mari parvient à renouveler, toutefois avec parcimonie, ses uniformes chez un tailleur spécialisé de Londres, Yvonne est obligée de pourvoir à l'habillement de la maisonnée grâce à ses talents de couturière. Elle s'est mise à la machine à coudre. Je l'entrevois alors en train de s'user les yeux pendant de longues heures, confectionnant ou rapiéçant tout ce qui est possible avec la même obstination qu'elle mettra, plus tard, à tricoter d'interminables ouvrages. On me dit que c'est de ce temps-là que lui est venue cette façon peu seyante de se vêtir, notamment de son célèbre manteau noir qui lui sera reproché ou moqué. Quand on mue une fois, c'est souvent pour la vie.

S'il n'y avait que ces inconvénients ! Mais, tout à coup, il y a le feu du ciel. Celui que déclenchent les bombardiers à croix noire qui ont pour mission de détruire Londres et ses environs, pierre par pierre. Et à vol d'oiseau, Petts Wood est proche des aérodromes de Croydon et de Biggin Hill, deux cibles stratégiques qui attirent les organisateurs du Blitz comme le miel des pauvres abeilles les frelons. Alors, presque chaque nuit, à partir d'août, c'est le même grondement suivi du même tonnerre d'enfer et des aboiements rageurs des batteries antiaériennes. Une fois, une bombe tombe au bout de la rue. Maison pulvérisée. Morts, blessés. Ambulances hurlant comme de douleur. Par moments, les avions des deux bords volent si bas qu'on peut assister à leurs joutes par temps clair. Epuisé par ses journées exténuantes à Londres, à la tête des premiers volontaires, il ne peut plus tabler sur la nuit pour régénérer son ardeur. Lorsqu'un bombardement se rapproche, que le quartier commence à trembler, il commande à tous d'aller vite se réfugier sous l'escalier, faute de cave ou d'abri dans le jardin, comme en ont construit certains voisins. Impassible, lui demeure souvent dans sa chambre. Mais il est le premier à en sortir quand, arrachée soudainement à son sommeil dès le début de l'alerte, Anne se met à pousser des cris et à sangloter, saisie d'une agitation convulsive. Elle n'est plus alors qu'une petite boule de nerfs qu'il serre dans ses bras, qu'il essaie d'apaiser comme il peut, qui le mouille de ses pauvres larmes. Voilà, en ce mois d'août 1940, l'homme de granit qui sauvera un jour la France et qui me fait rêver, l'oreille collée à mon poste à galène. Un malheureux père désarmé devant la souffrance d'une enfant. Il existe des batailles qu'aucun grand stratège au monde ne peut gagner malgré toute sa science.

A la fin du mois, d'une voiture débarquent un jour des équipements coloniaux : un casque de liège, des uniformes de toile, un lit de camp pliable, une moustiquaire. Ainsi comprend-on que le chef de famille part pour l'Afrique. Il n'a rien dit à personne, même pas à sa femme. Secret militaire. La surprise est donc totale. On apprendra plus tard, par la radio, consternés, le fiasco de Dakar et, radieux, le ralliement de plusieurs colonies à la France libre. Il regagne l'Angleterre à la mi-novembre, anxieux à l'idée de retrouver sa pauvre petite fille plus malade encore qu'à son départ. A Petts Wood, Yvonne a mis la clé sous la porte, lasse de devoir, pendant les bombardements, passer ses nuits à réconforter Anne vibrant de tout son corps, pareille à une petite bête dans son trou cernée par les chasseurs. Elle a trouvé un autre gîte loin, très loin, de ce ciel de peur et de mort. Si éloigné de Londres ? Qu'importe à l'homme qu'elle aime d'aller habiter au diable si sa famille y trouve son compte.

Phnom Penh

Immortel, à l'égal du Bouddha qui, pour l'immense majorité des Cambodgiens, est un dieu à la bienveillance infinie ! Ainsi est-il représenté sur la grande peinture naïve ornant la pagode de Srei Toul, au cœur du royaume, sur la route d'Angkor. En képi noir, armé sur son côté droit d'un farouche pistolet accroché au ceinturon, à gauche, d'un sabre dont la pointe se termine à un pas derrière lui, et chaussé de mocassins, il assiste au mariage du futur Bouddha. Aucun autre invité de marque ne partage ce privilège. C'est dire le souvenir que l'on conserve de ses trois jours de visite en août 1966 chez les paysans khmers et leurs moines au crâne de cire ambrée. Un souvenir de voyage qui, m'a-t-on fait savoir, se place chez le visiteur et son épouse en tête de ceux dont l'agrément s'est longtemps perpétué. Ce qui prouve qu'un événement aussi mondialement important que l'explosif discours de Phnom Penh peut ne pas empêcher le plaisir de se faufiler là où il en a envie. Je le sens se manifester dès leur descente d'avion, dans la touffeur qui envahit les hommes tombés du ciel comme l'haleine d'un buffle sur un corps nu. Quand, de chaque côté d'un tapis rouge, accroupies, des jeunes filles en sarong lancent sur leur passage des poignées de pétales de jasmin puisées dans un vase.

Uniforme couleur sable, cravate noire, il ajuste son pas au rythme des xylophones, des timbales et des cymbales. S'avance devant moi le journaliste, sous un parasol mouvant en compagnie du prince Norodom Sihanouk, celui-ci encore plus petit que d'habitude à côté de la taille, inhabituelle sous cette latitude, de son invité. En robe bleu ciel et coiffée d'une toque de même couleur, Yvonne suit leur ombre avec la reine Monique. Trois jours de féerie, de liesse et de discours flamboyants. Fierté du prince funambule aux multiples transformations, Fregoli des pirouettes et des foucades. Avec cette exceptionnelle présence, tout me le dit, il vit des heures de gloire, et il a raison d'en tirer son miel. Le crocodile blanc aux funestes présages peut sortir tout à coup du Mékong ou un *neak-tà*, un esprit malfaisant, du creux d'un banyan, et annoncer la fin des rêves. Ne rions pas. Sihanouk a beau en plaisanter facilement avec des diplomates étrangers, il n'a jamais douté de l'existence toute-puissante des esprits. Le mandat du Ciel n'est pas éternel. Son visiteur en est autant convaincu. Dans trois ans, hélas, les Français le renverront en villégiature, muré dans sa tristesse. Un an plus tard, le pire des *neak-tà* provoquera ici un coup d'Etat, la destitution, la condamnation à mort et le départ en exil du prince fantasque. Le sort est rempli d'animaux féroces qui vous cherchent noise. Et le meilleur tireur ne peut les abattre.

Alors, place à la bacchanale ! Metteur en scène, Sihanouk lui-même. Place au cortège de voitures découvertes à travers la capitale. Aux sirènes hurlantes. Aux drapeaux flottants. Aux lumières bariolées. Vite, que l'on s'amuse, que l'on ovationne, que l'on remercie ce grand homme venu de si loin ! A mon avis, le prince magicien a dû fignoler son programme plus que tout autre au cours de son règne. Le second jour, après pourparlers et audiences solennelles, spectacle nautique. Tant pis pour la tradition qui veut que les courses de pirogues n'aient lieu qu'une fois l'an, à l'occasion de la Fête des eaux, au moment où les flots couleur thé au lait du Tonlé Sap se retirent pour reprendre leur chemin vers la mer : le jour que nous vivons vaut toutes les dérogations. Sur le Mékong, à bord de la tribune flottante royale, assis avec leurs hôtes, les deux invités d'honneur n'ont jamais assisté à pareille attraction. Et je devine à quel point l'un comme l'autre doivent se féliciter de se remplir pareillement les yeux. Toutes ces longues pirogues chargées chacune de quarante rameurs vêtus et chapeautés de blanc ou de rouge, luttant pour la première place à force de pagaie et de cris d'encouragement. Toute cette multitude bruyante exhortant les concurrents à l'ouvrage…

Et puis, à la nuit tombée, surprise. L'embrasement au milieu du fleuve, sur des autels flottants, de motifs allégoriques symbolisant les grandes activités du royaume. Et pour finir, un autre imprévu : l'embrasement du ciel lui-même. Cascades, soleils tournants, girandoles. Que d'éclairs et d'étincelles sur les lunettes de l'invité ébloui ! Mais je sais que Sihanouk garde le meilleur pour plus tard, quand s'achèvera le banquet de deux cents couverts, le défilé ininterrompu des plats portés par des valets en costume incarnat. Quand, dans le palais Chamcar Mon, l'orchestre traditionnel projettera sur la scène les premières figures de la « danse des souhaits » réglée spécialement pour cette visite historique par la reine elle-même. Car toute la famille s'est mise à la tâche.

D'un œil, je surprends alors le prince hilare en train de pencher la tête vers son voisin, puis vers sa voisine. Chuchotements à l'oreille de l'un et de l'autre : « Regardez, c'est ma fille. » Sa fille ? Oui, face à nous, la princesse Bopha Devi, la danseuse étoile. Enluminée d'or et de pierreries, couronnée de sa tiare, le visage enfariné comme un pierrot, mains retournées, paumes offertes aux étoiles, l'index collé au pouce, au bout des bras oscillants, loin, loin des épaules, mouettes au ras des vagues. Et soudain, le clou : deux vielles bicordes et une cithare allient leurs tons délicats pour donner au corps gracile les fluctuations des *apsaras* et des *devâtas* d'Angkor aux chevilles cerclées d'anneaux d'or. Et cette composition est de qui ? Il suffit d'observer encore le prince, sa face réjouie, pour comprendre qu'il en est l'auteur. Cependant, le président en habit blanc semble trouver, quant à lui – nul besoin de s'en rapprocher pour le comprendre – le temps un peu longuet. La chaleur et la fatigue lui rappellent sûrement ses soixante-seize ans. Pense-t-on alors ranimer son énergie en même temps que son ardeur patriotique et républicaine ? Rythmé par gongs et cymbales, un chœur entonne à pleine voix : « Gloire immortelle de nos aïeux… »

Le lendemain matin, bien reposé, il prend les choses en main. Quelque cent mille jeunes l'attendent, massés sur les gradins du stade de Phnom Penh, et réalisent, avec des panneaux multicolores, une série de motifs symboliques en son honneur. Les micros s'ouvrent. Sa voix tonne. Mes oreilles me font mal. Il n'y aura pas de solution militaire au Vietnam. L'Amérique doit « rapatrier ses forces dans un délai convenable et déterminé ». Pouvoir de la parole. Il est tel qu'elle va se jouer des distances en rapprochant les continents les uns des autres. Galop des journalistes vers les téléphones. Une bombe vient d'exploser et sa déflagration a ébranlé jusqu'aux fenêtres de la Maison-Blanche. Satisfait, le grand fauteur de troubles replie ses lunettes, les glisse dans sa poche de poitrine et part avec son épouse et le couple princier visiter les temples d'Angkor. N'a-t-il pas tort ? A la suite de son propre passage, Paul Claudel raconte qu'il est tombé malade, que les écrits qu'il en a rapportés ont été détruits dans un incendie provoqué par un tremblement de terre au Japon, que le bateau sur lequel il s'est réfugié a été poursuivi par les flammes. Malraux et sa femme Clara ont failli se noyer en mer de Chine après leur fric-frac manqué dans les ruines… Maudits soient les semeurs de malédictions ! Je lui emboîte le pas au Bayon, à Angkor Vat, à Ta Pruhm, sur les traces de Jayavarman VII. Je le regarde penché en avant, essayant de déchiffrer sur le grès des fresques, avec ses grosses lunettes, l'histoire de l'Empire khmer. Une histoire à laquelle, tout à l'heure, il a ajouté son nom. Demain, un moine ou un simple paysan l'honorera comme un dieu sur la grande peinture naïve qui décorera sa pagode.

Photos

Que le temps d'un signe de croix. Enfoui dans sa prière, il vient de s'agenouiller, près de son épouse, sur un prie-Dieu, au pied de l'autel. Derrière eux, les officiels puis la foule à genoux ou debout emplissent la cathédrale d'Oliva de leur ferveur. Les Polonais n'ont pas voulu laisser pareil homme venir chez eux, en 1967, sans le suivre partout. Son homélie terminée, le chanoine descend de la chaire. C'est alors que se déroule la scène éclair. Planté devant le couple présidentiel, l'homme d'Eglise glisse tout à coup la main sous sa chasuble et en extrait un objet noir. Un attentat à cet endroit ? De sa manche sort un appareil photo…

Y a-t-il beaucoup de chefs d'Etat qui ont été aussi photographiés que lui ? Il ne l'a pourtant jamais cherché. Il s'est même efforcé jusqu'à la fin d'échapper par tous les moyens à ces voleurs d'intimité lancés à ses trousses, qui, d'un simple déclic, arrivent à vous mettre à nu. Il n'y est guère parvenu malgré les principes auxquels il est attaché. L'homme privé doit demeurer secret. J'ai sous les yeux ce qu'il écrit en pleine guerre à Maurice Barrès qui vient de lui adresser des louanges dans un livre : « Il est mauvais – aujourd'hui surtout – de se regarder dans la glace, principalement quand cette glace avantage le personnage. » Fuir toutes les glaces dont on bordera son chemin sera donc son obsession perpétuelle.

Si toute existence peut être racontée en partie par quelques photos captées au hasard, la sienne, exhibée en permanence, n'abandonne rien à l'ombre. Par sa forte personnalité, il s'est très vite détaché du lot, ce qui l'a exposé aussi vite en pleine lumière. Des albums ont souvent entrepris d'en faire le tour. C'est beaucoup de prétention. Ce parcours est d'une longueur phénoménale. On ne peut que se contenter d'une courte excursion. Je la tente moi-même. En cherchant bien, je ne découvre, à part celles que l'on a prises en famille ou à Saint-Cyr, aucune photo volée ou consentie avant son séjour à Trèves en octobre 1927, quand il prend le commandement du 19e bataillon de chasseurs. Raidi comme de froid, sanglé dans son uniforme bleu foncé d'où ressortent ses galons d'argent, au milieu de la cour du quartier, on le dirait en train de passer en revue une armée nombreuse alors qu'il est tout seul. Ce qu'il fait vraiment dix ans après à Metz devant les chars alignés de son régiment, au côté du général Delestraint, futur patron de l'Armée secrète pendant l'Occupation. A la veille de la guerre, le voici encore casqué avec le président de la République, Albert Lebrun, à qui il présente son régiment en ordre de bataille. Lequel des deux hommes semble s'imposer à son vis-à-vis ? Le 5 juin 1940, à moins de deux semaines de son appel, je le retrouve sur la photographie officielle du gouvernement Reynaud. Au dernier rang, il me donne l'impression d'être là par mégarde, ajouté à ces gens parce qu'il se promenait dans les environs. De toute façon, il ne fait que passer.

Le voici maintenant à Londres. Il arpente Downing Street d'un pas décidé sous le regard d'un citoyen de Sa Très Gracieuse Majesté qui s'est retourné sur son passage, étonné de découvrir un Français en uniforme, toujours fier de l'être, loin de quelque port attendant son rapatriement. Ce soir, il se rendra à la BBC pour diffuser son premier message.

Comme on ne lui accorde que peu d'importance, on n'a convoqué au studio aucun maître de la pellicule. On attendra 1941 avant de le saisir devant un énorme micro pour un cliché que tout le monde situera par la suite le 18 juin 1940. Fait extraordinaire, il se prête, par ailleurs, aux désirs du meilleur photographe officiel pour un portrait très présidentiel – assis, bras croisés, gants blancs, képi garni de feuilles de chêne – que l'on ne peut imaginer que chez soi, accroché au meilleur endroit. Je salue en passant la presse britannique qui l'a photographié en l'élevant au rang des héros au moment même où son gouvernement n'avait pour lui que préventions.

Pendant la guerre, sa haute silhouette émerge de ces temps tumultueux pareille à la vérité du fond de la conscience. Mitraillé, on l'affiche partout où l'on se bat et partout où il se bat. Il est sur la pellicule le lutteur parant tous les coups et sachant les rendre. Churchill, puisque l'on en parle, se révèle à moi, sur un journal, quatre ans plus tard, à Paris. Brandissant son chapeau d'une main, canne de l'autre, il répond aux vivats non loin de cet individu qui, dit-il, lui a fait porter sa croix. Effet voulu par le photographe ? Ils maintiennent une certaine distance entre eux comme s'ils venaient encore de se chamailler.

En 1946, après une brève incursion à l'Assemblée, je vois, sur les journaux, le libérateur en manteau long et feutre taupé sortir et rejoindre, déçu, des lieux où les accapareurs d'images se font plus rares : le désert. Mais les admirateurs sont toujours aussi nombreux. Je retiens de ses rencontres avec les Français cette séquence quasi religieuse : alors qu'il serre les mains tendues vers lui, au cours d'un meeting du RPF, un homme à genoux glisse la sienne jusqu'à sa cheville et la touche. Quand on surpasse tout le monde d'une tête, il n'est pas anormal que l'on veuille vous baiser les pieds.

Le 8 janvier 1959, grand jour tant attendu : il prend ses fonctions de président de la République. Si l'on apprécie son portrait officiel, qui pourrait supposer le drame qu'il a provoqué ? Au moment de sa réalisation, il a refusé avec obstination que ses traits fussent reproduits. « Quant à la présence d'un photographe dans son bureau, pas question ! », me rapporte Pierre Lefranc, son ancien chef de cabinet. Par ailleurs, la graveuse de la Monnaie de Paris qui a été chargée de la médaille traditionnelle n'a eu droit qu'à une seule séance de pause. « La malheureuse a dû se contenter d'être conviée à un déjeuner au cours duquel, bien sûr, il lui a été impossible de prendre le moindre croquis. » Sous la Ve République, le mitraillage reprend de plus belle. Sitôt sortie de l'Elysée ou de Colombey, sa silhouette déclenche les tirs. Braqués à longueur de journée, les objectifs traquent chaque pas, chaque geste, chaque expression du visage. C'est le temps des réussites, de la grandeur, de la gloire. C'est le ballet des obturateurs. La rafale des déclics. Le défilé victorieux de la pellicule. Claudel, qu'il lit et relit, la chante : « On nous a donné le moyen d'arrêter le temps, de transformer le coulant passager en un carré durable, portatif, quelque chose désormais et pour à jamais à notre disposition… »

A l'Elysée, les photographes ne sont acceptés qu'en de rares occasions. Avec les siens, la plupart des photos où il se manifeste sont faites à la sauvette ou après âpre négociation. Toute prise de vue l'indispose, même lorsqu'il a donné son consentement. Il

ronchonne : « On n'est pas au Jardin des plantes et je ne suis pas un animal dans sa cage. » Les membres de la famille en visite sont prévenus et aucun d'eux ne se risque à enfreindre la consigne. Son fils m'apprend que de nombreuses photos personnelles ont été volées ou prêtées par des proches à des journalistes qui les ont ensuite reproduites sans autorisation. « On imagine donc le désagrément que je peux ressentir de les redécouvrir parfois en illustration de textes hostiles à la personne de mon père. Aujourd'hui, rares sont les clichés de notre vie privée qui n'ont pas été livrés à la curiosité publique. » Malgré tout, plusieurs photos demeurent cachées, celle de sa pauvre petite fille qui accompagnera, dans son médaillon, le code secret nucléaire. Celles de son voyage de noces en Italie. La seule trace laissée derrière lui est la facture d'un restaurant au bord du lac Majeur. Que s'est-il passé, ce jour-là, au grand soleil, que l'on a tant désiré sauver de l'amnésie ?

En famille, le plus émouvant des instantanés le représente à Bénodet avec Anne sur les genoux. Un autre le montre assis au bois de Boulogne avec Anne, encore, dans la même position. Il m'émeut presque autant de le voir debout avec ses petits-fils, illuminé par un sourire d'une rare intensité. Il tient Yves dans ses bras, tandis qu'à côté de lui, tête atteignant le bas de la poche de son veston, Charles junior essaie de prendre de la hauteur en se haussant au maximum. Je retiens aussi de cette anthologie une photo datant de 1962, en Allemagne. Assis au fond d'une voiture décapotée, il semble harassé. Sur le siège avant, Philippe, qui lui sert d'aide de camp à cette occasion, se retourne vers lui, saisi d'inquiétude. Tout l'amour d'un fils pour son père est fixé là pour toujours. Par chance, il n'a pas fui, cette fois, le miroir que lui tendait un photographe à la sensibilité d'artiste.

Arrivent maintenant, hélas, les jours de tristesse et les images qui me font de la peine. Celle qui l'expose, main dans la main avec Yvonne, si fragile, à Quimper, en février 1969, lors de son dernier voyage en province. Celle du retour de Colombey en hélicoptère, après son éclipse à Baden-Baden, la main droite dans l'échancrure de sa veste, geste qui fait penser aux

Cent-Jours. Celle des promeneurs solitaires de l'Irlande, foulant un nouveau désert, lunaire, celui-là, comme à la poursuite d'un rêve écroulé. Puis le voici tel qu'il l'a écrit un jour, « assis seul derrière une table sous d'implacables lumières ». Pour son message final. Yeux embués, devant la télévision, je dis à mes enfants : « Regardez bien cet homme. Vous ne le reverrez plus. Et plus tard, quand vous serez grands, vous aurez plaisir à vous en souvenir. »

Rien n'apparaît de sa personne ou presque, lors de son dernier voyage, celui qu'il effectue en Espagne en juin 1970 pendant vingt-quatre jours. Le seul photographe officiel autorisé à l'approcher appartient à la suite de Franco, le jour où il lui rend visite au Pardo. Sinon, tout a été conçu de sorte qu'aucun importun ne risque de troubler sa découverte de l'Espagne. Chaque parador où il élit domicile a été vidé de ses touristes, la police balaie son itinéraire avec une fermeté très franquiste. A son retour de France par le col de Roncevaux, il passe la nuit à Meyrueis, en Lozère, dans une demeure du XIIe siècle transformée en château-hôtel. C'est là qu'il permet que l'on prenne de lui et de son épouse l'ultime cliché, me semble-t-il, de leur vie publique. « Tout s'est passé en trois secondes, juste au moment de leur départ », me précise l'hôtelier. Cinq mois après, il rend, comme le dit Pompidou, la France veuve.

Poètes

La poésie l'imprègne de bout en bout. Innombrables sont les fois où il se rappelle un poème ou quelques simples rimes devant un interlocuteur ou une assemblée. Ces souvenirs peuvent imager le sentiment du moment ou servir à approfondir une argumentation. Ils parfument ses idées et fleurissent ses écrits. Ils naissent de lui à tout instant et quelles que soient les circonstances. On l'entend parfois réciter ses propres poèmes de jeunesse. Ce qu'il fait à Colombey, en 1968, à son retour de Baden-Baden avec Flohic, son aide de camp, pour célébrer le Rhin qu'ils viennent de survoler à plusieurs reprises. Je prospecte cette anthologie avec humilité car je mesure combien elle est incomplète, mais toute sélective qu'elle soit, il me semble qu'elle suffit à personnifier avec assez de fidélité cet ami des muses. Elle révèle le romantique dans toute l'expression du terme. Elle dit aussi que la célébrité ne pousse pas toujours les hommes à transformer leur jardin secret en parc d'attraction.

Il aime les poètes qui chantent et vous enchantent, et dont les vers sont souvent jugés aujourd'hui un peu faciles et déclamatoires, sans doute parce que trop longtemps portés aux nues. C'est le cas de ceux d'Alfred de Musset, le gentil poète de l'amour qu'il est de bon ton, je le regrette, de réduire à un rimailleur de préciosités. Musset apparaît sous sa plume dès 1916, alors qu'il est prisonnier en Allemagne. Après la lecture de *Namouna*, il note sur son carnet cette strophe qui n'est pas de la meilleure eau : « L'âme et le corps, hélas ! ils iront deux par deux, / tant que le monde ira, pas à pas, côte à côte, / comme s'en vont les vers classiques et les bœufs, / l'un disant : “tu fais mal !” et l'autre : “c'est ta faute !” » Musset lui revient déformé à plaisir devant Alain Peyrefitte au moment où l'on parle de l'entrée de la France dans le club atomique : « Le club atomique, c'est de la blague. Nous sommes une puissance atomique et c'est tout. Club atomique, c'est du vent. Comme disaient Flers et Caillavet, "mon verre n'est pas assez grand, mais je couche dans mon lit". » (Au lieu de « je bois dans mon verre ».) Je retrouve heureusement le troubadour que l'on apprécie de père en fils dans le récit de son aide de camp, Jean d'Escrienne. Il me dit l'avoir entendu, en voiture, psalmodier, à la vue d'une jolie promeneuse qui, avec des amis, l'avait reconnu et le saluait de la main, près de la cascade du bois de Boulogne, cette aubade si délicieuse : « Avez-vous vu dans Barcelone / Une Andalouse aux seins brunis, / Pâle comme un beau soir d'automne… »

Stéphane Mallarmé le séduit avec sa sensuelle subtilité. André Chénier avec ses *Iambes* au pied de l'échafaud, Rainer Maria Rilke avec la poésie angoissée de ses *Elégies*. Chez Lamartine, il admire le poète aussi bien que l'homme politique. Ses idées libérales et sociales ne peuvent que contenter le futur promoteur de la participation. Sa verve pleine de grandeur et d'audace le séduit d'autant plus qu'il le sait inspiré par Vigny et Chateaubriand. Inspiré, il l'est lui-même. Qui, en effet, ne reconnaîtrait pas l'auteur du *Lac* (« O temps ! suspends ton vol, et vous, heures propices ! / suspendez votre cours… ») dans les dernières lignes des *Mémoires de guerre* : « Vieille France, accablée d'Histoire, meurtrie de guerres et de révolutions, allant et venant sans relâche de la grandeur au déclin, mais redressée, de siècle en siècle, par le génie du renouveau ! Vieil homme, recru d'épreuves, détaché des entreprises, sentant venir le froid éternel, mais jamais las de guetter dans l'ombre la lueur de l'espérance ! » Même les statues de bronze finissent par inoculer leur couleur à la pierre qui les supporte.

De Hugo, il n'aime que le poète et je ne peux que lui donner raison. Il déteste l'homme, sa démagogie, son misérabilisme. Comment a-t-on pu oser réserver des funérailles nationales à un traître qui exhortait les Mexicains à tuer des soldats français ? Mais il salue sa puissance d'écriture et son imagination lyrique. Cette citation de Hugo figure en tête de ses cahiers d'écolier : « Concision dans le style, précision dans la pensée, décision dans la vie. » En 1916, derrière les murailles du fort d'Ingolstadt, il retient cette strophe : « Vous voulez que dans la mêlée, / Je rentre parmi les forts, / Les yeux sous la voûte étoilée !... / Oh ! l'herbe épaisse où sont nos morts. » Il connaît par cœur certains passages des *Orientales*, des *Châtiments* et de la *Légende des siècles*. Chez lui, à La Boisserie, sortant de son mutisme, on l'entend parfois scander les *Djinns* en rythmant chaque vers de sa main. « On doute / La nuit / J'écoute : / tout fuit / tout passe / l'espace / efface / le bruit. » Je crois distinguer sa voix, moi aussi. Il est bon d'appeler un poète à son aide pour parler à votre place quand le silence est trop autoritaire.

Avec la même netteté m'arrivent les accents de *Cyrano de Bergerac* sous son grand chapeau et de *L'Aiglon* dans son uniforme blanc. Il déclame ces morceaux de bravoure comme s'il était sur scène, avec l'emphase voulue et les gestes appropriés. En post-scriptum de la lettre de remerciements à Mme Mante-Rostand qui, à l'occasion de la victoire, lui a offert un bel exemplaire de *L'Aiglon*, il écrit : « J'ai souvent répété, depuis cinq ans, ces vers d'Edmond Rostand : “Je ne veux pas voir la victoire ! / Ne me demandez pas : après ? / Après ! je veux bien la nuit noire / Et le sommeil sous les cyprès !” » Dans un autre registre, il ne peut qu'être attiré par Verlaine qui chante si bien sa terre du Nord. Cette terre à laquelle l'ami de Rimbaud appartenait par ses fibres maternelles, où « le peuple, dit-il, est froid et chaud, non sans un fond chrétien ». Sur ses carnets de 1926-1927, le futur chef de bataillon donne quatre fois la place, je l'ai calculé, en une dizaine de pages au « poète maudit » en citant les strophes les plus mélancoliques de différents poèmes telles celles extraites de *Sagesse* : « Dis ! qu'as-tu fait, ô toi que voilà / Pleurant sans cesse / Dis, qu'as-tu fait, toi que voilà, / De ta jeunesse ! » et : « Ecoutez la chanson *hier* (bien) douce / Qui ne pleure que pour vous plaire, / Elle est discrète, elle est légère, / Un frisson d'eau sur de la mousse… » La célèbre « Chanson d'automne » des *Poèmes saturniens* lui insuffle sa mélancolie : « Les sanglots longs / Des violons / De l'automne / *brisent* (blessent) mon cœur / D'une langueur monotone. » Fait de même, tirée de *Romances sans paroles*, cette strophe dédiée sans doute à Rimbaud : « Il pleure dans mon cœur / Comme il pleut sur la ville / Quelle est cette langueur / Qui pénètre mon cœur ? » Magie des poètes. Ils trouvent le moyen de survivre à jamais.

Un homme de sa trempe promis à un tel avenir, capable de se laisser bercer par cette poésie tourmentée et fiévreuse ? C'est dire combien – m'en étonnerai-je encore ? – il parvient à dissimuler à chacun le moindre de ses sentiments. Personne ne doit jamais savoir comment fonctionne son mécanisme compliqué. Il savoure avec la même passion la sensibilité atrabilaire d'Albert Samain. Né à Lille, ce dont il ne peut que se réjouir, ce disciple de Baudelaire et de Verlaine a le droit, lui aussi, à de nombreuses mentions. En 1961, à soixante et onze ans, le problème de la mort qui l'obsède depuis longtemps se révèle à la fin d'une conversation avec l'un de ses ministres, Louis Jacquinot. Ce dernier s'est permis de lui demander quand sa vie sera libérée des responsabilités et des tourments. En guise de réponse, remontent alors à ses lèvres les vers chagrins de son compatriote lillois : « Va, ne t'attarde plus aux parades étranges. / Si la vie a rentré quelques blés dans les granges, / Fais ton pain simplement dans la paix du Seigneur. » Il enchaîne devant un témoin différent avec l'*Allée solitaire*, cette autre complainte de Samain qui nous montre l'homme des certitudes assiégé par l'hésitation : « Il est des nuits de doute, où l'angoisse vous tord, / Où l'âme, au bout de la spirale descendue, / Pâle, et sur l'infini terrible suspendue / Sent le vent de l'abîme et recule éperdue ! / Nuits de doute, où l'angoisse vous tord, / Ces nuits-là, je suis dans l'ombre comme un mort. » Dans les dernières années de sa vie, son fils l'entend parfois réciter cette strophe du *Jardin de l'infante*, de Samain encore, avec l'air et la voix de circonstance : « Oh ! s'en aller sans violence, / S'évanouir sans qu'on y pense / D'une suprême défaillance… / Silence… Silence… Silence… » Blotti dans le même silence, je suis désespéré de reconnaître la voix de celui qui nous a rendu l'espoir.

Si j'en juge par la lecture d'une note écrite sur son carnet, à trente-quatre ans, alors qu'il vient de publier son premier livre, *La Discorde chez l'ennemi*, et de sortir de l'Ecole supérieure de guerre avec « mention bien », il pense déjà à l'inexorable offensive de l'âge. Avec cette élégie d'Anna de Noailles, l'envoûtante poétesse aux yeux énamourés, qu'il a fidèlement recopiée : « Pourtant, un jour, de moi, tu t'en iras, jeunesse, / Tu t'en iras, portant l'amour entre tes bras, / Je souffrirai, je pleurerai, tu t'en iras... / Jusqu'à ce que plus rien de toi ne m'apparaisse... » Pétales échappés d'une couronne que ces vers sans espérance.

L'idée de la mort le regagne dans les poèmes nostalgiques de cet autre poète du Nord, le Belge Emile Verhaeren, le chantre des brumes et des frimas. A toutes ses élégies, il préfère « Novembre » tiré des *Vignes de ma muraille* : « Voici novembre, assis auprès de l'âtre / Avec ses maigres doigts chauffés au feu / Oh ! tous ces morts, sans feu ni lieu / Oh ! tous ces vents cognant les murs opiniâtres / Et repoussés et rejetés / Vers l'inconnu de tous côtés. » Novembre qui a vu naître et verra partir ce passionné de poésie depuis son plus jeune âge. Invité un jour à La Boisserie, Louis Terrenoire raconte qu'au cours d'une promenade dans le parc, après lui avoir désigné l'endroit où « l'on dressera sur la colline une grande croix de Lorraine qui se verra de très loin », il sollicite une nouvelle fois Samain en confiant « au vent de la brune » quelques vers qui pourraient être ceux de *Tentations* : « Je viens, je suis la Mort douce et l'amante attendue / Et je te verserai sous mes larges pavots... » Trois ans avant ce jour où je vais le pleurer avec nombre de Français, Marie Noël, une autre poétesse, d'une pâleur de petite sœur des pauvres, le touche par sa grâce naïve et sa ferveur chrétienne souvent exprimées sur le mode de la chanson populaire. Evoquant, dans une conversation, la mort qui arrive à la fin du jour, il se met à psalmodier les stances dans lesquelles elle fait parler une femme à son enfant : « Ta mort d'homme, un soir noir, abandonnée, / Mon petit, c'est moi qui te l'ai donnée. »

En 1967, il reproduit curieusement sur son carnet le poème qu'il a composé à dix-huit ans – j'insiste sur cet âge –, dans lequel il décrit la façon dont il voudrait que la mort le prenne. Il se termine ainsi :

J'aimerais que ce soit, pour mourir sans regret,
Un soir où je verrais la gloire à mon chevet,
Me montrer la patrie en fête,
Un soir où je pourrais écraser sous l'effort,
Sentir passer avec le frisson de la Mort,
Son baiser brûlant sur ma tête.

Je referme cette anthologie succincte avec mélancolie. Il a rendu tant de Français heureux, pourquoi ne croyait-il pas au bonheur, ce poète poursuivi par l'extinction des jours ? Par bonheur et pour notre profit, le Destin généreux lui donnera vingt vies.

Princesse (Rue)

Un tilleul. Encore gaillard, il dresse ses quatre branches feuillues vers le ciel avec détermination, comme pour dire : oui, c'est bien moi, je suis encore là. Il a perdu huit de ses compagnons dont un peuplier et des marronniers. Perdu la vigne aux raisins acides et le lierre qui s'agrippaient si bien à leur treillage. Perdu les buissons de houx servant de paravent aux murs dont la présence assurait la tranquillité à la maisonnée. Il reste donc le seul témoin des jeux du petit Charles dans le jardin de sa maison natale, rue Princesse, à Lille, celle de sa grand-mère maternelle, Julie Marie Maillot-Delannoy. Le seul témoin vivant de cette époque dans la demeure qui l'a vu naître et où il ne résidera ensuite que pendant les vacances de Pâques et à la fin de septembre après son séjour au bord de la mer, sur la côte d'Opale, et à la Saint-Nicolas qui est la fête de Noël pour les gens du Nord. La demeure de « Bonne Maman » qu'il appellera, avec sa sœur, ses frères et ses cousins Corbie, le « Royaume » de la rue Princesse. C'est dire combien elle comptera dans les souvenirs qu'il tiendra à conserver. J'ai plaisir, pour ma part, à la reconstituer telle que la décrivent les membres de la famille Maillot qui l'ont habitée ou connue.

S'ouvrant sur le jardin, la véranda au sol finement carrelé, aux chaises et fauteuils en osier, et aux grandes fenêtres accueillant le soleil, est la pièce où l'on aime se retrouver à la belle saison. Chut ! Une voix douce et continue en provient. Celle de Noémie, la tante de Charles. En visite chez sa mère, c'est son habitude de se tenir là pour raconter des histoires aux enfants. Comme ils sont sages, ces marmots accoudés à la grande table rectangulaire, dans un silence d'église, attendant le dénouement comme l'éclosion d'un oisillon ! Ce petit monde est composé de Charles, cheveux en brosse et cravate lavallière recouvrant une partie de la poitrine, pareille au ruban dont on décore les boîtes de chocolats, de sa sœur et de ses frères et, bien sûr, de la gentille meute des cousins et cousines Corbie en barboteuse ou culottes courtes. Des photos ont incrusté ces moments-là pour toujours, comme la roche les feuilles fossilisées.

Trois fenêtres habillées de rideaux à larges embrasses éclairent la salle à manger contiguë à la véranda. J'y entre sur la pointe des pieds. Douze hautes chaises couvertes de cuir et aux jambes terminées par des têtes de lion sculptées trônent autour de la longue table en acajou, pareilles aux membres rassemblés d'un conseil d'administration. Demain, pour le grand dîner de famille, elles glisseront avec délice sur le parquet ciré. Est-il nécessaire de le préciser ? Les enfants ont interdiction de franchir cette porte. Quant au grand salon voisin, gardé par tous les ancêtres dans leur cadre, ils n'y sont admis qu'en de rares occasions. Dans un coin, le piano à queue s'ennuie, patientant après des doigts qui préfèrent demeurer dans leurs poches. Charles, le premier, rechigne à en jouer malgré les supplications de cette pauvre demoiselle Monteil, son professeur de solfège, qu'il tiendra à recevoir à déjeuner à Matignon en 1958, sans doute pour se faire pardonner ses rebuffades… Je me demande si l'on ne peut pas expliquer de cette façon le manque d'appétence de ce grand esprit pour la musique. A La Boisserie, aucun disque ne tourne jamais et la radio ne lâche que des paroles. Son petit-fils Yves arrive un jour à lui arracher qu'il aime bien Debussy. Où l'écoute-t-il ? A-t-on entendu un seul *Prélude* s'égrener dans la maison ? Il n'y a pas de piano. Napoléon disait de la musique qu'elle faisait un bruit désagréable. Il ne va pas jusque-là. J'ai quand même un regret : celui de savoir qu'à aucun moment il ne s'est laissé emporter par les doigts d'ange d'un Mozart ou d'un Pergolèse. Il avait heureusement beaucoup d'autres cordes à son arc…

De menus pas dans le grand escalier tournant tapissé de laine rougeâtre qui mène au cœur de l'intimité de la demeure lilloise. Julie Marie, la grand-mère du petit Charles, rejoint sa chambre. Elle rentre de Saint-André, l'église toute proche, rue Royale (là où il a été baptisé sous les prénoms de Charles André Joseph Marie), après la messe de 7 heures à laquelle elle assiste chaque jour, qu'elle se porte bien ou mal. Est-ce le fait de fréquenter tant de fois des lieux saints qui lui a donné cet aspect statufié ? Depuis la mort de son mari, elle est devenue d'une piété excessive qui la rend étroite d'esprit et assez austère. C'est elle que l'on entend un jour déclarer, déclenchant des rires sous cape : « Le Seigneur aurait quand même pu trouver une solution plus élégante pour avoir des enfants ! » Elle ne déterre son sourire qu'au retour des vacances de ses enfants et petits-enfants. Un sourire de convenance, comme la pièce que l'on laisse à un garçon au restaurant. Deux chambres leur sont réservées et, tout au fond du jardin, le kiosque à musique où parties de cache-cache et de soldats de plomb – le jeu dans lequel Charles excelle – se succèdent parmi les cris et les rires à gorge déployée. Ah ! on s'amuse bien chez Bonne Maman.

Lille reverra souvent le célèbre Lillois de naissance. Mais jamais sa maison natale. Jamais il ne tiendra à passer de nouveau le porche de la maison blanche surmontée, dans sa niche, de la statuette de Notre-Dame-de-la-Foy terrassant le serpent. Pour quelle raison ? Nombreux sont pourtant les lieux où il est retourné après y avoir laissé son cœur. J'estime pouvoir répondre ainsi : à la fin de la Seconde Guerre mondiale, il n'aurait rien reconnu de son « Royaume ». Occupée pendant un temps par les Allemands, la maison cesse d'appartenir aux descendants de ses grands-parents à la mort de son cousin, Gustave de Corbie. Une partie devient alors la propriété d'une vieille demoiselle, l'autre le siège d'une entreprise de travaux. Les maisons sont comme les hommes. Tôt ou tard, leur âme les abandonne. Le « Royaume » est devenu tel que Chateaubriand, consterné, le dit de la maison de Mme d'Houdetot, sa bonne amie, à Sannois, « une coque vide, réduite aux quatre murs ». Le Lillois maintenant parisien sait que vouloir redonner trop de vie à des souvenirs très anciens risque de les défigurer. Il n'aurait retrouvé qu'un tilleul pour seul témoin de son enfance heureuse. Un tilleul encore gaillard dressant ses quatre branches feuillues vers le ciel avec détermination.

Q

Québec

Le voici, le jour de son arrivée à Montréal. Descendu à Québec du croiseur *Colbert*, il a parcouru le « Chemin du Roi » qui longe le Saint-Laurent, en voiture découverte, accompagné, sur le fleuve, d'une myriade de petits bateaux pavoisés de drapeaux tricolores ou fleurdelisés. Deux cent cinquante kilomètres bordés, sur chacune des rives, de feux de joie et de villages en fête où, à chaque étape, le grand perturbateur commence à préciser sa pensée. Pourquoi cette traversée de cinq jours à bord d'un croiseur plutôt qu'en avion ? Parce que, décidé à empêcher qu'il n'entame sa visite par le Québec, le gouvernement fédéral du Canada a prétendu que l'aéroport de Montréal était trop encombré pour le recevoir avec dignité, à cause de l'exposition internationale qui s'y tient. Il était donc préférable qu'il atterrisse à l'aéroport militaire d'Ottawa, la capitale fédérale. Après une visite de l'exposition, il pourra aller découvrir les montagnes Rocheuses, les chutes du Niagara... Qu'importe les propos qu'en rapporte

Chateaubriand, sa « joie mêlée de terreur » à « la vue d'un des plus grands spectacles que la nature ait offert aux hommes ». Je vois ses joues rosir. Il menace d'annuler le voyage. D'où l'idée du bateau inspirée par Pierre-Louis Mallen, envoyé par Peyrefitte, ministre de l'Information, qui cherchait un « homme à la coule », selon l'expression du prestigieux voyageur, pour promouvoir son action dans les médias. Lequel se rappelle pour moi avec enthousiasme : « Cette façon de voyager lui permettait d'aborder la Belle Province par l'estuaire du Saint-Laurent. Vous vous rendez compte ? C'était la répétition de l'arrivée de Jacques Cartier en 1541, et celle de Champlain ! » Les hommes aiment se resservir de l'Histoire à pleines mains lorsqu'elle les arrange.

Le voici donc sur le quai de Québec, salué par les autorités et un détachement militaire qui attaque – quelle audace ! – le *God save the Queen*, immédiatement couvert par les huées et les sifflets de l'assistance. Et après un silence, une *Marseillaise* hurlée, puis des ovations où les mots France, de Gaulle et Québec rivalisent de défi et de vigueur. Ce spectacle est si inattendu qu'il le bouleverse au point d'étonner son entourage. Certains iront jusqu'à penser que son intention de crier, un peu plus tard, haut et fort ce qu'il avait au fond du cœur, lui serait venue à ce moment-là. Quelque temps avant sa mort, me rappelle Mallen, il confie en parlant de lui-même à la troisième personne : « Comment peut-on imaginer que de Gaulle soit resté indifférent devant des Canadiens français qui criaient "Vive la France !" et chantaient *La Marseillaise* pendant que la musique jouait le *God save the Queen* et cela après tant d'années d'ingratitude de notre part ? »

Ce souhait le hantait depuis longtemps : agir pour le Québec et les Québécois. Voilà un peuple que l'on brime, qui n'a pas les mêmes droits que les anglophones, se disait-il. N'a-t-il pas raison de se dresser contre cette injustice ? Quelle initiative assez puissante pour rappeler au Canada et au monde entier que ce pays appartient à notre communauté francophone et à notre rayonnement ? Pour effacer deux cents ans d'abandon et de honte ? Il m'a été dit que c'est un livre paru en 1965 qui l'a déterminé à concrétiser ses intentions. Intitulé *Egalité ou indépendance*, il est signé de Daniel Johnson, chef du gouvernement québécois. C'est inéluctable, lui dicte ce dernier, les Canadiens français voient leur identité menacée de disparition. Il faut aller à leur secours. Ces paroles vont lui confirmer ses convictions. « Qui a inventé le droit des peuples à disposer d'eux-mêmes ? déclare-t-il en serrant les poings, à l'issue d'un Conseil des ministres, trois ans avant son fameux voyage. La France. Oui, c'est notre devoir d'aider les Québécois à disposer d'eux-mêmes. » Du sang de lion, cette volonté rugissante.

Quand le cortège officiel atteint l'île de Montréal, on dirait qu'un ouragan surgit du lointain. L'extraordinaire clameur qui soulève la foule au moment de son apparition. On ovationne son nom, celui de la France, du Québec, on crie : « Vive le Québec libre ! » Une exclamation des milliers de fois reprise, alors qu'on ne peut présager qu'elle deviendra d'un instant à l'autre un fait historique. Alors, après avoir longuement salué la marée humaine du haut du balcon, il disparaît dans l'Hôtel de Ville. Mon témoin est là. Il me raconte la suite. Jean Drapeau, le maire de Montréal, tient avant tout à éviter de contrarier Ottawa.

Aussi a-t-il l'intention d'entraîner illico son invité loin de la multitude, dans son cabinet, pour lui faire signer le livre d'or, puis sur une terrasse construite à cet effet, à l'arrière du bâtiment, où ils échangeront des discours devant six cents personnes triées sur le volet. Mallen s'insurge. Si, comme il le croit, il est acclamé, il faut lui permettre de se montrer au peuple de Montréal. « Bon, répond le maire en traînant les pieds, on le fera passer sur le balcon. Mettons là un micro. » Dans l'après-midi, Drapeau visite sa maison et se ravise. « Qu'est-ce que c'est que ce fil ? », interroge-t-il. « C'est celui du micro qui est sur le balcon. » Irrité : « Le Général n'ira pas sur le balcon, mais directement dans mon cabinet. Enlevez ce micro. » Finaud, le technicien se contente alors de déplacer le micro sur pied du centre vers le bout du vaste balcon.

Et ce qui doit arriver arrive. Acclamé dès son entrée comme s'il venait de prendre le pouvoir, il demande qu'on lui ouvre l'accès au balcon. A sa vue, la foule réclame un discours. « Bon, dit-il, je vais leur répondre. » Le maire faussement navré : « Vous ne pouvez pas, il n'y a pas de micro. » C'est à ce moment-là que la chance tend sa perche. Sans lunettes, il voit très mal, mais il a quand même distingué le micro sur pied. Il rétorque : « Et ça, alors, qu'est-ce que c'est ? » Le maire encore plus embarrassé : « Il ne marche pas ! » Et le technicien radio, de mèche avec Mallen : « Si, si, monsieur le maire, il marche très bien. » Et de remettre aussitôt le micro sur pied au centre du balcon. J'espère qu'on a chaudement félicité cet homme providentiel sans qui ce voyage au Québec n'aurait pas rejoint l'Histoire avec autant d'éclat.

Voilà comment, devant un peuple qui ne sentait pas encore jusqu'où pouvaient aller sa rancune contre les Anglais et son attachement à ses origines françaises, ce héros prophétique lance, selon Claude Mauriac, « son scandaleux, son sublime "Vive le Québec libre !" ». Cela est dit avec simplicité, nullement sur un ton inspiré ou provocateur. Viennent ces trois mots : « Vive le Québec... », puis après quelques secondes, d'une voix douce sur un ton d'évidence, comme s'il voulait préciser sa pensée, ces trois mots répétés auxquels il ajoute un quatrième, l'adjectif que la foule attendait : « ... libre ! » Ensuite, après un court silence – est-on soudain saisi par l'apparition d'un oiseau immobile dans le ciel ? –, l'explosion populaire. Il savoure alors la joie d'avoir comblé l'attente d'un peuple et la satisfaction de s'être délivré d'une obligation quasi testamentaire. Mon interrogation : exclamation improvisée ou fruit d'une préméditation machiavélique, comme d'aucuns le soupçonneront ? « Aboutissement d'une longue maturation », croit pouvoir expliquer Peyrefitte. Et lui, dans l'avion qui le ramène à Paris, à un diplomate qui lui fait remarquer qu'il a ainsi payé la dette de Louis XV : « Je savais que je devais faire quelque chose, mais quoi ? quand ? où ?... Au bout de cette journée inouïe, il fallait répondre à l'appel de ce peuple. » Et il ajoute : « Je n'aurais plus été de Gaulle si je ne l'avais pas fait. »

Je souffre pour lui au moment de son retour. Toute cette presse qui refuse de le comprendre. Acharnée à l'étriller. A relayer l'hostilité des médias anglo-saxons. Tous ces hommes politiques, et non des moindres, qui se demandent s'il n'a pas perdu ses facultés. Ils blâment ce geste réparateur considéré notamment par Pompidou comme une gaffe et par Giscard comme une conséquence de « l'exercice solitaire du pouvoir ». Lui demeure serein. La maîtrise de soi agit comme une dialyse. Elle purifie l'esprit de toute agression toxique. A son arrivée à Orly, le 27 juillet à 3 h 30 du matin, il manifeste, devant les ministres venus l'attendre, son désir d'apparaître exempt de regret. Il a fait et bien fait ce qu'il avait décidé de faire : son devoir. Et nous et moi, qui étions si loin de lui, de l'autre côté de l'océan, qui ne savions pas tout, qui commencions à contester au fond de nous-mêmes, voilà que nous nous en voulons d'avoir douté un instant de l'homme des défis.

R

Radar (Le)

Il fallait avoir du génie pour choisir Bruneval. Il fallait être romantique et aimer fréquenter les lieux où les rêves ouvrent grand leurs ailes. Aimer ces défis de la nature où « les âmes bien trempées » se défont de « la nuée noire des soucis, des misères et des médiocrités », d'où les petites affaires du monde paraissent bien dérisoires. Je suis sûr que s'il avait été allemand, il aurait pensé à la Lorelei, à ce rocher mythique qui, d'un coup d'épaule, impose à l'orgueilleux Rhin de dévier son cours et le fait bouillonner de colère. La falaise de Bruneval brave l'immensité des flots de sa muraille de craie haute de cent mètres, giflée par la bise salée et saluée par les cris incessants des mouettes rieuses et des fous de Bassan. C'est donc sur le versant sud de cette falaise normande que je le rejoins. C'est là qu'il a décidé, le 30 mars 1947, de venir parler aux Français de la Résistance, de ce magnifique sursaut qui a eu « ses hauts et ses bas, ses erreurs et ses grandeurs, ses défaillances et ses triomphes ». Là qu'il va esquisser pour la première fois ce nouveau sursaut dont il donnera bientôt le signal. La création d'un grand mouvement politique grâce auquel le peuple rejettera « les jeux stériles » et réformera « le cadre mal bâti où s'égare la nation et se disqualifie l'Etat ».

Combien de marches a cet escalier étroit que l'on croirait descendre aux enfers ? Il en arrive enfin au bout et m'apparaît sous le soleil revenu pour l'occasion. Le voici, le premier résistant de France, dans son uniforme habituel, sans plus de décoration que cette petite croix dont il a fait son emblème. Tête nue, pour une fois, face à la foule et à la mer, il va parler. Alors, un hymne s'élève, *La Marseillaise*. Tandis que tonnent des canons, les salves d'honneur des navires militaires ancrés au large, et que des chasseurs surgissant du fond du ciel tailladent le silence. Alors, il parle, et soudain, je vois cette falaise se couvrir de neige et la lune l'éclairer de son visage enfariné.

Il parle de ce fait d'armes qui a inscrit le nom de Bruneval dans la légende au cours d'une nuit enneigée. De l'époustouflante capture, fin février 1942, d'un redoutable radar allemand, dernier cri de la technologie, par un commando allié aidé de quelques braves du coin sortis de leur ferme et de leur champ pour répondre à l'appel du pays. Il parle du détachement du major Frost et de ces quelques courageux Français sans lesquels n'aurait pu être repéré ce pylône qui détectait de très loin l'approche des avions ou des navires, condamnant ainsi tout débarquement d'envergure. Et en l'écoutant, j'entends, comme le vol de plusieurs goélands cendrés soudainement réveillés, le froufroutement du vent dans de la soie tendue, celle des parachutes que l'on dirait enfantés par la lune. De ces bulles que la neige reçoit en douceur. Il parle de ces vaillants alliés et de tous ceux qui, en France, se sont joints à leur combat, et de vingt mille de leurs frères privés de la joie de la victoire. Et j'entends les cris gutturaux des Allemands surpris par ce coup d'audace et les premières mitraillades déchirant la nuit de leurs traits de feu. Et à travers cette voix que la brise tente de me ravir, les cris de douleur de ces « six cent mille hommes et femmes qui sont morts sur les champs de bataille, ou aux poteaux d'exécution, ou dans les camps de misère ». Combien de temps faudra-t-il encore avant que de tels cris ne perdent toute force pour arriver jusqu'à nous, ici-bas ?

C'est fini, il a parlé. Le commando rentre chez lui sans coup férir à bord des embarcations qui l'attendaient le long de la plage, quitte ce petit morceau de France planté là comme une rose attardée. La lune et la neige ont fondu. La nuit est redevenue vide et silencieuse, comme après un feu d'artifice. La foule se disperse avec son poids d'émotion sur le cœur et ses drapeaux sur les épaules qui, serrés dans leur gaine, font penser à des membres blessés. A la place du pylône, s'élève la première pierre scellée du monument érigé à la gloire de ce groupe intrépide. L'homme du destin remonte l'escalier suspendu dans le vide. Dans un instant, je le perdrai de vue. Ah ! si je savais que je devrai patienter encore pendant onze ans avant de le voir revenir à la tête de l'Etat ! Resteront de ce jour-là ses derniers mots dans la criaillerie des mouettes avec lesquelles le vent s'amuse. Ces mots d'espoir : « Notre peuple porte de graves blessures, mais il suffit d'écouter battre son cœur pour connaître qu'il entend vivre, guérir, grandir. »

Réservoirs (Hôtel des)

Les mystères appellent les interrogations. Mais ils provoquent aussi les fabulations. C'est ce qui arrive à celle que les Français finiront par surnommer « Tante Yvonne ». Morte comme elle a vécu, dans la plus grande ignorance de tous à son égard, elle ne laissera derrière elle, faute de n'avoir jamais voulu la rectifier, qu'une image souvent erronée, parfois même dévalorisante. La voici à vingt-six ans. Son histoire avec lui commence à l'endroit où mes pas m'ont porté, non loin de l'extrémité d'une des ailes du château de Versailles.

A l'hôtel des Réservoirs, l'ancien hôtel particulier de la marquise de Pompadour. Revêtu de boiseries peintes sur lesquelles des angelots se dandinent avec espièglerie, un petit salon accueille les visiteurs dès la porte franchie. C'est ici qu'il entre pour rejoindre Yvonne Vendroux et son frère Jacques, dans la grande salle de bal de cent trente-trois mètres carrés encadrée de cinq hautes fenêtres donnant sur la rue des Réservoirs et du même nombre de portes en miroir leur faisant face. Ici qu'un dimanche d'octobre 1920, il a décidé de lier son sort à celui de cette jeune fille en robe de crêpe de Chine pervenche et escarpins vernis noirs, rencontrée quelques jours auparavant alors qu'il revenait de Pologne, en permission de un mois.

Ni l'un ni l'autre ne devinent que leur première entrevue n'a pas été le fruit du hasard. Elle a été organisée sur l'instigation, bien entendu, de Jeanne de Gaulle, toujours accaparée par le désir de trouver une âme sœur pour son fils. Une amie de la famille, Mme Denquin-Ferrand, originaire du Pas-de-Calais, va servir d'instrument du destin. Elle connaît bien les Vendroux, des gens fort estimés à Calais. Directeur d'une biscuiterie industrielle, le père d'Yvonne succède à huit générations d'armateurs. Une réception chez elle réunit un soir les deux familles. Cupidon y met-il son nez ? Pas encore, que je sache. Si les Vendroux sont de connivence, ils n'ont accepté de participer à la manœuvre de l'entremetteuse qu'avec une certaine réticence. Un officier dans la famille, fût-il commandant à titre provisoire, n'était pas au départ aussi souhaité qu'on pourrait l'imaginer. Eh oui ! Un bon industriel de la région pourvu d'importants revenus et assuré d'un avenir cousu d'or et de soie aurait, pensait-on, mieux fait l'affaire. (Je serais bien aise de connaître leur opinion rétrospective quand ils seront reçus plus tard à l'Elysée.) Chez les de Gaulle, en revanche, on demande au Ciel de souffler sur les voiles de cette nef chargée de promesses. Depuis le temps que l'on recherchait un beau parti pour ce fils de trente ans qui les refusait les uns après les autres ! Lors de son deuxième séjour en France, par exemple, son père l'a emmené dans un grand château pour y rencontrer une jeune fille fortunée. Hélas ! bien que jolie, elle était atteinte de claudication. Une malformation qu'aucune fortune n'aurait pu compenser. La vie est assez remplie de difficultés pour ne pas en ajouter d'autres dès le départ.

A la fin de la réception chez Mme Denquin, le destin intervient une première fois grâce à Van Dongen, sous les traits de *La Dame en bleu*. Un tableau présenté au Salon d'automne qui rallie le Tout-Paris. Avec l'habile suggestion de cette femme du monde : « Allons donc la voir tous ensemble au Grand Palais, propose-t-elle. Il y a sur place un buffet où nous prendrons ensuite le thé. » Rendez-vous est pris. Avant la visite, on s'attarde deux ou trois fois de suite devant quelques toiles afin de laisser les jeunes gens s'entretenir seul à seul. Il me semble voir cette scène se présenter à moi : les coups d'œil furtifs des deux marieuses, Jeanne de Gaulle et son amie, surveillant le développement de leur stratagème, et les timides apartés de deux êtres qui n'osent s'approcher de trop près et se scrutent sans en avoir l'air. En regardant l'officier, je pense à ces alexandrins de Victor Hugo : « Et j'avais l'air d'un arbre imbécile attendant / Qu'une étoile s'envole et vienne sur ses branches. » La visite terminée, tout le monde se retrouve pour le thé au buffet. C'est l'instant où un photographe aurait pu composer une œuvre immortelle avec cette scène idyllique : troublé, le commandant par intérim a laissé échapper sa petite cuillère. Rattrapée au vol, elle a failli lâcher quelques gouttes de thé aux pieds d'Yvonne. Ce mince incident sera plus tard démesurément grossi en tasse de thé ou de café répandue sur sa robe. Mince incident peut-être, mais lourd de conséquences.

Quelques jours après, en effet, une invitation est adressée à Yvonne et à son frère Jacques par l'officier qui leur offre d'assister, le dimanche suivant, au bal de Saint-Cyr, à Versailles. Les Vendroux s'interrogent : ce geste est-il un échange de politesse à la suite du rendez-vous du Grand Palais ou signifie-t-il que la place forte est investie ? Et quel est l'état d'esprit de la belle dont, jusqu'à présent, personne n'a atteint le fond des pensées ? Car nul besoin de la mieux connaître pour s'en persuader : cette petite personne sait ce qu'elle veut. Elle a été élevée à bonne école entre un capitaine d'industrie à poigne et une mère infirmière héroïque en 1914. Jacques Vendroux est donc chargé par sa mère de sonder ses intentions. Un entracte au cinéma en sa compagnie et un aller-retour en métro lui permettent de constater qu'elle mord à l'hameçon.

Des écrits laissés par Jacques Vendroux m'apprennent que la stature et la distinction de l'officier ont été remarquées par sa sœur. « Si elle ne parle de lui qu'avec une certaine réserve, c'est qu'elle est trop orgueilleuse pour s'exposer à une déception », ose-t-il deviner. « C'est à lui de se manifester, pas à moi », finit-elle par lâcher à son frère. Précautionneuse, elle ne continue pas moins à se poser des questions : que vaut-il, quel est son avenir ? Et puis : « Tu as vu sa taille ? De quoi aurais-je l'air à son bras ? Il a près de quarante centimètres de plus que moi. » Vendroux la rassure. Si l'on porte foi à ce que disaient les Denquin-Ferrand, ce garçon est promis à une brillante carrière. (Voilà des gens qui ont du nez !) Quant à sa famille, « elle est des plus honorables ». Elle écoute son frère en silence. Elle me rappelle la photo que l'on a prise d'elle il y a neuf ans : vêtue d'une jupe longue et d'un corsage blanc, les cheveux tirés en arrière par un chignon, elle tient une raquette de badminton sur les genoux. La grâce et la sagesse l'illuminent. « Jolie fille », murmure-t-on sur son passage, quand on l'aperçoit le dimanche, avec ses parents, sa jeune sœur et son frère, à la sortie de Notre-Dame de Calais. Mais pour l'instant, la jolie fille se tâte et son visage est boudeur. C'est un très long voyage qu'on lui propose. Partir si loin avec un inconnu ?

L'invitation est acceptée. Elle court aussitôt chez le coiffeur, puis aux Trois Quartiers, le magasin de sa famille, et choisit cette robe en crêpe de Chine « très comme il faut » qui accentue sa silhouette de nymphe. Il est entendu que son frère lui servira de chaperon. Une voiture de louage viendra les prendre 37, boulevard Victor, le pied-à-terre parisien des Calaisiens. Solution préférée au train afin d'éviter que le vent de ce jour maussade ne détruise l'élégant agencement de l'artiste aux ciseaux. Sous le coup d'un charme, me voici maintenant 3, place Saint-François-Xavier, au moment où le capitaine est en train de se préparer à sortir. Belle allure, dit son miroir. Dolman et pantalon bleu horizon, portant en plus de ses galons de capitaine celui de commandant par intérim, ses décorations sur la poitrine, et en haut de la manche gauche les chevrons marquant ses années de campagne. Son képi est de même couleur, ses souliers vernis ont les talons garnis d'un petit éperon. Impeccables, ses gants blancs ont été soigneusement lavés dans son lavabo comme il est de coutume.

En route pour l'hôtel des Réservoirs à Versailles. Faute de photographe, j'en fais office. Premier cliché : présentation d'usage à la sortie du vestiaire, puis, dans le grand salon, quelques échanges de banalités sur un ton guindé. « Tous les trois, nous savons très bien pourquoi nous sommes ici, écrira plus tard Jacques Vendroux. Il sortira des deux heures qui suivent la vie entière d'un couple ou rien du tout. » A présent, le chaperon a fini son service. Au destin d'assurer le sien. Assis dans un fauteuil club, il se contente de les lorgner de loin avec la discrétion qui s'impose. Photo. Je les vise peu après, alors qu'installés dans des fauteuils convenablement espacés, ils sont en train de se parler. Pendant deux heures d'affilée, tangos et one step peuvent se succéder, ils ne semblent pas s'en émouvoir. A l'étonnement de Jacques Vendroux qui sait que sa sœur est une excellente danseuse. Plusieurs fois, quand même, je les vois rejoindre par politesse le chaperon qui s'ennuie. Le commandant fait servir du champagne et il a, pour son futur beau-frère, ces mots sublimes que l'Histoire retiendra à coup sûr : « Mademoiselle votre sœur me révélait à l'instant qu'elle aime beaucoup la montagne, et surtout, en altitude, la flore alpine qu'on peut y admirer… » Pour sa part, Yvonne a découvert que son partenaire a passé plusieurs fois ses vacances, enfant, à Wimereux, cette plage du Nord que les Vendroux ont souvent fréquentée. « Comme le monde est petit ! » s'exclame-t-elle. Pour naître, les grandes amours n'ont souvent besoin que de bien petites choses.

Quelle heure est-il ? Mon Dieu, il est déjà temps de rentrer ! Dommage, on avait encore tant et tant à se dire. Mes dernières photos : la poignée de main sur le pas de la porte, la robe bleu pervenche qui s'estompe dans la nuit. Au retour, dans le train, Vendroux pose cette question à sa sœur : « Et alors ? » Se refusant à ouvrir son cœur, elle répond comme si elle sortait du cinéma : « Je ne me suis pas du tout ennuyée. » Et trois jours plus tard, dans sa famille : « Ce sera lui ou personne. » La permission de l'officier se termine le 20 novembre. Dans le train du retour, je suis sûr qu'il s'est entendu réciter ce que disait l'enchanteur de Combourg, le jour où Eros vint le taquiner : « J'entrevis que d'aimer et d'être aimé d'une manière qui m'était inconnue devait être le sentiment suprême. »

Les fiançailles seront fixées – heureux hasard ! – au 11 novembre, deuxième anniversaire de l'armistice. Le 26 décembre, la mère d'Yvonne reçoit ces vœux du fiancé : « Au moment d'entrer dans cette année, je me sens pénétré à votre égard d'une immense reconnaissance, en pensant au trésor que vous acceptez de me donner. J'aurai passé bien tristement les deux derniers mois de 1920. Jamais l'exil ne m'aura paru plus mélancolique et pour de plus chères raisons… » De son côté, Yvonne écrit à Madeleine, sa meilleure amie : « Mon fiancé a 29 ans, il est très grand (1,85 m…), brun, très beau garçon. Enfin nous serons très heureux l'un par l'autre. Je suis si heureuse que je ne sais plus où j'en suis. » L'étoile dont parle Victor Hugo s'est posée sur les branches de son arbre. Elle y demeurera cinquante ans.

Réussites

Des meubles peuvent vous parler. Ils sont là, dans leur coin, figés dans le silence, mais ils ont bien des choses à dire à ceux qui savent leur prêter l'oreille. La table de bridge de La Boisserie a cette faculté.

Elle ressemble à ces vieilles personnes que l'âge et la solitude ont rendues aphasiques et dont le moindre mot est un fruit d'or. Il s'est penché tant de fois sur elle dans sa vie que l'on ne peut la voir ou la toucher sans l'imaginer. Le voici justement assis devant elle, sur son fauteuil de style Haute Epoque au siège et au dos revêtus de tapisserie, à deux pas d'Yvonne, absorbée par sa correspondance, en arrière, à droite, devant son secrétaire encastré au milieu de la bibliothèque, ou dans son sempiternel travail de Pénélope. Face à lui, à quelque distance, le poste de télévision attend, sur son guéridon, à la hauteur de la cheminée, l'heure du journal régional pour dire son mot. Et le voici devant moi, en train d'étaler machinalement sur le tapis vert sa réussite à sept cartes, sept fois sept, un moyen pour lui de réfléchir tout en occupant ses doigts. Son délassement du soir après quelques heures d'écriture et quelques tours de jardin. Le moment où, abandonnant l'Histoire, il s'adonne au fortuit.

Je touche cette feutrine, y promène mes doigts, et me dis : voilà l'endroit où ses mains ont glissé pour la dernière fois à la poursuite du hasard. Voilà ce tissu sur lequel ses lunettes ont chuté alors qu'il s'affaissait, tête en avant, après avoir prononcé ces mots si souvent reproduits : « J'ai mal, là, dans le dos. » Sur ce jeu de cartes dont, par goût de l'épique antique, il nommait chaque figure selon la tradition chevaleresque : Cœur : Charles, Judith, Lahire. Carreau : César, Rachel, Hector. Pique : David, Pallas, Ogier. Trèfle : Alexandre, Argine, Lancelot. Voilà le moment où, le 9 novembre 1970, le silence qu'il recherchait le soir venu comme un havre de paix, plongé dans son jeu de patience, est devenu éternité.

Qui peut comprendre qu'un homme si actif et si préoccupé par les affaires de son pays, même après les avoir quittées, puisse, comme un désœuvré, sacrifier du temps à interroger le sort ? Le tabac en est un peu la cause. Une fois fumée sa dernière cigarette en novembre 1947, il lui faut compenser cette privation, donner à ses doigts et à son humeur le dédommagement qu'ils réclament. Une façon, comme d'autres picorent des chips ou des pistaches, de tromper l'impatience, l'esprit ailleurs, en ne concédant qu'un œil et qu'une oreille à la télévision souvent décevante. Et puis, se livrer au hasard, c'est se délivrer pour un moment des contingences terrestres. Joueur ? Pas vraiment. Il n'aurait jamais provoqué le sort comme le font ceux chez qui le jeu bouillonne dans les veines. « Dans sa réussite à sept cartes qui lui était familière, m'explique son fils, il distinguait son travail propre, qu'il exécutait mécaniquement et sans erreur, de la part du hasard que lui donnait la séquence des cartes dont il n'était pas le maître. S'il gagnait cette partie où il n'était en présence d'autre joueur que lui-même, il le pointait sur une feuille quadrillée pour mesurer les chances que le sort lui avait accordées. » L'amiral conserve avec soin ce petit bout de papier sur lequel son père a noté ses dernières chances. Quel bien précieux que ces ultimes traces avant le grand voyage !

Le sort, le hasard, le destin… Voilà des mots que je vois souvent éclore au bout de sa plume. S'il attribue parfois le même sens au destin et au sort, qu'il appelle « cette force qui nous dépasse et nous entraîne », il s'interdit de confondre destin et hasard car, explique-t-il, le hasard est la conséquence de l'improvisation. Son fils se souvient de ce qu'il lui a dit, ainsi qu'à sa sœur, à plusieurs reprises, dès leur plus jeune âge, quand ils sortaient ensemble de Saint-François-Xavier ou de Notre-Dame-des-Champs après la messe dominicale : « Mes enfants, on vient là pour adorer Dieu, pour lui rendre hommage. Dieu est le maître de tout, c'est le Sort avec un grand S, le destin. Alors, naturellement, si on se laisse aller, le sort vous abandonne. Mais il est possible qu'il soit difficile et cruel quoi que vous fassiez. En définitive, ce n'est pas vous qui êtes le Juge suprême. » Le destin, « cette conjonction de forces obscures » qu'il faut subir sans la maudire. Je lis, par exemple, dans les *Mémoires de guerre* : « A quarante-neuf ans, j'entrais dans l'aventure comme un homme que le destin jetait hors de toutes les séries. » Et aussi : « Et moi au centre de ce déchaînement, je me sens remplir une fonction qui dépasse de très haut ma personne, servir d'instrument au destin. »

On prétend souvent qu'il consulte les cartes pour connaître à l'avance le succès ou l'insuccès de ses futures entreprises. Et quoi encore ? Il sait que plus on court après son avenir, plus il vous fuit. J'ai même remarqué qu'un petit plaisantin s'est institué, après sa mort, bien sûr, son devin attitré. Invité régulièrement à déjeuner à l'Elysée (avec sa femme, s'il vous plaît), il aurait tout prévu : les élections gagnées ou perdues, Mai 68, Baden-Baden… Ces balivernes ont peut-être pour origine l'anecdote vécue par Yvonne avant la guerre. Au cours d'une vente de charité, elle avait demandé, pour s'amuser, l'avenir à une femme d'officier déguisée en gitane qui tirait les tarots. « Votre mari deviendra général », lui avait-on prédit. Il n'en a pas fallu davantage pour que cette histoire inspire la mystification.

Les grands destins sont toujours suivis d'une bande de fantaisistes appliqués à dénaturer leur parcours. Certains veulent démontrer son ingratitude à l'égard de Pétain en affirmant qu'il l'avait choisi comme parrain de son fils, auquel il avait donné le même prénom, Philippe. Un autre lui fait prendre à la course, en 1940, le petit avion pour Londres, alors que roulant déjà sur la piste, il était prêt à s'envoler sans lui. En 1968, un autre encore se sert du fait que, la veille de son arrivée impromptue à Baden-Baden, Massu avait rendu son invitation au commandant en chef des armées soviétiques en Allemagne par une soirée bien arrosée à la vodka, pour prétendre qu'il venait demander au Kremlin de l'aider à mettre un terme à la « chienlit » récupérée par le parti communiste… Il y aura toujours un petit rigolo pour ajouter sur le livre d'histoire une barbichette à quelqu'un qui n'en porte pas. Les démentis ne servent à rien. La vérité peut montrer ses seins nus, on ne voudra jamais croire qu'ils sont vrais.

Quand il joue aux cartes, ce n'est que pour se distraire ou pour poursuivre agréablement une réflexion, ou bien encore par solidarité à l'égard de quelque relation. Pendant sa captivité en Allemagne, il lui arrive ainsi de tuer les heures creuses qu'il ne sacrifie pas à la lecture ou à l'écriture en « tapant le carton » avec ses camarades d'infortune, entre deux tentatives d'évasion. Jeune officier, il accepte, durant les vacances d'été dans les Ardennes, d'être le quatrième au bridge avec son père, son beau-frère, des cousins ou des amis. A Paris, je l'ai dit, il fait parfois de même avec certains voisins d'immeuble. Redoutable partenaire, m'assure-t-on, il excelle tout autant, grâce à ses dons de stratège, dans le jeu de dames et les parties d'échecs. S'il passe à côté d'un damier ou d'un échiquier sur lequel s'échange une partie, il est capable de jouer une ou deux pièces à distance. Quant à risquer un sou à la Loterie nationale, dans un casino ou aux courses, cela serait renier les traditions familiales. Il répudie tout jeu d'argent. Seule Yvonne a parfois tenté sa chance, à l'époque des vaches maigres, dans les premières années de leur mariage, avec l'achat d'un dixième. Pour ne jamais rien gagner, sauf, une fois, le remboursement du billet.

A La Boisserie, après la Seconde Guerre mondiale, plus de jeux de société. Ils seront réservés par la suite aux petits-enfants en vacances. Respectueux de l'ambiance feutrée imposée par l'écrivain, ils s'amusent dans leur coin, loin de la bibliothèque où il passe le plus clair de ses journées, quand il n'est pas dans son bureau ou dans le jardin. Personne, bien sûr, n'oserait entrer là, petit ou grand, à l'heure de sa réussite. Au moment où il s'assied dans le silence, à la poursuite du hasard, comme moi, à l'instant, si impressionné, devant cette table de bridge tendue de feutrine verte qui a tant de choses à me dire.

Rubens Hotel

Mettre mes pas dans les siens abrège les années qui me séparent de lui jusqu'à les anéantir. A Londres, j'ai voulu descendre à l'hôtel Rubens, 39, Buckingham Palace Road, où, le 20 juin 1940, sa femme et ses enfants vont venir le rejoindre. Rien n'a changé depuis le matin où il est entré là avec ses bagages. On dirait l'image fixe d'un film arrêté par une main malicieuse. C'est toujours le même portier en livrée galonnée vert foncé et haut-de-forme, avec l'afféterie de « Monsieur Loyal », le personnage comique du tartuffe adopté par le cirque, qui ouvre la double porte en bois verni de cet immeuble traditionnel en brique rouge, typique de l'époque edwardienne. Toujours le même hall d'entrée au sol de marbre clair. Seul le comptoir de réception a été déplacé. Face à la porte, il n'est plus situé à gauche comme il l'était le jour où il a dû y décliner son nom et présenter ses papiers. Fait dont je veux être aujourd'hui le témoin.

Le Rubens, qu'une rue sépare des écuries de Buckingham Palace, n'est qu'un hôtel de moyenne catégorie. Mais où loger ailleurs ? Il ne possède pas les revenus qui lui permettraient de viser plus luxueux. Construit en 1911, cet hôtel a longtemps servi de résidence aux jeunes débutantes appartenant à des familles aristocratiques qui, invitées au palais à chaque saison, attendaient là, frémissant de plaisir, le rendez-vous tant rêvé. Au premier étage, un bal enveloppait l'hôtel de ses airs de valse en fin de semaine. Pendant la Seconde Guerre mondiale, le général Sikorski, chef du gouvernement et commandant en chef de l'armée polonaise en exil, y installe son quartier général. Celui du Comité français, créé le 23 juin, a préféré trouver refuge dans un immeuble un peu délabré, à St Stephen's House, au bord de la Tamise, non loin de la Chambre des communes. C'est l'époque des vaches maigres. Geoffroy de Courcel, le premier rallié, tient le cabinet tandis qu'Elisabeth de Miribel tape le courrier dans le couloir, sa machine à écrire posée sur une caisse. « Quand je revois tout ça aujourd'hui, évoque Courcel, songeur, je m'interroge encore : comment avons-nous eu la force de résister à pareille situation ? La réponse va de soi, avec lui nous avions la foi. » Les prouesses de sa jeunesse n'ont pas fini de confondre l'homme âgé, jusqu'à l'amener à se demander s'il ne les a pas inventées.

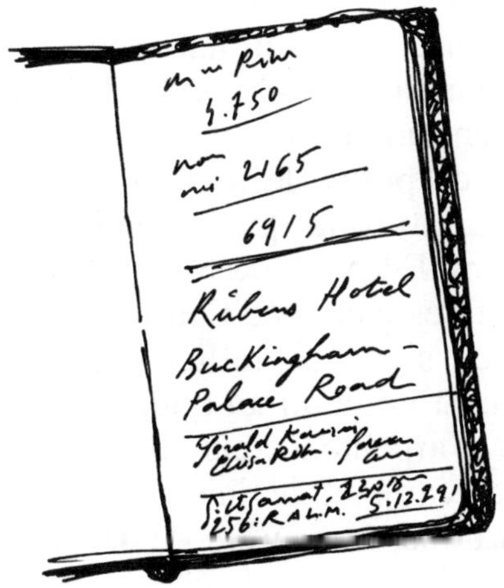

Logé au troisième étage du Rubens, dans trois pièces dont la petite dimension m'étonne, il y vivra à l'étroit pendant quelques jours avant d'émigrer en banlieue avec sa famille composée de cinq personnes en plus de la gouvernante attachée à Anne. Gaston Palewski, futur chef politique de la France libre, se rappelle l'avoir accompagné au Rubens dès son arrivée à Londres. Il a été consterné de le voir descendre dans un hôtel de cette classe tandis que certains résistants considérés comme importants seront logés plus tard au Claridge ou au Savoy. « Je le vois encore, se souvient-il, prendre une pièce de monnaie et la glisser dans un radiateur électrique qui se serait arrêté faute de ce maigre subside. »

Le 20 juin, donc, le moment des retrouvailles inespérées. Personne n'aurait pu certifier à Yvonne la présence de son mari à Londres, alors que, réfugiée en Bretagne avec ses enfants, elle décide de rallier l'Angleterre. Et voilà que son fils en apprend la nouvelle à la lecture d'un journal, peu de temps après leur débarquement à Falmouth d'un des derniers bateaux pris en rade de Brest, et qu'il court jusqu'au commissariat de police le plus proche pour signaler leur existence. Et voilà que le lendemain, un secrétaire d'Anthony Eden ou de Macmillan, portant chapeau melon et veste croisée fleurie d'un gardénia à la boutonnière en signe de ralliement, les attend à la gare Victoria. Et voilà qu'au bout du hall d'entrée du Rubens que j'arpente, cœur battant, la porte de l'ascenseur s'écarte et le laisse passer tandis qu'il descend de sa chambre. Vêtu de son uniforme habituel, dolman kaki, culotte de cheval gris clair et jambières en cuir brun, il ne semble pas plus surpris de découvrir les siens que s'il les avait quittés la veille. Surpris, je le suis, moi, au récit de son fils : « Notre présence lui paraissait tout à fait naturelle. Il nous a embrassés et nous a dit : "Je suis bien content de vous voir parce que je me demandais ce qui avait bien pu se passer." De son côté, ma mère a eu ces mots : "Nous aussi, nous sommes contents de vous revoir. Nous ignorions ce que vous étiez devenu et ce que nous allions devenir nous-mêmes." Et puis, ils ont parlé d'autre chose. » Il en est ainsi chez les gens discrets de nature. Ils ont deux contenances comme on a deux tenues : celle pour sortir et celle pour l'intérieur.

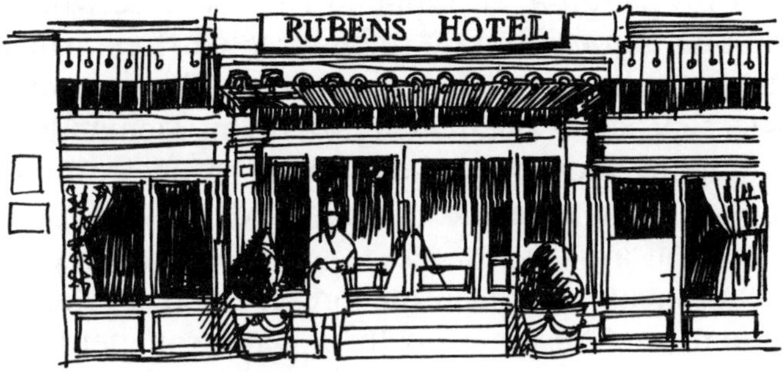

Au retour à l'hôtel, le soir, vers 20 heures, parvient-il à ne pas donner l'impression d'un homme découragé ? Rien ne va comme il l'a souhaité. Les militaires français présents en Angleterre et sur lesquels il comptait partent pour les Etats-Unis ou retournent tout bonnement en France occupée. C'est le cas du général Béthouart, avec la plus grande partie du corps expéditionnaire revenu de Norvège. « Je crois que tu te trompes, lui a dit son camarade avant de rembarquer, les Allemands ont définitivement gagné la guerre. Ils seront bientôt en Grande-Bretagne. Donc, j'ai décidé de rentrer avec mes hommes. » Les jours ont la couleur de la nuit. Le 22 juin, accompagné de son fils à la BBC, il exhorte une fois de plus et en vain les généraux d'Afrique du Nord, dont Noguès, à le rejoindre pour continuer le combat, comme il l'a fait sans succès avec les écrivains célèbres de passage en

Angleterre. L'audace est un ressort qu'on ne peut contenir. Encore faut-il vouloir le tendre.

Il ne cache pas aux siens sa mauvaise humeur contre tous ces lâcheurs. « Londres, en juin 40, ce n'était pas une ville où l'on arrivait, mais une ville d'où l'on partait », se rappelle Elisabeth de Miribel. Il est bon aujourd'hui de retenir ces chiffres : sur les huit cents Français en mission en Angleterre en 1940, sept cent quatre-vingt-dix-sept demanderont leur rapatriement. Dès l'annonce d'une nouvelle défection, on l'entend soupirer devant Yvonne : « Alors, lui aussi ? Lui aussi ? » Parmi les cinquante mille Français en uniforme présents outre-Manche, combien vont rester avec lui ? Dans son petit trois pièces, au troisième étage, un homme seul, au milieu des siens désemparés se pose bien des questions. Ce nuage de fumée au plafond, celui de son éternelle cigarette ou celui de ses illusions ? Demain, un rire de dérision le déridera quelque peu : par décret du président Lebrun, il est admis à la retraite d'office par mesure de discipline… Poisson d'avril, la cocasserie s'amuse parfois à s'accrocher dans le dos des choses les plus graves.

Sorti de sa chambre, il me fait retrouver son regard de soldat qu'aucune balle ne peut atteindre. Quand on le voit entrer dans la salle à manger au plafond lourdement chargé et percée de cinq hautes fenêtres, c'est la France qui apparaît sous cet uniforme insolite, la France battue, meurtrie, avilie qu'il se doit de représenter avec deux fois plus de distinction. Réservés comme s'oblige à l'être tout parfait gentleman, les gens attablés, genre officiers à la retraite et petits hobereaux, feignent de ne pas le remarquer. A 20 h 30, bouche cousue, on écoute le communiqué de la BBC terminé par l'hymne national qui fait se lever tout le monde comme sur un coup de sifflet. Puis les conversations reprennent à mi-voix, pareilles au murmure d'un confessionnal. Yvonne laisse son mari dîner seul avec son fils. Accompagnée de sa fille Elisabeth, elle préfère demeurer dans sa chambre avec Anne dont la présence dans la salle à manger dérangerait tous les convives. Lui parle peu. C'est souvent le cas de celui qui se parle trop.

Revenant, le 24 juin, de la BBC où il a stigmatisé au micro l'armistice conclu la veille par le gouvernement de Pétain, je l'entends enfin desserrer les dents. « La France est comme un boxeur qu'un coup terrible a terrassé. Elle est à terre. Mais elle sait, elle sent qu'elle vit toujours d'une vie profonde et forte. » L'espoir est de retour. Dans quatre jours, il annoncera sa reconnaissance par le gouvernement britannique comme « chef des Français libres ». S'adressant alors à son fils, il dit, sûr de lui : « Les Allemands ont des limites. Ils ne savent pas ce qui les attend. On va gagner. Peut-être pas tout de suite, mais on va gagner. Maintenant, si on y passe, on aura fait ce qu'on aura pu. On ne pourra rien se reprocher. »

C'est toujours le même homme que le portier du Rubens en livrée galonnée vert foncé et haut-de-forme, avec l'afféterie de « Monsieur Loyal », voit entrer et sortir. Mais en lui tout a changé.

S

Saint-Cyr

Pieds nus, chapeau de toile sur la tête, il court sur le sable mouillé à l'appel de son père. Sa joie quand, en septembre 1909, en vacances avec les siens à Wimereux, on lui apprend qu'il est reçu au concours d'entrée de Saint-Cyr ! Il n'a pas dix-neuf ans et c'est la première fois qu'il se présente. Saint-cyrien ! Le casoar, plume au vent, et le sabre battant le flanc. Il en rêvait depuis sa tendre enfance. « Quand j'entrai dans l'armée, elle était une des plus grandes choses du monde », écrira-t-il plus tard. Si c'est son opinion, elle n'est guère partagée à l'époque. Influencés par l'antimilitarisme ambiant, les jeunes gens se détournent d'elle. On ne se bouscule pas pour entrer dans cette école. Sur deux mille candidats à la fin du siècle, il n'en reste plus que sept cents en 1908. Je présume qu'il faut beaucoup de courage pour aller ainsi à contre-courant, et il n'en manque pas. Des quatre fils d'Henri de Gaulle, il est le seul à avoir choisi cette voie. Xavier et Jacques ont opté pour l'Ecole des mines et Pierre s'est destiné aux Finances. Il a la

France dans le sang, il a besoin d'ordre, d'unité, de faits éclatants. En pleine affaire Dreyfus, au moment où l'armée de la République est affaiblie, il ressent le devoir de renforcer ses rangs par son modeste engagement. Et puis, comment vivre sans l'Alsace et la Lorraine, privé du désir de revanche comme un fusil sans baïonnette ?

Le voici donc simple soldat de deuxième classe au 33e régiment d'infanterie. Une unité d'élite qui s'est illustrée à Wagram et à Austerlitz. C'est la loi de l'époque. L'élève officier doit d'abord faire un an de service parmi les conscrits. De la même façon, un futur directeur de société s'astreint à jouer les vendeurs derrière un comptoir afin d'avoir une idée de la condition de ses subordonnés. Sa touche m'amuse. Les hautes cornes du calot en concurrence avec son appendice nasal, les bandes molletières à l'assaut des jambes interminables. Le vrai « troufion » des caricaturistes. En bourgeron de gros drap, le soldat de Gaulle ne goûte guère les corvées de patates ou de balayage. Mais il s'y plie sans broncher, sachant que croiser le fer est la meilleure façon de s'aguerrir. Il aime moins encore avoir à mater les mineurs en grève et à défiler sous les huées de la population d'Arras ameutée par Jaurès, qui voue l'armée et ses serviteurs aux gémonies. Mauvais est aussi, j'en ai mal pour lui rien qu'à y penser, le souvenir qu'il garde de ces marches harassantes de quelque trente kilomètres auxquelles il est soumis avec, sur le dos, le barda réglementaire pesant au moins dix-huit kilos. Sa constitution ne peut que le desservir. En revanche, elle est un avantage en escrime. Elle lui alloue une forme d'allonge très enviable dans les coups d'arrêt. Il a pratiqué ce sport à Stanislas avec des maîtres d'armes, parfois champions du monde, et il aurait volontiers participé à la compétition si elle ne lui avait pas pris trop de temps. En tout cas, le voilà prêt au cas où il devrait se battre en duel. C'est interdit mais toujours possible. Clemenceau lui-même menace de cette éventualité tout auteur d'un texte qu'il jugerait diffamatoire.

Mais la recrue aux membres démesurés se fait vite remarquer autrement. Plutôt que de jouer à la belote avec ses copains de chambrée, il donne – avec quelle audace ! – une conférence devant les officiers de son bataillon. J'imagine tous ces galonnés rassemblés dans le réfectoire, à l'écoute de ce conférencier hors norme dans sa tenue mal ficelée, admiratifs de sa faconde. Un an plus tard, il est nommé caporal. Sa première sardine ! J'en ris. Mais à quel point en rit-il lui-même ? Certes, le grade de sergent lui aurait mieux convenu. Son capitaine n'en disconvient pas. A ceux qui le lui font remarquer, il rétorque avec justesse : « Pourquoi nommer sergent un garçon qui ne se sentirait à sa place que connétable ? » Grand officier de la couronne, le connétable était le chef suprême des armées royales. Sergent, il le sera en septembre 1911. « Connétable », sans le vouloir, cet officier l'a baptisé pour la vie. L'expression sera reprise autant par ses admirateurs que par ses détracteurs. Elle le suivra partout, même à Londres en 1940, par Churchill lui-même, parfois avec un brin d'ironie. Ainsi voit-on déjà en lui, à dix-neuf ans tout juste passés, un sujet dont l'avenir réserve des surprises. Les hommes d'exception n'attendent pas d'être sacrés pour porter la couronne.

Ses heures libres – comment ne pas m'y attendre ? –, il les passe à écrire. Sous l'anagramme de Charles de Lugale, car un militaire est interdit de publication, il envoie au *Journal des voyages*, qui la reproduit, une nouvelle intitulée *La Fille de l'agha*. C'est l'histoire d'un certain lieutenant Meillan, spahi servant dans le Sud algérien, qui s'éprend de la fille d'un caïd dont on lui a demandé d'arrêter les exactions et qui décide de se tuer pour éviter que ses hommes ne la capturent.

A quelques semaines de ses vingt ans, s'ouvre devant lui le portail aux deux lanternes de la prestigieuse école de Saint-Cyr. Son père reçoit ce mot plein de gratitude : « Vous avez été le premier à ajouter à mon nom le titre de saint-cyrien. Ceci est dans l'ordre car n'est-ce pas à vous d'abord que je dois, pour une foule de raisons, la réussite de cet examen ? » Elève officier de la promotion Fez, boule à zéro, comme on dit à la caserne, plus dégingandé que jamais dans son treillis peu seyant, ce « bazar » a vite fait de se faire remarquer par tout le monde. J'entends brimbaler dans son dos des sobriquets de toute nature avec le bruit d'une casserole attachée à la queue d'un chien : « Saut-en-hauteur », « Double-mètre », « Grande-asperge », « Fil-de-fer » sont les plus couramment employés, que l'on soit jaloux ou simplement enclin à la rigolade. Mais il est fier de son uniforme de sortie, le Connétable (casoar et jaquette gris-bleu, épaulettes et pantalon rouges). Fier de cette nouvelle enveloppe qui le transforme en un autre homme. Il écrit encore à son père avec une innocente fraîcheur : « On avait photographié mardi notre Groupe avec le Drapeau. Voici le Drapeau. J'ai la chance d'être vu sur la carte. » Il gardera longtemps le shako et le casoar ainsi que ses tenues de cyrard. Tout cela sera dérobé à Colombey pendant l'Occupation.

Ses professeurs ne tardent pas non plus à distinguer cet élève comme pourvu par les dieux. Lorsqu'il quitte Saint-Cyr en 1912 avec le grade de sous-lieutenant, les appréciations élogieuses tapissent sa fiche signalétique. Sa conduite est « irréprochable », son intelligence « très vive », son caractère « droit », son zèle « très soutenu ». Notes de son chef de bataillon : « Très militaire, très dévoué, très consciencieux, commande avec calme et énergie, fera un excellent officier. » Le commandant de l'école fait chorus : « A été continuellement en progression depuis son entrée à l'école, a beaucoup de moyens, de l'énergie, du zèle, de l'enthousiasme, du commandement et de la décision… » Si j'observe que le tir est la seule épreuve où il n'atteint pas la moyenne, il brille dans toutes les autres, bien que loin derrière le major, Alphonse Juin, le futur maréchal. Son classement lui permet malgré tout de choisir son arme : l'infanterie. Il décide alors de reprendre du service dans son ancien régiment, le 33e RI, cantonné à Arras. Le chef de corps qu'il connaissait bien a été remplacé par un autre. Son nom : Philippe Pétain. La destinée vient d'ajouter une pierre à sa pyramide.

Arrive le jour de la fin des études avec la cérémonie traditionnelle. Ce grand jour que je vis avec lui comme si j'étais parmi les siens, l'œil aux aguets, vibrant d'impatience. Tous les saint-cyriens rassemblés, un genou à terre, la voix qui tombe sur eux, comme venue de l'au-delà : « A genoux les hommes ! Debout les officiers ! » Le grand jour où l'élève Charles de Gaulle reçoit solennellement son sabre, celui qu'il pointera, dans deux ans, sur le pont de Dinant, à travers les balles, à la tête de sa section. Ce sabre, symbole de sa passion pour l'armée, de l'action, du pouvoir, du courage, qu'il sentira battre contre lui toute sa vie à l'unisson de son cœur.

Sainte-Odile

S'élever peut parfois vous rapprocher du ciel. C'est ce qu'il recherche quand les affaires d'ici-bas lui deviennent soudain d'un poids insupportable. Il s'envole alors vers le monastère de Sainte-Odile qui, perché sur son rocher, surplombe la plaine du Rhin. Là, appuyé sur sa canne en châtaignier, tout lui paraît plus léger. C'est ce qu'il comptait faire quand il a senti le pouvoir lui échapper en 1968. Le 29 mai de cette année, à 10 h 30 du matin, en pleine « chienlit », le général Alain de Boissieu entre à l'Elysée, dans le bureau de son beau-père. Il ne reconnaît pas l'homme dont je loue l'impassibilité. Il l'entend dépeindre la situation comme le récit d'un terrible accident. Furieux, il en a contre ces Français qui se couchent dès la première épreuve, qui laissent hypothéquer leur avenir avec des « gamineries d'étudiant », contre ces gogos capables de tout avaler, y compris les apparentements. Il fulmine : « Quant au gouvernement, il ne réagit pas, il s'incline devant la rue. Certains responsables tremblent à la seule idée d'une épreuve de force. Dans ces conditions, le peuple français n'a pas besoin de De Gaulle à sa tête. Je ferais mieux de rentrer chez moi et d'écrire mes mémoires. » Pour grand qu'il soit, il craint les petites veuleries qui, mises bout à bout, mènent à la catastrophe.

S'ajoute au drame auquel il est confronté la nouvelle qu'il vient d'apprendre et qui le touche personnellement : dans un grand magasin, Yvonne a subi les injures de quelques employées en rupture de ban. S'il admet que l'on puisse s'en prendre à sa personne, le fait qu'on s'attaque à une femme, qui plus est à la sienne, le met hors de lui. « Des lâches ! » se lamente-t-il. L'avant-veille au soir, Philippe, son fils, n'a pu aller dîner avec lui. Un groupe de grévistes bloquait la porte de son immeuble en le conspuant. La voiture envoyée par l'Elysée a dû battre en retraite. A l'arrière de son immeuble, une deuxième voiture conduite par un civil a réussi à l'embarquer sans coup férir. Il n'est arrivé qu'à 21 heures, après le repas. Son fils, tristement surpris de retrouver son père découragé, sans ressort. De voir l'homme du 18 Juin, le premier résistant de France, celui qui a dit non à la capitulation, qui a tenu tête à Churchill, à Roosevelt, à Staline, affaissé dans son fauteuil, meurtri et désabusé par le lamentable spectacle d'un pays résigné. Son fils qui prend son courage à deux mains et qui lui dit, comme je le lui aurais dit à sa place, avec tout le respect possible : « Papa, il faut bien voir qu'à terme, votre règne est fini. Après les avoir une fois de plus sortis d'un mauvais pas, les Français ne veulent plus de vous. Ils ne veulent d'ailleurs rien, si ce n'est profiter de ce que vous leur avez apporté. » Touché par le chasseur, le sanglier va bondir et foncer. Non. Il se lève. Il arrête Philippe dans son discours et après un profond soupir : « Ne me décourage pas. » Un père n'aime pas que son fils lui tende un miroir sous le nez.

Mais l'heure est à l'action. Une grande manifestation se prépare pour après-demain. Elle menace d'aboutir à l'Elysée. Une réaction s'impose. Que va-t-il faire ? L'auteur du *Fil de l'épée* entre en scène : « Garder par-devers soi quelques secrets de surprise qui risquent à toute heure d'intervenir. » Il doit quitter l'Elysée, plonger les Français, y compris le gouvernement, dans le doute afin de reprendre la situation en main. Se retirer à Colombey pendant deux ou trois jours ? On dira qu'il est parti en week-end, comme d'habitude. C'est alors qu'il pense au mont Sainte-Odile. Ce vaisseau de grès rose dominant la plaine du Rhin où il a coutume de se rendre en voiture avec Yvonne. Peut-on y accéder en hélicoptère ? Oui, une plate-forme a été aménagée à cet effet. Mais il doit déchanter. Le brouillard empêcherait tout atterrissage. « La veille, m'informe le général d'Harcourt, aide de camp de Boissieu, chargé de préparer ce voyage avec lui, nous avons essayé de nous y poser. Impossible. Nous avons dû atterrir à Saint-Dizier. S'il n'y avait pas eu ce sacré brouillard, Massu aurait rejoint le Général à Sainte-Odile, mais, en plus, nous n'avons pu communiquer avec lui à cause de la grève. » Ordre sera donc donné, le lendemain, à l'hélicoptère présidentiel de continuer sa route jusqu'à Baden-Baden. Voilà comment le ciel arrive à modifier la courbe des désirs.

Montagne vosgienne culminant à sept cent soixante-quatre mètres et surmontée par un monastère, Sainte-Odile est un lieu de pèlerinage très attirant pour le pénitent en mal d'intercession. Depuis 1931, semaine après semaine, des groupes d'une vingtaine d'hommes et de femmes se relaient pour assurer, de jour comme de nuit, l'adoration devant le Très Saint-Sacrement de l'eucharistie. Avant la guerre, chaque fois qu'il s'attend à se retrouver devant des difficultés importantes, il effectue là, avec Yvonne, une retraite loin des affaires et si près du firmament. Il y affûte son épée à la veille d'un grand duel et sollicite la mansuétude de Celui qui nous gouverne. Au début de son installation à Colombey, après avoir quitté le pouvoir, il y séjourne trois jours de suite. Il voulait, confesse-t-il à son fils, qui me le répète, « se retirer un peu du monde pour réfléchir, vérifier son parcours, se reconsidérer lui-même dans sa vie de couple et dans sa vie personnelle et prier pour ma pauvre petite sœur Anne ». Sainte-Odile le revoit de nombreuses fois. Fin novembre 1958, par exemple, un mois avant d'être élu président de la République, il part y faire en secret son pèlerinage habituel avec Yvonne. On l'y apercevra une dernière fois en juillet 1970, quatre mois avant qu'il nous quitte, comme s'il souhaitait préparer son chemin vers l'éternité.

Je me demande si cette idée de pèlerinage ne lui a pas été inspirée par Maurice Barrès. Ce Lorrain qu'il a tant admiré a si bien chanté ce haut lieu : « Comment saurais-je rendre sensibles la solitude, les plaisirs et la musique d'un long automne à Sainte-Odile ? » Penché sur la terrasse au bord du rocher,

l'écrivain écoute. « A travers la grande forêt sombre, un chant vosgien se lève, mêlé d'Alsace et de Lorraine. Il renseigne la France sur les chances qu'elle a de durer. » De Claudel, qu'il a lu tout autant, il doit aussi apprécier l'élégie à Sainte-Odile composée en 1913 après un pèlerinage au monastère : « La grande Odile au visage si doux, avec des petits points de rouille / Ma fille l'Alsace en or, chargée de soie comme une quenouille ! » Qui sait qu'une simple lecture peut parvenir à faire ce dont seraient incapables tous les livres rassemblés ?

J'accompagne, un jour, par la pensée, ces pèlerins de Colombey dans leur marche spirituelle. Dès l'entrée du monastère, apparaît devant nous une cour plantée de tilleuls plus que bicentenaires que terminent, à gauche, la chapelle de Sainte-Odile, et à droite, l'église divisée en trois nefs par deux rangées de colonnes toscanes et éclairée par des vitraux représentant en petits médaillons la vie de la Sainte Vierge. Attenante au cloître, elle contient le tombeau de la sainte patronne de l'Alsace. Sur les murs de la chapelle, des peintures du XVIIe et des bas-reliefs du XVIIIe dépeignent la vie de la pieuse Alsacienne. C'est là qu'il va tomber en prière avec son épouse. Discrets, les pèlerins détournent les yeux à leur approche. (Albert, le roi des Belges, a le droit à la même prévenance lors de ses visites.) A sa sortie de ce lieu saint, il est entré dans la boutique des sœurs de la Croix et en est ressorti avec une canne en châtaignier marquée « Souvenir de Sainte-Odile ». Il s'appuie sur elle pour aller jusqu'au rocher du Panorama d'où, par temps clair, on peut apercevoir la cathédrale de Strasbourg, « la cathédrale toute rose entre les feuilles d'avril, comme un être par le sang animé, à demi humain », dit encore Claudel. Sur cette canne il s'appuie quand le sentier de la vie lui semble plus dur à gravir.

Seamore Grove

Il tourne, retourne, sonne à une porte, frappe à une autre. Impossible de retrouver le petit appartement du 7-8, Seamore Grove (aujourd'hui Curzon Place) d'où l'on voit frémir les beaux arbres de Hyde Park. Ce pied-à-terre que mon voyageur de Bordeaux occupe dès son arrivée à Londres le 17 juin 1940, avant d'aller vivre pour quelques jours à l'hôtel Rubens avec les siens lorsque ces derniers parviendront à le rejoindre. J'ai demandé, en 1972, à son premier aide de camp, Geoffroy de Courcel, l'homme qui l'a suivi dès le départ, de m'y accompagner. Il est alors ambassadeur de France à Londres.

Voilà une trentaine d'années qu'il a quitté ce deux pièces et il ne parvient pas à se rappeler l'étage où il est situé. D'autant plus que l'immeuble est méconnaissable. Un autre corps de bâtiment a été ajouté à la façade, ce qui dissimule l'entrée primitive et empêche tout souvenir de rebondir. On dirait qu'un malin plaisir s'ingénie, de temps en temps, à brouiller les mémoires.

Premier étage. Après une longue recherche, nous y voilà enfin. Un jeune couple de locataires américain nous ouvre sa porte et l'Histoire vieille de trois décennies fait irruption et nous emporte avec elle. « C'est ici qu'il a rédigé son appel et qu'il a été tapé par Elisabeth de Miribel », me précise Courcel, un voile de nostalgie dans les yeux. Et j'entends l'Underwood cliqueter sous les doigts malhabiles de la dactylo occasionnelle avec le bruit irrégulier d'une goutte d'eau tombant dans une bassine pleine à ras bord. Dans l'après-midi de ce jour-là, il a téléphoné à cette amie de jeunesse, sa voisine de Sologne, qui travaille comme documentaliste à la mission économique dirigée par Paul Morand : « Viens me rejoindre avec ta machine, on a un truc à taper. » Cette jeune fille se mettra donc, dès le lendemain, à la disposition du Connétable qui a débarqué le matin même de France, vers 12 h 30, avec ses deux cantines contenant notamment, pour tout vêtement d'appoint, un pantalon et quatre chemises. Cela à l'heure où Pétain prononce ces mots à Bordeaux : « C'est le cœur serré que je vous dis aujourd'hui qu'il faut cesser le combat. » Les jours suivant l'appel, elle devra parfois abandonner son clavier pour ouvrir la porte aux visiteurs, les premiers volontaires du défi à la désespérance.

Dès l'arrivée du petit bimoteur, sir Edward Spears, le conseiller de Churchill, emmène ses deux passagers déjeuner au Royal Automobile Club d'où ils partent ensuite pour le 101, Downing Street où son patron les attend. Le « naufragé de la désolation » est à la merci de ce grand vizir au cigare qui le connaît à peine, mais qui a déjà flairé en lui, lors de leurs rencontres antérieures en France et à Londres, l'animal peu commun, avec ses griffes et son adresse, auquel il va devoir se mesurer. « Je n'étais rien au départ, écrira-t-il plus tard, mais ce dénuement même me traçait ma ligne de conduite… Il fallait gagner les sommets et n'en descendre jamais plus. » Mais pour l'instant, il se trouve au plus bas, sur le dernier barreau de l'échelle. Il n'est pour Churchill qu'un pis-aller que le hasard a embarqué dans un canot de sauvetage et que le vent de l'espoir a poussé vers ce rivage. Un petit général de brigade dont il doit se contenter à défaut d'un Reynaud, d'un Darlan ou d'un Weygand que l'Histoire jugera avec la sévérité qu'ils méritent. Avant de quitter Downing Street dans l'après-midi, il obtient de Churchill, en colère après l'annonce de l'armistice par Pétain, de pouvoir s'exprimer pendant quelques minutes à la BBC, le lendemain soir. Il lui expose alors *grosso modo* ce qu'il a l'intention de dire aux Français. Après être allé dîner chez Jean Monnet, chef de la mission d'achats franco-britannique, il rejoint à Mayfair le deux pièces dont le propriétaire, Jean Laurent, chef de cabinet de Reynaud, lui a confié la clé, sans trop d'illusions, à son départ de Bordeaux. Geste réparateur de cet ancien banquier qui, incité à suivre le rebelle dans son échappée, a préféré tourner le dos à l'Histoire.

Le voici donc au premier étage, devant cette porte vernie, avec Geoffroy de Courcel. Qui a mis la clé dans la serrure ? Ce dernier ne s'en souvient pas. J'entre dans ce gîte avec mon guide et me dis : c'est là qu'il a entamé sa grande affaire, c'est dans ce nid qu'il a déployé ses ailes. L'appartement de dimension réduite, doté d'une minuscule entrée, se présente à moi, éclairé par deux fenêtres donnant sur Hyde Park. La première pièce servira de salon d'accueil, la seconde de chambre et de bureau. L'ancien lieutenant de cavalerie semble aussi ému, mais le flegme, dû certainement à sa fréquentation des diplomates du Foreign Office, parvient à cacher dans ses paroles les sentiments profonds dont il déborde. « Son bureau était ici, devant cette fenêtre dont les rideaux étaient tirés », précise-t-il d'un ton qui se veut le plus neutre possible. Son bureau sur lequel il ébauchera, dans la matinée du 18, les premiers brouillons de son appel qu'il jettera dans la corbeille à papier. La veille au soir, revenant de chez Monnet, il a traversé les rues grouillantes d'une ville insoucieuse de la guerre qui ravage l'autre rive. A-t-il alors évoqué, une fois de plus, Chateaubriand, pauvre exilé comme lui en Angleterre ? Dans les *Mémoires d'outre-tombe*, il raconte qu'il errait, solitaire, dans ce coin-là, « tandis que la partie qui touchait à Hyde Park se couvrait d'une multitude brillante. Le contraste de mon indigence et de la richesse, de mon délassement et de la foule, m'était agréable ».

Elisabeth de Miribel entre à son tour dans ce passé mythique avec sa machine portative. « Elle était ici [Courcel me montre l'entrée] derrière une petite table. Elle n'avait pas beaucoup de place parce qu'il fallait laisser un passage devant la porte. » Dès son arrivée, le 18 au matin, elle commence à taper les premiers brouillons. A 15 heures, après son déjeuner avec Duff Cooper, ministre de l'Information, le futur chef de la France libre se remet au travail. « Par mon intermédiaire, chaque feuillet passe de ses mains à celles d'Elisabeth. La pauvre a du mal à déchiffrer son écriture. [Son indulgence le fait sourire.] C'est également mon cas, et à plusieurs reprises, je dois aller déranger le Général pour lui demander de nous aider. » La première frappe est très mauvaise, car la jeune fille ne tape qu'avec deux doigts. Elle lui avouera d'ailleurs n'avoir jamais eu jusqu'alors à dactylographier quoi que ce soit de sérieux. Je mesure ma chance de pouvoir vivre ces instants d'exception grâce au récit d'un tel témoin dans ces lieux inestimables et déjà oubliés.

A 17 heures, léchés, pourléchés, les quatre feuillets manuscrits que la frappe a réduits de moitié sont enfin prêts. Courcel commande alors un taxi pour Oxford Circus. Chemin faisant, les deux hommes déposent Elisabeth de Miribel devant chez elle, à Brompton Square, et arrivent en quelques minutes à la BBC où les attendent, au quatrième étage, le directeur de l'information et sa collaboratrice Elizabeth

Baker. A 18 heures est enregistrée la voix qui transportera l'espoir au-dessus de l'océan des larmes : « Moi, général de Gaulle, actuellement à Londres, j'invite les officiers et les soldats français... » Derrière la glace d'isolation, devant son gros micro, il émerge de mes songes. Solitaire, sans visage, il ressemble à l'organiste dans sa cathédrale : invisible, on n'entend que lui. Courcel me livre le dernier souvenir de cette mémorable journée : « Au sortir du studio, nous sommes allés dîner au Langham Hotel face à la BBC. Le Général paraissait détendu, comme quelqu'un qui a rempli un devoir impérieux et rentre se reposer chez lui, satisfait. » D'autres se vanteraient d'avoir vécu cette grande page de la résurrection. Courcel me la raconte comme si on la lui avait racontée. Jamais il n'en fera un livre. Tant d'hommes valeureux veulent, comme lui, passer dans l'existence comme s'ils ne faisaient que passer.

Mais une inquiétude sournoise travaille l'exilé par devoir, et cela depuis son arrivée à Londres. Où sont sa femme et ses enfants ? Ont-ils quitté Carantec, en Bretagne, et pour se réfugier où ? Dans le sud de la France ou plutôt en Angleterre ? C'est ce qu'ont fait Yvonne, sa sœur et ses trois frères, en 1914. Mais parvient-on à passer de l'autre côté de la Manche sans visa d'entrée ? Un manque peut-il occuper tant de place quand l'esprit est déjà si habité ? Il connaît le caractère déterminé de sa femme, son courage, et d'y penser assourdit son anxiété. Et puis, ce soir, survient un avènement céleste. Celui de l'espérance. Portée pour la première fois par les ondes, sa voix va secouer les dormeurs, les perplexes et les incrédules. Je suis presque sûr que, dès son retour dans son appartement miniature, avant de tirer les rideaux, il a admiré Hyde Park et sa futaie sous la lueur cuivrée de la lune en pensant à son écrivain favori dans son petit hôtel « pas cher » de la rue de Miromesnil, environné d'un champ de blé et de terriers de lapins. Il disait avoir l'habitude d'essayer de s'endormir au bruit du peuplier de son jardinet. Comme lui, il a toujours beaucoup aimé les arbres.

Sept-Fontaines

Claquements des sabots de Pompon, le petit cheval ardennais qu'il aime conduire lui-même à bord du break familial, gazouillis du jet d'eau au milieu de son bassin, sur la terrasse, alors qu'il lit le journal abrité par un parasol, crépitement du feu de bois dans le Mirus au seuil du sommeil. S'il y a un lieu dont il se souvient avec nostalgie, c'est bien de Sept-Fontaines, la propriété de son beau-frère Jacques Vendroux, à huit kilomètres de Charleville-Mézières. C'est là qu'il a passé en famille des vacances heureuses entre 1921 et 1948. Ancien corps principal d'une abbaye de prémontrés chassés à la Révolution, cette demeure, que l'on appelle avec raison le « château » dans les villages environnants, a un aspect royal avec sa façade de briques roses de quelque quarante mètres de long et ses deux tourelles d'angle. Une terrasse et un parc à la française de cent cinquante hectares de prés et de forêts complètent son allure Grand Siècle. Je m'y retrouve un jour de novembre, quand la brume matinale enfume les sapins des alentours. Voici le carrelage décoré de fleurs de lis disposées en croix, l'escalier à double révolution et ses rampes en fer forgé, les murs vêtus de tissu. Il a marché là, monté là, vécu là… Si profonde est la trace laissée derrière certains hommes qu'elle arrive à occulter leur mort jusqu'à nous faire accroire que nous n'avons que rêvé.

Novembre est l'époque où il participe avec son beau-frère à quelques parties de chasse. Je le distingue facilement parmi les chasseurs grâce à sa haute silhouette, à ses leggings fauves signés d'un grand faiseur de Saumur et à son feutre gris. Une élégance que n'ont pas ses compagnons. On sent que cette distraction ne l'amuse guère, qu'il sacrifie à la tradition pour ne pas mécontenter ses hôtes. S'il tire, la première fois, quelques lièvres et quelques lapins, il en laisse passer d'autres sans même les épauler, absorbé par une méditation plus importante que celle d'occire de paisibles animaux. En revanche, se souvient-on pour moi, il ne manque jamais le déjeuner « au bois » qui suit les battues dans un coin de la forêt que je discerne droit devant. Assis sur des fagots, dans une clairière, les chasseurs entourent un grand feu crépitant alors que, venues les rejoindre, les dames servent, les yeux rougis par la fumée, le menu traditionnel : consommé bouillant, omelette au lard cuite sur les flammes dans des poêles à long manche, pâté de lapin en brioche, roue de brie et gâteaux mollets. Ce pique-nique ne lui est pas désagréable. Il est bon de quitter son travail un moment si l'on veut avoir le plaisir de le retrouver.

Au retour du bois, c'est l'heure du bridge dans le vaste salon à droite de l'escalier. Je m'y invite indûment et observe qu'il y joue fort bien, mais encore une fois, en donnant l'impression de se défaire avec politesse d'une obligation rituelle. Ce qui n'est pas le cas, après le dîner, dans la bonne chaleur de la cheminée encadrée de colonnes grecques, quand on improvise des jeux auxquels tout le monde doit participer. Un soir, par exemple, on reconstitue un grand mariage. La jeune mariée est un ami moustachu de cinquante ans, Yvonne une des demoiselles d'honneur, Jacques Vendroux, le maire, et lui le suisse avec sa hallebarde, l'air digne sous son fou rire rentré. D'autres journées sont consacrées à la cueillette des champignons des prés et des girolles. Mais à cette occupation, il préfère s'attarder sur les beaux arbres qu'il rencontre afin d'en déterminer l'âge ou rechercher les vestiges de la voie romaine qui, traversant la forêt, reliait Reims à Aix-la-Chapelle. Je le surprends parfois, aussi, dans le verger, juché sur une échelle double avec son beau-frère, disputant les reines-claudes aux guêpes affamées. Cette scène me fait rire, mais pourquoi faudrait-il qu'il n'aime pas les reines-claudes ?

Avec son break tiré par le cheval Pompon, il emmène l'un ou l'autre dans des promenades à travers l'Histoire. A la découverte des lieux fréquentés par les Prussiens en 1870, des résidences à Charleville où ont logé Guillaume II et le Kronprinz, et du café où Rimbaud s'étourdissait à grandes lampées d'absinthe. Ou bien, cavalier émérite, il s'éclipse seul à cheval et parcourt au galop les bois et les vallées qui me font face, avec une prédilection pour le layon menant à Gruyères, petit village blotti au creux d'un vallon sauvage. Un moyen d'échapper au brouhaha familial pour se livrer tout entier à ses évolutions cérébrales. S'il lui arrive d'échanger quelques volants au badminton sur la terrasse avec son beau-frère, tous deux manches retroussées, il décroche très vite des parties de croquet pour aller se réfugier à la bibliothèque et se noyer dans un ouvrage. Le dimanche, il conduit les siens à Saint-Nicaise, l'église de Fagnon, le bourg voisin. Il trouve pittoresques son clocher en ardoise, son autel en marbre blanc et son armée d'enfants de chœur. On en revient avec des couronnes de pain autour des bras. Quand le temps le permet, tous les membres de la famille et les gouvernantes partent en excursion à travers les Ardennes belges ou françaises à bord de deux ou trois voitures et d'un taxi, lui au volant de sa Citroën B 14 et Jacques Vendroux avec sa Talbot. Après le déjeuner sur la berge d'un étang, tandis que les hommes pêchent et que les femmes tricotent à l'ombre d'un cyprès, je le découvre en train de consulter ses dossiers. Curieux comme les moindres détails peuvent devenir à la longue des souvenirs marquants.

Pendant deux ans, de novembre 1929 à janvier 1932, Sept-Fontaines semble bien vide. Les de Gaulle sont au Liban. Leur retour ramène la joie. Philippe, le premier enfant, vient de fêter ses dix ans et son père tient

à s'occuper lui-même de ses devoirs de vacances. Il me semble l'entendre souvent élever la voix après lui dans sa grande chambre, au bout de la galerie. Il est plus coulant avec sa sœur, Elisabeth, âgée de sept ans. Anne, le troisième enfant, assombrit les jours ensoleillés. A trois ans, maintenant, on sait qu'elle ne sera jamais comme les autres. Sous la garde constante de Mlle Potel, la pauvre enfant tient à peine sur ses jambes et ne prononce que trois mots. Chaque soir, vers 6 heures, arrivé à Sept-Fontaines, il la prend un long moment sur ses genoux et lui chante sans discontinuer une chanson dont il est le seul à connaître l'origine : « Ou Pachou Pachou Paya », en s'efforçant de découvrir un signe de compréhension sur son pâle visage de cire. Il chantonne aussi sans se lasser : « La peinture à l'huile, c'est plus difficile, mais c'est bien plus beau que la peinture à l'eau. » Vive, je le sens, est la compassion des Vendroux d'apercevoir parfois la petite infirme tenue à la main par ses parents, clopinant tant bien que mal sur la grande allée du château. A sa vue, je pense à un arbrisseau dont l'une des branches cassée par le vent effleurerait le sol.

Aussitôt seul, Charles continue son travail personnel. Après la publication de son premier livre, *La Discorde chez l'ennemi*, le voici, huit ans après, en train de préparer la sortie de son deuxième, *Le Fil de l'épée*, et de terminer le troisième, deux ans plus tard, en 1934 : *Vers l'armée de métier*. Lors de ses séjours à Sept-Fontaines, il consacre de nombreuses heures à ces manuscrits. Pas un jour où il ne s'installe avec son stylo dans le calme de sa chambre, fenêtres grandes ouvertes sur l'horizon et la cigarette vissée en permanence au coin droit des lèvres. Certains matins, je peux aussi déceler sa présence sur la terrasse, à l'ombre des tilleuls centenaires, le jet d'eau pour seul témoin, jusqu'au moment où la cloche du château invite tout le monde à venir déjeuner. Des livres le suivent dans ses voyages. Quand il arrive de Paris, l'une de ses deux valises en est remplie au point de peser, au bout du bras, aussi lourd qu'un obus de 75, comme le dirait un ancien de 14.

En 1938, des menaces assombrissent d'un coup les vacances traditionnelles. « Où en sera-t-on l'année prochaine, s'interroge-t-il à haute voix, sont-ce là nos dernières vacances heureuses ? » Promu au grade de colonel à la tête d'un régiment de chars à Metz, il en revient inquiet. L'air vif des Ardennes est impuissant à le calmer. Son indignation explose : « La veulerie de nos politiciens va nous amener à la catastrophe. » Il fulmine contre ces généraux qui n'ont jamais rien compris aux chars. « Avec leur théorie, les Allemands sont à Bayonne en trois jours ! » Occupé par l'ennemi en 1870 et en 1914, Sept-Fontaines souffrira pendant la Seconde Guerre mondiale de pillages et de destructions.

Il y retourne en 1948, à l'occasion d'un déplacement dans le cadre du RPF, alors que sa famille y est en vacances. Il fait de même deux ans après et participe à une battue. Mais je constate qu'il a abandonné le fusil pour une canne et qu'il ne souhaite qu'une chose en regardant les chasseurs à l'ouvrage : que leurs plombs ne parviennent pas à toucher ces malheureuses petites bêtes dans leur gambade sous la belle lumière d'automne. Je l'y revois une dernière fois en 1958 pour l'enterrement du frère de sa belle-sœur, Cada Vendroux. Veuve, Yvonne y retrouvera de temps en temps sa famille avant de rejoindre en novembre 1979 la « pauvre petite Anne » et son mari dans leur lieu de miséricorde. Un an après, Sept-Fontaines est vendu et devient un hôtel de luxe. Sur la terrasse, au milieu de son bassin, le jet d'eau que le colonel en vacances affectionnait a cessé depuis longtemps son gazouillis.

Solferino (Rue de)

Premier étage, juste au-dessus du porche de cet hôtel particulier sis 5, rue de Solferino, entre le boulevard Saint-Germain et la Seine, non loin du palais de la Légion d'honneur et du domicile de Maurice Druon. Là est son bureau. Son fauteuil gondole tourne le dos à la double fenêtre. Un sous-main en maroquin fauve est éclairé par une lampe au pied de bois et à abat-jour parcheminé. D'un côté, un porte-lettres, de l'autre, un téléphone de couleur ivoire. Devant lui, sur le mur, le fanion à croix de

Lorraine de sa voiture présidentielle. A sa droite, une cheminée décorée de carreaux de Delft, surmontée d'une pendule dont les aiguilles ont été arrêtées à 19 heures, marquant étrangement, non l'instant de sa mort, mais le début de son agonie, vingt-cinq minutes plus tôt. Un peu plus près, pivotant sur un axe, des cartes sur panneaux représentent la France, l'Europe, l'Afrique. J'imagine le tracé de ses doigts à travers l'Hexagone qu'il a parcouru de fond en comble et sur le continent africain visité en 1953. Différents souvenirs ont été placés, pour moitié, par d'autres mains que les siennes, sur une petite table et un guéridon : la statuette en faïence d'une Bretonne, don des habitants de l'île de Sein, une maquette de l'avion offert au chef de la France libre par les Etats-Unis, la machine à écrire Underwood d'Elisabeth de Miribel… Autant d'épaves d'un beau navire coulé avec nos larmes.

Historique est ce bureau sans prétention protégé des curieux, dont les visiteurs ne franchissent le seuil qu'après avoir montré patte blanche. C'est à cet endroit qu'il choisit de s'installer en novembre 1947, un peu moins de deux ans après avoir démissionné du pouvoir. A cet endroit qu'ensuite, il organise et commande l'action qui va le ramener à la tête des Français. Rien n'y a guère bougé depuis le 29 mai 1958, date à laquelle, pressenti par le président Coty pour diriger le gouvernement, il décide de ne jamais plus y revenir. Mais vivace est demeuré son esprit derrière les vingt fenêtres de ce petit immeuble en pierres de taille coiffé d'ardoises. Vivace et combatif grâce à la volonté d'une cohorte de fidèles qui se relaient, souvent de père en fils, dans l'entretien de la flamme, fidèles à son propre souhait, celui que soit poursuivie sous ce toit, après son départ, une activité favorisant la défense de sa mémoire et de son œuvre. Ainsi sera créée, dès sa mort, une association pour la fidélité à son égard, à laquelle succédera, en 1971, l'Institut Charles-de-Gaulle, transformé en fondation en 2006. Tout cela, comme le dit Chateaubriand en parlant de lui-même, pour ne laisser personne inscrire son nom « au livre des absents ».

Mercredi matin, 9 heures, au temps du RPF. Une sonnerie retentit. Signal de son arrivée, accompagné de son aide de camp, après avoir passé la journée et la nuit du mardi à l'hôtel La Pérouse. Aussitôt ouverte, la porte cochère à deux battants permet à la 11 CV d'accéder à la courette intérieure. Une heure plus tard, conseil de direction sous sa présidence, dans la grande salle du rez-de-chaussée où se trouve aujourd'hui la bibliothèque. Une longue table occupe la moitié de la pièce. Je vois Malraux à sa droite et, parmi d'autres présents, des têtes connues : Foccart, Terrenoire, Guichard… L'affluence est telle que l'on est obligé de s'asseoir par terre, faute de chaises. Dans les étages, « compagnons » et sympathisants travaillent nombreux au grand retour. C'est la fougue et l'allégresse des fervents. Et devant le bureau du premier, l'attente fébrile des visiteurs de tous bords. L'astre resplendit et tout le monde veut jouir de ses rayons.

Hélas ! dès la mise en sommeil du RPF, en septembre 1955, sans s'interrompre pour autant, les visites s'espacent. La maison que j'ai connue si vivante a perdu de son animation. Parfois, certains bureaux sont vides, même celui situé au-dessus du porche. Son occupant habituel profite de cette accalmie pour voyager : Antilles, Tahiti, Nouméa, Sahara, et pour préparer la sortie du deuxième tome des *Mémoires de guerre*. Mais la rue de Solferino demeure son port d'attache et une adresse que le monde politique n'oublie pas. Et si elles ne s'y bousculent plus, les personnalités ne courent toujours pas moins après ses rendez-vous. La ruée reviendra avec le muguet en 1958. Pour se tarir dès son élection à la présidence de la République. La « rue de Solferino » devient alors le siège d'une association nationale pour son soutien. En 1969, après le référendum perdu, une équipe de militants y déposera, enveloppées de leur tristesse, ses archives personnelles évacuées de l'Elysée. Quand j'y retourne, je ne puis m'empêcher de regarder la porte de ce bureau derrière laquelle je le vois toujours assis, le torse bien droit et les deux mains posées sur son sous-main en maroquin fauve.

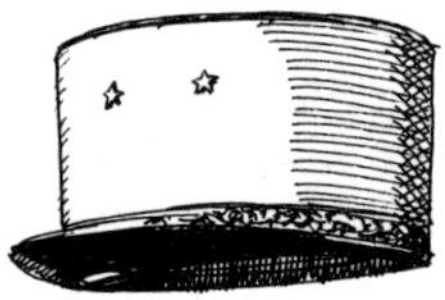

Sous-le-Vent (Villa)

« Je m'exposais au brisement de la lame en me livrant aux imaginations funestes », écrit son cher vicomte, qu'un peintre a représenté assis, pensif, sur un rocher breton, face à la mer. C'est à lui que je pense en m'asseyant moi-même sur un rocher du cap d'Antibes à l'endroit même où mon héros a été photographié, le regard tendu vers un vol de mouettes, par un beau jour de janvier 1946. Je me réjouis d'être là, dans ce bout de paradis interdit à tout étranger, sachant qu'aucun journaliste n'a pu jusqu'à présent y accéder, depuis l'époque où il y a séjourné pendant une semaine dans le secret le plus absolu. L'histoire commence le 1er janvier 1946 au cours d'une séance à l'Assemblée, quand, en costume trois-pièces, il annonce, sans pour autant émouvoir quiconque, que c'est peut-être la dernière fois qu'il prend la parole dans l'hémicycle. Une décision qu'il va rendre effective, on le saura très vite, une vingtaine de jours plus tard. C'est tout juste si la presse du lendemain s'arrête un instant sur cette déclaration, car on la considère comme une simple menace destinée à faire pression sur les députés. Mais sa détermination est bien ancrée. « Sondant les reins et les cœurs », écrit-il dans ses *Mémoires de guerre*, il a conclu qu'il serait vain « d'affecter de gouverner », qu'il devrait maintenant penser à partir. Honnis soient les « politichiens » qui vont faire perdre douze ans à la France !

Le mariage de sa fille Elisabeth avec le commandant de Boissieu lui donne un répit en l'éloignant du « microcosme » pendant quelque temps. Il a dit à son futur gendre, qui en fera part, que si son mariage n'avait pas lieu dans quelques jours, il quitterait le gouvernement séance tenante. Il a trouvé insupportable ce débat à l'Assemblée constituante sur le budget de la Défense. « Les partis recommencent comme avant la guerre, se récrie-t-il, ils veulent coloniser l'Etat et n'acceptent pas l'autorité du gouvernement. » Après la cérémonie du mariage, juste avant le départ des jeunes mariés en voyage de noces au Maroc, il propose à son beau-frère Jacques Vendroux, au cours de la réception au parc de Bagatelle, de l'accompagner avec sa femme sur la Côte d'Azur. Il a pris la décision d'aller passer une semaine à la villa Sous-le-Vent, au cap d'Antibes. Ses premières vacances depuis sept ans. Propriété du banquier Michel David-Weill, collectionneur de renom et membre de l'Institut, cette maison de style italien, construite en 1937 pour une riche Américaine, avait été laissée inachevée à cause de la guerre. A la Libération, l'armée américaine, qui en a pris possession, la met à la disposition d'Eisenhower. Elle passe ensuite entre les mains de l'administration française grâce à laquelle le chef du gouvernement (pour quelques jours encore) va en avoir la jouissance du 7 au 14 janvier 1946.

Pourrait-on rêver d'une propriété plus idyllique ? Mille mètres carrés environ de superficie et deux étages de tuiles creuses, adossés au flanc d'un léger promontoire qui leur donne vue sur la mer et l'armée disciplinée des pins parasols. Une volée d'escalier, au garde-corps en fer forgé, descend au premier étage de soubassement jusqu'à une grande loggia voûtée qui me conduit à la terrasse bordant toute la façade. A l'est sont le salon et la bibliothèque décorés de lambris, à l'ouest, la salle à manger ornée de panneaux de papiers peints chinois qu'entoure une guirlande de palmes en gypse, tandis qu'une fontaine monumentale trône comme à Florence. L'autre étage comprend deux chambres de maître avec salle de bains, penderie et boudoir, et quatre chambres d'amis. Les pièces sont blanchies, les menuiseries et une grande partie du mobilier de style en chêne cérusé. La chambre occupée par le couple en vacances s'offre à mon regard au-dessus de la salle à manger et de la bibliothèque. Un lit rallongé pour la circonstance a été pieusement conservé. Combien en existe-t-il ainsi en France, aujourd'hui ?

De sa fenêtre ouverte, par laquelle entre l'haleine parfumée des pins, j'aperçois la mer luire et me souviens du nombre de fois où est venue sous sa plume une métaphore qu'elle lui a inspirée. Tous ces flots, ces vagues, ces marées, ces houles que l'on entend bruire ou rager selon son humeur dans ses Mémoires et ses discours. « Salut, ô mer, mon berceau et mon image ! » lançait Chateaubriand en la regardant dans les yeux. A Golfe-Juan, où l'automotrice présidentielle l'a déposé avec Yvonne et les Vendroux, la Cadillac les attend pour les conduire au cap d'Antibes. De là, une route privée les mène à la villa sur laquelle veillent des policiers déguisés en terrassiers. Sur leur passage, se rendant à leur travail, des prisonniers allemands ont reçu l'ordre de se mettre au garde-à-vous. Peu de temps après son arrivée, il fait, avec son beau-frère et son frère Pierre, installé la veille, le tour de ce parc boisé de un hectare qui s'étend le long de la côte rocheuse. Puis, seul, il veut aller voir la mer « toujours recommencée » de Valéry comme les pensées qu'elle génère. Il descend un chemin escarpé entre les arbres, terminé par un escalier jusqu'à la plage dite du « maître de maison », une plate-forme de pierre encadrée de rochers, de laquelle plonge jusqu'à l'eau une échelle métallique.

M'y voici à mon tour, juste à l'endroit où l'a saisi un voleur d'image dissimulé sous un chapeau de paille. Près du rocher qui me surplombe, dans l'attitude qu'il montre sur la photo, j'admire la presqu'île de l'Ilette gisant comme une nef échouée et, à mes pieds, l'eau transparente. Je regarde la mer, me grise de son léger clapotis, seul écart au silence, et l'imagine comme sur la photo, debout, les talons joints, en costume gris foncé, chapeau à bord roulé de même couleur et canne à la main, comme s'il espérait des flots une réponse aux questions qui le hantent. Accourue du lointain, une lame assez forte parviendra-t-elle à le satisfaire ? Leçon d'humilité, doit-il penser, que de contempler cette immensité, cette puissance, cette beauté. Une autre fois, il emprunte avec Vendroux et son frère le sentier de douaniers festonnant la bordure du parc, de crique en crique, sur quelques centaines de mètres. Quand il découvre, perchés sur des rochers, quatre pêcheurs, leur fil trempé dans l'eau. Il s'approche de l'un d'eux et lui demande ce qu'il appâte. Au garde-à-vous, l'homme lui avoue qu'il n'en sait rien. Alors, à son beau-frère : « Je m'en doutais. Dire qu'il n'y aura jamais moyen d'être seul. Il en surgit de partout, derrière les arbres, dans les barques. Un de ces jours, j'en trouverai un sous ma baignoire. » On doit s'attendre à tout quand on attend tout de vous.

Cela ne l'empêche pas de faire sous le ciel bleu trois circuits quotidiens en compagnie de Jacques Vendroux et de Pierre. Si ces derniers ne sont pas venus là en conclave, ils ne se privent pas pour autant d'aider le chef du gouvernement à se pencher sur son avenir. Dans l'odeur des eucalyptus et des pins, le regard sur les mimosas en bouton et sur les parterres d'ellébores, l'un comme l'autre lui font part de leurs réactions devant son intention de s'affranchir du harnais. Pierre est contre son départ. En se retirant, il prendrait le risque de se voir attribuer la responsabilité des difficultés qui ne manqueraient pas de surgir. Vendroux est d'un avis contraire. Laisser les partis dans leur panade, c'est s'attendre que le peuple lassé en vienne à le rappeler à la tête du pays. Il écoute les deux hommes, donne de petits coups de menton d'entendement et finit par préciser : « Je suis venu ici pour que les Français comprennent bien que, si je quitte les affaires, ce ne sera pas sur un coup de tête à la suite d'un prochain incident par lequel les partis chercheront à me contrer, mais après mûre réflexion. » A Paris, François Mauriac s'indigne : « Alors, ce serait l'heure de Pilate. Il n'y aurait plus sur notre horizon, debout à son poste de vigie, ce personnage étrange qui n'est à la mesure de personne, ce type qui finissait par nous fatiguer avec sa "grandeur". »

Mais ce « personnage étrange » n'oublie pas qu'il est en vacances. Chaque soir, il s'envole vers le Roi-Soleil avec la lecture des *Mémoires* du cardinal de Retz et ceux de Saint-Simon, deux ouvrages qu'il consulte souvent et dont il a garni ses bagages.

Aujourd'hui, j'apprends qu'il a invité le préfet du Var et son épouse à déjeuner. Pour déguster sa bouillabaisse et son homard, la fidèle Augustine, qui l'a servi en Angleterre et à Alger, a sorti le linge de table en mousseline vert Nil brodé d'argent du propriétaire, ce qu'Yvonne trouve bien risqué. Le lendemain, casés dans la vaste Cadillac, les voici dans mon rêve en promenade vers Vence par un chemin pittoresque à travers le maquis sentant bon le thym. Puis, après une pointe jusqu'à La Turbie, le retour par la grande Corniche et Biot. Au cours du dernier après-midi à Sous-le-Vent, une vedette l'emmène faire le tour du cap d'Antibes jusqu'à Golfe-Juan. A défaut de pouvoir accoster à cause des curieux, il jette un œil sur les plages du débarquement du 15 août 1944 et à Golfe-Juan où Napoléon a touché terre au retour de l'île d'Elbe. Une île qui, au seuil d'un « désert » passager, ne peut incarner meilleur symbole.

Ce soir, l'automotrice présidentielle ramène le vacancier reposé et presque hâlé vers Paris et son charivari politique. Jusqu'à une heure du matin, les échanges de vue entre les trois hommes continuent, passionnés. Pour en venir à cette conclusion que l'Histoire va insérer dans ses colonnes : « J'ai remis le train sur les rails. On veut m'empêcher de me conduire comme il faut. Au régime des partis, puisqu'on le veut, de faire ses preuve. Ils s'imaginent qu'on peut gouverner avec des palabres. Eh bien ! qu'ils essaient. » Et à sa femme, en riant comme un étudiant dans le dos du prof : « Nous nous retirerons au Canada, je pêcherai des poissons et vous les ferez cuire. »

Stature (Sa)

C'est lui. Je ne m'attendais pas à le rencontrer. Il s'apprête à sortir de la loge du gardien de la rue de Solferino, son courrier sous le bras, alors que j'en pousse la porte. Devant ce géant, qui ne se sentirait pas rapetissé ? Il me tend la main. Heureux effet. Elle capte toute mon attention par sa douceur surprenante. Par quel miracle ce grand corps d'airain peut-il se terminer par ces organes si malléables ?

La vue de sa haute et ample stature frappe de stupeur tous ceux qui le découvrent. C'est le cas avant même qu'il ne soit connu. L'Anglaise Elizabeth Baker, qui le reçoit à la BBC le 18 juin 1940, parle, par exemple, d'un « homme immense » quand elle se rappelle le jour où elle l'a conduit au studio où il allait lancer son appel. C'est aussi l'impression d'Elisabeth de Miribel quand elle pénètre avec sa machine à écrire dans le petit appartement où il loge à son arrivée à Londres. Quatre ans auparavant, Léon Blum voit apparaître dans son bureau « un homme dont la taille avait quelque chose de gigantesque ». A son entrée à Saint-Cyr, à dix-neuf ans, son livret militaire lui donne une taille de 1,86 mètre, puis de 1,88 mètre à sa sortie, ce qui est pour l'époque assez exceptionnel. A la fin de sa vie, si je me réfère à ce que l'on m'a dit, il a perdu deux centimètres. Dans les années vingt, il pèse de quatre-vingt-cinq à quatre-vingt-dix kilos. Le jeune sous-lieutenant tout en os dont on se demandait s'il ne risquait pas de se casser en deux a pris de la rondeur et de la majesté. Il conservera le même poids jusque vers les années soixante où il épaissit jusqu'à atteindre cent à cent dix kilos.

D'autres dignitaires de son temps, tels que Kiesinger, le chancelier allemand, et Luns, le ministre néerlandais des Affaires étrangères, sont eux aussi des géants mais n'attirent pas, comme lui, la fascination au premier coup d'œil. Louis Terrenoire se pose la question et tente d'y répondre : « Serait-ce que, inconsciemment, celui qui l'approche se livre à une sorte de mensuration globale, où le physique n'entre que pour une part ? Sous l'exclamation "Mon Dieu qu'il est grand !", on sous-entend : C'est vraiment un grand homme. » Il est certain que, ajouté à son nom très symbolique, son physique particulier a été, pour sa destinée, un coup de pouce supplémentaire. J'imagine, à sa place, le général Dupont ou Durand, petit et rondouillard… Capterait-il autant les regards ? Mais en réfléchissant bien, cet aspect éléphantesque, pain blanc des caricaturistes, ne dessert-il pas plus qu'il ne renforce son côté souverain ? Pour son fils, il a, un jour, cette explication : « Le président ou le chef ne peut être un beau gosse. Que ce soit Hamilcar, Bonaparte ou de Gaulle, c'est toujours un personnage insolite. Sinon il ne peut pas être le chef car il est comme tout le monde. » Sans regretter d'être ainsi pourvu par la nature, il admet quand même que ce gabarit n'a pas que des avantages. « Nous autres, les grands, les géants, nous ne sommes pas toujours très à notre aise. Nous sommes par trop encombrés de nous-mêmes. » Dans sa chambre, à Colombey, une étroite glace non encadrée, taillée à sa hauteur, flanque la cheminée. C'est à elle qu'il se confie vite avant de retrouver son monde. Il sait combien il faut se méfier des miroirs. Ils ont l'humeur changeante. Un jour, ils vous sourient, le lendemain, vous voudriez les briser.

Par sa seule présence il en impose. D'autant plus qu'il maintient avec chacun une distance que l'on pourrait considérer à tort comme de la condescendance. Expérimenté par neuf ans de service continu à ses côtés, Pierre Messmer m'éclaire un peu : « Un militaire ne retiendra pas ce genre de considération. Un chef digne de ce nom se doit, pour se faire respecter, d'observer une certaine réserve vis-à-vis de ses subordonnés. » Et de me rappeler les mots clés du prestige enseignés aux saint-cyriens dans *Le Fil de l'épée* : le « privilège de la domination », la « dignité froide » et le langage en conséquence. Aucun ministre, même ceux que le passé a parfois couronnés, ne résiste à cette sorte de malaise qui vous prend devant sa personne. Et l'habitude n'y change rien. Ministre de l'Agriculture, Edgard Pisani m'a expliqué ce phénomène que l'on pourrait qualifier d'épreuve. Il n'a pourtant pas, loin s'en faut, la réputation d'un homme timoré. Il mesure de surcroît la même taille que lui. N'empêche que son immense présence lui insuffle le même « mal-être », c'est son expression, quand il se retrouve dans son bureau. « Il est comme une sorte de miroir qui vous renvoie une image sans complaisance. Ne saurais-je rien de ce qu'il a fait, ce qui n'est pas le cas, au bout de cinq minutes de conversation face à face, j'aurais du respect pour lui. » L'envoûtement n'est pas l'exercice exclusif des thaumaturges.

A l'étranger, le phénomène n'étonne plus les journalistes. Il faut l'observer, par exemple, à Bonn en 1967, aux obsèques du chancelier Adenauer. Observer l'ascendant extraordinaire qu'il exerce sur les invités de Heinrich Lübke, président de la Bundesrepublik. Observer le président des Etats-Unis,

Lyndon Johnson, traversant la salle bondée d'officiels, sous le regard stupéfait du protocole, pour aller le saluer et converser en sa compagnie alors qu'il demeure immobile. Deux ans plus tard, les mêmes faits me sont rapportés par un témoin, à son retour de Washington où il a assisté aux obsèques d'Eisenhower et à la réception qui a suivi à la Maison-Blanche. Ruée des chefs d'Etat invités par Nixon vers ce monument d'assurance et de prestige. Tout le monde à la queue, même le shah d'Iran, pour aller lui serrer la main. On le dirait en représentation, entouré de figurants.

Pierre-Louis Blanc, son collaborateur personnel d'un moment, a passé des mois à ses côtés pour l'aider à se retrouver dans ses archives. Il s'est penché sur son cas avec sa loupe d'énarque. Il m'explique qu'il est toujours en scène dans un spectacle dont il a écrit le scénario et dont les différents rôles sont interprétés par un même personnage : de Gaulle. (Il lui arrive d'ailleurs, on le sait, de parler de lui-même à la troisième personne.) « D'où la difficulté à départager ce qui revient à l'homme qu'il incarne sous les feux de la rampe et à celui qu'il est réellement. » *Le Fil de l'épée* a tracé sa voie : « Sur la scène du temps de paix, l'homme public tient le principal rôle. Qu'elle l'acclame ou qu'elle le siffle, la foule a les yeux et les oreilles tout d'abord pour ce personnage. »

S'il est homme de théâtre comme on l'affirme donc et s'il aime tant écrire à quelques auteurs dramatiques pour les féliciter, il me semble étrange qu'il ne coure pas les premières. Hors les galas officiels où son absence déclencherait un vrai drame, on ne surprend guère sa présence dans la loge officielle des théâtres avec Yvonne. On l'a vu applaudir quelques pièces comme *Ruy Blas* au Français, *Le Soulier de satin, Tête d'or* à l'Odéon, et une opérette à l'Opéra-Comique. Mais une fois assis dans son fauteuil, il vit, c'est évident, un vrai bonheur. Ah ! s'il pouvait être seul dans cette salle pendant l'une ou l'autre de ces représentations ! L'acteur principal transformé en spectateur émerveillé. Ce qui prouve que l'on peut descendre de sa statue pour devenir un homme comme tout le monde.

Prétendre qu'il s'interdit de rire ? C'est bien mal le connaître. Certes, on ne l'aperçoit jamais secoué d'un rire aux éclats, ni en cascade, comme celui d'Yvonne ou de sa fille Elisabeth, en famille bien sûr. Mais vivre à ses côtés à longueur de journée, comme c'est le privilège des aides de camp, permet de se rendre compte que le rire fait partie de ses expressions courantes. Il prend différentes formes. Il y a le rire de l'étudiant accompagnant quelque moquerie, le rire saluant sa propre boutade, le rire espiègle né d'une plaisanterie, le rire sifflant du mépris, le ricanement de l'amertume et de la colère, le rire de défi descendant dans son tréfonds avec un bruit caverneux, celui de l'orgueil, impétueux et foudroyant. Mais aucun de ces rires ne modifie vraiment sa physionomie. Ils ne font bouger que sa bouche, laquelle s'applique à laisser les dents bien au chaud, à l'instar des lourdes paupières engloutissant par moments ses petits yeux. « Je ne sais rire que des lèvres », écrit Chateaubriand. Copie-t-il sur lui ?

En fait, de ce visage, ne change parfois que la couleur. Un bon observateur parvient, me précise-t-on, à déceler, avec l'habitude, ses différents états d'âme, comme un paysan sent l'approche de la pluie ou du beau temps, un doigt en l'air, à la moindre évolution du vent. Ses joues peuvent aller du gris cendreux au teint allumé. La grande contrariété lui congestionne le visage. Etat que me signale Pierre Messmer en me parlant de leur fameux voyage dans le Pacifique. Et celui que Peyrefitte a remarqué à l'occasion de la démission des ministres MRP, de la condamnation du général Salan à la simple détention, des résultats décevants du référendum institutionnel de 1962, du ballottage de 1965, et au cours de la « chienlit ». A ce moment-là, « ses joues sont aussi roses que celles d'un bébé... Sans doute subit-il une poussée de tension... ». Mais il reste aussi impassible que de coutume. Imperméable, cette grande charpente sur laquelle tout glisse.

Seuls les bras rompent parfois son immobilité. Devant un public nombreux, ils ajoutent à son expression vocale l'épanouissement et la force d'entraînement qui pourraient lui manquer. Ils ont gardé de la Libération leur façon de se dresser pour former le V de la Victoire (ou invoquer le ciel ?) et soulèvent, par leur mouvement ascendant, l'enthousiasme des foules. Hormis cette gestuelle des grands rendez-vous populaires et des hochements de tête d'approbation ou de réflexion, le calme domine. Si les mains se raidissent parfois jusqu'à se transformer en poings – pendant certaines conférences de presse, par exemple –, elles surprennent surtout, je le redis, par leur douceur presque féminine. Pourquoi, oui, pourquoi n'a-t-il pas la rude poigne du soldat, mais une patte de velours ?

T

Tabac

Le fumeur sevré est, j'en suis le premier conscient, le vieil amant qui n'arrive pas à se repentir d'avoir aimé comme un fou une femme de mauvaise vie. Quand il décide de dire d'un seul coup adieu au tabac, à cinquante-sept ans, après trente-huit ans de griserie, c'est comme s'il venait de quitter à regret des bras possessifs et ne parvenait pas à en oublier l'étreinte. Pour cet enterrement (provisoire) du plaisir en 1946, il choisit la date de son anniversaire, le 22 novembre, car il veut lui donner un caractère solennel. Les ruptures sont souvent l'objet de célébrations démonstratives. Ce jour-là, dans le pavillon de Marly où il s'est replié après son départ du gouvernement, il en avertit tout le monde : sa famille, son aide de camp et jusqu'à ses proches visiteurs. Il leur déclare avec emphase : « Je vous annonce que j'arrête de fumer dans quatre jours. » Ainsi se met-il très imprudemment – on va le voir – dans l'obligation de s'interdire toute reculade. La veille au soir, le dîner terminé, il allume ce qu'il croit être son dernier

Corona, assis dans son fauteuil, appliqué, comme je le suppose, à tirer de chaque bouffée la fumée des ivresses à jamais évaporées. Le lendemain matin, victorieuse, Yvonne essaie de débarrasser le pavillon de tous les objets de la tentation : paquets de cigarettes, briquet, cendriers. Il l'arrête. Il n'est pas question de priver qui que ce soit d'un agrément dont il se sépare avec tant de peine. Qu'importe, elle a enfin gagné sa longue et patiente bataille. Que demander de plus ? Ses volutes bleu ciel l'enveloppent depuis son mariage en avril 1921.

Fidèle à la tradition, c'est au cours de son service militaire qu'il laisse le tabac établir son emprise sur lui. A l'époque, on distribue aux soldats des « troupe », des cigarettes de grossière fabrication, comme du pain bénit à l'église. Et le jeune conscrit du 33e d'infanterie et futur saint-cyrien n'est pas le dernier à en griller une. La guerre éclate avec sa charge de tension nerveuse. Ce petit feu sous le nez clignote, nuit et jour, comme l'œil d'un compagnon secourable, et sa présence rassurante consume le trop-plein d'anxiété. Dans l'enfer de 1914, il en faut beaucoup pour rester digne. Devant le pont de Dinant, le jour du baptême du feu, il a fait appel à lui. « J'ai allumé une cigarette pour ne pas perdre contenance, s'est-il souvenu pour son fils. J'en avais terriblement besoin. Les obus commençaient à tomber et les mitrailleuses à cracher, et je sentais que mes hommes me fixaient intensément. Il fallait que je maîtrise mon énervement. Ces quelques bouffées me l'ont fait passer. » A Douaumont, dans son bataillon placé en position avancée, prêt à amortir le premier choc, le tabac roulé est un adjuvant aussi important pour le poilu que le quart de café. Sa consommation est proportionnelle au poids de la menace. Mais il réussit à stopper la sienne. Avant de récidiver…

Prisonnier en mars 1916, il pourrait se contenter des cigarettes que les Allemands veulent bien vendre, mais il ne semble pas les désirer. Pas plus qu'il ne paraît en attendre de sa mère, préposée à son ravitaillement. Elle préfère d'ailleurs réserver les bons d'expédition contingentés par le service suisse de secours aux prisonniers de guerre, à améliorer son ordinaire. Je lis par exemple la description du contenu d'un colis qu'elle a expédié au camp de Rosenberg : lard fumé, corned-beef, saucisson, lait sucré, cassoulet… Cinq kilos deux cents de denrées, mais pas de cigarettes. S'en plaint-il quand même ? Non, il s'en porte très bien. Dans une lettre à son père, il écrit que, par représailles, après avoir découvert un trou dans le mur d'une des chambres – ce qu'ils ont pris pour une tentative d'évasion –, les Allemands ont enfermé les prisonniers dans une pièce commune et leur ont interdit le tabac et les journaux. En ce qui concerne cette privation de tabac, il ajoute : « Je m'en réjouis car elle va achever de me faire perdre l'habitude du fumeur récemment prise, et d'ailleurs les cigarettes qu'on nous vend ici ne valent rien. » Quoi qu'il en dise, cette habitude ne va pas l'abandonner de sitôt. Preuve en est cet aveu à sa mère, quelque six mois avant sa libération, en décembre 1918 : « Pour l'argent, je n'en ai pas besoin, d'autant plus que je n'ai guère de dépenses à faire ici, à part mon tabac – ou ce qui en tient lieu ! » Un mois plus tard, l'envie le titille de nouveau. Il lui demande de lui envoyer « quelques paquets de tabac pour cigarettes avec du papier pour les faire ».

L'envie, ce petit chien qui ne cesse de vous courir après en essayant de vous mordiller les talons.

La paix revenue, son habitude s'estompe un peu avec ses souvenirs de solitude et d'évasions manquées. Elle reprend de plus belle dès les premiers martèlements des bottes ferrées du côté de Munich. C'est le règne de la Gitane. Retournant pour moi vers ce passé, son fils se rappelle les fois où il le chargeait d'aller acheter ces boîtes en carton remplies de cigarettes à papier maïs. « Il n'en avait jamais assez. » A Londres, sa consommation s'accélère au prorata des orages qui l'assaillent. « Il rendait grâce au tabac de l'avoir aidé à tenir le coup lors de certains moments cruciaux de cette période. » Il lui arrive de traverser une grande partie de la nuit à travailler avec son indéracinable cigarette à la bouche. « Des Players et surtout des Craven A à bout de liège parce qu'il n'aimait pas avoir du tabac sur les lèvres. » De retour en France, s'il apparaît moins en public avec une cigarette, c'est parce qu'il ne veut pas être photographié ainsi. Rares en effet les fois où on le surprend en photo en train de répondre à son envie. Mais, rue Saint-Dominique, son bureau ressemble toujours à un hall de gare enfumé par une machine haut-le-pied. On peut alors se poser cette question : est-il nécessaire de s'efforcer de vivre dans la brume pour avoir des idées claires ?

Débarrassé des soucis du pouvoir, en janvier 1946, réfugié dans le pavillon de chasse de Marly avec son isolement et ses rancœurs, sa main recherche autant le paquet sous cellophane toujours prêt à s'offrir, car il s'est mis à concevoir la construction de ses *Mémoires de guerre* et, comme tout fumeur ou buveur, il doit s'imaginer que, sans son tonique, il perdrait le souffle des dieux. Mais voilà qu'un jour de mars, il pense, d'après son aide de camp, être atteint d'un cancer à la gorge. Après réticence, il accepte de se faire examiner par un médecin qui le tranquillise aussitôt. La sagesse le reconquiert-elle ? Voilà qu'en juin, dès le retour à La Boisserie restaurée, s'ajoute un nouveau plaisir : le cigare. Dans la plupart des cas – les amateurs le savent –, délaisser la cigarette pour le havane, c'est remplacer le tilleul-menthe par le rhum vieux. Lui ne délaisse rien. Pis, il augmente sa dose de cigarettes. Ce qui démontre que les faiblesses ne sont pas réservées qu'aux faibles. Dépendant, le champion de l'indépendance !

Yvonne compte probablement parmi les meilleurs clients du buraliste de Chaumont-sur-Marne. A son corps défendant, elle revient chaque semaine du marché avec paquets de blondes, de cigares et de cigarillos. « Fumer l'use, se lamente-t-elle en catimini. Comment le décider à s'arrêter ? » Lui faire la guerre ? Je l'imagine mal l'accepter. Alors, elle agit en silence. En demandant à ses proches, à commencer par son fils, de ne pas fumer en sa présence ni de l'encourager à le faire.

Mais cinq mois plus tard, il prend tout le monde de court en baissant le rideau d'un coup sec. Est-ce parce qu'il est pris parfois d'une petite toux sèche ? Qu'il arrive que sa voix s'éraille un peu ? Que sa peur du cancer le reprend ? Ou a-t-il simplement besoin de se ménager davantage et de respirer le bon air de la campagne au moment où les années commencent à peser ? En dépit de ce renoncement solennel, il lui faudra un an de plus avant de pouvoir résister à son vice. Début novembre 1947, Claude Guy fait savoir dans ses souvenirs qu'il le voit encore percer son cigare, « ce qui, remarque-t-il, éveille toujours dans ses traits un étrange sourire méditatif et satisfait ». Ensuite, c'en est fini pour toujours des volutes lascives vers le plafond. Le 28 de ce mois-là, il apprend que Leclerc vient de périr dans un accident d'avion. Le soir même, cet arrêt devient irrévocable. Quelques années plus tard, revenant sur cet événement, il explique à Alain de Boissieu, son gendre : « Le soir de la mort de Leclerc, j'ai eu une grande peine et j'ai pensé qu'il fallait que je ménage mes forces, car Leclerc ne serait plus là pour rendre un grand service à la France si cela était nécessaire. Il fallait donc que je sois en état de le faire à sa place. »

Foi d'aide de camp, on ne le reverra plus jamais allumer une cigarette ou un cigare, à Colombey comme à l'Elysée. Rien ne le fera changer d'avis. Pas même le surprenant cadeau qu'il recevra treize ans plus tard, en 1960. Un véritable supplice pour tout ancien fumeur aux regrets inextinguibles. Admiratif de sa personne, reconnaissant en lui le héros de l'indépendance nationale et, disons-le aussi, l'homme qui tient tête à l'Amérique, Fidel Castro a voulu lui rendre hommage. En lui envoyant une cave à cigares remplie de *puros*, sous la forme d'une petite commode à tiroirs en bois clair de quarante centimètres de long sur trente de large et soixante de haut. Son émerveillement va de pair avec sa surprise : il n'a jamais eu de rapport avec le barbu de Cuba et n'en aura pas davantage. Placé à l'entrée de la bibliothèque, ce coffret des merveilles n'est ouvert que pour le plaisir de ses visiteurs. Je l'imagine, tout sourire : « Servez-vous donc, je vous en prie, ils sont sans égal. »

Il ne se contentera plus dès lors que de humer la fumée des autres, comme on goûte les effluves parfumés d'une jolie femme que l'on croise.

Une fois, à Colombey, il oblige François Flohic, son aide de camp, à qui il vient d'offrir un cigare, à l'allumer séance tenante alors qu'ils montent tous deux en voiture. « Ce qui fait, me raconte Flohic, que pendant trois heures, jusqu'à Paris, je vais empester tout le monde. » En 1968, à Pierre Tallon, son autre aide de camp, il confie qu'il regrette d'avoir commis l'« imprudence » d'annoncer sa décision d'arrêter de fumer. Dès ce moment-là, il ne pouvait plus revenir en arrière sans risquer de voir sourire son entourage « qui n'attendait que ça ». Par la suite, on l'entendra dire : « Je recommencerai à fumer s'il y a la guerre ! » Et d'ajouter avec son petit rire de gorge : « Il faut toujours se conserver un peu d'espoir ! » Il ne se consolera jamais d'avoir dû célébrer l'enterrement de son plaisir.

V

Varsovie

« Une Polonaise m’attirait dans des salons de soie ; mélange de l’odalisque et de la Valkyrie, elle avait l’air d’un perce-neige à blanches fleurs ou d’une de ces élégantes bruyères qui remplacent les autres filles de Flore lorsque la saison de celles-ci n’est pas encore venue ou qu’elle est passée… » En 1920, à Varsovie, après la victoire sur les Soviétiques, se souvient-il de ce passage des *Mémoires d’outre-tombe* où Chateaubriand s’efforce, devant ses succès littéraires, de repousser les avances de créatures aussi inconnues que ravissantes ? D’après la légende, indestructible malgré les années, il aurait eu lui-même à affronter les manœuvres intempestives de quelques séductrices de la haute société polonaise. Ah ! la légende, cette maîtresse possessive qui va jusqu’à s’approprier la couche de l’Histoire ! Je le regarde au cœur d’un hiver glacial, emmitouflé dans une longue pelisse au col de loutre relevé jusqu’aux oreilles, avec son képi noir comme ses gants fourrés, et ses jambières de cavalier. C’est vrai qu’il a de quoi tourner les têtes, ce commandant français à la moustache conquérante.

La Grande Guerre vient de finir et le voici encore en train de guerroyer dans ce pays lointain contre l'armée soviétique. Je me demande : n'est-il pas temps de profiter enfin de la paix comme tout le monde ? A vingt-neuf ans, n'a-t-il pas l'âge de se marier, de fonder une famille à l'exemple de la plupart de ses camarades de combat ? Certainement. Mais en tant qu'officier de carrière, il doit penser à son avenir dans l'armée, car les deux ans et huit mois qui l'ont retenu en captivité en Allemagne, hors service donc, l'ont rétrogradé loin sur la liste d'avancement des officiers d'active. Au point qu'en janvier 1919, le capitaine qu'il a été pendant un an au feu, à la tête de sa compagnie, est envoyé d'office à un cours de commandement de compagnie à Saint-Maixent ! Une offense que seules les années lui feront oublier. Moral bas et humeur noire. Je lis sous sa plume, avec consternation, dans une lettre à sa mère, trois mois avant l'armistice : « Je suis un enterré vivant… Si je ne peux combattre à nouveau d'ici la fin de la guerre, resterai-je dans l'armée ? et quel avenir médiocre m'y sera fait ? » Et plus loin, cette phrase qui résume encore toute sa désespérance : « Je ne me fais aucune illusion, je ne serai pour moi aussi qu'un revenant. » Quand on ne se voit pas avec ses propres yeux, les fantasmagories prennent leur place.

Pour reconquérir son niveau, compenser la perte en service qu'il a subie, il lui faut donc reprendre les armes, retrouver un commandement en campagne. A Saint-Maixent, dans ce « trou où il n'y a rien à faire absolument que rentrer chez soi aussitôt le service terminé », le « revenant » serre les poings, bien résolu à s'en sortir. A force d'insistance, il parvient à figurer sur la liste des officiers volontaires pour les Balkans ou la Pologne et, contre toute attente, finit par obtenir, au printemps 1919, d'être détaché avec d'autres officiers à la division de chasseurs polonais du général Haller. Capitaine, il est promu chef de bataillon par intérim dans cette mission d'assistance envoyée par la France pour aider l'armée polonaise de Pilsudski.

Grande, je pense, est la satisfaction qu'il en retire. Quinze jours dans une école de formation d'officiers polonais près de Montereau, puis le train pour Varsovie, à travers la Prusse, sous « les regards chargés de haine et de fureur ». Le voici maintenant près de Modelin, à une vingtaine de kilomètres de la capitale, dans le camp de Rembertow, préposé à l'instruction des officiers. Du noir, son humeur passe au bleu ciel. « La confiance est revenue, écrit-il à sa mère, trois mois après. J'ai le grand bonheur d'être apprécié par mes chefs et je crois, tout compte fait, avoir tiré le bon numéro en me voyant affecté à ce régiment-école. » Il aime ce travail d'autant que ses élèves sont très réceptifs. C'est sans peine qu'il inculque à cette jeune armée « les doctrines et les méthodes de notre vieille armée victorieuse ». Le bonheur en appelle un autre. On lui annonce qu'il est décoré de la Légion d'honneur. Une nomination accompagnée d'une citation que je ne puis lire sans entendre l'assourdissant fracas des obus : « A Douaumont, le 9 mars 1916, sous un effroyable bombardement… » Il écrit alors : « Enfin, je me trouve peu à peu tel que je me suis connu avant cette abominable captivité, la confiance en moi-même et en l'avenir m'est revenue. »

Ainsi va la vie : on se perd, on se rattrape, on passe son temps à se courir après.

Mais sa mère pense à son avenir d'une autre façon. A l'occasion des fiançailles prochaines de son frère Xavier, elle l'invite à emprunter la même voie. Que pense-t-il donc de sa charmante cousine Thérèse Kolb ? Il lui répond qu'il en garde le meilleur souvenir, mais que, pour l'instant, il n'est « qu'un exilé ». Il attend d'avoir terminé son année en Pologne pour suivre l'exemple de son frère. On se rendra vite compte que Jeanne de Gaulle n'est pas du genre à baisser les bras au premier obstacle. En attendant, il se fait tailler un nouvel uniforme. (Je le vois tournicoter devant la glace du tailleur, se regardant de dos, de face.) Et c'est en tunique noire et en pantalon rouge flambant neufs qu'il débarque à Paris, en permission, après un interminable voyage en train. Dans ses bagages, des réflexions sur son devenir empilées comme ses chemises.

Revenu en Pologne, il rejoint le camp de Rembertow pour diriger un cours d'officiers supérieurs. Il y excelle. Son adjoint polonais, le lieutenant de Medwecki, se rappelle le nombre de fois où il éblouissait les officiers-élèves avec ses conférences sur les sujets les plus variés. La plus belle fut celle intitulée « La défaite, question morale ». A sa marieuse de mère qui a sans doute ajouté aux vœux pour sa fête, le 4 novembre, celui de le voir bientôt convoler, il envoie ces mots qu'elle attendait comme la venue d'une colombe sur sa fenêtre : « Je souhaite que cette année m'apporte à moi-même : une famille, et dans la tranquillité d'un amour profond et sanctifié, le pouvoir de donner à quelque autre tout le bonheur qu'un homme peut donner. » L'aventure polonaise touche à sa fin. Début 1920, il repart définitivement pour la France où il compte préparer l'Ecole de guerre. Sa « bien chère maman » est revenue à la charge dans son courrier. Elle lui parle d'une personne qu'elle aimerait bien avoir pour belle-fille. Cette fois, sa réponse la laisse sur sa faim : « Je ne puis dire ni oui ni non, n'ayant de motifs à pencher dans aucun sens. Sachez que je rentre dès mon cours fini ; c'est-à-dire au plus tard à Pâques, et que c'est à ce moment-là seulement que je pourrai voir et être vu, juger et être jugé. » Mais deux mois plus tôt, il en va tout autrement. Son supérieur est tellement satisfait de lui qu'il tient à le retenir à tout prix. « Il a poussé de hauts cris et m'a formellement demandé de rester. » Personne n'est indispensable sauf ceux, comme lui, dont on ne peut jamais se passer.

Après une nouvelle permission, on le retrouve inquiet dans sa Pologne en plein drame. Le 10 août, les Rouges ont lancé une offensive générale. Au bout de trois jours de combat, ils sont à quarante kilomètres de Varsovie. C'est l'alarme. Affecté sur sa demande au 3e Bureau (opérations) de l'armée située au centre du dispositif, le commandant à titre provisoire redécouvre, au sein de la cavalerie polonaise, l'odeur de la poudre et le « jeu sublime du héros ». Excellent cavalier, il traverse le plus souvent ses journées et parfois ses nuits en selle. Les soldats le voient aussi par moments, « impassible, parcourir leurs lignes à longues foulées, son interprète trottinant derrière lui, écrit Jean Pouget. Il observe, juge, décide, rameute des unités au point menacé, coordonne les efforts ». Le 15 août, jour anniversaire de son baptême du feu à Dinant, il combat – avec quel entrain ! – parmi les troupes qui arrêtent les Soviétiques sur tout le front. Reculant ensuite vers le nord, ils seront bientôt contraints à la retraite. La paix est signée le 12 octobre. Fini la guerre pour l'officier. Elle lui a volé six années de jeunesse.

Dès les derniers coups de canon, Varsovie reprend son cachet et son caractère. Les salons rouvrent. On se dispute les officiers français qualifiés de seigneurs de la guerre. Comme il est beau, ce commandant à la fine moustache ! Devenu chef de cabinet du général commandant la mission française, il n'a pas une soirée de libre. A partir de là, la légende naît et prospère avec son mélange de souvenirs vécus et de qu'en-dira-t-on. On le voit partout, à travers Varsovie. Il est le plus remarqué des officiers français par sa prestance, sa longue épée, ses gants blancs et la compagnie de son ordonnance, un ancien soldat polonais de l'armée allemande à qui il parle dans sa langue. Il plaît, dit-on, beaucoup aux Polonaises. Comment en douter ? Je le vois loger à l'hôtel Bristol en compagnie des officiers du cabinet. Déjeuner au mess de l'hôtel Polonia transformé en popote. Occuper une autre chambre, au 35 de la rue Nowy Swiat, le faubourg Saint-Honoré local. Etre un habitué du club d'officiers de la rue Zielna. Du restaurant Lifewekiego. Et surtout de chez Antoni Wieslaw Blikle, la célèbre pâtisserie dont Julia, la patronne, née Bouquet, est française. Il s'y gave de ses fameux *pacski* (beignets).

C'est dans cette pâtisserie, prétend la fable, qu'il rencontrerait à l'heure du thé la comtesse Czetwertynska qui appartient à la meilleure aristocratie du pays. Des potins rapportent aussi qu'il fréquenterait le salon de la duchesse Strumillo à Cukierva, le quartier chic de Varsovie. C'est le rendez-vous des hommes politiques, des généraux, des artistes, comme le peintre postimpressionniste Falat, le comédien Jaraez et des poètes comme Tetmajer. Au piano, on entend parfois le jeune Paderewski épancher sa nostalgie. Des airs propices à se laisser séduire par les jolis sourires de quelque odalisque ou Valkyrie, comme le dirait l'auteur de ses vœux… Cette vie mondaine est formellement démentie par des officiers polonais de son entourage et par son ordonnance. Broutille ! Toute légende est tellement plus belle que la vérité.

Mais en novembre 1920, le destin est là, malicieux, qui le guette à son arrivée en permission à Paris, sous les traits d'une jeune Calaisienne aux longs cheveux sagement relevés sur la nuque. La mère marieuse peut chanter victoire. On raconte encore qu'à son retour à Varsovie, où il demeurera jusqu'au début de 1921, émoustillés par son sérieux, des amis ont voulu, pour s'amuser, le mettre à l'épreuve en poussant dans ses bras, au cours d'une soirée, une jeune et belle Polonaise, et qu'il a déjoué l'embuscade avec facilité. On raconte… Témoin plus crédible, l'un de ses ministres, benjamin des députés en 1945, m'a fait une confidence. En rentrant de Pologne où il l'avait envoyé en mission juste avant sa propre visite en 1967, l'ancien commandant à la pelisse au col de loutre lui a dit, à l'Elysée, entre deux phrases, avec un petit sourire et sur un ton sibyllin : « On a dû vous parler de moi à Varsovie ? »

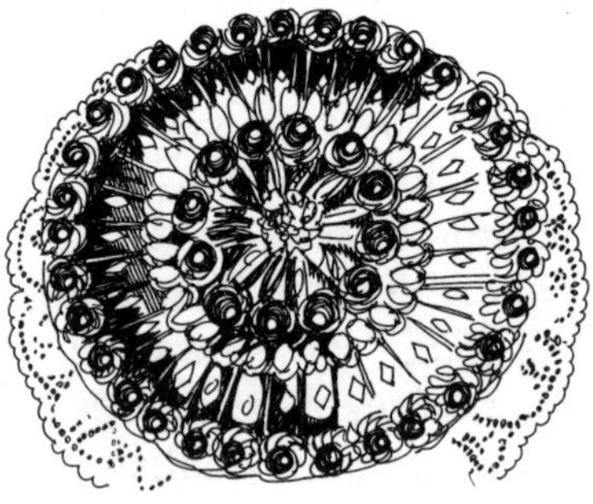

En tout cas, une chose est sûre : lors de son voyage officiel, la même année, il demanda des nouvelles des personnes qu'il avait connues en 1920 et ne souhaita rencontrer que Jerzy, le fils du pâtissier Blikle, après avoir appris que son père était mort en 1934. Pour le dîner officiel au palais royal de Wilanow, Jerzy Blikle obtint le privilège d'élaborer le dessert : un superbe gâteau blanc à la pâte d'amande. Baptisé « gâteau du Général », il remporterait jusqu'à présent un franc succès. Cela, me garantit-on, n'est pas une légende.

Vertcœur

Il n'a laissé derrière lui ni arche, ni musée, ni pyramide, aucun monument spectaculaire portant son nom et attirant des flux d'autocars de touristes. Après tout ce qu'il a donné à la France, je me demande ce que l'on pourrait bien encore attendre de lui. Pour le savoir, il faut, comme moi, un jour, aller dans les Yvelines, près de Saint-Rémy-les-Chevreuse. Au château de Vertcœur, à Milon-la-Chapelle. C'est un bâtiment en pierre de taille et brique rose, sans grâce, mais rempli de générosité. Là est installée, sous le nom d'« Anne-de-Gaulle », une fondation qui accueille une soixantaine de jeunes filles trisomiques adultes. L'idée de cet établissement lui est venue avec Yvonne en constatant le manque de structures d'accueil susceptibles de recevoir des enfants handicapés comme leur fille Anne, et la détresse de leurs parents. Ils ont assez souffert eux-mêmes pour pouvoir mesurer combien une telle initiative aiderait ces familles. Hors de leur esprit, l'intention d'y placer leur fille. Elle est chez eux et y demeurera jusqu'à la fin de sa vie. Mais ils pensent qu'elle aurait là une place après leur propre décès, car ils ne veulent pas la laisser à la charge de leurs descendants.

Dès la Libération, ils se mettent donc à la recherche d'une habitation qu'ils pourraient acheter au meilleur prix. Car leurs finances sont au plus bas. Contrairement à certains Français qui se sont enrichis pendant la guerre, ils en reviennent les poches vides. De plus, La Boisserie en ruine doit être reconstruite. Sans un sou vaillant, comment concrétiser cette acquisition ? Il leur faut emprunter et attirer de nombreux donateurs, notamment des gens aisés connaissant les mêmes problèmes. Surviendra plus tard une ressource salutaire qui leur permettra de rembourser les dettes : les droits d'auteur procurés par la publication des *Mémoires de guerre*. Après quelques voyages de prospection en auto, ils se décident donc pour le domaine de Vertcœur. Reste à trouver le personnel adéquat. Il m'est expliqué qu'Yvonne s'adressera d'abord aux sœurs de l'ordre de Saint-Jacut-les-Pins, près de Redon, dans le Morbihan, auxquelles succéderont les franciscaines de l'ordre de Notre-Dame-de-la-Compassion. Les premières pensionnaires sont accueillies en mai 1946, quinze jours avant le retour de la famille à La Boisserie remise en état. Deux satisfactions coup sur coup pour un homme si déçu, après l'euphorie de la Libération, par la résurgence des vieux démons du parlementarisme. Par ces incorrigibles Français qui, à peine débâillonnés, veulent tous parler en même temps et à tort et à travers.

Ainsi a-t-il souhaité que survive le nom de cette « pauvre petite fille » que la nature a voulue différente de ses congénères et de ses frère et sœur, et qui a été leur calvaire. « Celui qui ne l'a pas approché à cette époque ne peut se faire une idée du vrai de Gaulle », m'a demandé de croire Alain de Boissieu, son gendre. Et de me conter toutes les fois où on le voit avec Anne sur les genoux, en train de lui chanter une chanson, ou bien de la promener dans le jardin. Il a l'impression qu'elle se rend compte de son état. Fini le grand homme plongé dans ses « affaires », il n'est plus qu'un père aimant et souffrant à l'affût du plus petit indice qui lui rendrait espoir. Yvonne elle-même, si encline à garder son affection dans son for intérieur, ne se cache pas pour prendre de temps en temps sa fille dans les bras. Mais curieusement, ce sont surtout lui et son fils Philippe qui s'occupent de la petite infirme. A l'exemple de sa mère, Elisabeth, cœur brisé, fuit les démonstrations de tendresse. Quand je pense à la douleur de chacun d'entre eux, me viennent à l'esprit ces milliers d'autres familles dans leur cas. Ces personnes que l'on rencontre parfois dans le train ou ailleurs, confondant leur peine avec celle de leur progéniture. Elles font mine, pour les tiers et pour elles-mêmes, d'être un père ou une mère semblable aux autres, sourient ou grondent leur enfant comme si elles voulaient oublier sa différence. Loin de moi l'idée qu'ils sont pareils. Je ne les vois pas jouer ce genre de pauvre petite comédie.

C'est à Trèves, en juin 1928, alors qu'il commande son bataillon de chasseurs, qu'ils comprennent que leur seconde fille souffre d'un handicap sérieux. Elle a six mois. Commence alors la longue marche de la désespérance. Défilé des médecins que cette sorte d'infirmité laisse sans voix. Nuits passées au chevet de cette enfant devenue très nerveuse et que les analgésiques ne calment guère. Interrogations angoissées des parents entre eux : « Pourquoi est-elle née comme ça, qu'est-ce que nous avons pu bien faire ? Sommes-nous responsables ? » Un poids immérité pèse sur la conscience de deux non-coupables. Tout se complique encore quand le commandant de Gaulle apprend, contrarié au possible, à la fin de l'été suivant, qu'il est mis à la disposition du général commandant les troupes du Levant pendant deux ans et demi. Il va quitter Trèves et le souvenir de Chateaubriand relisant le manuscrit d'*Atala* au milieu des ruines romaines, dans son uniforme « bleu-de-roi avec retroussis d'hermine » de l'armée des Princes. C'est l'exil. De le dévisager au milieu des siens me chagrinerait à coup sûr.

Que faire d'Anne ? « Si c'est ainsi, propose-t-il alors, je partirai seul. » Yvonne refuse. Il ne vivra pas sans elle au Liban ou en Syrie, ces pays instables où tout peut arriver. Femme de soldat, elle est prête à affronter le pire si c'est à ses côtés. Confier Anne à quelqu'un ? A qui donc ? Aucune institution spécialisée n'existe à cette époque. Et puis, Anne est une de Gaulle. Elle doit rester chez les de Gaulle. « Dieu nous l'a donnée, nous la gardons. Nous devons la prendre en charge telle qu'elle est et où qu'elle soit. » Grâce au ciel, Marguerite Potel, infirmière de son état, veut bien accompagner le couple dans son déplacement. Avec un aussi lourd handicap, Anne leur rend la vie malaisée. Elle doit être l'objet d'une surveillance permanente. A trois ans, elle mange à la becquée des aliments hachés, voit à peine, ne sait distinguer le chaud du froid, ne discerne pas le danger que peut représenter l'eau ou le feu. Voilà la situation à laquelle il leur faudra faire face au Liban.

Ils partent avec ce poids sur le cœur comme avec un bagage qui les écrase.

Je me les imagine ensuite pendant la guerre. Me représente le chef de la France libre engagé dans son grand combat avec ces déchirements qui l'attendent, le soir, chez lui, épuisé après ses joutes avec l'un ou l'autre, ses colères rentrées, ses algarades avec Churchill ou Roosevelt. Son supplice de se retrouver, après une journée de lutte pour la France, dans une autre lutte perdue d'avance pour une enfant de laquelle il ne peut faire sourdre ni pensée ni parole, aux côtés d'une épouse aussi torturée que lui-même. Quand on veut bien concevoir ce que lui coûte, à ce moment-là, ce drame dans le drame, il devient encore un peu plus grand. J'entends ses coups de fil alarmés de Londres à l'une ou l'autre de ses résidences en province, à la moindre marque d'affaiblissement de sa fille, ses conversations avec les médecins impuissants, les explications d'Yvonne essayant d'éteindre le feu de l'inquiétude. Entends l'approche sournoise des bombardiers allemands qui s'apprêtent à déclencher leur tonnerre en entraînant Anne dans de terribles cauchemars. Et au cours d'une nuit de 1943, le ronronnement du quadrimoteur qui emmène Yvonne avec ses deux filles et sa gouvernante en Algérie. Cet avion volant à faible altitude au-dessus du golfe de Gascogne, malgré les chasseurs de nuit allemands, parce que la petite infirme ne peut souffrir le port d'un masque à oxygène. Pauvre oiseau qui n'en finit pas de tomber du nid.

Le samedi 7 février 1948, quand le capitaine Guy arrive à La Boisserie, il voit les volets clos et, dans les pièces du rez-de-chaussée, tous les rideaux tirés. Anne est morte la veille, emportée par une double broncho-pneumonie, dans les bras de son père. Il l'a serrée contre lui jusqu'à la dernière seconde comme pour l'empêcher de le quitter. Elle avait eu vingt ans le mois précédent. Bras ballants par-dessus les accoudoirs de son fauteuil, telle est sa position quand l'aide de camp le découvre. Pâle au possible, mais la voix bien assurée, il lui relate les moments qui ont précédé cette mort foudroyante, l'irruption du médecin de Troyes, les piqûres de pénicilline, l'oxygène sans effet… « C'était une prisonnière… J'ai toujours pensé que si elle n'avait pas été… comme elle était, elle aurait été une personne assez remarquable… Elle aura joué son rôle, elle a été très utile… S'il y a un Dieu, c'est une âme libérée qu'il vient de rappeler à lui. » Après un court silence, sans émotion apparente, il ajoute : « Tenez, si vous le voulez, nous pourrions aller faire là-haut un petit signe de croix. » A qui d'autre qu'à Dieu s'en remettre lorsque l'on ne s'en remet pas ? Peut-être pense-t-il alors, une fois de plus, à Chateaubriand. Lucile, sa sœur, vient de mourir, et il se demande : « Pourquoi Dieu avait-il créé un être uniquement pour souffrir ? Quel rapport mystérieux y a-t-il donc entre une nature pâtissante et un principe éternel ? »

Les obsèques ont lieu le lendemain matin en l'église de Colombey. Devant la tombe, sous la pluie fine, la famille, quelques villageois, des anciens de la France libre et Philippe, arrivé de Hyères où il sert dans l'aviation embarquée. Au retour du petit cimetière, Philippe parti et Elisabeth en Afrique avec son mari, La Boisserie semble bien vide. En poste à Fort-Lamy, Alain de Boissieu offre d'abandonner sa carrière en demandant un congé sans solde afin d'aller soutenir ses beaux-parents dans leur épreuve. En vain. Seuls, ils feront face comme toujours. Toute sa vie, Philippe se souviendra des paroles que son père lui a adressées après l'enterrement : « Les malheureux enfants handicapés comme l'était ta pauvre petite sœur ne survivent pas au-delà d'une vingtaine d'années. Par conséquent, je considère que sa mort est une issue logique… Et dans le fond, en mourant, elle est redevenue comme les autres. C'est tant mieux pour elle. » Pour les chrétiens, un enfant qui meurt, c'est un bout de soi qui vous devance au paradis.

Sur sa terrasse à flanc de colline, le château de Vertcœur rappelle donc l'existence de la petite infirme. Un chêne ancestral démontre, devant l'entrée, sa vigueur et sa longévité comme un exemple à suivre. Dans son ombre, assise sur des chaises et un banc de jardin, des pensionnaires bien mises et d'un âge avancé hochent gentiment leur tête grisonnante devant l'inconnu que je suis, le regard perdu vers l'inaccessible. Dans ce lieu de charité, je me réjouis de voir à quel point le vœu des malheureux parents de la malheureuse petite fille a pu si bien fructifier. « Ainsi, m'a dit leur fils, Anne ne meurt-elle jamais. »

Vincam

Si pudique dans ses rapports avec autrui, à commencer par ses proches, on ne peut l'imaginer en arrêt devant un petit être à deux ou quatre pattes, le regard plongé dans le sien à la poursuite d'une étincelle d'intelligence. L'a-t-on jamais photographié avec un animal ? Pas que je sache. A première vue, son univers semble désert de ces humbles habitants de la Terre dont les plus fidèles partagent la vie des hommes. Ce n'est qu'apparence. Il a de tout temps recherché leur compagnie, à condition, bien sûr, que ses activités lui permettent d'en profiter. Certes, il n'est pas de mode que l'un d'eux franchisse le porche de l'Elysée comme cela sera le cas après lui, mais La Boisserie a toujours été leur refuge.

Le chien est son compagnon habituel. Le premier répond au nom guerrier de Vincam. Ce chiot doit à ses origines d'avoir été baptisé de cette façon par des soldats victorieux. Il lui a été offert par des anciens de la 2e DB qui l'ont rapporté de Berchtesgaden en lui assurant qu'il s'agissait d'un des bâtards du chien-loup de Hitler. Plus tard, à Colombey, je crois voir le frétillement de joie de ce chien et percevoir ses aboiements à l'approche de sa traction avant, le vendredi soir. Qui ne devinerait pas dans le village que le maître des lieux est de retour ? Mais, de tempérament rétif, Vincam appelle vite les sanctions. « Un jour, raconte Philippe de Gaulle, j'entendis mon père morigéner son aide de camp, le commandant de Bonneval qui, essayant de dresser cette bête, lui avait donné, devant lui, un coup pas bien méchant sur le train arrière. » Alors, d'un ton exagérément bourru, il s'écria : « Cessez donc de martyriser ce chien ! »

Il a une grande considération pour Vincam. Il ne cesse de se soucier de son sort. On dirait qu'il compte pour lui comme une personne. Parfois il s'inquiète : « Mais où est donc son panier ? » Ou bien : « Yvonne, ce chien a faim. Qu'attend-on pour garnir sa gamelle ? » Qu'il aboie un peu trop, il dit pour l'excuser : « Il joue son rôle de chien. » Se souvenant de son enfance à Lille, il lui arrive, pour rire, de s'adresser à lui en ch'timi avec cette charade : « *Suppose t'es un quien qui cauffe ès grosses giffes grises au solel.* » Cela veut dire : « Je suppose que tu es un chien qui chauffe ses grosses bajoues au soleil. » « *Chti marche s'it queue.* – Je te marche sur la queue. » « *Ti m'mords.* – Tu me mords. » « *Qui que ch'est qu'a raison* ? » Qui peut trouver à Colombey chien plus satisfait de son maître ?

Mais Vincam ne fait aucun effort pour tenter de se corriger. Plus il avance en âge, plus ses instincts guerriers s'imposent. Sa fréquentation devient difficile, ses frasques continuelles. Une fois, il règle son compte à deux ou trois poulets de la basse-cour familiale. A plusieurs reprises, il entreprend des razzias dans les fermes voisines. Le condamner à la niche, une corde au cou ? Jamais. La liberté n'est pas l'apanage des êtres pensants. Mais un jour, c'en est trop. Son maître doit agir contre ses principes. Il vient de le surprendre en train de s'amuser à déraciner les plantes grimpantes garnissant les murs de La Boisserie. Il va alors l'enfermer dans la buanderie. Et comme Vincam récidive, il finit, à son corps défendant, par le faire attacher au bout d'une longue chaîne. Mais de le voir ainsi lui fait mal : « Cet animal me torture, se plaint-il, cet animal enchaîné… C'est impossible. Je ne veux plus le voir. » Une visite à La Boisserie apporte la solution idéale. Le général de Larminat cherche un chien de garde pour sa propriété. Après le déjeuner, adieu Vincam. Son dernier aboiement est, pour son ancien maître, un cri de détresse.

Etrange soudain, ce vide que l'absence d'un chien laisse derrière lui tel un arbre que l'on vient d'abattre.

Une bête a-t-elle le droit d'imposer son absence au point de provoquer pareil manque ? Ce n'est pas toujours le chien qui porte la laisse. Yvonne et ses enfants tombent d'accord entre eux. Il faut remplacer Vincam. Le choix se porte sur un corgi gallois prénommé Lutin. Le genre d'animal que l'on appelle « de compagnie », qui ne se hasarde jamais hors du périmètre familial. En raison de ses courtes pattes et de sa taille réduite, il est tout de suite surnommé Rase-mottes par Philippe, le pilote de la maison. Paisible, on le voit trottiner derrière le promeneur solitaire autour de son parc ou suivre avec patience les pas aventureux de la « pauvre petite Anne » soutenue par une main ferme. Mort sous ce sobriquet quelques années plus tard, il est remplacé par un autre corgi sous le nom de Rasemottes II. Celui-là terminera ses jours chez Louise, la cuisinière, lorsqu'elle prendra sa retraite. Le troisième héritera lui aussi d'un nom aérien : Hélice.

Le premier chat rejoint le bestiaire gaullien dans les mains d'Yvonne, en 1947, m'avise-t-on, lors d'une journée enneigée du « désert ». Il n'a pas de nom. Charge alors de lui en donner un. Le conclave se réunit. Allons-y pour Poussy. Le petit angora devra y mettre du sien pour se faire adopter par tout le monde. Sa façon de sauter sur les genoux de l'un ou de l'autre pour en faire sa couche n'est pas goûtée par le maître de maison qui le renvoie chaque fois avec douceur. Seule Yvonne paraît heureuse de son arrivée. Seule ? Pas pour longtemps. Mais il faut au seigneur de Colombey quelque effort pour passer du chien au chat, comme on passe de la trompette au violon. Un mois plus tard, on l'entend protester avec une vigueur surprenante contre Yvonne qui a attaché au cou de l'angora une bague de papier retirée d'un écheveau de laine. Il s'alarme. Cette bête va s'étrangler, et il insiste pour qu'on l'en débarrasse aussitôt. A table, il revient de cette façon sur ce petit incident : « Vous avez bien tort, Yvonne, de vous attacher à cette bête ; elle vous trahira... Les chiens, eux, nous révèlent successivement une infinie quantité de fidélités ! » Et comme elle réplique que tous les animaux sont fidèles, il ajoute en riant : « Oui, sauf les chats. Nous devrions avoir un petit éléphant ! »

Les jours s'écoulent et la chatte au pelage gris et aux yeux d'ambre parvient peu à peu à s'insinuer dans sa vie. Au début, quand elle entre en catimini dans son bureau, il lève les yeux de son manuscrit et lui dit simplement : « Bonjour. » Comme à un visiteur. Elle enquête alors à pas feutrés pendant quelques minutes à travers la pièce avant de disparaître avec la même discrétion. Et puis un jour, me fait-on savoir, elle s'enhardit. Elle monte sur ses genoux. Ça y est : elle y fait sa place. Elle en profitera de temps en temps par surprise. Foin du principe, du moins par moments, en vertu duquel, d'après lui, chacun doit s'en tenir à son propre territoire, que l'on soit homme ou bête. Alice Garrigoux, son archiviste, retrouve, une fois, la chatte dans cette position. Elle me confie : « Cela m'a beaucoup surprise parce que, dans mon esprit, les hommes qui aiment les chats ne ressemblent pas au Général. » Yvonne se montre en revanche plus sévère à ce sujet. Un soir, surprenant Poussy lovée sur le couvre-pied de son fils couché, elle l'en chasse aussitôt et s'exclame : « Pas d'animaux sur ton lit. Une femme encore, et à la rigueur ! » Morte sans descendance, Poussy lèguera son panier à plusieurs chartreux. Sans avoir connu le destin du chien du Bon Pasteur des primitifs chrétiens, du cheval de Napoléon suivant son corbillard et des chats égyptiens enterrés comme des momies, Grigri, le dernier d'entre eux, a quand même bénéficié d'un grand honneur. Celui d'assister aux conciliabules de son maître avec Malraux, assis sur le bureau, affirme ce dernier, et de figurer dans *Les chênes qu'on abat...* Lorsque sa maîtresse, devenue veuve, quittera La Boisserie, il s'en ira dans les bras de Charlotte, la femme de chambre, vers sa Lorraine natale.

Le bestiaire ne serait pas complet si je n'y ajoutais la présence de Poly, le poney noir, cadeau du grand-père à sa petite-fille Anne de Boissieu, d'un cheval nommé Léopard, d'un mouton et d'un couple de pigeons-paons d'une blancheur de lait. Alain de Boissieu se souvient de l'affection de son beau-père pour Poly. Il l'a surpris un jour dans l'écurie en train de lui caresser le museau et de lui parler à l'oreille. Lors de sa promenade matinale, il l'avait entendu hennir toute sa peine dans son pré et il était accouru en imaginant qu'il s'était pris dans sa longe ou s'était blessé. Il ne souffrait seulement que de solitude. Sa présence et ses paroles le calmèrent très vite. J'aurais bien voulu être là pour placer mon oreille à côté de celle de cet animal. Il lui arrive souvent d'avoir quelque chose à dire à une bête quelle qu'elle soit, cheval, chien ou chat. Peut-être pense-t-il ainsi être enfin écouté.

Plus sage est le mouton, bien qu'il ait parfois la fâcheuse idée d'aller brouter les fleurs d'Yvonne.

Aussi finit-il de même attaché à une corde, malgré sa désapprobation. Au cours de chacune de ses promenades, il lui pelote l'échine, lui donne quelques poignées d'herbe fraîche et s'assure que son écuelle est bien remplie d'eau, ce qui n'est jamais le cas à cause des coups de patte intempestifs de la bête. Alors, à son retour, il répète : « Yvonne, le mouton n'a pas d'eau. » Et cela autant de fois qu'il est nécessaire pour qu'elle se décide à envoyer Louise ou Charlotte dans la prairie avec un broc. On peut sauver la France, lui rendre son honneur, sa puissance, commercer avec tous les grands de la Terre, compter autant que Napoléon dans l'imaginaire, et s'inquiéter de savoir si un mouton a soif.

Mais que faire de ce ruminant qui prend de l'âge et de la graisse ? Au cours d'un déjeuner, on discute de son avenir. Si bien nourri, avance Yvonne, peut-être pourrait-il fournir quelques bons… ? Que veut-elle donc dire là ? Devant l'air courroucé de son mari, elle doit changer de sujet. Pas plus qu'il n'admet de retrouver un poulet, un canard ou un lapin du poulailler ou du clapier de La Boisserie dans son assiette – ce qui oblige chaque fois Yvonne à lui mentir en affirmant avoir rapporté ces victuailles du marché au volant de sa 2 CV –, il n'accepte pas qu'elle ait des intentions mortifères à l'égard de ce mouton. « Il ne peut manger un animal qu'il connaît personnellement », affirme son gendre. Un jour, ce dernier s'enhardit à lui demander pourquoi il ne veut pas consommer la volaille de La Boisserie. Il a cette réponse : « Parce que quand je me promène, je les regarde, je les vois et je les connais personnellement. » Le mouton sera donc remis entre les mains d'une communauté religieuse qui en fera l'un des lots d'une tombola au bénéfice de ses œuvres. Ainsi doit-il à l'affection d'un amoureux des bêtes d'avoir été sauvé d'un assassinat en règle.

Les oiseaux attirent tout autant sa curiosité. Très intrigué, il interrompt sa promenade au moindre appel d'un coucou. Une fois, devant Alain de Boissieu, il trouve une grive morte le long du chemin. Il la ramasse avec précaution et va la jeter derrière une murette. Il murmure : « Pauvre bête. » Il se rappelle avoir tué, enfant, à La Ligerie, un petit oiseau avec une carabine à air comprimé. Il s'en désole encore. « Il était perché sur une branche. Je l'ai visé, et à ma grande surprise, il est tombé. » Aussi, lorsque l'un des deux pigeons-paons meurt sous les coups de bec d'une buse, donne-t-il l'autre à un éleveur de peur de le voir subir le même sort. On le surprend parfois immobile, le regard tendu vers un pigeon qui picore ou des corbeaux en patrouille. On dirait que Chateaubriand a pensé à lui lorsqu'il écrit : « Un oiseau s'envolant et se posant devant moi, m'entraînait à toutes sortes de rêves. » Mais à la vue d'un chien-loup dans la rue, ici ou là, rien, j'imagine, ne peut l'empêcher de réentendre le dernier aboiement de Vincam qui ressemblait à un cri de détresse.

Visiteurs (Les)

Lorsque les flonflons dont il ne voulait pas se seront tus, que restera-t-il de lui dans les cœurs ? Qui entretiendra la flamme avec toute la ferveur qu'il mérite quand la cohorte de ses compagnons et la foule de ses fidèles auront disparu ?

Je pensais à cela, l'autre jour, en comptant les têtes chenues des pèlerins qui descendaient des autocars devant la porte de La Boisserie, leurs souvenirs de guerre ou d'ailleurs en écharpe, leurs médailles répandues sur leur poitrine comme des larmes. Pensais à cela et à tant d'autres choses en voyant tous ces visiteurs d'un jour et féaux de toujours, de la parole donnée et de la foi jurée, entrer dans la demeure que la saison avait habillée de nankin et de rouille. Entrer, bâillonnés par l'émotion, pétrifiés de respect, comme s'il était encore là, au travail, enfoui dans la méditation. Comme si l'on avait commandé à ses petits-enfants dans l'escalier, l'index en travers de la bouche : « Vous allez jouer dans le jardin derrière, ou mieux, au grenier, ou encore dans l'arrière-pièce, là où il ne vous entendra pas. » L'arrière-pièce où ses petits-enfants pouvaient donner libre cours à leurs cris et à leurs rires sans craindre de déranger l'écrivain dans son ascension vers les sommets.

Je les voyais entrer ainsi, mains au dos, silencieux, saisis de respect, les visiteurs de La Boisserie, jusqu'à ce que leurs timides pas les conduisissent dans la bibliothèque puis dans le bureau. Où ils l'apercevaient soudain. Assis dans son fauteuil gondole, face à l'horizon d'une immobilité d'aquarelle, aux coteaux, aux forêts qu'un soleil de novembre caressait de ses doigts tièdes. Le sous-main de cuir attendait encore que son poignet s'y posât, et le vase, à côté, la rose que l'on changeait tous les matins. Devant lui, s'étalait du papier blanc, avide de mots, tandis que son stylo se préparait à prendre sa course et à récriminer à coups de ratures. Les voilà partis, de ligne en ligne, ces mots qui se couraient après, se chevauchaient, se disloquaient, disparaissaient sous des barres rageuses ou survivaient. Ces mots qui allaient nous raconter l'Histoire. De temps en temps, la tête penchée retrouvait son aplomb et les yeux quittaient la pièce, partaient à la recherche d'une idée du côté de la forêt des Dhuits ou suivaient la course d'une hirondelle pressée.

Après l'écriture, la lecture dans le fauteuil Haute Epoque de la bibliothèque. Derrière lui, Yvonne avec son ouvrage sur les genoux, la pelote de laine, les aiguilles qui se battaient en duel. Deux becs d'oiseau sur la même proie. Elle était là, bien sûr, derrière lui, double de lui. Pareille à une main maternelle, sa vieille affection effleurait sa nuque au moindre de ses mouvements. Elle était là parce qu'elle ne pouvait être que là. Avec elle, grâce à elle, tout était simple. Elle ne respirait que pour lui. C'est bien connu : en amour, la femme donne tout ce qu'elle a, l'homme tout ce qu'elle n'a pas.

Cinq heures. L'heure du thé. Ils le prenaient toujours ensemble. Charlotte apportait le plateau, la théière fumante. Combien de sucres ? Les cuillères tournaient dans les tasses. La sienne tournait parfois à vide quand il pensait à autre chose, ce qui lui arrivait souvent. Les gâteaux secs craquaient sous la dent. Une bonne odeur se révélait soudain, accourue de la cuisine : le repas du soir. Bientôt des tintements de cristal et de porcelaine enchanteraient la pièce voisine.

Mais il se levait. Oui, j'allais l'oublier, il tenait à se dégourdir les jambes avant de retourner à son fauteuil. Sur le pas de la porte, il regardait le ciel. Oh ! arrêter ce beau nuage qui passait. L'allée qu'il avait si souvent tâtée de sa canne s'enfonçait sous les arbres, jalouse à l'idée qu'un autre pourrait lui prendre un jour son ombre prestigieuse. Ces fleurs, les dernières de la saison, elles étaient sur son chemin à la fin de l'automne. Il s'arrêtait souvent pour les admirer et parfois les sentir. Plus loin, des pins de Hongrie hochaient lentement la tête comme il l'avait fait lui-même, la fois où il les avait plantés, disant : « Oh ! je ne les verrai peut-être pas grandir. » Etait-ce cette réflexion qui chantonnait encore, ce soir, dans leur bruissement mélancolique ? Combien d'arbres, à leur exemple, avaient autant de choses à me confier sur sa personne ? Une forêt n'aurait pu me suffire à en faire le tour.

Et voici que peu à peu la nuit tombait comme partout. Et que les fenêtres jaunissaient une à une, et que les volets claquaient au bout des bras vigoureux de la brave Charlotte. La nuit déjà. Il rentrait, poussait la porte de la maison, se débarrassait de son manteau et de son chapeau, et rejoignait son bureau de ce pas pensant qui martèlera toujours notre conscience. Il reprenait son stylo, rajustait ses lunettes, faisait maintenant sa correspondance. De son île perdue, il n'avait jamais cessé de saluer de loin les bateaux qui passaient.

Sept heures, presque. La cloche de l'église n'allait pas tarder à nous en informer. Le chien des Consigny, les voisins, réclamait sa pâtée. Il y a longtemps que leurs vaches étaient rentrées. Un tracteur grognait encore là-bas, contraint de finir la besogne. Bientôt le brouillard descendrait presque au pied des pins. Au coin du feu, les villageois attaquaient le dîner. Un jour de plus allait être retranché de la vie de chacun sur l'interminable livre du grand Comptable.

Après les jambes, il se dégourdissait les doigts et l'esprit. Sa table de bridge patientait pour cela, ainsi que le poste de télévision. Sur le dernier rayonnage de la bibliothèque lourde de son savoir, des têtes couronnées, alignées dans leur cadre, semblaient le contempler du haut du ciel. L'écran ouvrait son œil. Le présentateur prononçait les paroles d'usage. Il parlait du temps du lendemain, de la visite du gouverneur de l'Illinois à Bitche, d'un problème de transport en commun à Metz, de… Il ne savait pas que ce qu'il était en train de dire était insignifiant, dérisoire.

Dehors, maintenant, les visiteurs qui avaient salué l'anniversaire de sa mort s'estompaient dans le brouillard épaissi. Sur la route, rejoignant tristement les autocars, ils ressemblaient à des parapluies noirs repliés. A la télé, dans les journaux, chacun se pressait d'y aller de son petit couplet avant d'en finir. Il y avait tant de choses plus importantes à annoncer aux Français. Tant de beaux parleurs et de grands hâbleurs attendant leur tour d'antenne. Tant de chanteurs à la mode prêts à pousser leur dernière rengaine.

Oui, qui ravivera son souvenir, ici-bas, avec tout l'amour voulu, à part ces meubles, ces pierres, ces arbres et cette croix sur la colline, quand les visiteurs aux têtes blanches ne seront plus ?

Table

DU MÊME AUTEUR

Le Trou, roman, La Table Ronde, 1955.
Les Yeux bridés, roman, La Table Ronde, 1968.
La Poupée cassée, roman, La Table Ronde, 1973.
La Vie sans fin, roman, La Table Ronde, 1979.
La Louisiane aujourd'hui, guide, Jaguar, 1980.
Les Années créoles, romans, La Table Ronde :
I. *La Catastrophe*, 1982 (Prix Claude-Farrère).
II. *La Fleur de la passion*, 1983.
III. *Sangs mêlés*, 1984 (Prix Roland-Dorgelès).
Jade, roman, La Table Ronde, 1986 (Prix de l'Asie).
Les Bas noirs, roman, La Table Ronde, 1987 (ouvrage couronné par l'Académie française).
Saison des pluies, poèmes, Barré-Dayez, 1989.
La Vallée des Dieux, roman, Flammarion, 1989.
Santiago, roman, JC Lattès, 1992.
La Tunique de soie, roman, Julliard, 1993.
Evangeline, roman, Julliard, 1995.
Les Années créoles, romans, Omnibus, 1996.
La Reine d'Angkor, roman, Flammarion, 1997.
La Fille de couleur, roman, Plon, 1998.
La Nuit du Têt, roman, Plon, 2000 (Prix Dupleix).
Annam, Huê l'éternelle, album, photographies de Renaud Marchand, Imprimerie nationale Editions, 2000.
Les trente jours qui ont fait de Gaulle, document, Economica, 2001.
Viêt Nam, Le dossier noir du communisme, de 1945 à nos Jours, document, Plon, 2001.
Angkor, gloire, chute et résurrection, document, Perrin, 2002.
De Gaulle mon père, entretiens avec Philippe de Gaulle, Plon, tomes I et II, 2003-2004 (Prix Honneur et Patrie, Prix Saint-Simon).

Histoires d'elles, nouvelles, Plon, 2005.
Le Père caché, roman, Plon, 2006.
Mon père en images, entretiens avec Philippe de Gaulle, album, Michel Lafon, 2007.
Vivre avec de Gaulle, Les derniers témoins racontent l'homme, document, Plon, 2008 (ouvrage couronné par l'Académie des sciences morales et politiques).

DANS LA MÊME COLLECTION

Ouvrages parus

Claude ALLÈGRE
Dictionnaire amoureux de la science

Jacques ATTALI
Dictionnaire amoureux du judaïsme

Yves BERGER
Dictionnaire amoureux de l'Amérique (épuisé)

Jean-Claude CARRIÈRE
Dictionnaire amoureux de l'Inde
Dictionnaire amoureux du Mexique

Jean des CARS
Dictionnaire amoureux des trains

Michel del CASTILLO
Dictionnaire amoureux de l'Espagne

Patrick CAUVIN
Dictionnaire amoureux des héros (épuisé)

Malek CHEBEL
Dictionnaire amoureux de l'Islam

Bernard DEBRÉ
Dictionnaire amoureux de la médecine

Didier DECOIN
Dictionnaire amoureux de la Bible

Jean-François DENIAU
Dictionnaire amoureux de la mer et de l'aventure

Alain DUCASSE
Dictionnaire amoureux de la cuisine

Dominique FERNANDEZ
Dictionnaire amoureux de la Russie
Dictionnaire amoureux de l'Italie (deux volumes sous coffret)

Claude HAGÈGE
Dictionnaire amoureux des langues

Daniel HERRERO
Dictionnaire amoureux du rugby

Christian LABORDE
Dictionnaire amoureux du Tour de France

Jacques LACARRIÈRE
Dictionnaire amoureux de la Grèce
Dictionnaire amoureux de la mythologie (épuisé)

André-Jean LAFAURIE
Dictionnaire amoureux du golf

Paul LOMBARD
Dictionnaire amoureux de Marseille

Peter MAYLE
Dictionnaire amoureux de la Provence

Christian MILLAU
Dictionnaire amoureux de la gastronomie

Bernard PIVOT
Dictionnaire amoureux du vin

Pierre-Jean RÉMY
Dictionnaire amoureux de l'Opéra

Pierre ROSENBERG
Dictionnaire amoureux du Louvre

Jérôme SAVARY
Dictionnaire amoureux du spectacle (épuisé)

Jean-Noël SCHIFANO
Dictionnaire amoureux de Naples

Alain SCHIFRES
Dictionnaire amoureux des menus plaisirs

Robert SOLÉ
Dictionnaire amoureux de l'Égypte

Philippe SOLLERS
Dictionnaire amoureux de Venise

Michel TAURIAC
Dictionnaire amoureux de De Gaulle

Denis TILLINAC
Dictionnaire amoureux de la France

Trinh Xuan Thuan
Dictionnaire amoureux du ciel et des étoiles

Mario VARGAS LLOSA
Dictionnaire amoureux de l'Amérique latine

Dominique VENNER
Dictionnaire amoureux de la chasse

Jacques VERGÈS
Dictionnaire amoureux de la justice (épuisé)

Pascal VERNUS
Dictionnaire amoureux de l'Égypte pharaonique

Frédéric VITOUX
Dictionnaire amoureux des chats

À paraître

Malek CHEBEL
Dictionnaire amoureux des mille et une nuits

Alain DECAUX
Dictionnaire amoureux d'Alexandre Dumas

Michel LE BRIS
Dictionnaire amoureux des explorateurs

Jean-Yves LELOUP
Dictionnaire amoureux de Jérusalem

Gilles PUDLOWSKI
Dictionnaire amoureux de l'Alsace

Elias SANBAR
Dictionnaire amoureux de la Palestine

Composition et mise en page

NORD COMPO
multimédia

Cet ouvrage a été achevé d'imprimer en mars 2010
sur les presses de Normandie Roto Impression s.a.s.
à Lonrai (Orne)

Dépôt légal : avril 2010 – N° d'édition : 14527.

N° d'impression : 101051

Imprimé en France